紅沙龍

Try not to become a man of success but rather to become a man of value.
～Albert Einstein (1879 - 1955)

毋須做成功之士，寧做有價值的人。──科學家　亞伯‧愛因斯坦

The Optimist

Sam Altman, OpenAI,
and the Race to Invent the Future

奧特曼
與OpenAI
的誕生

一個樂觀主義者
如何引領矽谷創新、打造AI帝國？

基琪・哈吉 Keach Hagey 著　李芳齡 譯

獻給衛斯理(Wesley)

好評推薦

「作者鉅細靡遺地描述 21 世紀矽谷的網路文化。其中，奧特曼的技能到頭來還不如自身有如宗教領袖般的特質來得重要⋯⋯《奧特曼與 OpenAI 的誕生》讓讀者看到奧特曼如何完全智取他的贊助者，他利用馬斯克的偏執賺取了鉅額資金，同時慢慢地將 OpenAI 歸為己有⋯⋯這是一部極為出色且報導深入的傳記。」

——吳修銘（Tim Wu），《紐約時報》書評

「這是科技新巨頭的首部傳記，為後續相關作品樹立了標竿。」

——《出版人週刊》書評

「《奧特曼與 OpenAI 的誕生》提醒我們，無論人工智慧模型將帶來多麼史無前例的影響，其發展背後卻是深刻的人性故事。」

——詹姆斯・博爾（James Ball），《衛報》專題記者

「融合傳記、金融科技報導與未來學的典範。」

——《柯克斯》書評

「相當引人入勝。」
——班傑明・華萊士-威爾斯（Benjamin Wallace-Wells），
《紐約客》專欄作家

「好書……[奧特曼]個性鮮明且複雜，使故事從不冷場。這並非一部歌功頌德之作。」

——《經濟學人》

「及時且打破迷思……」
——李察・華德斯（Richard Waters），
《金融時報》科技專欄作家

「《樂觀主義者》是一本公正調查、引人入勝的故事奇蹟，揭露了自封為人工智慧時代彌賽亞的山姆・奧特曼種種充滿魅力的自相矛盾。這是擔心人工智慧可能會改變、甚至終結人類社會的人必讀之作。」
——史蒂夫・柯爾（Steve Coll），普立茲獎得獎作品《幽靈戰爭》
（Ghost Wars）和《阿基里斯陷阱》（The Achilles Trap）作者

「山姆‧奧特曼是矽谷的典型代表。記者哈吉善盡調查職責，巧妙地捕捉了矽谷的思維、運作和權力累積方式，撰寫出這部優秀的傳記。」

　　——馬克‧伯根（Mark Bergen），《讚、留言、訂閱：YouTube如何崛起成為世界霸主》（*Like, Comment, Subscribe*）一書的作者

「基琪‧哈吉是位傑出的媒體和科技記者。他在書中講述了山姆‧奧特曼和人工智慧革命的故事。內容精彩可期，不僅是因為人工智慧影響了我們所有人的生活和未來，還因為作者出色的說故事技巧。」

　　——麥可‧沃爾夫（Michael Wolff），紐約時報暢銷書《烈焰與怒火》（*Fire and Fury*）作者

「《樂觀主義者》不僅是一部揭露這時代矽谷思潮核心人物的傳記，也是清晰記錄科技業及其權力結構的歷史著作。基琪‧哈吉的報導鞭辟入裡、扣人心弦，深入分析山姆‧奧特曼有時令人費解的決策，解析投資人為何對他著迷，以及有關他被OpenAI解雇的內幕。」

　　——克莉絲汀‧拉戈里奧—查夫金（Christine Lagorio-Chafkin），《我們是宅男》（*We Are The Nerds*）作者

台灣版序
世代傳承與科技交會

　　山姆‧奧特曼或許是人工智慧革命的代表人物，但台灣才是這場革命的心臟。包括建構 OpenAI 模型在內，每一款主要的人工智慧模型都依賴台灣構思、製造原型或晶片。今日，二者都向世界展現了一個閃耀、充滿科幻色彩的未來願景。但究其根源都可以追溯到一樣平平無奇的東西：鞋子。

　　山姆‧奧特曼家族史，在許多層面都映照出猶太人移民美國並開創事業的典型軌跡。奧特曼一家從華沙附近輾轉來到美國南方，山姆‧奧特曼的祖父與其幾乎所有手足都以各自的方式投身製鞋產業。至 20 世紀中期，奧特曼的祖父已在美國製鞋業重鎮聖路易附近擁有三家工廠，這為山姆‧奧特曼的父親提供了優渥的中產階級生活和接受私校教育的機會。憑藉這樣的家庭背景，他和奧特曼的母親得以將他們早慧的長子山姆送進聖路易頂尖的私立學校，並最終進入史丹佛大學深造。

　　二戰後的數十年間，聖路易的製鞋產業優勢逐漸被台灣等海外競爭者取代，到了 1980 年代，台灣的鞋類出口已逼近全球總量的一半。躍升為世界鞋廠不僅使台灣的經濟結構從農業轉型為工業，更為今日在半導體製造領域的技術領先地位奠定了基礎。

　　促成這一轉型的關鍵，是奧特曼家族故事中另一個舉足輕重的結構：公私部門合作夥伴關係。山姆‧奧特曼的父親傑利‧奧特曼，自幼目睹身為工廠主的父親長時間投入工作、頻繁奔波各

地，遂立志成年後將重心置於家庭，淡泊名利。成長於20世紀60年代末民權運動的浪潮中，他胸懷時代的理想主義，投身於政府與顧問諮詢領域，致力在私人企業與公共部門之間建立合作橋梁，為弱勢群體籌措住宅建設資金。在其整個職業生涯中，他專精於開創且運用嶄新的公私合作模式，最終催生出一種至今仍是美國興建平價住宅的主要途徑。

多年之後，當山姆‧奧特曼執掌聲譽卓著的創業加速器Y Combinator——這家機構不僅投資了他的第一個新創事業，更形塑了現代矽谷的面貌——他成立了一個研究部門，其靈感源自早期的研發機構，例如著名的貝爾實驗室和帕羅奧多研究中心，而這些實驗室的發展皆建立於公共研究單位或政府特許的壟斷事業上。該部門的重點項目之一，便是名為OpenAI的實驗性非營利實驗室。數年之後，當OpenAI的機器人在電玩遊戲中擊敗人類時，奧特曼曾嘗試爭取美國政府投資OpenAI，卻未能如願。在某種程度上，奧特曼始終認為人工智慧的發展應該由政府主導，但倘若政府裹足不前，他會親自去做。

時至今日，他再度呼籲美國政府在晶片製造、資料中心及能源基礎建設方面提供協助，這些基礎設施將是讓OpenAI的產品價格足夠親民到真正普及的關鍵。而這項策略已然奏效。儘管他有民主黨的背景，他還是在川普總統執政的第一個完整工作日與他同台，宣布了一項投資規模達5,000億美元、名為「星門」（Stargate）的人工智慧基礎設施計畫，該計畫將從德克薩斯州阿比林（Abilene）的一座大型資料中心開始。

其實，要了解政府如何推動尖端科技的發展，他只要看看台

灣就知道了。台灣憑藉數十年的前瞻規畫和公共投資，幫助台灣積體電路製造股份有限公司（TSMC）成為全球領先的晶片製造商。事實上，在「星門」計畫宣布的一年多前，奧特曼就與台積電的高層會面，向他們介紹了一項雄心萬丈的計畫，旨在透過興建數十座晶圓廠及能源和資料中心基礎設施，徹底重塑全球半導體產業，整體投資規模高達 7 兆美元。

這項計畫原本打算由中東資金資助，但結果超出了產業界和美國政府所能承受的範圍。〔根據《紐約時報》報導，台積電高層覺得這個計畫非常可笑，甚至嘲笑奧特曼是個「播客老弟」（podcasting bro）*。〕儘管奧特曼已經縮減了他的計畫，使其符合第二任川普政府的「美國優先」主張，這些計畫仍然展現了奧特曼願景的遠大範疇，以及台灣無論如何都將在其中扮演的核心角色。

基琪・哈吉
2025 年 5 月

---

* podcasting bro這詞帶有嘲笑意味，描述奧特曼像播客主持人那樣誇誇其談、不切實際，此處暗指他的計畫聽起來如同新創圈裡只會講空話的科技宅。

目錄

◉ 好評推薦　05

◉ 台灣版序　世代傳承與科技交會　08

◉ 前言　15
矽谷的核心精神
廢棄工業區裡的 AI 公司
AI 時代才剛開始
鮮為人知的奧特曼
模擬理論

◉ **第 1 部**
1985 — 2005 年 社運聖地

第 1 章　芝加哥　037
　　賣鞋發跡
　　造福社會的理想
　　行善遊說專家
　　第二段婚姻
　　投身社會住宅開發
　　長子山姆‧奧特曼誕生

第 2 章　聖路易　059
　　博覽群書的科技迷
　　我是男同性戀

第 3 章　「你在哪裡？」　078
　　把想法付諸實現
　　進入新創圈

第 4 章　宅男堆裡的異類　092
　　葛拉罕與 Y Combinator
　　創辦人計畫
　　科技新創圈的新朋友

殺手級應用程式
推銷投資案
會見天使投資人

第 2 部
2005 ― 2012 年 創業維艱

第 5 章 休學　115
人脈牽線
會見紅杉資本
投資書的附帶條件
休學
搭上投資浪潮
新創辦公室
應用程式的商業發展

第 6 章 「你在哪？」　133
公司改名
Boost 的新功能
闖出名堂
隱私權爭議

第 7 章 從「爛」到「酷」　147
成為蘋果應用程式開發商
時機不對

第 8 章 混蛋徽章　157
勁敵出現
Foursquare 的反擊
收購 Loopt

第 3 部
2012 — 2019 年 新創實驗室

第 9 章 搭上火箭便車　173
　　成為創投公司合夥人
　　獨具慧眼
　　反熵者
　　收購 DeepMind

第 10 章 山姆・奧特曼接掌總裁　195
　　重大變革
　　商業頭腦與混亂中的執行力
　　超智慧的威脅性

第 11 章 AI 曼哈頓計畫　217
　　對 AI 的恐懼
　　呼籲政府監管 AI
　　揭開序幕
　　AI 實驗室成立

第 12 章 利他主義者　243
　　毫無頭緒
　　科幻與現實
　　政治抱負
　　阿西羅瑪 AI 準則

第 13 章 轉軸成為營利事業　274
　　人與 AI 機器人大戰
　　訓練世界最大的模型
　　燒錢的事業
　　父親驟逝
　　尋找投資人
　　成立子公司

第 4 部
2019 — 2024 年 產品問世

第 14 章 產品　303
　　　GPT-3 訓練計畫
　　　GPT-3 使用者
　　　家庭危機
　　　尋找商業機會

第 15 章 ChatGPT　319
　　　有益世界的投資
　　　公關危機
　　　測試
　　　校準語言對話模型
　　　維護國家安全
　　　取名 ChatGPT
　　　成長最快的消費性科技產品
　　　白宮聽證會

第 16 章 彈指事件　346
　　　炙手可熱的矽谷新星
　　　不誠實的執行長
　　　開除！
　　　內幕眾說紛紜
　　　鬧劇謝幕

第 17 章 解放的普羅米修斯　368
　　　AI 行政命令
　　　捨棄有效利他主義
　　　組織改革
　　　原生多模態
　　　朝營利公司前進

- 後記　387
- 致謝　393
- 註解　396

前言

　　2023年11月中，一個宜人的傍晚，洛杉磯藝術區一棟由百年銀行大樓改建的前衛日式餐廳YESS，著名創投家彼得・提爾（Peter Thiel）正為他的先生麥特・丹澤森（Matt Danzeisen）舉辦生日派對。在如殿堂般寬敞的餐廳裡，提爾身旁坐著他的朋友山姆・奧特曼（Sam Altman）。❶ 提爾在十多年前投資奧特曼的第一個創投基金，一直以來也是這位年少投資人的導師，如今，身為OpenAI執行長的奧特曼已成為人工智慧（artificial intelligence，簡稱AI）革命的代言人。一年前，OpenAI推出的ChatGPT帶動科技類股走出低迷，飆出數十年來最佳表現之一。然而，提爾仍憂心忡忡。

　　結識奧特曼的多年前，提爾曾把另一位AI神童伊利澤・尤考夫斯基（Eliezer Yudkowsky）收為門徒。提爾資助他創立研究機構，該機構的理念是，人類必須先弄清楚AI如何有益於人，才能建造比人類更聰明的AI。但是，提爾覺得尤考夫斯基變成「極度悲觀的盧德分子*」，甚至發表了末日言論：「你啥也做不了，只能去火人祭（Burning Man Festival），在吸毒中等待AI現

---

* 19世紀英國民間發起反工業革命的盧德運動，主張反對以機械取代人力為主的紡織業，反對者稱為盧德分子（Luddite），後來延伸指任何反對新科技的人。

身殺了你。」2023年3月時，尤考夫斯基在《時代》（*Time*）雜誌上發表一篇社論文章，認為除非現在終止生成式AI（generative AI）研究浪潮，否則：「地球上所有人類終將死亡。」❷

「你不了解伊利澤怎麼糊搞到你公司裡有半數人相信他的這個觀點，」提爾警告奧特曼：「你得更認真地看待這問題。」

奧特曼挑挑揀揀地吃著他的素食餐，儘量克制著不翻白眼。這不是第一次提爾在共進晚餐時向他提出這種警告——公司已經被「EA們」控制，那些支持有效利他主義（effective altruism）理念的人，他們是數據驅動的功利主義分支。EA們最近從試圖終結全球貧窮，轉變為試圖防止AI這頭脫韁野馬殺死人類。提爾一再預測，憂慮AI安全性的人將會摧毀OpenAI，他從OpenAI創立之初開始資助這家公司，最初在2015年當它還是非營利性質的小型實驗室時，他以個人名義捐錢，然後又在2023年透過自己的創投公司「創辦人基金」（Founders Fund）投資。此前，OpenAI已經成立一家營利性質的子公司，目的在於向微軟（Microsoft）及其他投資人募集數十億美元的資金。不過，正如矽谷流傳的玩笑，提爾還是一位著名的災難預言家，說他已經準確預測了過去兩次金融危機中的十七次。

「哎，伊隆也是這樣，不過我們擺脫他了，」奧特曼回答。他指的是2018年時他和共同創辦人伊隆・馬斯克（Elon Musk）鬧掰的事，曾有報導指稱，馬斯克說創造AI就是在「召喚魔鬼」。❸ 奧特曼繼續說：「還有安索比（Anthropic）的人，」那是十幾名在2020年底離開OpenAI的員工，自行創立一家名為安索比的實驗室，與OpenAI打擂臺，他們的理由是奧特曼把技術

商業化的速度太快了。「但我們擺脫他們了，」奧特曼說。留下的七百多名員工猶如搭上火箭船般一飛沖天，即將完成的新一輪募資使 OpenAI 估值超過 800 億美元，他們即將有機會在濱海區購買第二間房子。所以，奧特曼認為沒必要恐慌。

矽谷的核心精神

樂觀早已成為奧特曼個人品牌的核心特色，但設身處地想，任何人都有理由像他一樣樂觀。三十八歲是他迷人的職業生涯迄今最棒的一年，這一年他成為家喻戶曉的人物，參議員對他言聽計從，他與世界各地的總統、總理會面，他創辦的公司推出了一種看似可能改變一切的新技術──最重要的是，矽谷的價值觀也認同。2022 年 11 月，OpenAI 推出極似人類的聊天機器人 ChatGPT（GPT 是 generative pre-trained transformer 的簡稱，即為「生成式預訓練轉換器」），立刻引起全球轟動，不到三個月就有一億人使用，是截至目前為止世界上成長最快速的應用程式。❹ 僅僅幾個月後，OpenAI 發布更強大的 GPT-4，它能通過律師資格考試，在大學先修課程的生物學考試中拿「A」。迅速發展顯示該公司「安全地建造出世界上第一套通用人工智慧（artificial general intelligence，簡稱 AGI）」的大膽使命確實觸手可及了。就連最堅定的 AI 懷疑論者，包括一位曾經鄙夷地對我說原始版 ChatGPT 不過是「一隻會跳舞的狗」的史丹佛大學電腦科學教授在內，他們的懷疑態度也開始軟化。在令人目不暇給的幾個月內，美國的每家公司狂亂地組成 AI 任務小組，試著估

計 AI 能提升多少生產力，彷彿我們一起踏入一部科幻短篇小說裡，作者是奧特曼。

奧特曼不是實際撰寫程式的人，他是夢想家、福音傳播者、交易專家，若生在19世紀，他會被稱為「倡議人」（promoter）。歷經輔導諮詢、執掌著名的新創事業育成公司Y Combinator等多年經驗，練就一身說服他人相信不可能的任務可以成真的技能，從中募集大量資金，然後確實地付諸實現。在奧特曼擔任Y Combinator總裁期間，負責運營一池投資基金的阿里・羅甘尼（Ali Rowghani）說：「他是唯一一個我認識的、只追求能改變世界的人，縱使機率渺茫。」

奧特曼可能比任何人更加體現矽谷的「加零」（add a zero）精神，這種心態是從他第一位導師保羅・葛拉罕（Paul Graham）那裡學到的。集駭客哲學家、創業家與評論家於一身的葛拉罕是Y Combinator的共同創辦人，他總是忠告自己投資與輔導的新創公司：停止小格局思維，思考如何把簡報投影片的商業模式營收預測從「數百萬美元」提升到「數十億美元」。奧特曼在2019年執掌OpenAI時，在部落格撰文講述他個人的成功哲學：「聚焦於在你定義的成功指標上加一個零，不論這指標是金錢、地位、對世界的影響力或其他事物。」❺ 提爾說，他被奧特曼吸引是因為：「他處於矽谷時代精神的絕對中心地位。」奧特曼出生於1985年千禧世代，在介於網路公司泡沫破滅和全球金融危機之間的甜蜜期進入科技業，這段期間新創事業樂觀主義再起，但科技尚未變成提爾所揶揄的「管道鈣化」。但是，在談論科技泡沫聲量大增的2010年代中期，提爾加入奧特曼的投資行列，

他很高興自己修正了先前逆向操作的習性。「山姆是個極度樂觀的人，這是投資新創公司時的一個重要特質，因為評估投資時這些公司的價格大多已經充分估值了，」提爾說。事後證明，Y Combinator 育成的獨角獸，例如支付服務供應商 Stripe 和旅宿平台 Airbnb 都還有很大的成長空間。在成年後的近乎所有歲月裡，除了 2008 年金融危機的餘波和 2020 年爆發全球疫情的那幾年，奧特曼看到的科技市場只升不降。

不過，這次提爾的悲觀與擔心倒是說到點上了。這兩位投資夥伴在洛杉磯最搶手的新餐廳裡慶祝之際，OpenAI 六人董事會中的四名成員（包括有參與 EA 圈的兩位董事）正在舉行機密視訊會議，商議解雇奧特曼。雖然，尤考夫斯基本人與此事無關，但在他那頗具影響力的部落格「LessWrong」推波助瀾下，AI 帶來生存風險為 EA 運動增添恐懼。

這種恐懼影響到 OpenAI 自身的宗旨，其言明創立目標是：「以最有可能造福全體人類福祉的方式推進數位智慧，不受創造財務報酬的需求所限制。」OpenAI 不同尋常的 2018 年版章程更明顯地加深這種恐懼，章程中說，由於：「我們擔心後期的 AGI 開發會變成一場沒有足夠時間採取安全措施的競爭，」因此，該公司致力於：「停止跟早於 OpenAI 推出 AGI 計畫的組織競爭，並開始協助價值觀相符的任何相關計畫。」這種恐懼奇特地顯露於公司的治理架構：一家營利性質子公司由一家非營利組織的董事會控管，而這個董事會的受託人責任不是所有投資人，而是全體人類。❻ 他們提醒投資人，若董事會認定為了履行這項最重要的使命，有必要的話可以花光投資人全部的錢。

這份章程的出現，部分源於 2017 年人類未來研究所（Future of Humanity Institute）舉辦的研討會中制定「AI 準則」（AI Principles）。人類未來研究所這家設於牛津大學的非營利組織，聚焦於 AI 帶來的生存風險，其背後金主包括馬斯克和 Skype 創辦人尚・塔林（Jaan Tallinn），奧特曼出席這場研討會，並簽署了 AI 準則。與他人共同創立 OpenAI 的 2015 年，奧特曼在自己的部落格中撰文指出：「AGI 堪稱是構成人類存續最大的威脅，」並推薦牛津大學哲學家尼克・伯斯特隆姆（Nick Bostrom）的著作《超智慧：AI 風險的最佳解答》（*Superintelligence: Paths, Dangers, Strategies*）。❼ 多年來，伯斯特隆姆是尤考夫斯基所在機構的研討會常客，他宣傳 AI 安全疑慮，尤其是使用了「製造迴紋針的 AI」這則寓言：製造迴紋針的 AI 毀滅人類並非出於惡意，而是因為人們阻礙了它將宇宙中所有物質變成迴形針的程序化需求。這些 AI 安全疑慮是 OpenAI 起初能夠招募到世界頂尖 AI 研究科學家的主要原因之一，尤其是馬斯克認同這些考量，因此注資共同創立了 OpenAI。縱使奧特曼慶祝 ChatGPT 的勝利時，也總是在憧憬美好未來中不忘小心地暗示潛在的毀滅，並在電視轉播的聽證會上籲請美國參議員管制 AI，因為：「若這項科技出錯的話，可能會錯得很離譜。」❽

業界很多人認為這不過是精明的行銷話術。確實，2023 年時，奧特曼集中火力在自己最擅長的技能：透過交易與協商來引進更多投資；在媒體上展現魅力；扮演預言未來繁榮昌盛的全球先知。他或許真心擔憂 AI 的發展走向，但他的腳堅定地踩在油門上。

不過，與提爾的悲觀暗示相反，OpenAI 董事會成員那晚的祕密會商，並非出於他們害怕 OpenAI 朝 AGI 推進得太快。事實上，他們想趕走奧特曼的原因跟 EA 組織或人類生存風險沒啥關係，而是他們必須處理某件事，這反倒是跟提爾稱奧特曼為「矽谷時代精神孕育的純粹創造物」的終極讚美有關。

由 Y Combinator 培養、奧特曼示範的 21 世紀初矽谷時代精神，創辦人是國王，是皇帝，是神，資助他們的創投資本家急切地證明他們對創辦人是多麼的友善，他們怎麼可能換掉創辦執行長或刁難創辦人。提爾把他的創投公司取名為「創辦人基金」，並宣稱這家公司絕對不會開除創辦人，由此可見他有多重視這項規矩。❾ 新創事業的成功，通常被視為次要於創投家和創辦人之間的關係，畢竟，就算新創事業不成功，創辦人總是能夠拿另一輪的資金去創立新事業，這個事業也許能達到十億美元以上的價值。

奧特曼在 2014 年執掌 Y Combinator 前，新創公司的創辦人早已掌握太多的權力，以至於他撰寫了一篇部落格文章，溫和地反對新創公司創辦人拿投資人的錢、卻不給他們董事會席次的趨勢。他在文章中指出，一些經驗豐富的創投家也許有專業見解能幫助新創公司。不過，為了避免 Y Combinator 育成的新創公司擔心他管太多，這篇文章的結尾他寫道：「但保留足夠控制權、讓投資人無法開除你仍然是個好主意。」❿

OpenAI 的組織結構設計就是試圖擺脫這種情況，奧特曼不僅從未擁有像馬克・祖克柏（Mark Zuckerbrg）那種能當萬年國王的超級投票權股份，他甚至沒有持有股權。在 OpenAI 早期發

展階段他同意這種史無前例的條件,是因為起初 OpenAI 是非營利組織,後來是為了遵守章程規定,董事會的大多數董事成員必須是未持有公司股權的獨立董事。他說,自己缺乏權力是一種必要的當責形式。

然而,董事會發現,習慣在不透明的創投世界裡快速運作的奧特曼,握有太多的實質權力了,以至於他們感覺自己無法履行職責。與提爾共進日式料理的五天後,奧特曼被這家他共同創立的公司解雇,理由是他:「與董事會溝通時不夠坦誠。」

廢棄工業區裡的 AI 公司

八個月前,我在第一波 AI 熱潮下與奧特曼會面。《華爾街日報》派我前往舊金山教會區(Mission District)的 OpenAI 總部採訪他。大學暑期,我曾在這座充滿放克風的時髦社區當兼職咖啡師,當時處在第一個網路公司泡沫時期,整條街區貼滿了自製海報,叫科技人回家──「去死吧,雅痞人渣」(Die Yuppie Scum),別來打擾龐克族和怪胎異類。接下來幾年,隨著下一波科技榮景衝擊教會區,這裡變得像紐約布魯克林區,只是著名的美食是墨西哥捲餅。

空氣中彌漫著一股新生的喜悅,此時正值三月中旬,這個季節的紐約仍然灰霧濛濛,大家幾乎快認為陽光不會再露臉了,而舊金山卻陽光明媚,下了五天的雨把空氣沖刷得清新,太陽已經探出頭了。國道 101 旁豎立的每一張廣告看板都在推銷某種 AI 商品,晚間新聞的頭條報導是 GPT-4 通過法學院入學考試

（LSAT）的消息。教會區長滿雅致的小野花，咖啡和藍莓的香味飄散在空氣裡，還有隨處可見的游民。

教會區靠近波特雷羅山（Potrero Hill）前工業區邊緣地帶，OpenAI總部就座落在此地一座單調的前美奶滋工廠，沒有任何告示牌說明舊工廠內部有什麼，當時會覺得這個選擇似乎很蠢，但後來就顯得頗為謹慎明智，因為當月稍晚，尤考夫斯基為了阻止「不受控的AI」，呼籲大家把資料中心給炸了。靠近這棟建物時，我遇到一位面露困惑、脖子上戴著手機掛繩的投資人，他跟我做著相同的事：在無標示的門及角落邊的貨物裝卸區徘徊，難以置信這兩個選項的其中一處是當今矽谷最令人興奮、敬畏的公司入口。我們詢問貨物裝卸區旁邊的保全人員，這裡是不是入口，他拒絕回答。

終於，我們進入彷彿溫室和都會SPA館的門廊，多肉植物與蕨類植物從每個樓層垂掛下來，人造石噴水池的潺潺水聲中夾雜著創投家們的交談聲，他們像是前來學習與了解AI投資生態的社交活動者。

過了一會兒，穿著雪白球鞋、笑容洋溢的奧特曼輕快地步入會議室，他的酒窩令他看起來比實際年齡三十七歲還要年輕。奧特曼引人注意的第一個、同時也是早期許多相關報導都會提及的特徵是小個頭、瘦巴巴的，只有五呎八吋（約一七三公分）。第二個特徵是他的綠眼珠總會專注地直視你，彷彿他正在與全世界最重要的人說話。他先為上一場會議延誤道歉，會議室的投影螢幕仍然顯示著上一場會議內容：「AI曼哈頓計畫」（AI Manhattan Project）。

被問到那場會議的不祥名稱時，奧特曼解釋：「我們正思考應該在哪些領域團結做出更多新嘗試。伴隨能力提升，我們能否與其他團隊緊密合作，特別是在如何解決 AGI 的安全問題方面，我想，我們有了令人興奮的構想。」

我們交談的兩天前，OpenAI 剛發佈 GPT-4。這個由奧特曼領導的組織具有劃時代意義，以至於他完全不把產品和獲利放在心上，他似乎享很受這種怪異性。

「我極其幸運，職業生涯早期賺的錢比我需要的還多，」他說：「我想做自己認為有趣、重要、有用、有影響力且必須做對的事，但我不需要賺更多的錢。此外，我也認為我們將在這方面做出一些歷經時日越發⋯⋯」他停頓了一下，思索一個適當字眼：「奇特的決策。」

他勾勒出一個全球人類將投票表決 AI 應該如何發展的未來。「我們深切地希望這項技術由所有人治理，而且帶來的好處由所有人共享，」他說：「若不能以政府專案的形式來實現，不過，我認為有很多理由表明這可能不是個好主意或不切實際的做法，那麼非營利組織是個合理的途徑。」奧特曼對於「安全的AGI」定義相當廣，在被問到他認為「安全性」的含義時，他描述一個未來：「世界上絕大多數人的生活會比在沒有 AGI 時還要好。」對許多人來說，這意味著從事不同的工作，他說：「我不認為大多數人熱愛他們現在的工作。」

兩個小時的訪談中，只有一時利他主義的面具滑落，露出勇猛競爭者的面貌。此前的一個月，谷歌（Google）和安索比相繼宣布即將發表自家開發出來的生成式 AI 聊天機器人，看來，這

產業正在步入 OpenAI 章程中公開擔憂的激烈 AI 競賽。但是，當被問及競爭情況時，奧特曼只說：「嗯，好吧，他們急著發布新聞稿。」隨後又加了一句：「很明顯，他們落後了。」

儘管有短暫的優越時刻，他帶領我們參觀 OpenAI 辦公室卻又散發狂熱的行善氛圍，就像有著榮譽守則的著名私立學校。辦公室裡有一間自助餐廳、一間堆滿各種桌遊的 1980 年代懷舊客廳、一間仿製的大學圖書館，裡頭有書梯、書桌檯燈，靈感來自史丹佛大學格林圖書館（Green Library）裡的班德室（Bender Room）。書架盡頭放著一疊黑膠唱片，那天放在最上面的那張唱片是《銀翼殺手》（*Blade Runner*）電影原聲帶。

不過，這棟建築最令奧特曼引以為傲、也是最難打造的特色是：盤旋而上的中央階梯，設計目的是讓當時四百名員工每天都能擦肩相遇彼此。站在階梯頂端，津津樂道其工程壯舉的奧特曼，看起來確實有點像殿堂裡的祭司。然後，我耳中突然響起奧特曼在訪談中說的一段話。

他說：「不久之前，幾乎沒有人相信 AGI，」現在，可能大多數人仍然不相信，但我想，現在有更多人願意思考它了。我認為，世界上大部分人正在歷經一種我們組織裡大多數人在往年已歷經的過程，那就是努力地面對這個問題。這很難，令人興奮，也令人恐懼，都不容易。所以，我預期接下來幾年，世界將進入這一過程，而我們會試著在其中提出指引。」

與其說奧特曼在推銷技術，不如說他在推銷信念，就這點來說，他的成功已經超出任何人最瘋狂的想像。做為《華爾街日報》的人物特寫，這也是我造訪 OpenAI 總部的目的，我詢問提

爾有關奧特曼的理想主義時，他這麼說：「我們應該視其為彌賽亞般的人物。」

AI 時代才剛開始

　　一年多後的 2024 年 4 月，我走進曼哈頓中城的巴卡拉飯店（Baccarat Hotel），看到奧特曼整個人蜷曲在大廳一張厚軟皮革椅裡。我來得比約定時間早，沒想到他比我更早到，謹慎地在角落處安排了保全人員，我是後來才發現到他們，想安排支付保全費用也為時已晚。他看到我，立即從皮椅上起身，張開雙臂，用一個擁抱問候我。這就是奧特曼：熱情、迷人、體貼、親切。

　　他穿著標誌性的矢車菊藍長袖 T 恤，深靛藍嬉皮風牛仔褲，以及一塵不染的灰色紐巴倫（New Balance）球鞋。再過幾天他就滿三十九歲了，濃密的棕色秀髮夾雜了幾絲銀灰。他點了一杯義式濃縮咖啡（他通常每天喝兩杯，第一杯當成早餐），看起來由衷地開心，似乎因為在紐約待了一段時間而精神煥發。

　　這倒是令我意外，因為經過幾個月的協商，他明確地表示不想要我撰寫這本書。一年前，去舊金山 OpenAI 總部專訪他後，我的同事金柏柏（Berber Jin，音譯）和我為《華爾街日報》撰寫的奧特曼專文促成一本書的企劃。起初告知奧特曼此事時，他覺得為時過早、也太聚焦他個人了。考慮了幾個月後，他告訴我他不會參與。由於我上一本著作的傳記對象在我撰寫期間也近乎不聞不問，因此奧特曼的拒絕並未令我氣餒，我仍然鍥而不捨地打電話給他。幾個月後，我們在紐約會面前，他改變心意了，他說

會幫點忙,但要求我必須澄清他對這本書有多反感。

「我真的很反對扭曲歷史地把一家公司、一種運動或一項技術革命歸功於一個人,因為那根本不是世界的運作方式,而且也沒有公平對待其他人的傑出貢獻,」他說,語氣中帶著憤怒:「我認為人類不應該鼓勵這種觀點。」

雖然想法崇高,但自從他被董事會開除後僅僅五天、又重回執行長職務以來,這個觀點變得站不住腳了。公司七百七十名員工幾乎全都簽署請願書,揚言若不恢復奧特曼的職位,他們將集體跳槽微軟。很顯然,對 OpenAI 員工及投資人來說,奧特曼是不可或缺的人。過去十八個月,有關 AI 革命的商業媒體報導中,幾乎沒有一篇不附上奧特曼的照片。不管他喜不喜歡,許多人口中「我們此生見過最大的技術進步」(甚至堪稱人類史上最大的技術進步)的象徵不是 OpenAI 的標誌,而是奧特曼的臉孔。他的另一個反對意見就沒那麼謙遜,聽起來比較可信,也更接近山姆風格。

「有關別太早慶祝這個迷信,我覺得為時過早了十年或二十年,」他說:「OpenAI 還有很長的路要走。」

奧特曼善於說服人們相信他能預見未來。公開談論 OpenAI 的技術時,他常批評自家現有產品,他最近告訴一位知名的播客主持人,OpenAI 最先進的產品 GPT-4:「有點爛,」並邀請聽眾聚焦公司目前改進速度預示的未來發展方向。❶ 這完全是投資人思維。我在《華爾街日報》的第一年,經常早早進辦公室報導公司的獲利報告,我總是訝異公司的新聞稿無法反映在股價上;投資人反而聚焦公司財務長與分析師在電話會議中以含糊術語說

出的前瞻性「指示」。在創投支持的未上市新創公司，也就是奧特曼成長的那個世界，一切取決於這種近似巫師的能力——引領會議室裡的創投資本家一起想像新創公司的營收成長。說到這個能力，奧特曼無人能及。

奧特曼所憧憬的未來，AGI 無可避免地成為「我們意志的延伸」，否則「我們會覺得不像自己」。學生能獲得免費或低廉的 AI 家庭教師，使他們：「變得比現今的人類聰穎、有學養。」當律師、平面設計師及電腦程式設計師的許多業務改由 AI 處理後，產品及服務的價格會大幅降低，人們將有更多時間進入「心流狀態」，投入他們鍾愛的創意工作。那些受 AI 技術影響的人，其薪資將被全民基本收入（universal basic income）取代，全民基本收入的財源可能來自所有機器人奴隸所產生的財富。政府將與私營產業共同投資與打造資料中心，而且是透過太陽核分裂反應所釋放的便宜核電來運行。AI 將像電力般供輸，讓我們能夠治療癌症，解開束縛這顆星球的物理之謎。伴隨疾病逐一消失，我們會更長壽。人類將步入一個健康與豐裕的新時代。

奧特曼不只述說這幅願景。他的投資資產組合中有超過四百項、總值數十億美元的新創投資，大舉押注那些有可能幫他實現願景的公司。❶❷ 他至少投資了 3.75 億美元於 Y Combinator 育成的新創事業核力安能源公司（Helion Energy），並擔任其董事會主席，該公司致力於使核融合成為乾淨再生能源的來源。他也投資開發核分裂微反應器的歐克羅公司（Oklo），並擔任該公司董事會主席，著手推動公開上市計畫。奧特曼共同創立世界幣（Worldcoin）的背後公司，這是一項營利性質的加密貨幣計

畫，以保齡球大小的 Orb 虹膜掃描儀來驗證身分，成功完成眼睛虹膜掃描的用戶即可獲得有朝一日用來分配全民基本收入的加密貨幣。奧特曼個人還資助全民基本收入可行性及其功效的長期研究。

他的其他投資包括種種極具野心的計畫，例如使人類壽命延長十年；用幹細胞治療巴金森氏症；重啟超音速客機計畫；研發大腦連結至電腦的植入器。你會覺得，奧特曼這個人絕對不會投資諸如企業軟體之類古板的業務（儘管，OpenAI 及其商業夥伴微軟迄今為止主要生產的就是企業軟體），誠如保羅・葛拉罕曾經這麼評價奧特曼那一系列前瞻計畫所構成的投資資產組合：「我想，他的目標是創造全新的未來。」❸

奧特曼說，他並未刻意建立一個環環相扣、可能改造人類各個生存領域的投資組合，只是湊巧而已。「長久以來，我一直相信能源和 AI 是兩大關鍵，」他說：「我並不知道它們有多適配，我完全是運氣好投資了這兩項業務。」

從這些方面來看，奧特曼與其眾多同儕沒有不同，儘管他的確是個資質比大多數人優秀、抱負比大多數人遠大的投資人。但不同於許多投資人的是，奧特曼樂中政治。他不只開發新技術而已，還將其獻給全世界，引用首位資助他的投資人派屈克・鍾（Patrick Chung）的話，奧特曼一直立志成為：「歷史上的偉人。」他在 2016 年和 2017 年時告訴朋友及同事，自己考慮參選總統，更在 2017 年動了競選加州州長的念頭，儘管後來轉而支持其他候選人，他還是草擬了一份政見。ChatGPT 在全球爆紅後，奧特曼首次進入白宮（後來又去了許多次），接著展開

全球之旅，與各國領袖面談，包括法國總統馬克宏（Emmanuel Macron）和印度總理莫迪（Narendra Modi）。

奧特曼興致勃勃地縱容我提問了兩個半小時，偶爾從他的口袋裡拿出一本螺旋圈裝訂的小筆記本，寫下備忘，提醒彼此去查問一下我為撰寫此書訪談過的對象。此舉對彼此親切──顯得他樂意幫助我，但也令人不安，畢竟奧特曼身處矽谷人脈互惠的經濟核心，我只能想像這本書可能影響他的聲譽。葛拉罕說過的話令人難忘：「山姆很懂得經營權力。」

但是，自從他被解雇、又回鍋後──OpenAI內部稱此為「彈指事件」（the blip）[†]，他的力量變大、也更保守，越發謹慎、提防，不再誇耀公司的奇怪治理架構，對全民基本收入制度的強烈興趣已轉變成讓人們免費（或低廉）地使用ChatGPT，而不是直接給錢。他的名氣使他不再有時間從事業餘興趣。他們（指董事會）找過他麻煩，未來可能再重演。儘管他成功地解決了每一個後續威脅──他被解雇後，調查顯示，董事會並未發現任何明顯可以開除他的罪行，主要還是董事會成員不信任他而自行做出審判──但新威脅似乎每週都在出現。這些幕後威脅全都來自該公司叛離者提出的質疑：我們能信賴此人領導我們開發AGI嗎？質疑聲浪從一開始私下議論，繼而低聲抱怨，最後轉向網路長文論戰了。

[†] 這說法有兩個意思，其一、指螢幕上閃現的光點或電視音響干擾聲，故有「短暫的改變」之意；其二、源自漫威虛構電影系列，劇情中的「無限手套」一彈指能使全宇宙一半生命消失或復活。作者以此比喻奧特曼在短時間內被戲劇性地解雇、又回歸的事件。

鮮為人知的奧特曼

　　重新執掌 OpenAI 後，奧特曼一直試圖把公司改造成典型的營利事業，只要改變為營利實體，他大概可以獲得估值高達 100 億美元的股權。現在，他不僅是 AI 革命的門面，更是這場 AI 革命無可爭議的領導者和掌控者。他招來強大的敵人，最有名的便是馬斯克，他提告奧特曼和 OpenAI，指控他們背叛原始的非營利使命。（OpenAI 說，馬斯克的控告毫無根據；馬斯克的批評者指出，他創立了自己的 AI 公司 xAI，現在也成了 OpenAI 的競爭者。）奧特曼的成就已經使得「他究竟是誰？」這個疑問變得無比迫切。

　　為了撰寫本書，我訪談了包括奧特曼的家人、朋友、老師、導師、共同創辦人、同事、投資人、資產管理公司超過 250 次，此外還訪談奧特曼數小時。最終勾勒出奧特曼是出色的交易專家，追求速度、熱愛冒險，如同虔誠教徒般堅信科技進步的前景，但有時候，身邊的人覺得他行動迅速難以跟上。他討厭對立，但這有時反而導致衝突惡化。然而，每一次被擊倒後，奧特曼總是能以更大的力量捲土重來，誠如葛拉罕在 2008 年時這麼評價他：「你把他空降到一座滿是食人族的島上，五年後再來查看，他會成為島中之王。」❶

　　為了解奧特曼，你必須了解他的家庭。因此，接下來的故事從他的父親傑利・奧特曼（Jerry Altman）說起，有時他被稱為「房地產開發商」，但這個職稱還不足以形容他。傑利・奧特曼的政治行動主義和富有創意的交易談判技巧，對平價住宅政策有

著長遠的影響，他把自己的這兩項熱情傳遞給兒子，而山姆的母親康妮・吉布斯汀（Connie Gibstine）則是把母性家族的「科學腦」和自身強烈的職業道德感遺傳給他。傑利和康妮每天都會肯定山姆及其弟妹可以成就任何事，從小養成山姆的自信與樂觀。但與此同時，山姆認為父母最終分道揚鑣的不幸婚姻也埋下了自身長期焦慮與家庭不睦的種子，導致他的妹妹安妮在 2018 年傑利過世後便與家人斷絕往來。

　　成長於聖路易市郊，身為猶太裔專業人士家庭的長子，奧特曼很早就展現他的與眾不同，也被如此對待。他的童年深受改革進步機構的影響，從聚焦社會正義的中央改革信眾猶太教會（Central Reform Congregation），到嚴格的約翰巴勒斯中學（John Burroughs School），這些機構教導他必須肩負改善世界的道德責任。透過鑽研電腦，他發掘了自己的智性志趣，透過美國線上即時通（AOL Instant Messenger，簡稱 AOL）聊天室，在 1990 年代末期的美國中西部為自己身為同志青年的尷尬找到了突破口。在約翰巴勒斯中學，他決定公開抵抗那些不包容自己性向的言行，這場經歷讓他體會到承擔巨大風險可能帶來改變人生的價值。

　　就讀史丹佛大學時，奧特曼結識了他第一家新創公司 Loopt 的共同創辦人。Loopt 是一款針對摺疊手機年代定位社群的網路服務公司。這是奧特曼在經營 OpenAI 前唯一經營過的公司，而 Loopt 創業故事預演了奧特曼未來的歷經：Loopt 相當順利地從紅杉資本（Sequoia Capital）等著名創投公司那裡募集到資金，而年輕的執行長奧特曼當時領導這家困頓掙扎的新創公司時也曾歷經

員工叛離。

不過，Loopt 最重要的貢獻是讓奧特曼有機會結識保羅．葛拉罕及 Y Combinator。葛拉罕在奧特曼身上看到一切新創公司成功所需要素的結晶。Loopt 在 2012 年出售，但奧特曼仍然與 Y Combinator 關係密切，甚至在他管理由提爾資助的個人投資基金時，也為 Y Combinator 的新創公司提供諮詢。葛拉罕決定退休時，他選擇奧特曼成為他的接班人，促使奧特曼進入矽谷的權力核心。在他的領導下，Y Combinator 從一年孵育數十家新創公司，發展成孵育數百家，並拓展到硬科學領域，還設立一系列遠大的計畫，最終孕育出一間名為 OpenAI 的非營利研究實驗室。在奧特曼忙於領導 Y Combinator 之際，這間實驗室的招募人才工作便交給他的朋友格雷格．布羅克曼（Greg Brockman），他之前在 Y Combinator 資助的支付服務公司 Stripe 擔任技術長。

本書不僅呈現了奧特曼早年生活和職業生涯的新資訊，也涵蓋了迄今為止他在 OpenAI 的經歷。書中講述奧特曼和馬斯克每週共進晚餐，只為了討論 AI 技術的危險性與前景，以及奧特曼如何憑藉與布羅克曼結盟，在權力鬥爭中領先年長的億萬創業家馬克斯。本書也揭露了被長期掌管紅杉資本的麥克．莫里茲（Michael Moritz）形容為具有「商人精神」的奧特曼，是如何主導開發出第一款使用大語言模型（large language model）的商業產品，在此產品誕生以前，只有學術研究使用這種模型。本書展示，透過 ChatGPT 和 GPT-4 的問世，奧特曼如何使用他在 Y Combinator 練就一身說新創故事的精湛技巧來講述有史以來最傑出的新創公司之一。

模擬理論

奧特曼很謹慎，不願和記者多談，但他的朋友（包括提爾在內）表示奧特曼贊同這個在矽谷普遍存在的論點：AGI 早已被發明出來，我們現在生活於它創造出來的電腦模擬中。「山姆站在模擬理論那一邊，我站在非模擬論這一邊，」提爾告訴《華爾街日報》：「某種程度上，你可以說：AI 與上帝有何不同？」被問到這個問題時，奧特曼一笑置之，說那就像是「大一新鮮人在宿舍裡的聊天話題，」但他也跟笛卡兒一樣，認同：「除了你自己的意識之外，你無法確定任何事物的存在，」甚至連你的存在與否，你也無法確定。「這與許多東方宗教所說的『我們只存在意識之中』非常相似，」他在我們的第一次訪談中這麼說。

奧特曼是個探索者，他不信奉神，但他經常冥想，也擁抱印度教的吠檀多不二論（Advaita Vedanta）哲學。發布 ChatGPT 後沒多久，他在推特上發文說，他相信很少有人相信的哲理是：「梵我同一。」❺Advaita 的大意是非二元論，認為梵（Brahman，構成所有現實的永恆意識）與我（Atman，個體的靈魂或自我）之間無異，我們體驗的世界是梵的幻象。「我絕對願意相信，意識是某種基質（substrate），我們全都身處夢或模擬或什麼之中，」奧特曼告訴播客主持人雷克斯・弗里曼（Lex Fridman）：「有趣的是，矽谷對模擬的信仰變得近似梵，二者之間沒多大差別。」❻

換言之，這一切全是個夢，夢裡，一切皆有可能。

第 1 部

1985 — 2005年

社運的聖地

第 1 章

芝加哥

　　1983 年 4 月 29 日，一股冷風從密西根湖吹來，芝加哥的政治人物擠滿海軍碼頭（Navy Pier）的一間禮堂，參加該市首位黑人市長的就職典禮。樂隊奏樂，哈羅德・華盛頓（Harold Washington）身穿深色西裝，領帶顏色呼應他鬢髮上的銀灰，與肩上戴著大朵吊燈花的未婚妻沿著過道走去。他走上講臺時，群眾爆出歡呼聲：「我們要哈羅德！我們要哈羅德！」對一座幾十年來被市長理查・戴利（Richard J. Daley）和民主黨機器掌控下的城市來說，哈羅德・華盛頓代表全新的氣象。❶

　　他的當選震驚全美，他在民主黨的初選中擊敗現任市長和已故戴利的兒子，成為代表民主黨競選的候選人，後來又克服共和黨候選人針對特定人群的競選標語「選伊普頓，否則就太遲了」（Epton for Mayor, Before It's Too Late）*中隱含的種族歧視訊息。

---

* 當時共和黨候選人是伯納德・伊普頓（Bernard Epton）。表面上看來，這口號是在強調城市未來的緊迫性，呼籲選民趕快做出選擇，實則隱晦地向白人選民發出：「阻止黑人掌控城市的時間不多了。」

在一次競選活動停留期間，有人在一座天主教堂的牆上塗鴉了「n」開頭的字眼[†]。❷〔華盛頓曾打趣地說：「政治不是沙袋遊戲」（Politics ain't beanbag），當時試圖為華盛頓助選、最終利用他建立的結盟來展開自己政治生涯的年輕社區組織者巴拉克·歐巴馬（Barack Obama）也是如此強調。❸〕最終，黑人選民登記人數激增，再加上拉丁裔和「湖邊自由主義」的白人結盟支持，華盛頓勝選。❹「我的當選是芝加哥市史上最偉大的草根運動的結果，」他在講臺上說。❺

那天，傑利·奧特曼在觀眾群中驕傲地望著講臺，這位安靜、穿著保守的三十出頭男性是草根運動的一員。傑利有著一頭烏黑的頭髮，習慣旁分，微笑時眼睛會瞇成一條線，有時大笑會發出咯咯聲。去年，他白天當華盛頓的競選志工，跟著競選團隊到處跑，晚上則擔任平價住宅的顧問。現在，他在市長的住宅事務過渡團隊中服務，華盛頓也利用傑利的顧問經驗，成立一支任務小組，旨在阻止芝加哥市貧民區的房東離開。❻

第一段婚姻結束後，傑利留在芝加哥，他在全國社區組織的聖地找到了歸宿，這個城市孕育出許多社會運動人士，例如蓋兒·辛可塔（Gale Cincotta）。辛可塔有六個孩子，居住在

[†] N字頭的字是指「nigger」（黑鬼）這個貶義稱呼。
[§] 1930年代，經濟蕭條加上都市化的社區變遷，美國金融機構為了房屋貸款的安全性，繪製「居住安全地圖」，以不同顏色分區貸款區域居民的風險程度。當時只要是黑人社區、社區有黑人居民的地區，大都被標為風險程度最高的紅色，導致他們幾乎不可能獲得任何貸款，無法進入市郊區，只能留在資源缺乏的貧困區。

白人不斷遷出的社區，他憂心孩子就讀的學校資金不足，最終他發起全國性運動，抗議「紅線制度」（redlining）[§]，以及推動通過 1977 年的「社區再投資法」（Community Reinvestment Act）。❼ 傑利、辛可塔及其活動組織夥伴薛爾‧特拉普（Shel Trapp）結盟，特拉普擅長用各種抗議噱頭聞名，例如把一隻老鼠放在市議員家門前，抗議芝加哥市對老鼠猖獗問題的反應速度太慢。傑利也和傳奇人物索爾‧阿林斯基（Saul Alinsky）訓練出來的社運人士合作，阿林斯基採行的激進對立法使芝加哥成為社運人士的燈塔，也使阿林斯基成為右翼眼中的魔頭。

不過，傑利本身並非社運人士，當然也不會耍抓老鼠之類的伎倆，他是熱中平價住宅的財務專家，相信透過創意十足的談判可以說服商界相信，為窮人提供住宅也是有利可圖的投資。不出幾年他就做到了，首創透過改變稅務代碼取得購買平價房屋的貸款。傑利的創新方法後來促使聯邦政府推出「低收入住房稅收抵免計畫」（Low-Income Housing Tax Credit program），時至今日，這仍然是刺激房地產開發商興建平價住宅的主要途徑。

「這是一種運動，」與傑利同在華盛頓任務小組的雷洛伊‧甘迺迪（Leroy Kennedy）說：「大家滿腔熱血、幹勁十足，坦白說，也充滿快樂，因為真的有人關心此事。」

賣鞋發跡

傑利‧奧特曼無憂無慮地成長於聖路易市郊的克雷頓市（Clayton），父親經營一間鞋廠，傑利是家中的幼子。從許多方

面來看，奧特曼家族史是人們熟悉的猶太移民與創業故事，傑利的祖父（亦即山姆・奧特曼的曾祖父）哈利・奧特曼（Harry Altman）出生於普洛克（Plock），一座靠近華沙附近的猶太社區，當時隸屬俄羅斯帝國。1904年爆發日俄戰爭時，為了躲避被派往西伯利亞打仗，他與妻子柏蒂逃往西歐。後來，哈利獨自來到美國，短暫落腳紐約後，開始為皮齊茲家族（Pitzitz family）工作，他們在南方擁有許多商店，其中一間便位於喬治亞州的小鎮尼寇斯（Nicholls）。兩年下來，他賺夠了錢把柏蒂接來美國，柏蒂也在皮齊茲的商店工作，最終奧特曼一家把這家店買了下來。❽

哈利和柏蒂育有五個小孩，女兒蜜妮在童年時死於西班牙流感，剩下五個孩子分別是山姆、傑克、索爾及瑞芭。奧特曼家族不是虔誠教徒，但在這座南方小鎮，孩子們幾乎接觸不到傳統的正統派猶太教，柏蒂對此感到憂心。因此，他計畫賣掉在尼寇斯鎮的家族事業，在亞特蘭大買一棟商業建物，不過後來交易失敗，柏蒂因此提出訴訟，最終在喬治亞最高法院勝訴。❾ 誠如索爾的孫女桑妮・奧特曼（Sunny Altman）所言：「我的曾祖母是個比曾祖父更優秀的商人。」

柏蒂想舉家遷居亞特蘭大的夢碎，一家人改而搬遷到港城布倫斯威克（Brunswick），他們在房地產業另起爐灶，買下停止營業的商店，先販售庫存商品，最後賣掉物業。其中一筆交易是北卡羅萊納州的一家鞋店，店被大火燒毀了，但存貨無恙，當時快二十歲的兒子傑克要求他們留下存貨，在鎮上的主街紐卡斯特街（Newcastle Street）上開了一家「奧特曼鞋店」（Altman's

Shoes）。❿

　　鞋店生意興隆，柏蒂不但能接更多的歐洲家人來美國，還在布倫斯威克開了一家新店。大兒子山姆完成大學學業後，也在同條街上開了一家「奧特曼」（Altman's Ferminine Apparel）女裝店。除了小兒子索爾當了律師，奧特曼家族主要靠著賣鞋維生。女兒瑞芭嫁給菲爾・薩爾金（Phil Salkin），也在布倫斯威克開了另一家「薩爾金」（Salkin's）鞋店。傑克從喬治亞大學畢業回到布倫斯威克後，學會製作自己設計的鞋子，大蕭條時期，在海島（Sea Island）附近的克勞斯特飯店（The Cloister Hotel）賣鞋給有錢的老主顧。

　　二戰爆發時，傑克・奧特曼被派往太平洋戰區，在美國陸軍航空兵團的一個師駕駛「伊留申老虎」（Aleutian Tigers）戰鬥機，1942年受傷被送到聖路易的一家醫院，他在那裡結識並娶了一頭黑髮的漂亮志工希薇雅・哈里斯（Sylvia Harris）。希薇雅出身聖路易市郊大學城（University City）的猶太家庭，家世良好，父親是大都會人壽保險公司（Metropolitan Life Insurance）的主管。婚禮在以色列聖殿（Temple Israel）舉行，這是猶太教改革派歷史最悠久的教堂之一。

　　對於鞋子設計師來說，聖路易真是再好不過的地方了。20世紀初期，聖路易是美國製鞋中心，國際鞋業公司（International Shoe Company）、布朗鞋業（Brown Shoes）、漢密爾頓布朗（Hamilton-Brown）等鞋業巨人的總部都在這裡，一戰時期，美國軍方採購的鞋子超過半數來自這些公司。⓫「酒業排第一，鞋業排第一，在美國聯盟（American League）吊車尾，」這是聖

路易當地人談論自己城市和表現糟糕的聖路易棕人隊（St. Louis Browns）時經常講的老掉牙笑話。傑克與人合夥創立鞋業，兩人把公司取名為「喬伊鞋匠」（Joy's Shoemaker）。傑克的鞋款設計引起一位擁有幾家製鞋公司的英國人山姆・沃夫（Sam Wolfe）的注意。雙方合作成立了新事業，名為「德布鞋業公司」（Deb Show Company），店內銷售傑克考察歐洲所仿效設計的流行女鞋。他會在義大利購買家族女性鞋碼的鞋子，以及贈送菲拉格慕（Ferragamo）女鞋給女性親戚。這種模式成功到讓德布鞋業擴展了三家鞋廠，設立在附近的密蘇里州華盛頓市，那裡工會力量沒那麼大，生產成本較低。

傑克和希薇雅把家安在聖路易市郊的克雷頓市，育有三個孩子：蓋兒、傑克及傑洛德（大家都叫他傑利），他們夏天在喬治亞州和親戚一起度假，平日就讀克雷頓市風評良好的公立學校。傑利七歲時，他的祖母柏蒂中風，他的母親希薇雅在1958年1月前往布倫斯威克照顧他的婆婆。有一天，在紐卡斯特街的一間鞋店門前搬貨時，在潮溼的人行道上滑了一跤，摔斷髖關節。他被送回聖路易，但再也沒能下床，歷經六個月的折磨，感染病逝，年僅三十六。❿

希薇雅的離世導致這個家庭分崩離析。兩年後，有著一張嚴峻圓臉，髮際線明顯後退，身材寬胸健碩的傑克・奧特曼再婚，娶了他的秘書黛爾瑪・諾爾波（Thelma Noerper）。離過婚的諾爾波有著一頭金髮，個子嬌小，身高幾乎不到五呎（約一五二公分），帶著成年的女兒莎莉嫁進奧特曼家。傑利很快就接受繼母，但他的姊姊蓋兒（十三歲）和哥哥傑克（十歲）很抗拒。

「傑利當時還年小，」堂弟理查・奧特曼（Richard Altman）說：「對七、八歲的孩子來說相對容易，他逐漸與黛爾瑪親近，但另外兩個孩子就沒有了。」

傑利的父親是個工作狂，總是跟著公司的銷售團隊四處奔波。在家時，他是嚴父，「傑克是個緊張、焦慮的人，」莎莉的兒子鮑伯・納洛基（Bob Nawrocki）說：「他管教孩子很嚴厲，我想，黛爾瑪變成了傑利的傳聲筒。」

小傑克崇敬他的父親，暑期和假期都在鞋廠工作。安息日，他們會去以色列聖殿，就他們兩人。1965 年，傑克帶著全家去歐洲出差三週時，小傑克帶著一台美能達（Minolta）相機，跟著父親到處拍各種鞋款樣式，類似設計的鞋款很快就會出現在美國中西部的鞋店櫥窗裡了。

造福社會的理想

傑利的性格與他們不同，他不喜歡他父親無止盡地專注事業。「傑利算是我認識的人當中，智商數一數二高的，」納洛基說。雖然，傑利從未在納洛基面前說過反感父親的隻字片語，但有一次，納洛基提到他覺得傑克是個好祖父時，傑利說：「呃，我的感受倒是很不一樣。」

所有孩子起初是上公立學校，但傑克和黛爾瑪發現男孩們的學業太輕鬆，便把他們送去只收男生的聖路易鄉間日校，傑利在那裡從五年級讀起。這所私立學校位於風景優美的拉杜市（Ladue）郊區，校園占地上百英畝，很受老一輩聖路易家族的

青睞。在那裡,傑利是個獨行俠,但頗受大家喜愛,「傑利是個安靜的人,極富幽默感,喜愛棒球,」他的同學艾迪・賀爾（Ed Hall）回憶:「他的個性沒半點不好。」比起運動,他更專注學業,他喜愛俄語課,在學校演出的俄羅斯童話劇《伊凡王子與灰狼》（*Ivan Tsarevich and the Gray Wolf*）中扮演沙皇。❸ 高二時,傑利獲得一輛 1966 年份的米藕色龐帝克暴雪（Pontiac）,他總是把這輛車裡裡外外清理得一塵不染。多年後,山姆・奧特曼也很愛車──只是速度快得多了。

1969 年,傑利快高中畢業時,聖路易充斥種族紛歧,尤其是在住宅方面。跟二戰後的許多美國城市一樣,中產階級白人家庭從聖路易市中心遷移至周邊郊區,連帶著他們的稅收也跟著遷走。聖路易原屬奴隸州的一部分,加入聯邦後未經重建,因此這座城市還保留著糟糕的種族隔離遺跡。時至今日,開車行經被稱為「德爾瑪鴻溝」（Del Mar divide）的德爾瑪大道（Del Mar Boulevard）,你仍然可以看到清楚的區隔,大道的南邊居住著富裕的白人,黑人則是居住在當年被炸得滿目瘡痍的大道北邊區域。但真正的鴻溝是介於聖路易市和周邊郊區的聖路易縣。

1950 年以前,聖路易縣興建的住宅中有 80% 附帶種族歧視的嚴格契約,言明只有白人能居住。❹〔雖然,許多城市也有相同的約定,但在 1948 年聖路易「雪莉訴克雷默案」（Shelley v. Kraemer）經最高法院判決,此類契約違法。〕另一方面,該市規畫者假清除貧民窟之名,有系統地拆除黑人居住的貧窮社區,例如米爾溪谷（Mill Creek Valley）,把當地居民遷移至三十三棟七層樓的公寓,到了 1960 年代末期,這些公寓的名稱「普魯伊

果」（Pruitt-Igoe）成了失敗的公共住宅政策代名詞。❺

完成於 1954 年的住宅計畫，原意是在五十五英畝的土地上興建兩棟複合式大樓，一棟給黑人居住，以塔斯基克飛行員溫德爾·普魯（Tuskegee Airman Wendell O. Pruitt）命名，另一棟給白人居住，以美國國會議員威廉·伊果（William Igoe）命名。但 1955 年的一項法院判決終結了聯邦住宅計畫中的隔離規畫，於是住宅計畫變成完全為黑人興建。聯邦政府興建普魯伊果，但把管理權交給聖路易，後者疏於管理。當地警察稱其為「韓國」（Korea）及「阿帕契堡」（Fort Apache），每次進入社區幾乎都得帶上警犬。‡ 1969 年，該市住宅管理當局因財務捉襟見肘，六度提高這棟複合式公寓的租金，普魯伊果的上千位居民發起抗租行動。他們在聖路易住宅管理處處長位於克雷頓的住家前抗議，揚言要在聖路易建立一座帳篷城市。某個運動團體的新聞稿保證：「把每一位被逐出公共住宅的承租人變成志工，把城市公共住宅集中營裡的人類苦難與貧窮搬到克雷頓市上演。」❻ 住宅管理當局同意抗議者提出的要求，三年後，在全國電視轉播中普魯伊果被爆破拆除。

傑利對普魯伊果甚是熟悉，他曾有個暑期打工，開著好幽默（Good Humor）冰淇淋車到此社區販售，還賺了不少錢，但他從不敢天黑後在此逗留。他讀高三那年春季，抗租行動升溫，

‡ 光帶上警犬還不夠，美國陸軍在此祕密進行霧化輻射武器模擬試驗，在普魯伊果公寓樓頂噴灑。選擇這裡的理由是這些公寓建物和蘇聯列寧格勒的科爾皮諾（Kolpino）複合式住宅大樓相似。

但聖路易鄉間日校是另一個平行世界,「校園裡的我們,其實與現實世界隔絕,」傑利的同學兼好友沃克・伊格雷哈(Walker Igleheart)說。但傑利似乎比其他人更敏感,「他是那種想造福社會的人,」另一位聖路易鄉間日校的校友喬伊・瑞徹(Joe Rechter)說,但他當時還不知道傑利會怎麼行善。

在賓州大學華頓商學院主修經濟學時,傑利才萌生這個想法。「他對住宅政策及提高住宅公平性的議題很感興趣,」大學時期成為傑利友人的莉雅・柏德(Leah Bird)說。他們長談過政治與政策,尤其是費城那頗具爭議性的市長法蘭克・盧佐(Frank Ruzzo),「他知道必須修法,」柏德說。傑利參與奧特曼家族在費城的行銷活動,並在那裡的一間分店工作,但無意進入家族事業。

傑利進入康乃狄克州哈福特市(Hartford)市政府工作,後來成為市府規畫專員,他說服市議會考慮一些前瞻計畫,例如花 25,000 美元研究「成立社區型企業來生產太陽能產品的可能性」。他推銷的東西內含了後來山姆・奧特曼主義的典型成分:圍繞著希望取得聯邦資助、具權威性地執行、聲稱無營利動機,推銷遊說者對創立新形式非營利組織的新穎性感到興奮。「不側重獲利的社區型企業可以承擔私人企業可能不願嘗試的就業和在職訓練方案,」傑利對《哈福特新聞》(*Hartford Courant*)說。❼

很快地,傑利被任命為哈福特市助理經理,並開始和哈福特市法官暨州議員的女兒梅根・歐尼爾(Megan O'Neill)約會,梅根當時還是法學院學生,並在哈福特犯罪與社會正義研究所

（Hartford Institute of Criminal and Social Justice）當研究員。「大家都搬離哈福特，」認識傑利和梅根的該研究所領導者法蘭克在哈特曼（Frank Hartmann）說：「因此，課題是如何使哈福特再度變成宜居地？」梅根進行一項為期五年的社區安全性研究計畫，研究報告主張推動警民通力合作，這後來被稱為「社區警政」（community policing）。⑱

「梅根很難纏，」哈特曼充滿感情地回憶：「聰明又敢言，可不好應付。」梅根後來成為州助理檢察長。「傑利也很聰明，」哈特曼回憶：「看得出他的志向比哈福特這座城市還大，所以，我想，沒人預期他會在這裡久待。」

傑利和梅根在1977年於歐尼爾位於西哈福特的白色科茲窩（Cotswold）風格小屋後院舉辦婚禮，刊登於《紐約時報》的公告中指出，新娘打算保留家族婚前姓氏。柏德家族成員出席婚宴，發現婚宴賓客全都是盎格魯撒克遜白人新教徒，「看不到一個有色人種，」他回憶。

1979年從法學院畢業後，梅根在芝加哥一家律師事務所謀得一職，傑利隨他一同遷居芝加哥，但梅根因工作不順想返回哈福特，傑利不想，兩人便結束為期不到兩年的婚姻。

行善遊說專家

如同傑利祖父的境遇，婚姻偶然地把他帶到最能大展身手的地方。傑利運用在哈福特的人脈，進入哈福特最大雇主安泰人壽界意外保險公司（Aetna Life & Casualty）擔任業務委託人，他

可以在芝加哥遠距工作，拜索爾·阿林斯基的社會運動追隨者所賜，此時的芝加哥仍然是激進社會運動的中心地。又拜蓋兒·辛可塔等社會運動人士所賜，銀行的「劃紅線制度」被懲罰，保險業者從中看到發展趨勢，決心投入社區經營來改善與紅線區居民之間的關係，免得自家企業施行數十年的歧視性政策與措施被揭露。傑利的專長是結合政府資金和企業投資，包裝出財務方案為低收入住宅提供貸款。「傑利試圖消除會議室和社區之間的鴻溝，」1981 年時為安泰提供顧問服務而結識傑利的理查·曼森（Richard Manson）說。

這份工作讓傑利差旅全國各地。被《每日新聞報》（*Daily News*）描述為「貧窮、犯罪猖獗、停車場荒地」的布魯克林公園坡區（Park Slope），在他協助安泰聯合當地與聯邦的資源下，重建被縱火燒毀的排屋。❶⁹ 現今，這些位於時髦古著服飾店和高級餐廳對街的房子，每間價值介於 200 萬美元至 300 萬美元。

在賓州夢谷（Mon Valley），傑利與曾經接受阿林斯基訓練對立戰術的社區組織者麥克·艾奇勒（Mike Eichler）合作，重建位於匹茲堡周邊因鋼鐵業衰落而廢棄的區域。艾奇勒接受總部位於匹茲堡的企業培訓課，隨後聘請傑利，因為他聽聞傑利：「善於規畫房地產專案」。兩人一拍即合，艾奇勒計畫訓練失業的鋼鐵工人，讓他們自己成立非營利組織來募集資金，再投資家鄉城鎮的經濟發展，傑利覺得這計畫很有道理。

「這策略引發高度爭議，因為人們的刻板印象是，全美各地，尤其是匹茲堡，在這些城鎮工作與生活的人沒受過教育，『頭腦簡單，四肢發達』，無法了解經濟變遷，無法再訓練

等，」艾奇勒說。但他與傑利卻不這麼想，他說：「這很難得，因為大多數身懷技能的人都對本地居民抱持這種刻板印象。」

艾奇勒負責找有意願的本地人，傑利負責訓練他們，有時他得在一家汽車零件店外等候，因為每當有顧客進來買消音器或車尾燈之類的商品，訓練工作就得暫時中斷，等顧客離開再繼續上課，直到店主了解向銀行申請商用不動產貸款的細節。該團隊最終開發了一棟四層樓建物並將其出租，用租金收入來為失業的鋼鐵工人興建低收入住宅。傑利的無盡樂觀感動了艾奇勒，他說：「傑利的態度不是『我可以這樣說嗎？我不知道這行不行得通』，他的態度就是『當然，這一定行得通！』」

第二段婚姻

在芝加哥，一位友人安排傑利與一位小他幾歲的女性認識，乍一看，他與這位女士的共通點多到令他驚訝。他們都來自克雷頓，都是自由派，都來自中上階級改革派猶太家族，兩家人主要都靠房地產謀求更好的出路。

康妮・吉布斯汀是個聰明、有抱負的醫學院學生，目光專注，個性活潑，好勝心強。從密蘇里大學醫學院畢業後，到芝加哥西北大學皮膚醫學科當實習醫生，後來升為住院醫生。

康妮的祖父赫曼・吉布斯汀（Herman Gibstine）於1893年年幼時跟隨父母及四名手足從當時隸屬俄羅斯帝國的波蘭亞歷山德里亞村（Aleksandria）移民至聖路易，他的父親摩里斯・吉布斯坦（Morris Gibstein，他們來到美國後改了姓氏的拼音）在

波蘭是個成功的木材商人,但來到聖路易後當起裁縫師。他的孩子則從事女帽業,邁入 20 世紀時,排行中間、還是青少年的兒子薩謬爾‧吉布斯汀(Samuel Gibstine)開了薩謬爾吉布斯汀公司(Samuel Gibstine & Company),這家女帽事業頗為成功,啟發他的姊姊開另一家裝飾法式花朵的復活節帽子店,並雇用他們的弟弟赫曼在店裡工作。[20] 1905 年,20 歲的薩謬爾賣了他的帽子店,轉戰房地產業,薩謬爾吉布斯汀房地產公司(Samuel Gibstine Real Estate Company)後來成為聖路易市最大的房地產買賣商。[21]

其實,赫曼從女帽業轉進房地產業的速度比較慢,也遠較曲折。1920 年代初期,已婚的赫曼在美國女帽公司(American Millinery Company)擔任出納,並活躍於共濟會。[22] 赫曼夫婦育有兩個孩子艾琳諾(Eleanor)及馬文(Marvin),在大學城有一棟整潔的磚房。1925 年 8 月的某天,有人忘了關掉熨斗,熨斗運轉了整夜,觸發的灑水消防系統毀了存貨,損失高達 50,000 美元。[23] 公司因此破產,債主上門時赫曼聲稱他家被撬竊,他放在床墊下的 1,500 美元被偷了,那些錢是出售 172 頂帽子的所得。[24] 後來聯邦法官審理此案,要求他交出這筆錢,不然將判他藐視法庭。他逃去姊姊居住的西雅圖,但在那裡被逮捕並指控詐欺。赫曼的親戚只好付錢給債主來撤銷指控。[25]

赫曼回到聖路易,在繁華的伊斯頓大街〔Easton Avenue,後來改名為馬丁路德金恩大道(Martin Luther King Drive)〕上與人共同創立哈夫納與吉布斯汀房地產(Haffner & Gibstine Real Estate),在里奇蒙高地(Richmond Heights)、漢彌爾頓高地

（Hamilton Heights）、威里（The Ville）等社區銷售平房。多年間，他換了合夥人，但繼續在這些社區銷售房產，數十年後，因白人遷居郊區而導致這些社區沒落，他的孫女婿傑利・奧特曼試圖重振這項事業。

赫曼的兒子馬文很有數學和科學天分，他就讀學生大多來自富裕及猶太家庭的聖路易公立索爾丹高中（Soldan High），在1940年進入華盛頓大學，接著繼續攻讀該校的醫學院，並於1946年取得醫學學位。❷ 那年，他與克雷頓地產公司高階主管的女兒佩姬・法蘭西斯（Peggy Francis）結婚，當時，佩姬還是伊利諾大學學生，他們的訂婚公告標題得意洋洋寫著：「佩姬・法蘭西斯小姐與醫生訂婚」。❷ 他們在俯瞰聖路易森林公園（Forest Park）的一家飯店舉行婚禮，並短暫跟隨美國陸軍停留德國後，返美定居於克雷頓一條舒適、非商業街區上的一棟黃色磚房，育有四個孩子。❷

馬文是個喜歡做手工的工匠，也是個愛杞人憂天的人，1960年代初期，他在自家地下室建了防空洞，裡頭有兩張三層鋪床，「在防空洞裡，我們備有壺裝水、垃圾桶，我猜，垃圾桶是不是用來如廁的？」排行老三的康妮回憶。那時，學校仍會進行空襲警報演習，孩子們靠牆或坐或蹲在書桌下，為地緣政治邏輯下可能消滅地球所有生命的武器攻擊做準備。「我還記得夜晚時因為害怕，跑去我父母的房間，心想：『要是炸彈來襲時，他們不讓我回去家裡的防空洞怎麼辦？』，」康妮回憶。當威脅似乎過去，馬文把地下室改建成業餘無線電播音室，台號WN0BVQ。「他有時會激動地跑上樓，說他在自建的業餘電台上透過摩斯電

碼連結到澳洲的某人,」康妮說:「要是晚一、兩個世代出生,他應該會是擅長搞電腦的人。」

康妮是家裡四個孩子中唯一的女生,也跟隨父親腳步進入醫學領域。他讀克雷頓高中時擔任年鑑編輯、學生會幹部,也是啦啦隊第二校隊雙隊長之一。大學就讀伊利諾大學香檳分校,主修生物、副修物理——但他說:「我根本不擅長物理,只是為了修足相關課程才選了這門輔修。」接著,他進入密蘇里大學哥倫比亞分校醫學院,三年後他的父親死於癌症,得年五十六,遺孀佩姬當時五十二歲。

康妮在 1980 年前往芝加哥,並成為皮膚科醫生,選擇這科別部分是為了控管自己的工作時間,未來婚後能兼顧家庭。當住院醫生時,他認真且務實,「康妮總是理性、有見地,」和他一起當住院醫生的艾咪・帕勒(Amy Paller)說:「他總是有效率地切入重點。」康妮也很上進,與他人合寫過有關於牛皮癬及其他疾病的學術論文。他們擔任住院醫生時處於愛滋病疫情的早年,帕勒說:「若我們檢查病患發現有微血管肉瘤,在當時等於宣判死刑了。」這經驗深深影響康妮認真看待男同性戀者的健康風險,多年後,當他的兒子山姆・奧特曼出櫃,這觀點也影響了他的反應。「我們花很多心力診療這些年僅三十多歲的年輕男性,他們日益消瘦,太可怕了,太可怕了,」他說。

投身社會住宅開發

康妮和傑利回到聖路易的華盛頓大學校園舉行婚禮,比起傑

利第一次的婚禮，二婚婚禮低調很多。婚禮後，兩人都急於返回芝加哥，他們搬進黃金湖岸區（Gold Coast）南邊的一棟高樓，康妮繼續當住院醫生，傑利接下來一年間則是晚上做顧問工作，白天當哈羅德・華盛頓的競選志工，「免費志工，」康妮說：「因為他想見到一個黑人成為市長。」

華盛頓的競選不只是讓占了芝加哥人口40％的非裔美國人更具代表性（雖然，這的確是他的支持基礎），也是要粉碎「機器」——戴利市長自1950年代主政起建立的庇護制度，決定誰能獲得工作和政治庇護。戴利主政時期側重「清除貧民窟」，這對芝加哥市的貧窮居民帶來災難。❷⁹ 華盛頓上任後，傑利的住宅議程（Housing Agenda）嘗試使用該市的刑法來迫使房東修繕所屬房產，以改善貧困社區既有的房屋存量。這方案成為全國藍圖，華盛頓在1984年的全美城市建設聽證會上向國會提出。❸⁰

同年，傑利提出一種促使法人組織出資興建平價住宅的方法，這方法後來激發聯邦立法。他受雇於地方倡議支持法人（Local Initiatives Support Corporation，簡稱LISC）的一個分支機構。LISC是全國性非營利組織，集合法人的錢來投資城市發展和平價住宅。傑利為這分支機構工作時，提出一個新穎的機制：使用稅務代碼的一部分，讓平價住宅的建商能夠加快建物的折舊率，以此減輕稅負，把節省下來的錢轉移給建案投資人。這不是稅額減免，但很接近。「傑利很有點子，」LISC雇用傑利的安迪・狄頓（Andy Ditton）說：「他善於破框思考。」

他們用這妙招來吸引芝加哥第二大銀行大陸銀行（Continental Bank）提供融資，修復巴克敦（Bucktown）社

區的一棟六單位公寓樓,並邀請芝加哥的政治人物前來剪綵,包括眾議員暨眾議院歲入委員會(House Committee on Ways and Means)主席丹尼爾・羅斯登柯夫斯基(Dan Rostenkowski)。這位高權重的眾議員對此感到驚豔,剪綵儀式結束後攔下迪頓,問他是如何做到的。接下來,迪頓的團隊花了幾個月與羅斯登柯夫斯基的幕僚共同研擬出一項1986年聯邦議案中的條款,撥出100億美元給「低收入住房稅收抵免計畫」(Low-Income Housing Tax Credits)。

傑利繼續投入大量時間奔走各地,但工作上逐漸仰賴他在芝加哥的人脈,例如他和社會運動組織領導人蓋兒・辛可塔和薛爾・特拉普的關係。麻州的洛威爾市(Lowell)有一個名為「艾克」(The Acre)的工人階級社區,居民大多是拉丁裔,當局預定要清除那裡,傑利在當地和LISC顧問比爾・崔諾(Bill Traynor)合作,保住了這座社區。辛可塔把傑利引介給一個名為「結盟追求更好的艾克」(Coalition for a Better Acre,簡稱CBA)的當地組織,傑利建議他們設立非營利組織,提出發展計畫來爭取安泰保險公司資助。「安泰願意支持CBA,」傑利告訴撰寫《城市更新》(*Renewing Cities*)一書的公共政策教授羅斯・吉特爾(Ross Gittell):「我們知道它們有爭議性,我們刻意選擇它們,我們認為它們真的具有社區利益代表性,潛力十足。」[31]

崔諾對傑利建構交易與協商的技巧讚嘆不已,日後,傑利把這本領傳授給山姆・奧特曼。「我看他帶著謙遜及優良的傾聽技巧進入我們的世界,但他非常、非常聰明,善於理解別人的做

事方式，」崔諾說。這團隊從一項 280 萬美元的計畫做起，在十六塊空地上興建二十四棟住宅。在這計畫遠未完成前，他們又把目光望向一處搖搖欲墜、有 200 個單元的物業，名為「水泥城」（Cement City），崔諾回憶傑利的膽識，他和商界共進早餐時，把它推銷成一個 2,000 萬美元的美國住房與城市發展部（HUD）重建計畫，儘管他以前並無如此規模的計畫經驗。「我們當時甚至都還沒有那物業的掌控權！」崔諾邊說邊笑。

康妮不太看好，「我覺得他好像沒什麼方向，」他說：「他確實沒有方向。」他說服傑利去讀法學院，雖然康妮已經取得醫學學位，出於好玩，他決定跟傑利一起重返校園。他們在 1984 年註冊了羅耀拉大學（Loyola University）的夜間課程，當時的同學記得他們倆坐在一起吃著從家裡帶來的健康晚餐。「我的想法是，這麼做能使他專心，」康妮說：「我從小就喜歡上學，所以我也跟著去讀。」後來，康妮從未從事法律工作，但在法學院他仍然展現好勝心。後來康妮懷孕了，而且在取得法學院學位之前還二度再孕。「我們一起讀法學院，」康妮說：「但我比他多花一年的時間，因為我在這期間生了兩個孩子，我參加伊利諾州律師資格考試時，正懷著七個月大的老三，這稍稍延誤了我的學業。」

長子山姆‧奧特曼誕生

山姆‧哈里斯‧奧特曼出生於 1985 年 4 月 22 日，他很好帶，「你為他施打疫苗時，他躺在嬰兒床上照睡不誤，」康妮

說。不過,一直等到三年後他的兩個弟弟馬克斯和傑克、及幾年後妹妹安妮陸續出生,他們才會發現山姆到底有多不尋常。兩歲時的山姆會把《芝麻街》(Sesame Street)錄影帶插入家裡的VCR播放器中,自己播放影片來娛樂自己。「他自己播放的,」康妮說:「馬克斯也很優秀,但相同年紀時,他還不知道怎麼使用播放器。」山姆三歲時,有一天家人想打電話給遠在聖路易的外祖母佩姬,康妮發現山姆已經懂得區域號碼的概念了,「他問:『撥外婆的電話號碼前,要撥什麼號碼?』」康妮回憶:「而我的其他孩子大概要到十歲左右才了解。」在康妮看來,彷彿:「山姆一出生就是個成年人。」

從小小年紀起,山姆習慣沈思,不像典型小男孩的活動量大。此時,奧特曼家已遷居芝加哥重建後的林肯公園(Lincoln Park)社區,那裡處處有林蔭和袖珍公園。康妮懷著馬克斯的末期身體不適,有一天,他帶著山姆去戶外兒童遊樂場活動筋骨,但當時兩歲的山姆對溜滑梯或盪鞦韆都不感興趣,「不,媽咪,我跟你一起坐這裡,我們就坐這裡,看其他寶寶玩吧。」康妮回憶山姆當時這樣告訴他。「而他口中的『寶寶』年齡都比他大,」他說。這事再度讓他看出山姆不尋常的成熟和智力,「他不是運動型的,」他說。這也顯示了他的深切孝心,但未來,這種孝心將拆散他的家庭。

山姆接近上幼稚園的年紀時,康妮對他們可得的教育選擇感到失望。想進入合適的公立磁性學校(magnet school),但他們的招生流程政治味濃厚,令人不悅。至於私立學校,對於當時有三個孩子的他們恐怕負擔不起,「不只是學費,」康妮說:「讀

私立學校的家庭是那種在感恩節假期會去瑞士度假聖地滑雪之類的,那根本不是我們生活的一部分。」

懷所有孩子期間康妮都持續工作,約診看診直到生產日前。他熱愛皮膚醫學,「我的一些朋友,例如胸腔外科醫生,他們會問:『你怎麼忍受得了治療青春痘的工作啊?太無聊了,太無趣了。』可是,這能改變這些孩子的生活啊,」他說,醫治許多青少年病患:「對我來說,很有成就感。」他的診所被芝加哥最大的醫院收購後,健康維護組織(Health Maintenance Organizations)變得更具支配力,他對這種保險模式的種種限制感到惱怒,在康妮生長的家庭,父親的病患大多以現金支付診療費,「我打算離開這組織,因為他們訂了誰能獲得醫療幫助的種種規定,」他說。

傑利的法學學位沒能使他「專注」專業,他更甚於以往地在外奔走,在全國各地為住宅計畫提供顧問服務。1987 年,哈羅德・華盛頓進入第二任期的幾個月,傑利剛投入一項新住宅計畫的幾小時後,華盛頓心臟病發,死於辦公桌前。華盛頓向來歡迎主動上門「做好事」的人 ❷,如今他突然離世,這些人在市政府裡的前途未卜。

「其實,他在哪裡工作根本無所謂,」康妮說。他們開始思考搬回聖路易,這樣康妮可以照顧寡居的母親佩姬,年輕、有活力的佩姬還可以幫他們照看孩子。傑利的父母已經過世了,他的哥哥也住在聖路易,儘管他們並不常聯絡。在芝加哥進行一次重大的房地產價值重估後,奧特曼家的房地產稅即將提高,康妮也受夠了大城市生活的不便,例如在超市結帳完後不能推著購物

車去車子旁裝卸貨品,因為超市為了防止人們偷東西,豎立了樁柱,「在這裡,生活真的比以往更難,」他說。

因此,當山姆四歲、馬克斯兩歲、傑克僅十週大時,奧特曼一家遷回克雷頓。

第 2 章

聖路易

　　奧特曼一家人落腳克雷頓市邊緣地帶的希爾克雷斯特（Hillcrest）社區，住在一棟都鐸風格的棕色磚房，這些風格獨特、典雅的住宅是二戰前興建的，社區離康妮成長的老家不遠。這裡的每棟房子彷彿是從格林童話中摘出來的，院子裡有蓬勃生長的山茱萸和杜鵑花。奧特曼家的孩子經常騎腳踏車前往枝葉繁茂、有高爾夫果嶺，占地比中央公園更大的森林公園遊玩，從他們家後院籬笆的一個破口穿出去，抄捷徑就能抵達他們就讀的一所在當地評價甚高的小學。這整潔有序、適於步行的社區有公立學校座落於中心位置，以公立公園為邊界，令山姆覺得，人類不僅有能力圍繞著公共財來自行打造社區，這也是出於他們的本能。多年後的一場暴雨後，他在舊金山灣區為一群新創公司提供顧問服務，這裡距離那密蘇里州充斥蟬鳴的郊區甚遠，他透露了童年情景是多麼深埋於心。「那初雨的氣味，你們知道它叫什麼嗎？」他問在座的創業者。接著，他說：「初雨後泥土的芬芳

（petrichor），是我最喜歡的氣味，一年只能聞到一、兩次，因為必須久逢甘霖才會散發出這氣味。那是聖路易夏天的氣味。」❶

奧特曼夫婦天天告訴孩子，他們可以成就任何事。但是，幾乎打從他們遷居聖路易起，家中就出現了緊張氛圍。早在芝加哥時，康妮就開始夢想創立自己的診所，但家中有這麼多小孩，實現夢想似乎遙不可及，所以他加入勞倫斯・薩謬爾斯醫生（Dr. Lawrence Samuels）的皮膚科診所，薩謬爾斯是聖路易本地人，專長是頭髮移植。「這樣我就可以上班看診，下班回家照顧小孩，不必經營診所，」他說。薩謬爾斯則是完全看不出康妮是多個小孩的媽，「他與我共事過的男性一樣勤奮，」他說，在生了第四個小孩安妮後：「僅僅兩週，他就返回工作崗位了。」

傑利很難在聖路易立足，他繼續遠地提供顧問服務，例如紐奧爾良、佛羅里達州棕櫚灘縣，他在棕櫚灘縣幫助一個距離湖海莊園（Mar-a-Lago）約半小時車程的貧窮黑人社區興建住宅，這社區過去從未有公共供水系統或下水道。「他經常在拉斯維加待一天，在夢谷（Monongahela Valley）待一天，然後又跑去阿肯色州小岩城（Little Rock），」任職 LISC、與傑利共同執行這些計畫的艾奇勒說。他們開出租車奔走全國各地，一起研議一種較不好鬥、更易於被周遭的資本主義現實接受的新形式社區組織。或許，我們不需要讓實行「劃紅線制度」數十年的地方銀行行長難堪，我們可以把他當成夥伴，說服他，若投資於平價住宅，不僅可以拓展他的業務，又能成為社區的領袖。艾奇勒創立「共識組織研究所」（Consensus Organizing Institute），訴諸與他的導師阿

林斯基相左的對抗戰術,傑利後來加入這個組織的委員會,「傑利幫助我發展全新的社區組織方法,」艾奇勒說。

可惜,聖路易並非實行他們新方法的沃土。雖然,當時有許多城市提供來自聯邦、旨在幫助窮人和阻止荒蕪計畫的過渡性融資,意圖藉此激誘企業界投資平價住宅,但聖路易的市長公開聲明,原則上他反對把城市的聯邦補助款裡 2,000 萬美元花在平價住宅上。❷「我不認為聖路易市應該成為所有窮人、就業不足者及受教育程度不足者的最終收容地,」當時的市長文森・蕭梅爾二世(Vincent C. Schoemehl Jr.)說。根據《聖路易郵報》(*St. Louis Post-Dispatch*)在 1991 年發布的一項調查,蕭梅爾把大部分的錢用於行政酬庸職務,其餘的錢用於該市富裕社區。傑利以他慣有的低調,面無表情地向該報說:「目前,投入市中心的資源與心力,對比投入社區,尤其是貧窮社區的資源與心力之間存在不均。」❸ 部分因為這點,聖路易沒有傑利擅長的公私合作文化。同年,他向當地報紙抱怨:「聖路易缺乏像匹茲堡、克利夫蘭、堪薩斯市、巴爾的摩等城市那樣甚富成效的社區發展法人行動,」也:「缺乏像費城、紐奧爾良及華盛頓等城市的基礎發展承諾。」❹ 這是一位極少提高音量的男人,但你幾乎能聽到他尖銳地說出這些話。

傑利立意要過一種截然不同於他那工作狂父親的生活,但最終卻過上頻率不亞於父親的空中飛人生活。「他看到父親經常不在家,忙於建立他的製鞋事業,他不想只在乎賺錢,他想更聚焦於家庭及做好事,」康妮說:「他確實聚焦於做好事,但從不關注家庭。」他怨恨傑利總是差旅在外,「這是關係緊張的一個源

頭,因為他晚上和週末大多不在家,在外做社區組織的事,只有我在家照顧所有這些小孩,」他說。

這種憤怒持續多年,「我知道母親很氣父親,兒子還小時,他總是不在家,總是差旅在外,」他們的女兒安妮說:「直到了我出生後,他自知之前虧欠甚久,無地自容,開始每天晚餐後負責洗碗筷,忍受對他的消極敵意與抗拒,他表現得就像自己罪有應得。」

安妮出生後傑利不再四處差旅,接了當地的一份工作,領導一個非營利組織,在較貧窮的社區開發房地產,通常是去拯救當地繁榮時代遺留的歷史珍貴建築。康妮決定該是時候自立門戶了,他和薩謬爾遺留斯診所的一位同事共同創立了自己的診所,不過合夥關係並未持久,「因為康妮的幹勁與職業道德感,他們其實無法共處,」薩謬爾斯說。因此,康妮最終單打獨鬥,在密蘇里浸信會醫院(Missouri Baptist Hospital)設立自己的皮膚科,他可以自行安排每週工作四天,並且避開會招來病患苛求的那類整形治療,「我只做那些傳統診療,但它們很有成效,」他說。但他仍得疲於應付孩子的牙齒矯正看診和生日派對之類的事務,儘管女權運動早就過了一個世代,儘管他是家裡生計的主要負擔者,但這些事務仍落在他的身上。「我們被告知自己可以兼顧一切,其實不然,」他說。

康妮堅持全家每晚共進晚餐,他自己下廚,孩子們在桌上玩數學遊戲和「二十個問題」(Twenty Questions)猜出當晚甜點❺,晚上閒餘時間玩乒乓球、電玩、桌遊。❻山姆總是在「武士」(Samurai)卡牌遊戲中獲勝,傑克後來回憶時開玩笑地說:

「因為他總是宣稱自己是武士隊長,他說:『我必須贏,我掌管一切。』」❼ 每年的感恩節假期,全家會玩觸身式橄欖球,但在運動上,結果就不同了,山姆和傑克在高中時都玩水球運動,「我比他優秀很多,」傑克告訴《華爾街日報》:「你可以白紙黑字地把這寫下來。」不過,誠如這些手足後來在安妮的播客中承認的,他們之間的真正競爭是成為「媽媽的最愛」。就是因為家裡的這個笑話,使得康妮一度把這幾個字印在他們每一個人的T恤上。「我來自一個喜愛對事物進行排名並從中獲得意義的家庭,」安妮後來寫道。❽

四個孩子輪流贏得「媽媽的最愛」這件勝利披風,不過,這件披風在山姆身上停留得最久。馬克斯在數學上表現傑出,但其他孩子是樣樣出色,傑克最多才多藝,「他能歌擅舞,還會做詩,他參加過的每一個標準測驗都得 800 分,」康妮說。安妮比山姆小九歲,當時地房地產開發商史蒂夫・羅伯茲(Steve Roberts)和傑利一起指導他的壘球隊,他說安妮:「非常、非常優秀,」但:「有點被寵壞,」他是個「爸寶」。傑利的大學友人莉雅・柏德回憶時說安妮:「聰明、活潑、有趣,是個有點尖酸刻薄的人,很敬愛他的父親。」當時山姆在家中顯得很特別,主要不是他的才智,而是他的怪異——早熟地安適於成年人世界,不會去煩擾康妮。「我以前常說,你可以把十歲的他丟在紐約市,他能自理生活,能弄清楚這城市如何運作,」康妮說。他和傑利引以為傲的一點是,他們從不嘮叨孩子去做作業,或是煩惱他們的穿著,「我對孩子的唯一規定是不能頂嘴,」他說:「山姆從不頂嘴,其他孩子嘗試過一次,我讓就他們閉嘴了。」

山姆唯一在宗教信仰上沒聽康妮的話，若是由康妮決定全家人的信仰，這家人大概完全不會上猶太教堂。「我有一個超級信仰科學的父親，他相信是人創造了上帝，不是上帝造人。而我也這麼想。」康妮說。但傑利經常上教堂，而且接受了猶太教成年禮，因此這家人找到折衷辦法，加入聖路易市最追求改革進步的中央改革信眾猶太教會（Central Reform Congregation）。

　　中央改革信眾猶太教會建立於1984年，在聖路易市的其他猶太教會都搬遷至周邊的聖路易縣時，這個新成立的教會言明繼續留在市裡，創立它的拉比蘇珊・塔爾夫（Rabbo Susan Talve）把社會正義視為教會使命。「若我們要對抗導致這麼多不平等及差異的種族主義和其他種種社會階級制度，我們必須走在前線，」他說。在愛滋病危機高峰期，這教會歡迎LGBTQ人士，致力於雇用男同性戀者和女同性戀者在宗教學校任教。這教會驕傲地自稱支持捍衛選擇權（pro-choice，亦即墮胎自由權）和男女平等主義，拉比塔爾夫說這教會是「自己選擇當猶太人」（Jews by choice）和「有色人種猶太人」（Jews of color）的天堂。租用一神論派教堂多年後，中央改革信眾猶太教會蓋了自己的建物，其前廳馬賽克式圓形鑲嵌圖案是黃道十二宮交織的古猶太畫像，最近造訪這教堂時，拉比塔爾夫指著這圓形圖案中的一個藍色人，說：「我們把彌賽亞變成一個有刺青的變性人。」

　　山姆每週日一早去上中央改革信眾猶太教會的希伯來語學校，也跟所有手足一樣，在教會接受猶太教成年禮。「他在成長中學到，我們來到世上是為了修復世界，我們稱為『Tikkun olam』，」塔爾夫說。這教會有自助食品分發站，名為「Tikkun closet」（修復世界）。塔爾夫記得山姆，因為山姆跟他的一個孩子同年，「我記得總是充滿愛心的山姆，」他說：「他溫和安靜、很可愛，我記得他非常聰明，常提出好問題。」奧特曼家的男孩曾經寫信給教會的信眾，請他們捐錢，讓教會能購買第二本妥拉（猶太教律法）。奧特曼家的人說，山姆對猶太教的看重程度更甚於他父母那個世代的人。

博覽群書的科技迷

山姆八歲生日時，父母送給他的禮物是一台米色箱形的麥金塔電腦 Mac LC II。嚴格來說，這是家裡的第一台電腦，但在他的父親開始用這台電腦來工作之前的幾年間，這台電腦放在山姆的房間，「很興奮、很酷，」山姆回憶。他在小學的電腦實驗室裡自學編程，「我們的電腦實驗室裡有 Apple IIGS 電腦可以啟動 BASIC 程式提示符，然後你就可以編輯程式，例如『列印出從 0 到 100 萬的每一個質數』，」他回憶。但他很快就覺得簡單的程式語言令人厭煩，「我花了很多時間思考，若我們能夠讓電腦學會思考，而不是必須一次一條地寫 BASIC 程式，那會怎樣呢？」他說。他至今最清晰記得的其中一件事情是，一天晚上，他在高架床下方的書桌前想像這種未來，想到很晚，「我記得當時我在想，有一天，電腦將學會思考，」他回憶。

關於他嫻熟電腦的事，傅遍拉爾夫艦長小學（Ralph M. Captain Elementary School），「老師會去三年級班上找山姆，輕拍他的肩膀，說：『我們需要借用他一下，有個東西我們不知道

如何做』,」康妮說:「然後,山姆便會去他們的教室或圖書館教他們。」他的小學老師開始給他額外的、更進階的課。

但是,克雷頓的初中不相信按學生能力分班上課的做法,「他們不想讓任何人難過,」康妮說:「所有人都拿參與獎,全部一視同仁。」他和傑利認為山姆需要更嚴格的學校教育,便問他是否想申請約翰巴勒斯中學,這所學校已經超越改為男女兼收的聖路易鄉間日校,成為大聖路易地區最頂尖的私立學校。(由以下這件事可以看出這兩所學校之間的競爭:聖路易鄉間日校的一位男校友形容約翰巴勒斯中學的文化為「到處游走的設計師」。)山姆拒絕了,「我爸其實不相信私立學校就比較好,」山姆回憶:「而我自己也反感私立學校。我很興奮能跟朋友一起上同所初中。」

不過,六年級時山姆發現他讀的這所公立學校混亂、經費不足,教師並不總能控管他們的課堂。「六年級不好,七年級更糟,」他說。有一天,在七年級的科學課(他最喜歡的學科之一)中,因為一名學生搗亂得太厲害,教師無法繼續講解電力,最終不得不在副校長及體育老師的協助下,把這名學生架離教室。在此之前,山姆的朋友麥特・曼德森(Matt Mendelsohn,如今在耶魯大學管理捐款)已經轉去約翰巴勒斯中學,並向他講述那裡的優點。「於是,我心想,好吧,我願意去那裡,」山姆回憶。

位於拉杜市(Ladue)、校園占地十八英畝的約翰巴勒斯中學是由一群家長創立於1923年,他們受到哲學家暨教育家約翰・杜威(John Dewey)的進步思想啟發,相信學校的目的是發

展每一個小孩「潛在能力的可能性」，使他：「成年後能為社會的進步做出貢獻」。❾ 他們以美國自然散文家約翰・巴勒斯（John Burroughs）命名這所學校，不是因為他跟聖路易有任何關係，而是以他做為創校理念的北極星。現在的人大多遺忘了巴勒斯，但其實他曾是美國最著名的作家之一，是華特・惠特曼（Walt Whitman）的超越主義之友，巴勒斯把他在出生地紐約州卡茨基爾山（Catskill Mountains）觀察鳥類及花草的心得寫成具有科學含義的詩和具有無神論內涵的散文，刊登於《大西洋月刊》（The Atlantic Monthly）等雜誌。巴勒斯在約翰巴勒斯中學創立的一年多前離世，在世時甚受崇敬，並與一些名人往來，包括老羅斯福總統（Theodore Roosevelt）和發明家愛迪生（Thomas Edison），全美各地有十多所學校以他命名。現今，聖路易學校與他最顯著的關聯是靠近運動場的一座巴勒斯雕像，白色長鬍的男人凝視宇宙，臉上顯露疑惑。

山姆在一年後來到這所學校從七年級讀起的，學校裡有著家庭般的氛圍，午餐是家庭風格的餐點，學生環桌坐在指定座位上，每桌主位坐著一位引導的老師，午餐時間長達四十分鐘，鼓勵大家邊吃邊聊。約翰巴勒斯中學通常每班僅限十二至十四名學生，並且規定所有學生必須參加運動，學生不穿制服。最近造訪該校時，該校的入學與學費援助主任梅莉迪絲・索普（Meridith Thorpe）說：「這裡的學生都很溫和善良，我們堅持這點，毫無商量餘地。」山姆很震驚地發現，這裡沒有人會把置物櫃上鎖，「你可以把你的背包放在地上，沒人會偷你的東西，他很喜歡這種環境，」康妮說。

在鼓勵「完全展現你自己」的種種充滿感情的激勵下，卻有著強烈、且往往令人喘不過氣的學業和考上好大學的壓力。所有高二生都必須在準備美國大學入學學術能力測驗（SAT）之初，先參加學術能力測驗模凝考（PSAT）。通宵溫習功課並非罕見的事，「我們畢業前，他們說的話基本上就是：『我們的目的是讓你們的學習和功課多到沒時間去做其他事』，」山姆的同學布萊恩・江普（Brian Jump）說。山姆的另一位同學暨友人科特・羅丁格（Kurt Roedinger）回憶：「我們其實沒怎麼睡覺。」約翰巴勒斯中學的許多校友說，他們上了大學後發現，他們這輩子最艱苦的時期已經過去了。

　　在這種環境中，山姆倒是應付得輕鬆自在，「他絕對是我們班最聰明的，」羅丁格說。儘管修了大多數進階課程，他仍然有時間做自己感興趣的事，包括閱讀艾薩克・艾西莫夫（Isaac Asimov）和亞瑟・克拉克（Arthur C. Clarke）等科幻小說，編寫遠超過學校課程的電腦程式。「他是我認識那個年齡的人當中，唯一在書架上有 C++ 程式設計書籍的人，」江普說。山姆總是黏著學校的電腦科學教師喬齊安・凱普查（Georgeann Kepchar），提早到他的第二期大學先修電腦科學課教室，跟他談 AI，儘管在當時，AI 大致上仍被認為是一種科幻概念。「在我的人生中，凱普查小姐是極重要的力量，」山姆在最近一次校友活動中這麼說。❿山姆成為高年級生時，美國出現了第一批 3G 行動資料網路，讓人們可以在手機上瀏覽網路，山姆是早期的技術採納者，「我在我的手機上使用網路，我大概是唯一這麼做的孩子，」他說。

不過，擔任十一及十二年級校長時結識山姆的安迪・阿柏特（Andy Abbott）說，山姆沒有典型的科技宅性格。山姆編輯學校年鑑，共同編輯學校的文學雜誌，他的機智和幽默討老師們歡心。「他的性格讓我聯想到麥爾坎・葛拉威爾（Malcolm Gladwell），」阿柏特說：「他幾乎什麼都能聊，真的很有趣。電腦、作家威廉・福克納（William Faulkner）、政治、人權，似乎他什麼都看，什麼都感興趣。」阿柏特還記得曾經半開玩笑地試圖說服他別走科技行業，他回憶自己當時這麼說：「山姆，別往那裡發展，你是這麼討人喜歡的人啊！」

雖然，如同他的弟弟傑克所言，山姆一直都是個求知慾旺盛的讀者，但他有時似乎擁有閱讀書籍無法獲得的詳細、晦澀知識。後來加入商船隊的江普記得他曾經告訴山姆，他計畫從邁阿密騎水上摩托車到巴哈馬群島，山姆當時非但沒有勸說江普放棄這想法──這個江普後來自己承認是個極其糟糕的構想，還鼓勵他，並且提供極詳盡的技術性建議。「他了解我說的水上摩托車款，那是最早的四引擎水上摩托車，因此可靠性提高，我們當時談論它加足燃料後的最大航程，」江普回憶。還有關於各種款式的特高頻（very high frequency，簡稱 VHF）無線電，以及萬一江普遇上麻煩，它們的天線信號能觸及海岸巡防隊的可能性，山姆都提供了詳盡實用的意見。「十八歲的孩子不會懂這些東西，」江普說。

其實，山姆懂這些知識是有原因的。有年暑假，他參加基督教青年會（YMCA）舉辦的露營活動，那些指導老師試圖誘使他接受耶穌基督做為他信奉的神和救世主，之後的暑假，父母便

把他送去美國傳統基督教信仰以外的地方去，包括有一次搭乘加勒比海一艘名為「Broadreach」的船，在那裡，他愛上了水肺潛水。他也空出時間去仿效他的已故外祖父馬文，加入地方上的業餘無線電俱樂部，此舉太令人意外了，以至於俱樂部的領導者對坐在皮卡車上的康妮說，他們以前從未見過青少年沒在父親或祖父陪同下加入這裡。業餘無線電使用 VHF 無線電波，跟航海無線電設備一樣。縱使還那麼年輕，山姆早就有能力用自己的生活體驗，透過共同的特定興趣，與他接觸到的近乎任何人建立關係，尤其是若這興趣跟技術有關的話。

我是男同性戀

山姆十二歲時就知道自己是個男同性戀者，直到十六歲向他的母親出櫃前，母親一直以為他只是有點不合群。「他不跟初中男生群一起講黃色笑話，我以為山姆有什麼障礙，」山姆說：「他以前不喜歡參加社交活動，我心想：『噢，你不快樂，不然，你應該跟我去參加這場派對，』但他說：『不用，不用，我寧願待在家裡。』我不明白為何他不去，因為我根本沒察覺。」

山姆在 AOL 研究了如何向父母出櫃後，他先找康妮談話，康妮聽完後的第一反應是：「你確定？」康妮當時只想到當年在芝加哥的那些愛滋病病患，「我太擔心他的身體安全、健康及他的人生將困難重重，」他說：「但山姆以為我因為他的性向而鬱鬱寡歡。」他問山姆，他才十二歲，如何確知自己是性向，畢竟他不記得自己在這個年齡時思考過性向問題。「媽，那是因為你

很正常，」山姆說：「你跟其他人沒有不同，所以不會去思考這個問題。當你跟別人不一樣時，你才會去思考，進而認知。」日後，山姆曾告訴《紐約客》（*The New Yorker*）雜誌，他房間裡的那台電腦是自己度過那段困難時期的重要工具，「那年代，成長於美國中西部的男同性戀者並非最酷的事，」他說：「發現AOL聊天室改變了一切。當你十一或十二歲時，心裡藏著難以啟齒的祕密是很難過的事。」❶

雖然交遊廣闊，山姆並沒有朋友成群，他最要好的朋友是後來考進哈佛成為醫生的車莎莉（Sally Che，音譯），他們結識於八年級，當時班級前往約翰巴勒斯中學位於歐札克高地（Ozarks）的「松鼠窩地」（Drey Land）營區露營及戶外教學。他們坐在輪胎內胎上，順著一條河流漂流而下時，仍是班上新來學生的山姆（這所學校的大多數學生都是從七年級讀起，山姆是八年級才轉來此校。）划向莎莉，並問起他的名字，「我叫莎莉，」他回答。穿著一件紮染T恤的山姆則是開玩笑地輕翻莎莉坐的內胎做為回應，令莎莉一陣慌亂。「他就是這樣自我介紹的，」我們近期前往他位於維吉尼亞州麥克林（McClean）的住家訪談時，莎莉笑著回憶。莎莉形容自己：「在中學時是個品學兼優的女孩，」他說自己就像：「典型的亞洲人，」很認真學習，也聽從父母的指令。他被山姆那種異常廣闊的感知力所吸引，「他是待在框架內著色的人，不會給我找麻煩，在他的框內肆意揮灑色彩，他喜歡各種色彩。」

莎莉不斷地挪揄山姆「糟糕的」時尚品味──他奇怪地鍾愛紮染T恤；他受到超級男孩合唱團（NSYNC）成員賈斯汀

（Justin Timberlake）的磨砂髮尖染吸引，用陽光牌（Sun-In）染髮霜把髮尖挑染成金色；他吃東西時總是搞得髒兮兮。「跟他一起外出用餐挺尷尬的，」他說。可是，莎莉很喜歡山姆不拘小節的態度，他說：「他有與生俱來的自信，我認為他不太在意別人的想法。」這似乎是天生的，「你不知道他這種泰然自若的心態從何而來，」他說。

一個週末，他們開著康妮的綠色本田（Honda）Acura 去芝加哥，一路播放眨眼 182 樂團（Blink-182）那首吵雜的歌曲〈我到底幾歲了？〉（*What's My Age Again?*，歌詞：我的朋友說我應該表現出我這年紀應有的行為，我到底幾歲了？）「他開車很瘋狂，我總是提心弔膽，」莎莉說。回程時，山姆想捉弄他，在行車時速九十哩的高速公路上堅持和他調換座位，「太危險了！」他回憶。

高中時期，他們經常逗留在一家名為「卡特爾咖啡」（Coffee Cartel）的咖啡店，那裡常出現各種年齡的 LGBTQ。有時候，山姆得纏著莎莉，讓他放下功課。一個週六晚上，山姆打電話給他：「我們去卡特爾咖啡店吧，」他看看手錶，回覆：「可是，現在都快九點了。」時至今日，山姆仍拿這件事嘲笑他這事。不用多說，他們當晚出去了，「他總能鼓動別人，他就是有種大膽、冒險的性格，也非常率性而為，」莎莉說。

山姆透過莎莉結識了他的男友、後來也成為醫生的奈森·華特斯（Nathan Watters）。起初，華特斯和山姆完全不對盤。七年級時，華特斯是莎莉的密友，他們在樂團裡共用一台鍵盤樂器而結識，接著山姆在八年級轉學進來，「他偷走了莎莉，」華特斯

這麼說。華特斯很討厭山姆的扎染 T 恤和挑染的頭髮,也反感他的心直口快,「他的某些特質就是令我不爽,」華特斯說。

但進入高中後,他們的關係開始改變。「白天時,我們彼此有敵意,但到了晚上,有了 AOL 即時通 AIM,我們整夜邊做功課、邊聊天,好極了,表面上是相互取笑,實際上是建立友誼,」華特斯說。山姆邀請華特斯加入一個年輕人團體,這團體每週一次在聖路易中央西區聚會,「那裡願意讓來自聖路易各地的年輕男同性戀者有個安全的聚會場所,」他說。聚會之後,當中的一群人便會前往卡特爾咖啡店,山姆喝專業的特級咖啡,華特斯覺得那是山姆展現他「長大了」的行為。

高年級時,山姆、華特斯及莎莉都在榮譽英語研討班。某天,華特斯和莎莉相約共進晚餐,華特斯問莎莉能否把晚餐時間延後至七點半,因為他會晚到。山姆無意中聽到後大感困惑,因為當晚他也和莎莉有約,「不可能,」華特斯在快上課前這樣說。回顧起來,很顯然莎莉是要撮合兩人,「他知道,若能讓我們在合適的環境下相處,或許我們會喜歡彼此的陪伴,」華特斯說。晚餐後,他們回去華特斯的住處,在那裡待到山姆不得不回家。之後,山姆和華特斯開始約會。

華特斯說,山姆不喝酒、不吸毒,但有個缺點,就是愛開快車。「他熱愛速度,」華特斯說:「他懂這些花招。去咖啡店時,他會先走一條較小的路,然後開上四線道開始飆車。」他會切換車道來嚇華特斯。「他愛車又愛炫車技,速度是一切,」華特斯說。

山姆非常著迷王爾德(Oscar Wilde)的著作《道林格雷的畫

像》（*The Picture of Dorian Gray*），華斯特買了一本皮革裝訂、頁邊鑲金箔的手繪圖版本送他當生日禮物。這本書被譽為史上最傑出的同性戀小說之一（儘管，書中並未公然寫同性戀），內容敘述一位俊美青年和魔鬼交易，讓他的肖像畫代替他的顏容隨年紀增長而老化。「他追求年輕，」華特斯這麼說山姆，指出山姆後來的男朋友往往比山姆年輕十歲左右：「我想，他總是在追求年輕。」

山姆的小圈子裡，包括羅丁格和極具天賦的音樂家理克・波尼科夫（Rick Pernikoff），全都是男同性戀。「那些傢伙顯然高中時期就自覺是男同性戀，歷經了相似的境遇，我想，他們因此建立了一輩子的友誼，」波尼科夫最好的朋友江普說。他們的社交生活主要是去牛排與奶昔快餐連鎖店（Steak'n Shake）用餐、去星巴克或卡特爾咖啡店喝咖啡然後讀書至深夜。有段期間，山姆課後在傑克魯（J.Crew）打工，他們去商場找他，波尼科夫有時會拉著他去參加派對。但大多數時候，他們只是開著他母親的本田 Acura 在郊區亂晃，車上大聲播放心靈矇蔽合唱團（Third Eye Blind）的歌曲。

羅丁格說，高年級時山姆想要成立同直聯盟（Gay Straight Alliance）*分會。「他是天生的領袖，不只會做事，還能使大家願意與他一同前行。」但在 2000 年代初期的聖路易，性向很大程度上仍是禁忌話題，同性戀情侶不會公開地參加舞會或牽著手

---

* 這是一個北美洲高中與大學的學生社團組織，也稱同志與非同志聯盟，設立目的是為LGBT及異性戀者提供安全且互助的環境。

逛街。

那年，同直聯盟組織了一場集會，教育學生群體有關他們的許多同學是同性戀者。當 KLIFE 基督徒學生團體的一些成員得知這場集會時，其家人要求學校准許他們不出席這場集會。約翰巴勒斯中學的行政部門同意了。山姆聽到這消息非常憤怒，他決定在學校的晨會上根據學校鼓勵「發聲」的傳統發表意見。站出來發聲的前一晚，他輾轉難眠，但站上講台時，他散發出十足的自信。山姆的朋友或許早知道他是男同性戀者，但大部分的學生並不知情，他利用這突發事件來發揮最大的言論影響力。

多年後，他對《華爾街日報》總結他當時傳達的訊息：「人們未必得觀看任何集會，這我能接受。但是，他們的反應和傳達出的訊息真的很差勁。」山姆的晨會演說引起轟動，餘波中一位高個子金髮女學生帶著芭比娃娃、身穿印有「異性戀我驕傲」（straight pride）標語的 T 恤上學，但被校方要求脫下那件 T 恤。這名保守的女學生是芭芭拉·史密斯（Barbara Ann Smith），他後來成為最高法院大法官小薩謬爾·阿利托（Samuel Alito Jr.）的助理，在法律界表現出色使他經常現身《福克斯財經新聞頻道》（Fox Business）。他說，當年穿著那件 T 恤是：「我回憶高中生涯最懊悔的事情之一，因為我認知到那一定對我的同學、朋友和其他人造成傷害。」他說山姆當時廣受學生群體敬佩，雖然他當時、後來一也直是政治保守派，但他也敬佩山姆，從未意圖傷害他。「縱使在一群絕頂聰明的人當中，他也能脫穎而出，成為改變世界的那個人，」羅丁格說。

約翰巴勒斯中學有一大群升學顧問，平均約六名顧問服務

一百名學生，山姆及其兄弟在標準測驗中表現優異，因此在申請大學方面準備充分。山姆瞄準三所大學：哈佛、史丹佛、北卡羅萊納大學教堂山分校的莫黑德-凱恩獎學金（Morehead-Cain Scholarship）——美國最早設立的優秀獎學金，符合資格的申請人當中只有3%可獲得這筆獎學金。山姆申請的三所學校都被錄取，雖然自童年起，史丹佛大學一直是山姆的夢想，但父母都想讓他選擇北卡羅萊納大學教堂山分校。「他說：『媽，我知道你還要供另外三個孩子讀大學，我自己可以應付，這筆錢不用你出』，」康妮回憶。

雖然，奧特曼家為所有孩子準備了大學基金，但財務一直是這個家庭的壓力源頭。山姆上高中後，傑利辭去非營利工作，並告訴他的行政助理凱蒂·金絲柏利（Kathy Kingsbury），他想為家庭建立財富。他接下了堪薩斯市柯恩伊斯瑞物業管理公司（Cohen-Esrey）的職務，該公司專門將他擅長的可負擔住房稅收抵免融資給投資者，可惜這份工作沒維持多久。之後的一天，他和房地產開發商史蒂夫·羅伯茲一起指導孩子的壘球隊時，聊著聊著，話題就轉到了工作方面。

前市議員羅伯茲及他的弟弟麥克即將成為該市最大的地產開發商之一，他們的商業帝國還包括斯普林特個人行動通訊服務公司（Sprint PCS）旗下唯一黑人擁有的無線通訊子公司。傑利加入羅伯茲兄弟的行列，羅伯茲兄弟打算振興頹敗的德爾瑪大道北邊區域，他們當年在那附近長大，目睹了其他中產階級黑人家庭遷入後，白人家庭在幾個月內迅速逃離。不過，要等到幾年後這些振興計畫才會看到財務果實。在此期間，供四個孩子讀大

學令奧特曼家的財務吃緊,「當時,康妮的皮膚科診所業務剛起步,」羅伯茲說:「供四個孩子讀私立學校、償還位於密蘇里州克雷頓市一棟優質住宅的房貸,對他們來說很吃力。」

但康妮一想到他那猶太裔同性戀兒子要前往一所南方州綜合型大學就讀該校剛創立不久的電腦科學系,他就憂心忡忡,「他這麼棒,這麼努力,我覺得讓他去讀北卡羅萊納大學是一種懲罰,」他說。他和傑利告訴山姆,就去追求他的夢想吧。

第 3 章

「你在哪裡？」

　　四月的史丹佛大學校園通常不會下雨，此時的舊金山半島已經過了短暫的雨季，留下大片翠綠草地和空氣中彌漫的風車茉莉花香。但是，2005 年 4 月 9 日週六的這天，8,000 英畝校園的山麓丘陵上烏雲密布，冷颼颼的細雨飄落。許多學生前一晚在兄弟會和姊妹會裡開啤酒派對，這樣的濕冷天氣最適合宿醉後蒙頭大睡。

　　但在校園西邊的一棟宿舍，住的是不開派對的宅男，史丹佛大學稱為「FroSoCo」（Freshman Sophomore College 的簡稱），宿舍裡有一間寢室堆滿科技器材，十八歲的大二生山姆・奧特曼腦袋清醒地與男友尼克・西沃（Nick Sivo）躺在床上，展開後來成為他人生中最具影響力的三十六小時。

　　這對情侶前一年進入史丹佛大學後幾乎馬上結識彼此。山姆坐在禮堂式教學廳準備上 CS106X 課程，這是史丹佛大學結合入門電腦科學課程 CS106A 和 CS106B 的單季速成課程，一位害

羞、有著棕色大眼、膚色白皙到一看就知道他長時間投入編程的大一男生在他旁邊坐了下來。西沃是德州高中的鷹級童軍暨畢業生致詞代表，生長於耶穌基督後期聖徒教會（The Church of Jesus Christ of Latter-day Saints，俗稱摩門教會）。跟山姆一樣，西沃的母親也是醫生——放射科醫生，他的父親是合格會計師，在一家軟體顧問公司擔任財務長，算是成長於滿是電腦器材的家庭。他最早只是想玩電玩遊戲而被電腦吸引，後來則是因為想製作電玩遊戲。他的父母寬容地任由他搗鼓電腦，儘管他曾經把家裡的電腦玩到短路，損壞安裝的電腦作業系統。但他開始玩電腦程式設計其實是出於無聊，數學對他來說太簡單了，上了高中後因為解一元二次方程式時必須把所有步驟寫出來，他覺得很煩，於是他撰寫軟體自動化地執行這些公式，以及其他重複性質的作業。他使用 MS-DOS 6 文件自學微軟 Qbasic，後來又讀了《24 小時自學 Visual Basic》（*Teach Yourself Visual Basic in 24 Hours*），學會微軟開發的另一種編程語言 Visual Basic。

在那教學廳，西沃詢問奧特曼有關他隨身攜帶的奇怪器材——康柏（Compaq）TC1000 二合一筆電，一塊平板接上一塊鍵盤即可變成一台筆記型電腦，可以摺疊成六種形狀。他們因此開始交談，但並未交換姓名。

整個大一，他們兩人只是點頭之交，那時奧特曼正與另一個人交往，並且投入忙碌緊湊的校園生活。他創立一個懷抱全國性抱負的學生組織，致力於爭取同志結婚權。他在《史丹佛日報》（*The Stanford Daily*）上撰寫一篇社論，批評由保守派彼得・提爾創辦於 1987 年的《史丹佛評論》（*Stanford Review*）上刊登的

反對同志婚姻文章是:「幼稚,」且:「沒有理性基礎。」❶ 奧特曼也沉溺於電腦科學課,某天同樣主修電腦科學、和奧特曼同住於 Donner 宿舍(現代主義風格的新鮮人宿舍,客廳擺放了一架鋼琴)的布雷克・羅斯(Blake Ross)前去奧特曼的房間查看一項電腦科學作業的進展,發現他正在為軟體程式中的錯誤訊息傷腦筋。「三十分鐘後,我再次前往山姆的房間,發現那裡簡直就像犯罪現場,」羅斯告訴《商業內幕》(*Business Insider*):「他把編譯程式全部拆解開來,深陷低階程式的沼澤中,就像你的義式咖啡機製作出來的拿鐵拉花不完美,所以你把這咖啡機拆解重組。」奧特曼解釋,他在作業中發現了一隻蟲子(程式錯誤)。❷

　　急性子加上近乎難以想像的雄心是奧特曼背後的驅動力。學年開始時,他坐下來審視系所的課程目錄和一張 Excel 表單,入迷地拼湊規畫接下來四年的課程,把先修課程刪除,儘快完成必修課,然後暫停下來思考片刻後發現,他應該先決定自己實際上想鑽研什麼。他拿來一張紙,在上面草寫一份清單,表頭依序是:AI、核能、教育。

　　直到了春季,當奧特曼和西沃想申請暑期成為專長 AI、正在建造無人直升機的年輕助理教授吳恩達(Andrew Ng)的實習生時,他們兩人才成為朋友。吳恩達正式把西沃介紹給奧特曼的電子郵件主旨是「Soldering(焊接),」吳恩達先解釋:「奧特曼此前一直在做史丹佛大學的電動車計畫(以及某種精神病學研究與某種電腦安全性研究),然後再請他們一起焊接一些電路。雖然,那年夏天在史丹佛大學部暑期研究計畫中,他們兩人研究的

計畫大致不同,但兩人都沉浸於無人直升機計畫地理位置和 GPS 的運作方式,並且開始在課後一起學習。到了 2004 年 12 月兩人才開始談戀愛。

　　史丹佛大學的廣闊校園以前是座巨大的馬場,那年秋季他們被分配到相距甚遠的宿舍:奧特曼被分配到校園東邊安靜的四人三房公寓式米瑞利斯宿舍(Mirrielees),西沃在校園西邊的 FroSoCo 宿舍,那裡人跡稀少到你必須留意從山麓丘陵漫步下來的山獅。奧特曼覺得米瑞利斯宿舍沒什麼社交活動,心裡很是鬱悶,「住米瑞利斯宿舍很難受,我完全感受不到大一時的那種人際關係,」多年後,接受《華爾街日報》採訪時他這麼說。

　　因此,他待在校外的時間增加,在聖荷西的紙牌室「海灣101」(Bay 101)玩撲克牌。當時撲克牌遊戲盛行,使得玩家平均水準降低不少,這讓奧特曼賺了不少錢。「有一大票技巧很差的玩家,」他說:「當時,若你下注限額低的撲克牌非常有利可圖,我覺得那超有趣的。」玩撲克牌教會他風險管理,不過,「那算是我所學到的東西中最無趣的,」他說。「所有這些不同的策略層級,當你逐漸擅長之後,那就是很複雜的賽局,非常複雜。總是有更多的東西要學,更多的檢視方式,還可以嘗試新的東西。」每當獲得意外之財後,他就購買一些蘋果股票,大學時期的朋友記得他非常密切追蹤股價。「我是超級果粉,」奧特曼說:「我的電腦都是蘋果電腦,我和它們有非常堅實的關係。」

　　在學校,他繼續和大一結識的朋友玩在一起,尤其是住隔壁寢室主修電腦科學、個頭瘦長笑容燦爛的阿洛克·戴希潘迪(Alok Deshpande)。戴希潘迪的父母在印度的工程學校相識,

後來到了美國,定居亞特蘭大撫養他與妹妹們。戴希潘迪上的是私立學校,在數學競賽中表現優異,「他一直都擅長數學、科學及物理,」他的母親雪拉・戴希潘迪(Sheila Deshpande)說:「老師生病的時候還會叫他代課。」他和奧特曼幾乎是一結識便成為朋友,大一開學幾個月後,兩家人還一起共進晚餐。雪拉・戴希潘迪回憶奧特曼是個友善的人,只不過有時似乎有點冷漠,「我有時覺得他好像心不在焉,」他說。

奧特曼和戴希潘迪開始談到要結合地理位置及行動電話來做點什麼。行動電話製造商原本拒絕在行動電話中放進任何的追蹤器,但美國國會在1999年通過一項法令,要求製造商設法幫救援人員找到撥打911電話求救者的所在位置。起初,辛格樂(Cingular)等行動電話服務商在基地台之間使用三角測量法來定位撥打者訊號。但其他的電信服務商,尤其是2005年合併的斯普林特(Sprint)和內斯通(Nextel)選擇在手機中安裝GPS晶片,這種方法較昂貴,但定位遠遠更準確,可以定位用戶所在位置五十英呎內,而非五百英呎。因為成本因素,無線通訊服務商跟進新法律的速度緩慢,儘管他們其實急於推出「行動定位服務」業務,以加快回收聯邦通訊委員會(Federal Communications Commission)強迫他們做出的投資。另一方面,保護隱私的倡議者則是發出不滿及抗議,例如電子前哨基金會(Electronic Frontier Foundation,簡稱EFF),「你們建立了一個監視系統,」EFF的一位專職律師在2000年時說:「這只是政府能夠追蹤人們行蹤的另一種方式,而人們未必知道。」❸ 聯邦通訊委員會幾度延後截止日,但最終訂定2005年年底前,所有行動電話必須能夠

回傳使用者的所在位置。

　　奧特曼的父親在2005年忙於幫羅伯茲兄弟把斯普林特個人行動通訊服務公司旗下的阿拉莫薩控股公司（Alamosa Holdings）賣給斯普林特，隨著聯邦通訊委員會訂定的截止日期逼近，有一天奧特曼走上一場校園創業活動的舞台，高舉他的摺疊手機，宣布他剛得知所有手機很快就會有定位功能，他認為用這新功能來建立某種服務會是件很酷的事，他邀請想加入他行列的人跟他聯繫。在這場活動的建立人脈環節，奧特曼與主修商管的大四生彼得・戴明（Peter Deming）交換了手機號碼，戴明續留學校是為了完成帆航季，之後他就要去高盛集團（Goldman Sachs）工作了。

　　所有帆航者都喜愛地圖，戴明也不例外，他覺得手機定位這個構想太令人興奮了。之前，他創辦過新創事業，有募集資金的經驗。他不會編程，但能夠在市場研究、市場規模評估及彙總推銷投影片等方面幫上忙。幾週後，奧特曼、戴希潘迪和戴明在帕羅奧圖（Palo Alto）的中餐連鎖店華館（P.F Chang's）一起腦力激盪：你能利用行動定位資料來做的最實用的事情是什麼？最明顯的答案是類似谷歌地圖（Google Maps）的服務，但幾星期前，那款行動應用程式已經上線了，而且團隊成員都認為做這東西對他們來說太難了。他們一致認為，他們要做的服務應該包含一些社群成分。最終，奧特曼提出最清晰的構想：一種幫助你的朋友找到你的定位服務社交網路。

　　西沃起初拒絕加入，他和奧特曼才剛開始約會，他不想把事情搞得複雜。但他們兩人的暑期研究計畫仍在持續，最終不知

不覺間又走到了一起，西沃後來加入華館餐廳的晚餐聚商，於是四人成為共同創辦人。在戴希潘迪的建議下，他們為產品取名為「Viendo」，西班牙語「seeing」的意思──看見朋友。

當時，矽谷剛開始擺脫網路公司泡沫破滅帶來的創傷，這泡沫破滅導致公開市場蒸發了約 5 兆美元，科技業投資人逃往事業模式已確立且有明顯營收至少五年的公司。由於新創公司本身及提供資金而不論新創基本面如何的創投家被認為是這次泡沫及泡沫破滅的罪魁禍首，因此當大一新鮮人奧特曼提到想建立新創事業時，遭到一些同學的嘲笑。❹

網路泡沫破滅後，安隆（Enron）和世界通訊（WorldCom）的帳務弊案進一步侵蝕美國人對美國企業的信心，科技業正在發生寧靜革命。一切變得更快速、更便宜、連結得更好，以至於一些哈佛學生能夠在宿舍寢室裡創造 TheFacebook（臉書，後來的 Meta）。

奧特曼和其他共同創辦人決定參加由史丹佛創業學生商業協會（Business Association of Stanford Entrepreneurial Students，簡稱 BASES）舉辦的大學生事業計畫競賽，這是全球最大、由學生經營的創業組織之一，競賽首獎為 2,000 美元。接下來多週，戴明待在商學院圖書館查詢能夠支持他們的預測資料，把簡報做得像是推銷創投家們般精巧。他們的簡報沒怎麼展示品，只有投影片和奧特曼的推銷技巧。

競賽日到來，共同創辦人在春雨中前往紅瓦屋頂的老廣場（Old Quad）。奧特曼很鎮定，雖然認識他的人都被他的才智吸引，但真正使他與眾不同的是他那「超乎尋常的自信，」幾個

月後加入這家新創公司的馬克・雅各布斯坦（Mark Jacobstein）說：「他有那種現實扭曲力場（reality distortion field，簡稱 RDF）*。」奧特曼崇拜 RDF 的原始施行者史蒂夫・賈伯斯（Steve Jobs），這場推銷簡報說明會，他把傳達的訊息打磨到近似蘋果公司那樣的簡明：人們在手機上最常問的是：「你在哪裡？（Where are you?）」

把想法付諸實現

在老廣場的一間木鑲教室，奧特曼和戴希潘迪上台推銷 Viendo，由奧特曼領頭。Viendo 將回答用戶的提問：「你在哪裡？」回答方式是提供一張地圖，顯示朋友目前的所在地。你將自動地看到朋友目前身處的位置是否太遠，萬一你今天剛好沒騎腳踏車，就不和這位朋友共進午餐了；或者，某人目前離你很近，你們可以快速地在圖書館旁喝杯咖啡。回顧起來，會遭遇這問題而需要解決方案的人，其實相當有限——生活於極廣闊的校園、沒太多事務及義務、不太在意時時被他人知道自己所在位置的年輕人。

儘管如此，Viendo 在競賽中勝出，更重要的是，他們說服其一位評審相信，這構想可能成為真實的事業。派屈克・鍾才剛進

＊ 現實扭曲力場是蘋果內部用於描述公司創辦人賈伯斯在麥金塔產品開發的影響力，做法是瓦解別人對現實的既有認知，再把某個願景扭曲成必將到來的新現實，讓別人接受你的想法。

入當時美國最大的創投公司恩頤投資（New Enterprise Associates）幾個月，該公司贊助這場競賽，想及早獵取人才和投資機會，他比台上的那些青年沒大幾歲。

派屈克・鍾成長於多倫多，父母是來自台灣的移民，分別為核物理學家和財務主管，他讀的上加拿大學院（Upper Canada College）是所嚴格、只收男生的英式預科學校，帶點英國腔使他有別於那些愛聊衝浪的加州同胞。在取得哈佛大學學士學位和牛津大學碩士學位後，他加入麥肯錫（McKinsey & Company），但很快就發現他討厭這份工作，一年出頭便離職，與同樣從麥肯錫離職的高中同學創立 Zefer 顧問公司，為漢堡王（Burger King）和吉列（Gillette）等公司客戶建立電子商務，創造約 1 億美元的營收。他們試圖在 2000 年時讓這家公司公開上市，但因為網路公司泡沫破滅，他們撤回 IPO，賣掉公司。小賺一筆後，派屈克・鍾重返學校——去哈佛大學攻讀法律碩士和企管碩士學位，同時也思考他此生想做什麼。當恩頤投資招募他去該公司的加州門洛公園（Menlo Park）辦事處工作時，他起初遲疑，因為他從未想過遷居西岸，「加州並不吸引我，一堆電影明星、康普茶和敞篷跑車，」他回憶。不過，他欣喜地發現，恩頤投資公司裡有很多：「我所遇到過的人當中最棒、最有成就的人，」包括一位諾貝爾獎得主，因此他接受了這份工作。

史丹佛的這場競賽結束後，派屈克・鍾找上 Viendo 的共同創辦人，「你們想實現這個點子嗎？」他問。

「實現，什麼意思？」奧特曼回應。

派屈克・鍾解釋，為了取得他們想要的位置資料，他們必

須和每一家行動通訊服務商簽定交易，包括辛格樂（很快就將易名AT&T）、威訊通訊（Verizon）、斯普林特等。幸運的是，他和斯普林特的技術長有交情，他說自己願意飛去堪薩斯市，親自引介奧特曼給那位技術長，雖然恩頤投資此時尚未決定投資於他們。派屈克·鍾說只有一個但書：若斯普林感興趣，恩頤的合夥人也決定投資，那這個創業構想就不能延遲。恩頤的合夥人不會投資一家由日間部在校生經營的公司，他們必須輟學。

需要考慮的事情很多，但奧特曼當下沒有時間想這麼多。那場競賽只是他當天安排的次要事件，最重要的事情是他訂了當天晚上的紅眼班機，從舊金山國際機場飛去波士頓參加由新型投資公司「Y Combinator」舉辦的「暑期創辦人計畫」（Summer Founders Program）。Y Combinator這個名稱取自「一個運行許多程式的程式」的數學名稱「Y組合因子」，創辦人是：新創大師保羅·葛拉罕；葛拉罕的女友潔西卡·李文斯頓（Jessica Livingston）；葛拉罕從第一次創業起的共同創業夥伴羅伯·泰潘·摩里斯（Robert Tappan Morris）和崔沃·布萊克威爾（Trevor Blackwell）。❺他們的願景是舉行為期三個月的新創計畫，仿效研究所的暑期實習，提供每位創辦人6,000美元的投資，大約公司資金的6%（葛拉罕聽聞麻省理工學院暑期支付其研究所學生這麼多錢。），並在麻州劍橋市的高競爭環境下提供創業輔導。

葛拉罕是技客圈的名人，因為他經常在個人的網站上張貼從程式語言Lisp到財富性質等各種主題的文章。谷歌搜尋引擎問世後的早期，你在上頭搜尋「Paul」的話，他排在搜尋結果的第一

條,排序先於披頭四樂團(The Beatles)的保羅·麥卡尼(Paul McCartney)和基督教十二使徒中的保羅。現今,若你輸入搜尋詞「essays」(文章),他的文章仍排在前頭。「他做的事大多會被資訊科技網站「Slashdot」報導或評論,這網站就像電腦界的《紐約時報》,大家都會閱讀,」亞倫·史瓦茲(Aaron Swartz)在那年春天這麼告訴《史丹佛日報》。❻ 跟奧特曼一樣,當時十九歲、同為史丹佛大學學生的史瓦茲也來面試「暑期創辦人計畫」,只不過他在科技界已經很出名,因為他在十四歲時就協助建立 RSS-feed 格式。撇開投資不談,光是葛拉罕提供的指導就算得上無價了。

　　奧特曼是從他的朋友布雷克·羅斯那裡得知這機會,羅斯在申請截止日的前一天把這消息張貼於臉書上。羅斯在上一年秋季的「Foo Camp」中結識葛拉罕,一直與他保持聯繫。Foo Camp 是著名的科技書籍出版商暨研討會,由舉辦者歐萊禮媒體公司(O'Reilly Media)的創辦人提姆·歐萊禮(Tim O'Reilly)創立的駭客年度集會,每年在北卡羅萊納州舉行。(Foo 是「Friends of O'Reilly」(歐萊禮之友)的簡稱,也是電腦程式設計中一個變數的占位符名稱。)羅斯是個科技神童,青少年時幫忙建立火狐網頁瀏覽器(Firefox),李文斯頓撰寫有關於新創公司創辦人的書籍《科技 CEO 的創新 X 創業學》(Founders at Work)時,曾經訪談過他。奧特曼沒有這樣的人脈,但日後,他形容自己是葛拉罕文章的「大粉絲」。❼

　　但是,時機不理想。❽ Viendo 的共同創辦人已經有了暑期工作安排:戴希潘迪要參加史丹佛大學在印度的一個計畫;西沃要

在他父親任職的科技公司打工；奧特曼要去高盛集團做一份技術工作，「他們向來以最難的科技工作面試聞名，」奧特曼解釋：「這對電腦科學系的學生來說是非常聰明的行銷方法：『這可是最難的科技工作面試啊』。」而戴明本來早就獲得高盛集團的正式工作，畢業幾個星期後就要到職。

儘管如此，葛拉罕的暑期計畫令人難以抗拒。「暑期創辦人計畫就像個暑期工作，差別在於我們不是支付你薪資，而是提供你種子資金，讓你和朋友創立你們的公司，」葛拉罕寫道：「若你覺得這聽起來比暑期在隔間辦公室工作更刺激，我鼓勵你申請。」❾ 奧特曼認為，比起去一家投資銀行工作，這項計畫遠遠更有趣。❿

奧特曼無法說服他的共同創辦人放棄他們的實習工作，他自己填寫了內含 32 個問題的申請表，他的共同創辦人則透過電子郵件提供了一些協助。當他收到葛拉罕那邊通知他們前往劍橋市面試時（總計有 20 個新創事業構想獲得面試機會），時機更糟：葛拉罕那邊安排的面試時間和 BASES 舉辦的大學生事業計畫競賽日在同一個週末。奧特曼試圖向葛拉罕那邊提出延後面試的要求，好讓他能夠參加史丹佛這邊的競賽，並向他們解釋，他們的團隊中只有他能夠前往劍橋市。

「保羅回信給他，說：『山姆，你只是大一新生，你還有很多時間可以創立一家新創公司，你何不以後再申請呢？』」李文斯頓在其著作《科技 CEO 的創新 X 創業學》中回憶：「奧特曼回覆：『我是大二生，我會去參加面試。』」⓫

進入新創圈

　　奧特曼在週日早上抵達劍橋市，直奔他高中時期朋友理克‧波尼科夫的兄弟會宿舍，他在麻省理工學院雙主修電腦科學和電機工程。奧特曼衝進宿舍，快速沖了個澡，波尼科夫帶他搭地鐵前往哈佛廣場（Harvard Square），出了地鐵，他們步行於兩旁樹木林立的街道上，這是個風輕天暖的春日，劍橋市熙熙攘攘。轉進花園街（Garden Street）後，他們看到一棟鼠尾草綠的現代工業風建物，在這一片整齊的維多利亞式住宅區中顯得格格不入。Y Combinator 所在的建物反映其創辦人葛拉罕的奇特個性，他在幾個月前買下這裡當自己的辦公室，並且為了安靜而裝了抗噪門和雙層玻璃窗，讓他能夠安靜地做畫。接著，葛拉罕委託他的建築師朋友凱特‧柯提奧（Kate Corteau）設計整個空間和一些現代風家具，包括白色長桌和長凳，但凳腳太偏中央，若有人坐在長凳的一端就會傾倒。❷（葛拉罕有時必須跑去攔住不察之下坐在長凳一端的投資人，以免對方摔倒。）一樓有一間很大的開放室、一間廚房，二樓則有一間溫室，整個氛圍介於一座現代藝術館和一間棚屋之間。其他新創公司的創辦人到處參觀，全是奧特曼之前從未見過的人。

　　「感覺就是，『這是什麼？這些人是誰？』」奧特曼回憶：「我以前沒見過新創圈的人，在當時，這不是流行的東西。」他與 Y Combinator 四位共同創辦人一見傾心，「我記得，見到他後不出三分鐘，我心想：『啊，比爾‧蓋茲（Bill Gates）19 歲時應該就是這模樣吧！』」葛拉罕在多年後寫道。❸ 這場面試只持續

了二十五分鐘,「我們全都對山姆留下極為深刻的印象,」李文斯頓後來在他的書中寫道:「他的自信沈著和機伶,他的風格,我們知道,他就是有特殊之處。」❹

這種感覺是雙向的,「那是我第一次覺得,很好,我終於找到我想共事的人了」,奧特曼說。❺

當晚七點,奧特曼在手機上接到葛拉罕打來的電話:Viendo入選了。他後來才知道,Viendo 是 Y Combinator 投資的第一家新創公司。❻

那晚,奧特曼在波尼科夫的兄弟會宿舍打地鋪。他的事業起步了,只是他當時還不知道。僅僅一個週末,他遇到一個後來不僅投資他的新創公司、還幫助說服紅杉資本也加入投資行列的投資人,展開持續至今的關係。而且,他還成為矽谷未來最重要的校友網絡的一員,十多年後這校友網絡將孕育出一個雖小、但非常大膽的研究計畫,名為 OpenAI。

第 4 章

宅男堆裡的異類

　　葛拉罕看起來不像宅男,他英俊、健壯,縱使步入中年了,仍然有著孩子氣的外表,沙棕色頭髮,深酒窩,喜歡穿貴族學院風的 polo 衫,使他看起來像(至少腰部以上)打高爾夫球的銀行高階主管,但他的文章中明示他不僅不是,還嫌惡他們。至於腰部以下,葛拉罕最出名的就是,總是穿著皺巴巴的工作短褲和涼鞋(這是賣掉他的新創公司後,足夠成功到不再需要用穿著來讓任何人留下好印象的終極表徵),他從 Y Combinator 退休時,部屬送他一件親筆簽名的健行短褲做為退休禮物。❶

　　葛拉罕出生於英國,但成長於匹茲堡,他的父親是從事核子反應爐研究工作的數學家,伴隨監管當局逐漸抑制這個產業,他在北半球展轉各地尋找核子反應爐方面的工作機會。❷ 葛拉罕參加過八十多場馬拉松賽跑,還用業餘時間撰寫過有關西洋棋的書籍。他聰穎但頑皮,「我是個壞孩子,」他在 2014 年接受《彭博社》(*Bloomberg*)採訪時說:「在我的社區,半數孩子被他們

的父母禁止跟我玩耍⋯⋯，從一年級到十二年級，我想，我平均每年被學校勒令停學一次。」學校其實沒開電腦課程，但他十五歲就開始編程。❸ 他就讀康乃爾大學，起初主修哲學，後來改修AI，接著進入哈佛大學取得電腦科學博士學位，但他沒有進入學術圈，而是繼續去別的學院學繪畫，並遷居紐約市成為──套用他的話：「挨餓的藝術家，」但起碼只是挨餓，沒有餓死。為了生計，他自由接案，當起軟體工程顧問。

繪畫是催生出 Y Combinator 的手段與點子。1995 年 1 月，因為需要錢，葛拉罕說服他最要好的朋友羅伯・泰潘・摩里斯跟他一起創立一家名為 Artix 的公司，把畫廊掛到網路上。摩里斯畢業於哈佛大學，他意外地創造及散布第一隻電腦蠕蟲，導致許多電腦系統癱瘓，成為聲名大噪的駭客，也因此成為在「電腦詐欺與濫用法」（Computer Fraud and Abuse Act）下被定罪的第一人。這家新公司背後的程式運作得很出色，但他們很快就發現，這個商業點子很愚蠢。

畫廊一點也不想把他們的作品放到線上供大家欣賞，他們想保有一種幻覺──展示的商品中有小部分是很特別的作品，他們不想讓人們覺得展示的作品都是長年堆放在儲存室裡的存貨。畫廊業者把畫作市場的缺乏效率及不透明性視為一種性能，而非缺點。Artix 甚至沒能成功地說服畫廊接受該公司提供的免費服務。

「事後回顧，我納悶我們當初怎麼會把時間浪費在這麼愚蠢的事情上，」葛拉罕後來寫道：「漸漸地，我們認知到，與其為那些不想使用網站的人架設網站，我們應該為想要的人架設網站。」❹

不出六個月,他們就丟棄 Artix,創立另一家新公司 Viaweb,這是第一款網路應用程式,讓用戶建立自己的網頁瀏覽器的網站——故而該公司的名稱取自「via the web」(透過網路)。三年後,他們以 4,900 萬美元把公司賣給雅虎(Yahoo!),被改名為 Yahoo!Store。❺

這經驗給葛拉罕上了一課,也成為他的新創事業教義的基本信條之一:大多數新創公司創辦人思考的格局太小。若你能做到讓一些畫廊上線的技術部分,那就沒理由不能應用相同的技術來創造一種產品／服務,讓所有東西都上線。這經驗帶來的另一個啟示則成為「暑期創辦人計畫」的真言,他們把這真言印在 T 恤上:創造人們想要的東西(Make Something People Want)。〔那年夏天,他們製作的另一款藍紫色 T 恤上印著:穿上一些佳品(Strap on Some Plums)〕*

不過,繪畫也帶給葛拉罕遠遠更基本、重要的東西:繪畫為他提供一個架構,幫助他了解自己喜歡的電腦編程——他從高中時期一直純粹為了編程而編程,他喜歡稱為「駭客」(hacking),有別於更理論性質或純粹數學性質的編程工作,大學稱為「電腦科學」。

賣掉 Viaweb 為他帶來財富,使他有空閒時間開始寫文章,發表於 2001 年他創建的網站「paulgraham.com」。

「駭客與畫家的共通點是,他們都是創客(maker),」他的一本著作中收錄一篇文章寫道:「跟作曲家、建築師及作家一

---

* 這是一句雙關語,英語 plum 可用來指「能帶來好報酬的優異作品或工作」。

樣,駭客和畫家也嘗試創作好作品。」他認為,創作優秀軟體的途徑之一是建立新創公司,因為新創公司夠小巧敏捷,能讓電腦程式設計師「草擬」他們的程式,即時研判應該修改與打造什麼,進而產出優於競爭者的產品。「優秀的軟體必須有對美的狂熱追求,」他寫道。❻

葛拉罕與 Y Combinator

2005 年 3 月,葛拉罕接受哈佛電腦學會(Harvard Computer Society)的邀請去演講,他決定演講主題是「如何創建新創公司」(How to Start a Startup)。葛拉罕在他的網站上發出這場演講公告,全美各地的駭客如朝聖般蜂擁而至,維吉尼亞大學的兩名室友史蒂夫・霍夫曼(Steve Huffman)和亞歷克西斯・歐哈尼安(Alexis Ohanian)也在其中。霍夫曼攜帶他先前購買由葛拉罕撰寫的 Lisp 著作,Lips 是一種程式語言,葛拉罕對它信奉至極,以至於他創建的第一家新創公司只是為了能夠繼續使用 Lips 來編程,霍夫曼想請葛拉罕在這本書上簽名。❼

本著葛拉罕標誌性的坦率風格,這場演講相當於是對聽眾群那些有志年輕人的激勵性談話。他傳達的訊息是,創建新創公司並不像他們想像中的那麼難或神秘,基本上就是:「檢視人們試圖做的某件事,想想如何讓他們以不麻煩的方式去做這事。」

但在如何執行方面,他的視野卻相當窄:最好是介於二十三歲和三十八歲之間,願意在晚餐後繼續做到凌晨三點,每週七晚,持續做四年,最好是步行距離靠近一所頂尖大學、很酷的地

方,例如麻州劍橋、帕羅奧圖或柏克萊。噢,還有,你的創辦人團隊中必須有一位電腦程式設計師,最後一個是必備條件,因為編程是非常專業的技能,沒有具備此技能的創辦人將無法判斷招募的程式設計師是優或劣。他說,駭客能處理客服,但非駭客永遠不會編程。至於女性:比起較傳統的公司,新創公司更容易避免缺乏效率的生理或文化包袱,因為沒有歧視性法律限制新創公司共同創辦人的選擇。「舉例來說,我就不願意和一位有小孩或可能很快有小孩的女性一起創建新創公司,」葛拉罕說:「但你不可以詢問應徵的員工是否打算或很快有小孩。」❽(Y Combinator 成長後,這種論點因其孵育的新創公司中女性創辦人比例低,頭一年為零,近年也一直徘徊在 10% 左右而備受抨擊。❾ 葛拉罕說,Y Combinator 的女性員工數量和投資的女性創辦人數量高於大多數創投公司,科技業女性少是更深層的社會問題,不是任何一個機構能解決的 ❿。)

演講結束後,葛拉罕被粉絲團團包圍,除了霍夫曼和歐哈尼安(那晚,他們和葛拉罕共進晚餐,後來他們也跟奧特曼一樣,參加了第一屆「暑期創辦人計畫」,他們創辦了 Reddit),另一位粉絲上前詢問葛拉罕,他該如何為自己的新創公司找到募資。葛拉罕的回答是:你應該找個有科技背景的有錢人。話畢,突然陷入尷尬的沈默,因為葛拉罕意識到,他就是符合這條件的人。⓫

賣掉 Viaweb 後的七年間,葛拉罕一直想做所謂的「天使投資」──新創公司在獲得實際估值或確實的事業構想之前,收到的朋友與家人圈的初始資金,但他一直沒抽出時間去做。

那場演講結束的幾天後，葛拉罕在哈佛廣場和李文斯頓共進晚餐，然後步行回家。他們此時已經約會了一年左右，李文斯頓仍然保有他在預科學校練習馬術時的那種自然優雅氣質，他聰慧、能幹、充滿求知欲，但還未能找到自己想走的路。當時，他任職一家精品型投資銀行，還應徵了一家創投公司的行銷工作，尚在等候回覆，並且在撰寫一本他著迷的主題書籍：像葛拉罕這樣的新創公司創辦人。❶❷ ❶❸

李文斯頓出身新英格蘭貴族世家，襁褓時母親「離家」，他由父親和祖母撫養長大。❶❹ 他的母親露辛達・寶利（Lucinda Pauley）是初入社交圈的上流社會少女，還在衛斯理學院（Wellesley College）讀英文系時就訂婚了。❶❺ 1971 年生下他的第一個小孩潔西卡，幾個月後更離開他的家庭，後來的數十年生活於理想公社（intentional community），撰寫有關「星球療癒」（planetary healing）的文章，改名為「Shen」。❶❻ 潔西卡的父親大衛・李文斯頓（David Livingston）擁有企管碩士學位，任職吉列公司（Gillette Company），露辛達離家前，他們生活於明尼亞波利（Minneapolis），之後他帶著襁褓中的女兒回到他出生與成長的波士頓地區，他的外高祖父杭尼威爾（H. H. Hunnewell）是衛斯理學院的捐款大戶。❶❼ 他在週末時照顧女兒潔西卡，非週末日則把女兒交給他的母親伊莎貝拉・杭尼威爾・李文斯頓（Isabella Hunnewell Livingston）照顧。伊莎貝拉是個富有藝術天賦且獨立的女性，有著電影明星般的容貌，婚後五年間連生四個小孩後，於 1945 年離婚。他在衛斯理頗有名氣，因為每年冬天他會在前院的雪堆中雕塑出巨大、非常精細的龍、恐龍及獨角獸雪雕。

潔西卡・李文斯頓小學和初中時是個運動科目全拿「A」的學生，有天去位於麻州安多佛（Andover）的菲利普斯高校（Phillips Academy）踢足球賽，這是全美最富聲望的預科學校，他非常傾心，回去後要求家人送他去讀這所高中。但入學後他才發現，周遭都是更聰穎、運動表現更優的人，這使他陷入自我懷疑的「黑暗時期」，他覺得直到成年自己都未能擺脫這種自我懷疑。他從巴克內爾大學（Bucknell University）取得英語學士學位的翌日，他的祖母因癌症去世，他傷心迷茫，不知道自己接下來想做什麼。

　　他進入富達投資（Fidelity Investments）做電話接聽員，但非常討厭這份工作，接下來展轉各種工作——投資人關係、汽車顧問公司、《Food & Wine 吃好喝好》（*Food & Wine*）雜誌、婚禮企畫。2003 年，他在波士頓的投資銀行亞當哈克希爾金融集團（Adams, Harkness & Hill）擔任行銷主管，在葛拉罕家舉行的派對中結識他。

　　葛拉罕及其好友把李文斯頓引入新創世界，他著迷了，決定撰寫一本書講述新創公司創辦人的故事，他覺得這比日常工作面對的那些乏味的上市公司要有趣得多。為了更接近他們，他應徵一家創投公司的行銷工作。

　　但當晚與葛拉罕在哈佛廣場吃完晚餐走回家時，那家創投公司遲遲未決定是否錄用他，葛拉罕禁不住開始對他喜歡的主題發表長篇大論：何以創投公司令人討厭。那個月，他發表一篇文章〈統一論：創投家爛透了〉（*A Unified Theory of VC Suckage*），文中形容創投公司：「交替地表現出懦弱、貪婪、畏畏縮縮、盛氣

凌人。」⑱

　　創投是二戰後美國工業榮景時期出現的一種私募股權投資形式，創投公司從「有限責任合夥人」（例如大學捐贈基金或退休基金）那裡集資，使用其產業知識，把這些資金分散投資一群新創公司，道理類似母魚下數百顆魚卵：大多數新創公司失敗，但少數成功的新創公司往往迎來鉅額的回報（尤其是在多賣一單位產品或服務的成本近乎為零的科技業），遠足以彌補所有新創失敗造成的投資損失。⑲ 自第一家創投融資的新創公司——創立於 1957 年的快捷半導體（Fairchild Semiconductor）——之後，創投就一直是矽谷科技業仰賴的大金主，從蘋果、谷歌、臉書到你現今聽過的近乎每家新創公司，全都少不了創投資金的撐腰。

　　在葛拉罕看來，主要問題在於創投公司收取報酬的方式——通常是每年管理資金的 2％，再加上投資獲利的固定比例（通常是 20％），名為「附帶收益」（carried interest）。他們的報酬取決於管理的資金規模，使其有誘因去管理盡可能更多的資金。由於任何一家創投公司能做的投資案數量有限，又有誘因對每一樁投資交易投入盡可能更多的錢，如此一來就把新創公司的估值推高，以至於新創公司在公開上市之外，只剩下很少數的可能買家，這也是 1990 年代末期網路公司泡沫破滅的一個主因。因為押了太多錢在每件新創投資上，創投公司變得極度焦慮多疑，開始干預投資公司的董事會，經常擠掉公司創辦人，換上他們自己找來的、更側重商業考量的執行長，葛拉罕稱他們為「新聞播報員」，因為：「他們頭髮光滑整齊，聲音低沈自信，通常懂的不多，只是照著讀稿機讀內容。」（當年，Viaweb 就是太害怕被塞

進新聞播報員了,以至於他們最終決定不接受任何的創投資金,完全只用天使投資人的錢。)

葛拉罕試圖說服李文斯頓若進了那家創投公司,就設法從內部改變它,但他突然心生一計,「我們自己創立一家吧,」他告訴李文斯頓。[20] 如此一來,葛拉罕終於有機會進入天使投資領域了,而李文斯頓也有機會追求他的夢想——用他自己的方式和新創公司往來。

「保羅一直想做天使投資,」李文斯頓在他的書中寫道:「但他不想要有天使投資人的種種要求條件,因此他認為自己應該創立一個組織,為他處理這一切。」[21](葛拉罕在哈佛大學的那場演講中自誇 Viaweb 沒理會創立一家公司涉及的種種繁文縟節,包括「國稅局那邊的瑣事」,直到公司有足夠的錢聘請一位財務長,由他回溯處理一切事務。[22])李文斯頓贊同葛拉罕的想法,翌日,葛拉罕召集他的 Viaweb 共同創辦人摩里斯和布萊克威爾,邀請他們加入行列。葛拉罕拿出 100,000 美元,摩里斯和布萊克威爾分別投資 50,000 美元,李文斯頓辭掉工作為其效力。

「初始計畫是,他們挑選及輔導新創公司,我做其餘的事,」李文斯頓後來寫道:「我們決定不像傳統的創投公司那樣,對小數量的既有新創公司提供大額投資,我們要反其道而行,對大量更早期階段的新創公司提供小額投資,並提供他們更多幫助。」[23]

他們要挑選沒太多責任纏身、前途看好的年輕程式設計師,提供他們足以在劍橋市生存一個暑期的錢。為了提高新公司的成功率,他們將提供法律文書方面的協助,在上班時段及每週二

晚上在家烹飪聚餐時為這些新創公司提供指導，邀請演講人來分享他們創建公司的成功經驗，並在最後的「發表日」（Demo Day），讓這些新創公司在真實的天使投資人和創投家面前粉墨登場。為了幫助葛拉罕、李文斯頓及另外兩位共同創辦人快速學習如何成為天使投資人，他們決定採行一批一批敎育的模式，他們稱為「梯次」（batches）——這種創新模式成為 Y Combinator 最獨特的特色。他們將在那年夏天展開。

葛拉罕以他典型的風格，大多數晚上熬夜，為計畫架設一個網站和 32 道問題的申請表，再連結至他的部落格。這些問題很頑皮，例如請申請者證明他們是「動物」——葛拉罕強硬地用「動物」來形容一個人，不接受否定的答案；還有請申請者提供一個他為自身利益「駭入」某個系統的例子。❷（前面那道問題的勝出者回答是：「賈斯汀曾在一場橄欖球比賽中打了四十五分鐘才發現他之前被打中臉而流鼻血。」❷）不需要新聞稿或公關，申請函就如潮水般湧入。

「這顯示優秀文筆的力量，」最早發現奧特曼及 Viendo 的恩頤投資公司合夥人派屈克‧鍾驚嘆：「保羅寫的東西坦誠且有助益，人們讀了很是敬佩。他不做我們所做的——仔細地檢視數百個新創公司，搜尋投資機會。他透過他的寫作力量及說實話，讓創辦人自願來找他。」

葛拉罕把這計畫視為徹底不同於創投公司的做法，「那些後期階段的投資人玩的是零和賽局，交易流（deal flow）數量固定，他們只是試圖從中找到優秀的新創公司，Y Combinator 則是試圖鼓勵創立更多優秀的新創公司，」葛拉罕說：「我們知道這

有機會成功,因為我們知道自己在創立新創公司時有多矛盾,從一些方面來看,我們知道,創辦人的事業可能站不住腳,但仍然能成功。」

創辦人計畫

奧特曼前去參加 2005 年首屆「暑期創辦人計畫」的第一次週二夜全體聚餐,走進花園街 135 號的那扇抗噪門,立刻聞到克洛克燉鍋裡正在燉煮的美味,他們後來深情地稱這道菜為「素食糊」。他很開心能和這群超級阿宅重聚,之前短暫面試時,他已經開始與他們建立關係。〔例如他和布萊克威爾因為共同愛好——自平衡電動滑板車或稱「賽格威」(Segways)而一拍即合,布萊克威爾設計了一台自己的版本,取名為「Segwell」,他經常在 Y Combinator 總部周遭兜風。❷〕

奧特曼調查過其他一起入選的創辦人,其中有幾位是葛拉罕及其合夥人喜歡創辦人,但不喜歡他們的創業點子。入選的這批人當中有史蒂夫・霍夫曼和亞歷克西斯・歐哈尼安,他們是維吉尼亞大學的室友,他們去聽了葛拉罕在哈佛的演講後,向葛拉罕推銷一個創業點子——在手機上下單訂購食物的系統,名為「MyMobileMenue」,簡稱 MMM。葛拉罕及李文斯頓喜歡他們(李文斯頓覺得他們很可愛,給他們取了綽號「muffins」。),但懷疑他們是否有能力與餐廳及無線電信服務商達成交易,在智慧型手機尚未問世的那個年代,想建立這樣的系統,這些是必備條件。葛拉罕建議他們改嘗試創造一種更像鏈結書籤網站

Delicious之類的產品，Delicious的「熱門」網頁經常鏈結到葛拉罕發表的文章中。❷

這梯次入選的還有同為二十一歲的艾梅特·希爾（Emmett Shear）和簡彥豪（Justin Kan），他們在西雅圖資優生常青學校（The Evergreen School for Gifted Children）結識，因為同樣熱愛數學和《魔法風雲會》（*Magic: The Gathering*）數位卡交換遊戲而成為好友。❷ 他們提出的創業點子是一款名為「Kiko.com」的線上行事曆應用程式，起初同樣遭到葛拉罕及其共同創辦人否決，希爾和簡彥豪在面試時設法說服了他們，但如同他們在提交的企畫書中所言，他們和Y Combinator的共同創辦人都了解，谷歌可能推出類似的東西，因此：「我們可能如螞蟻般被谷歌碾壓。」❷

經營一個熱門部落格、與葛拉罕已經通信往來多月的亞倫·史瓦茲向Y Combinator推銷的點子是一款用來架設網站的網路型軟體工具，他後來為它取名「Infogami」。和史瓦茲面試時，葛拉罕告訴他：「我們有另一個可能更適合你的點子，」葛拉罕開始在房間裡走來走去。❸ 但史瓦茲仍然強力推銷他的點子，這是他和自己在線上招募來的丹麥共同創辦人一起打造出來的。後來，在葛拉罕的循循善誘下，史瓦茲最終讓Infogami和Reddit合併。哈佛博士班學生克里斯·史洛威（Chris Slowe）和他的同學札克·史東（Zak Stone）共同創建一家桌面搜尋公司Memamp，那年暑期計畫結束時也併入Reddit。

奧特曼的創業點子沒怎麼被葛拉罕批評。四月面試後的幾個月間，在戴希潘迪的建議下，他的公司改名為Radiate，因為他們

發現「viendo.com」這個網域名稱的擁有人開價高達 300,000 美元。但除了這段波折插曲，他們穩定地推進使用行動電話定位功能來找到朋友的創業點子。

科技新創圈的新朋友

奧特曼興奮於他終於找到想深交的人，但他仍然跟他們有點疏離。簡彥豪、希爾、霍夫曼、史瓦茲、史洛威及史東等人馬上就形成朋友圈，透過 AIM 即時通不斷地開玩笑，而奧特曼從未融入其中。

「山姆感覺起來跟其他人不一樣，」霍夫曼說：「大多數傢伙──賈斯汀和艾梅特，亞倫和克里斯，還札克，我們全都像宅男圈裡的阿宅，非常喜愛科技，對世界幾乎漠不關心。我想，我們都必須花好些時間才能成長出我們的商業自我，但山姆給我的印象是，他比其他人更具商業和成功心態。」他又說：「感覺他匆匆而來，好像還別的地方要去。」

某天，這梯次的創辦人一起健行於劍橋市，其中一位名叫米哈伊爾‧古瑞維奇（Mikhail Gurevich）的創辦人，他的新創公司 ClickFacts 試圖打擊線上廣告詐欺。古瑞維奇注意到奧特曼的口袋鼓鼓的，便詢問他。奧特曼從工作短褲的幾個深口袋中掏出一支又一支的手機──有形狀如同巧克力條的索尼易利信（Sony Ericsson），有摩托羅拉（Motorola）的 Razr 貝殼機，奧特曼解釋，每支手機使用不同的軟體，他的新創公司 Radiate 必須為每種軟體建構不同的應用程式。「他攜帶了大概八支手機，」古瑞

維奇說:「我告訴他:『兄弟,你這樣會得睪丸癌啊。』」

古瑞維奇被奧特曼正在處理的技術複雜度嚇到,「跟他交談後,我心想,他像個天才,」古瑞維奇說:「他有點奇特,言談很有見識,我又想:『這傢伙可能有自閉症』。但亞倫也是這樣,其他幾個傢伙也是這樣。」

奧特曼並沒罹患睪丸癌,但那年夏天,他在劍橋公寓裡獨自連續編程十二小時期間吃了太多泡麵,別的啥也沒吃,以至於他告訴別人自己得了壞血病。❺¹ 那年夏天,他也繼續和恩頤投資公司那邊洽談募集資金的事,開始談到將去見派屈克‧鍾認識的斯普林特公司主管,這令他的 Y Combinator 同儕感到驚訝。

「他的新創事業感覺起來更接近現實,」霍夫曼說:「從創投公司那裡募集資金?我們其他人都沒真的做過這件事,我們不知道如何跟他們談,我們不懂這事。事實上,保羅也只是知道個大概,他邀請來的演講者清一色都是討厭創投公司的人,當時 Y Combinator 就是這種氛圍:不能信賴創投公司。」

奧特曼沒有這樣的顧慮。「他知道遊戲規則,」霍夫曼說:「我們其他人都不知道。」

殺手級應用程式

斯普林特的總部位於半個美國之外,座落在堪薩斯市富裕的市郊歐弗蘭帕克(Overland Park),公司園區占地 200 英畝,裡頭有紅磚建物、噴泉及精心修整的草坪。1990 年代開始興建時,

這園區是中西部最大的建案,主持建築師的其他建案包括蘇格蘭國會。事實上,這裡有鐘樓,有3,000個座位的露天劇場,有健行步道和自行車道,斯普林特總部散發出遠非只是一家公司的感覺,儘管這公司恰好是美國第三大行動電信服務商,也是堪薩斯市最大的私人企業。

Radiate的事業計畫完成的幾個月後,派屈克・鍾信守承諾,陪同奧特曼前去會見斯普林特的技術長。派屈克・鍾讓他的助理訂機位和租車,但奧特曼還太年輕,依法不能租車,必須從劍橋市飛回聖路易家裡借車。到了斯普林特總部,他們進入行政大樓時行經無數間助理辦公室,最後抵達一間超大的會議室,有落地窗可以俯瞰溪流與綠地。

李永鉅(Wing Kui Lee,音譯)笑容燦爛地迎接派區克・鍾,但掩不住看到奧特曼時的驚訝,十九歲的奧特曼看起來差不多只有十二歲。

「你說的創辦人呢?」李永鉅問鍾。(李永鉅後來解釋:「他(指奧特曼)是個頭小的年輕人,我以為創辦人另有其人,尚未抵達。」)

李永鉅當時不滿四十歲,龐巴度短髮已有幾抹灰白,在斯普林特工作超過十年了。他在美國設計了第一個光纖電信網路,女星甘蒂絲・柏根(Candice Bergen)當年為此電信網路拍攝的「針落」廣告很出名──強調其雜音低於傳統長途電話。這光纖電信網路根源於美國最久遠的基礎設施──當年與1860年代創立的南太平洋鐵路運輸公司(Southern Pacific Railroad)一起營運的電報線路。事實上,斯普林特(Sprint)這個名稱就是1970年代時

取自「Southern Pacific Railroad Internal Networking Telephony」的字母縮略字。㉜

但是，在1990年代李永鉅幫助斯普林特邁入無線上網時代並推出個人通訊服務（Sprint PCS）時，他認知到2G行動網速太慢，除非公司能夠提供連結速度更快且桌上型電腦無法提供的服務，否則用戶不會使用行動通訊。「那必須是一種全新的用戶體驗，」他說。他把自己變成一個獵酷人（coolhunter）。

李永鉅開始帶領團隊進行年度朝聖，前往東京的秋葉原區，這裡有裝扮得像小波比的原宿女孩，還有世界上最尖端的電子器材。「我們看到那些日本女孩使用裝有小攝影機的翻蓋折疊手機拍照，」他說。這讓他們與一家名為「LightSurf」的新創公司合作，在手機上推出專有軟體，讓你可以傳送照片給聯絡簿裡的任何人，斯普林特個人通訊服務對「照片傳送服務」索取5美元服務費，但用戶必須先簽約資費15美元的行動上網方案才能使用這項付費服務。

「這是一個殺手級應用程式，」李永鉅說：「它是史上所有行動應用程式當中ARPU最高的應用程式之一。」ARPU指的是每用戶平均營收（average revenue per user），是訂閱型事業的關鍵指標。「它改變賽局，」他說。

基於這項成功措施，斯普林特開始使用自家設在從帕羅奧圖沿著名的沙丘路（Sand Hill Road）往北的伯靈格姆市（Burlingame）辦事處，與創投公司建立關係。

現在，李永鉅希望派屈克・鍾為他帶來下一個殺手級應用程式。雖然他一開始有點困惑，但奧特曼開始侃侃而談後，他呆

若木雞。此時，臉書已經很轟動，而奧特曼把他的公司形容為：「手機上的臉書，但有點不同，」李永鉅回憶。臉書只能用一個用戶 IP 地址來大致推測此用戶的所在位置，Radiate 能使用行動通訊服務業者的準確定位資料，提供李永鉅最想要的東西：只有行動資料能夠提供的新體驗。

「山姆的構想很吸引我們，那正是我們在尋求驅動行動通訊使用量的途徑，」李永鉅說：「我們想：『嗯，這很值得嘗試。』」

午餐時李永鉅問奧特曼，Radiate 要如何處理隱私問題。奧特曼給出了李永鉅認為考慮很周到的回答。奧特曼說，他認為這項服務必須對用戶的所在位置採取「尊重」態度，需要用戶選擇加入，才能分享他們的所在位置。不過，李永鉅對隱私有相當大的疑慮，因此他決定斯普林特應該先在該公司針對時尚前沿年輕人推出的子品牌「Boost」下嘗試 Radiate 這項新服務，他說：「用戶可能更傾向把這種定位服務用於那些大概不太在意資訊分享涉及隱私問題的人。」

這次的會面使派屈克・鍾和奧特曼清楚地看到 Radiate 這個點子有前景，因此他們開始熱烈討論恩頤投資公司投資 Radiate 的可能條件。

推銷投資案

回到劍橋市後，奧特曼決定在暑期結束前打造出原型，他在一支使用斯普林特網路的三洋（Sanyo）翻蓋摺疊手機上編寫應

用程式。他忠實地參加每週二晚上的聚餐，演講人——例如沃夫朗研究公司（Wolfram Research）創辦人史蒂夫・沃夫朗（Steve Wolfram）、貓途鷹（Tripadvisor）共同創辦人暨董事會主席蘭利・史丹納（Langley Steinert）——邊吃邊分享經驗談。有一次，葛拉罕邀請一批他的前雅虎同事來演講，「然後他說服他們應該購買一些 Y Combinator 孵育的新創公司的股份，」奧特曼回憶。做為老師心頭愛的 Rediate，自然特別吸引人。八月時，奧特曼飛回加州參加兩場會議：其一是和雅虎開會，他們提出收購意願，但出價甚低，也不怎麼認真；其二是向恩頤投資的合夥人進行推銷簡報，任何投資案都必須獲得所有合夥人的同意，這是派屈克・鍾進入恩頤投資後推銷的第一樁投資案。

「我帶著山姆進入會議室，恩頤的資深合夥人看著我，那神情彷彿在說：『噢，真糟，我們招募姓鍾的傢伙是個錯誤，這是他找的第一樁投資案？這個大學都還沒畢業的十二歲小子？』然後，山姆開始簡報，我的那些合夥人驚得下巴都快掉了，一副『啊，我明白了，我明白了』的表情，於是，我獲得了贊同票。」

雙方開始協商投資條件書。

會見天使投資人

Y Combinator「暑期創辦人計畫」的尾聲是一場向投資人推銷的會議，葛拉罕稱為「天使日」（Angel Day），明示他想往來的是天使投資人，不是創投公司。

「我們接洽這個圈子每一位有錢的熟人，我祈禱會議室座位能坐滿，」李文斯頓後來在他的書中寫道。㉝ 最終，來了約十五個投資人，並在 Y Combinator 的辦公室招待他們。麥克阿瑟天才獎的最年輕得主史蒂夫・沃夫朗對於青年才俊是什麼模樣略知一二，他帶著他十歲的兒子前來，他們手裡拿著推銷案評分卡，認為線上行事曆應用程式「Kiko.com」是最有前景的點子，但指出奧特曼是：「所有創辦人當中最講究效率與實效的人。」㉞

Reddit 在暑期就已經建立了一個用戶群，始於 Y Combinator 這個梯次的所有創辦人，以及葛拉罕在他的部落格中放入 Reddit 的網站鏈結。葛拉罕對這個新創公司相當有信心，當他的有錢好友不投資 Reddit 時，他本人提供該公司 70,000 美元資金，此舉被稱為「葛拉罕的特殊待遇」（Paul Graham special）。㉟〔諳熟公關的歐哈尼安在那年九月告訴《連線》（*Wired*）雜誌，Reddit 在「天使日」找到一個願意再投資該公司一年的投資人。嚴格來說，這是實話。㊱〕翌年，《紐約客》、《連線》及《時尚》（*Vogue*）雜誌的發行商康泰納仕（Condé Nast）以 1,000 萬美元收購 Reddit，金額甚小，但足以使霍夫曼、歐哈尼安、史洛威及史瓦資成為「網路公司中的百萬富翁」，並打響 Y Combinator 的名號。

同梯次的其他創辦人後來都很成功。簡彥豪和希爾的線上行事曆應用程式確實被谷歌碾壓得如同螞蟻，一如他們在 Y Combinator 申請書中的警告。他們以 25 萬美元的價格把公司賣給 eBay，之後又用葛拉罕的種子資金創立了另一家公司「Justin.tv」，由簡彥豪頭戴一台相機，網路直播他的全天生活。這公司

演進成知名電玩遊戲直播平台推趣（Twitch），亞馬遜在 2014 年以近 10 億美元買下該公司。多年後解雇奧特曼的 OpenAI 董事會聘用了希爾取代奧特曼擔任執行長，儘管極為短暫，但這離奇事件證明矽谷圈子有多小，或是證明 Y Combinator 的校友網絡霸權有多強，又或者證明了二者皆是。

這梯次的另一位創辦人袁沛致（Phil Yuen）把他的新創公司 TextPayMe 賣給亞馬遜；札克・史東後來加入 Google Brain 團隊；古瑞維奇的 ClickFacts 被一群西岸投資人以大約 16 萬美元收購，古瑞維奇認為這金額足以帶給 Y Combinator「10 倍」的報酬了，儘管總金額不高，但他當時想：「想想這筆錢能讓你買多少杯泡麵啊！」

不過，在 Y Combinator 那年資助的所有新創公司中，葛拉罕認為最具前景的是 Radiate。㊲

第 2 部

2005 — 2012年

創業維艱

第 5 章

休學

　　秋季即將來臨，Radiate 共同創辦人準備邁入他們的大三生活。西沃已經報名成為住校電腦協調員，並搬進學校宿舍，奧特曼則在山景市（Mountain View）租了間校外公寓，戴希潘迪從印度返回史丹佛。他們全都註冊了大三課程，但奧特曼有點心不在焉，他從劍橋市回來後像是變了一個人，人稱「PG」的葛拉罕對他滿懷信心，他甚至有自己的 PG 風格電子郵件暱稱：Sama。

　　2005 年 8 月 31 日，Radiate 收到來自恩頤投資公司的第一份投資條件書，投資額 160 萬美元，對 Radiate 的估值為 600 萬美元，這些年輕的共同創辦人需要一名律師。奧特曼找上矽谷最強的威桑古羅律師事務所（Wilson Sonsini Goodrich & Rosati，簡稱 WSGR）的律師佩姬・梅里爾德（Page Mailliard），該律師事務所在史丹佛大學校園附近設有辦事處。WSGR 由安靜但威嚴的賴利・桑西尼（Larry Sonsini）領導，包括賈伯斯、谷歌創辦人賴利・佩吉（Larry Page）和謝爾蓋・布林（Sergey Brin）在內，

許多矽谷名人都找他當顧問。新創公司向沙丘路上的創投公司募集資金時，也偏好諮詢 WSGR 的律師。有著淡金色頭髮和亮藍色眼睛的梅里爾德自 1980 年代就加入這家律師事務所，他說：「當時的帕羅奧圖還是個無名小鎮。」他在史丹佛大學讀英語系，後來自哈佛法學院取得法律碩士學位，「法律就是門語文學位，」他說：「法律處理的就是人和語文。」

梅里爾德喜歡人和語文，他尤其喜歡那個九月天穿著牛仔褲和 T 恤走進他的辦公室的三名史丹佛大學學生，他們尋求他協助處理自家公司和恩頤的投資條件書協商流程。他尤其覺得奧特曼：「極其聰穎，人很謙遜。」他把這幾位年輕人帶到會議室，在會議室裡，他們也見到梅里爾德的同事卡洛琳‧李維（Carolynn Levy），李維幫助他們簡化創立一家公司的法律文書作業。他們一起著手處理細節，例如 C 型股份公司（C corporation）是什麼。*

這些年輕人比梅里爾德的三個兒子大沒多少，他聆聽他們的故事時，油然而生的第一衝動是母性，「你們不該放棄大學教育，」他告訴他們。但若他們還在考慮恩頤的投資條件書，他敦促他們與其他的投資人談談看：「別只接受你們能獲得的第一份投資條件書。」

他說自己可以為他們引介紅杉資本的合夥人葛瑞格‧瑪卡度（Greg McAdoo）。

---

* C corporation 是獨立於股東的法人實體，股東與公司分開申報納稅，這種結構為股東提供有限責任保護，他們的個人資產免受公司債務與責任的影響。

人脈牽線

瑪卡度成長於曼哈頓,父親是黑人民權運動家暨學者,曾與皮特‧席格(Pete Seeger)錄過一張唱片,後來在石溪大學(Stony Brook University)創立非裔與非洲研究系。❶ 瑪卡度四歲時曾告訴他的父親,他想漫步月球,父親的回答是,那他必須先學會飛。從那時起,瑪卡度就一直著迷於飛機,他撰寫電腦圖形軟體,包括太空飛行模擬。他的第一台電腦是 TRS-80,後來又從叔叔那裡獲得一台與 Apple II Plus 相容的「Franklin Ace」電腦,代價是為他叔叔的農場撰寫會計軟體。大學畢業後,他取得私人飛行執照。他先在紐約的一家銀行當軟體工程師,繼而當了一陣子的夜間貨機機師,但很快就回頭當軟體工程師,「職業機師的待遇不好,工程師的待遇好,」穿著一件藍色套頭衫、佩戴一條青石吊墜的瑪卡度,最近在他位於舊金山俄羅斯山社區(Russian Hill)的公寓接受訪談時說。

身為工程師、後來成為技術主管的瑪卡度閱歷甚豐,有滄桑,有繁華。他曾擔任一家早期階段公司 SourceCom 的主管,該公司的業務是擴展寬頻渠道,後來歷經破產清算程序。當時,他必須向投資人解釋為何他們的錢被虧掉了,他說那種經歷留給他的不只是一點點「傷疤」而已。但他後來擔任深訊網路(Sentient Networks)執行長,在網路公司泡沫破滅之前賣給思科系統公司(Cisco Systems)讓他賺進大筆財富,邁入創投家的新生活。矽谷赫赫有名的創投公司紅杉資本都投資過深訊和思科,當紅杉資本的合夥人道格‧萊昂內(Doug Leone)熱烈邀請他加入紅杉資

本時，他的應允及熱中這份工作的態度令人萊昂內十分驚訝。「身為創辦人，你必須專注，那種使公司得以生存所需的專注程度是很難形容，」他說。但檢視各家新創公司時，必須把心智光圈拉回俯瞰的視角──俯瞰新事物的全景，尋找一個創新的點子，然後再向前展望幾年。他說，身為投資人：「你永遠要放寬視野。」

紅杉資本為貨車司機之子唐納德・瓦倫丁（Donald Valentine）創立於 1972 年，瓦倫丁大學畢業後在包括快捷半導體在內的多家公司當過銷售工程師。他從市場角度來看創投公司的投資，「我向來主張找一個出色的市場，在這個市場中投資多家公司，」他解釋。瓦倫丁也強烈相信人脈的重要性，他就是經由在快捷半導體公司的一個人脈，得知雅達利（Atari）。雅達利成為紅杉資本投資的第一家公司；然後經由雅達利──賈伯斯在此公司當工程師，他得知蘋果公司，並進入蘋果董事會。❷

2000 年，瑪卡度即將離開思科時，紅杉資本由萊昂內及麥克・莫里茲（Michael Moritz）領導，莫里茲早年是新聞工作者，撰寫有關賈伯斯的第一本書而聞名，後來又因投資雅虎和谷歌等公司，在投資領域大獲成功。（谷歌在 2004 年時的首次公開募股使紅杉資本的 1,200 萬美元投資變成 40 多億美元❸）不過，瑪卡度踏入創投領域的時機很糟糕，網路公司泡沫破滅後的幾年間就像「地獄」，他說：「頭兩、三年，真他媽的什麼投資都不行。」他環顧四周的慘況，以及那些在董事會裡待了多年、眼睜睜看著自家公司如今宣告破產的合夥人們，他不禁在想自己是否趕了晚集。但莫里茲向他保證絕對不會，「你進來得正是時

候,」莫里茲說。

為了生存,他和其他新進合夥人,例如吉姆‧戈茲(Jim Goez)和魯洛夫‧波塔(Roelof Botha),思考有什麼新穎的方法搶可以在別人之前找到有前景的新創公司。「我們非常積極地尋找新的交易流,尋找別人沒注意的地方和源頭,」他說。他們使用的其中一種方法是,與新創公司創辦人可能找上的律師建立關係,「請他們吃午餐,請他們吃晚餐。我們甚至開始開闢辦公時間給這些律師,我們告訴這些律師:『我不管新創公司是做什麼的,我們沒有預設的過濾器,每一位找上你的年輕創辦人,我都會給二十分鐘。』」梅里爾德就是瑪卡度透過經常共進午餐來培養關係的律師之一。

與奧特曼會面後不久,梅里爾德與瑪卡度共進午餐。

「我有個案子給你,」他告訴瑪卡度。但他提醒他,這個新創公司的創辦人還未從史丹佛畢業。

「我們從史丹佛輟學生那裡賺了很多錢,所以我猜,這應該不是問題,」瑪卡度回答。

「噢,不,這不是謝爾蓋和賴利從博士班輟學哦,」他說:「這三位創辦人是大三生。」

瑪卡度更感興趣了。梅里爾德說,這家公司的領導者山姆‧奧特曼是他見過最有趣的創辦人之一。

「不論如何,就算他們的創業點子不合你眼,你也該見見山姆,」他說。

會見紅杉資本

Radiate 符合紅杉資本的論點：行動電話即將成為公司觸及消費者的主要工具。梅里爾德當介紹人，瑪卡度教導奧特曼及其共同創辦人如何向紅杉資本的合夥人推銷，精簡到少於 12 張投影片。不過，在這些創辦人和紅杉資本領導層的會議中，最給力的推銷似乎是奧特曼的離題發揮。他翻轉切換各種主題，簡短地談論一些專業知識，「近乎在每個主題上，他都是很棒的啟蒙和思想領導力源頭，」Radicate 一名前員工說：「對莫里茲這樣的人來說，簡直是無價之寶。」他們讓紅杉合夥人有興趣投資，「我們愛上山姆，我們愛上他們的創業點子，」瑪卡度說。

2005 年 10 月 7 日，最終的投資條件書備妥，恩頤和紅杉資本將合計投資 500 萬美元取得 Radiate 的半數股權。包括來自朋友和家人約 5 萬美元投資在內，這些投資交易使該公司估值來到 1,000 萬美元出頭。

「他在第一天就捨棄了 50％的股權，」派屈克說。相較之下，紅杉資本在種子資金和 A 輪募資中對 YouTube 投資相同金額，只取得這線上影音平台的 30％股權——在新創公司的早期階段，這是相對正常的股權捨棄比例，而且估值相差不遠約 1,500 萬美元。從某些方面來看，這種差異反映了 Radiate 理論上具有的巨大潛力，與其當時能夠展現實質證據的能力之間存在落差。YouTube 能向投資人展示產品對用戶的吸引力，因為他們的平台是自助的、線上的，而 Radiate 必須與電信公司達成交易後才能開始有用戶。

在所有共同創辦人當中，奧特曼的持股最多。起初，他、戴希潘迪和西沃討論過股份均分，但奧特曼去了 Y Combinator，其他共同創辦人去了他們的暑期實習，因此他們共同決定，奧特曼擁有 40％的股權。

梅里爾德記得，當時他震驚於奧特曼願意捨棄這麼高比例的股權。「這是謙遜者的態度，他想要雙贏，」他說：「打從一開始，他擁有最高比例的股權，但他不堅持 100％ 掌控。」

有些顧問也獲得股權，其中包括大衛・魏登（David Weiden）。魏登是一位資深科技主管，其新創公司剛賣給微軟，經緯創投（Matrix Partners）考慮投資 Radiate，雇用他對 Radiate 做盡職調查。留著短平頭的魏登畢業於哈佛，以騎自行車爬山為樂，他是個明晃晃地表露懷疑精神的人。他的科技界職業生涯始於後來和 AT&T 合併的早期無線通訊公司麥考行動通訊（McCaw Cellular），故而對無線通訊產業夠了解，能知道奧特曼不懂的東西有多少。

「我與山姆會面，我喜歡他和這家新創公司。這對我來說是相當罕見的事，因為大多數的東西我都不喜歡，」魏登在多年後回應。魏登的結論是，就一家完全得仰賴有無能力與行動通訊服務商達成交易的公司來說，奧特曼並不具備成為此公司執行長的資格。但魏登仍然鼓勵經緯創投投資這家新創公司。

「山姆是個極不尋常的人，跟他會面後，我馬上就想，哇，這個人求知欲極高、思慮縝密、很有見地、思想開明、精明、有魅力，」他說：「按照這些特質順序排列，我會把山姆相比於伊隆・馬斯克、比爾・蓋茲、派屈克・柯里森（Patrick

Collison）†、賈伯斯，我跟他會面時馬上就想到這些人。」

魏登告訴奧特曼，就算經緯創投不投資，他想投資。最終魏登並未投資，但奧特曼給他一些股份，請他當顧問。

投資書的附帶條件

史丹佛 AI 實驗室領導人吳恩達及史丹佛講師、亞馬遜首席科學家韋思岸（Andreas Weigend）也以顧問身分獲得一些股份，韋思岸在史丹佛新創加速中心 StartX 舉辦的一場活動中結識奧特曼。

WSGR 律師事務所也獲得一些股份。該律師事務所視自己為科技業新創公司客戶的策略夥伴，因此首創一種付費方式，允許客戶延後支付部分律師服務費，直到新創公司獲得一輪募資後，但條件是客戶讓該律師事務所有機會以相同於其他投資人的條件，投資一筆名目金額（例如 25,000 美元），取得這輪募資中創造出來的優先股。

根據投資條件書，派屈克・鍾和瑪卡度將加入 Radiate 董事會，梅里爾德將出席董事會會議。（WSGR 律師事務所提供「優惠折扣」，律師去事務所擁有股權的新創公司開董事會會議的時數不收費。）派屈克・鍾能夠進入 Radiate 董事會是他辛苦贏來的，在恩頤投資公司，像他這樣不夠資深的同仁通常不能代表恩頤進入投資公司的董事會，只有資深合夥人才有這資格。但奧特

† Stripe 創辦人。

曼堅持，除非恩頤讓派屈克・鍾代表恩頤進入 Radiate 董事會，否則他不會在投資條件書上簽名。奧特曼成為派屈克的手機快速撥號「3」，僅次於派屈克的母親和男友。

投資條件書中的附帶條件之一是：所有共同創辦人必須從大學輟學。

休學

奧特曼對此早有預料。去 Y Combinator 面試完，並在波尼科夫的兄弟會宿舍打地鋪的幾週後，他打電話給這位高中朋友，邀請他：「你應該輟學跟我一起工作。」不過，到了自己跟父母討論此事時，奧特曼就刻意避開「輟學（dropping out）」這兩個字，他和另外三位共同創辦人都向家人說，史丹佛有個寬宏政策，讓學生可以離開兩年，學校不會詢問理由。他們把自己的行動說成是「休學」（stopping out）。

戴希潘迪的父母能夠理解，雖然他的母親雪拉後來在接受訪談時說：「我其實希望他能完成學位，從史丹佛多收穫點東西。」至於西沃的父母，可能因為他的父親任職於軟體業，他們似乎比西沃更興奮，還讓他留下第一學季的學費[§]做為生活費，並送了一輛車給他。奧特曼的母親康妮回憶山姆當時告訴他要休學一年，「但後來一直延長，他顯然不打算重返學校了，」他說。最終，奧特曼的父母也接受了，只不過時不時有家人和朋友

[§] 史丹佛大學採行學季制。

私下議論,「有人說:『別讓你的孩子從大學輟學啊』,我就回應:『我不會擔心山姆,他又不是輟學去山裡靜修一輩子,他不是這種人,他太有鬥志了。』」

此後多年,奧特曼一再做這個夢:「我因為忙於新創事業而錯過課程,或是因為我在上課而錯過某場重要的新創公司會議。」他說:「這其實並未發生在我身上,但三十多歲時,我經常做這個夢。」

理克·波尼科夫的父母就沒那麼熱情了,理克是麻省理工學院大三生,主修電腦科學和電機工程。他還帶上了他的哥哥湯姆。湯姆剛從布蘭迪斯大學(Brandeis University)畢業,取得經濟學學士學位,剛開始學編程。波尼科夫夫婦雖然支持兩個兒子的抱負,也知道奧特曼很聰明,但他們擔心理克會放棄他在麻省理工學院的學業。

瑪克度帶 Radiate 的共同創辦人去帕羅奧圖一家亞洲風混合餐廳塔瑪林(Tamarine)慶祝,他想向他的這些新夥伴敬酒,便建議順便點一瓶酒。這就有些尷尬了,奧特曼溫和地提醒他,他們未滿法定年齡,不能喝酒。

恩頤投資則是以更適合他們年齡的方式來慶祝這樁投資。簽署最終投資條件書的幾天後,奧特曼和西沃帶著派屈克·鍾和他的伴侶馬修·柏特(Matthew Burt)參加在史丹佛校園主廣場(Main Quad)舉行的一場派對。圓月剛開始升上紀念教堂的紅瓦屋頂,廣場上早已擠滿五百多名學生,許多人身上啥也沒穿,只有人體彩繪,搖滾樂團在滿是舞台燈光和螢幕的台上演奏。❹雖然活動明文禁止飲酒,節目開始前,空氣中仍充滿濃濃的酒精

和漱口水味道。派屈克・鍾注意到有個攤子供應保險套和李施德霖漱口水，試圖讓校園擊退單核白血球增多症病毒感染或其他更糟糕的事，這讓他慌了起來。他回憶當時自己心想：「我不能被人看見我在這裡，我任職創投公司啊！」

不久，子夜到來的幾分鐘前，倒數計時開始：「十、九、八、……」這是史丹佛大學持續了數十年的傳統活動，名為「廣場上的圓月」（Full Moon on the Quad），每學年秋季的第一個月圓日，即將畢業的高年級生可以親吻大一新生。這傳統從最早嚇人的高年級男生親吻大一女生，演進成高度保護、組織完善地如同輔導級電影的狂歡。子夜一到，果然如同傳統，「在場者開始親熱起來，」派屈克回憶：「我心想：『我的天哪，我到底在這裡幹麼！』」

事實上，他這天在這廣場上是給奧特曼當史丹佛學生的最後一次機會。就這樣，奧特曼重返校園生活的可能性很低了。（雖然，派屈克・鍾和柏特都說他們對那晚的記憶猶新，奧特曼卻說他不記得帶他們去那場活動，也不記得他有上大三。）

搭上投資浪潮

起初，這些共同創辦人在位於沙丘路的紅杉資本總部工作，那是一棟灰棕色的現代建築，外貌有點像佛寺，又有點像公共圖書館。Radiate 和 YouTube 的共同創辦人共用紅杉資本提供的新創公司孵育辦公室，YouTube 的共同創辦人全都是 Web 1.0 支付服務公司 PayPal 的前員工，另一位前 PayPal 員工魯洛

夫‧波塔後來成為紅杉資本的合夥人，並主導紅杉資本投資YouTube。紅杉資本在 2005 年 11 月宣布投資 YouTube 350 萬美元，同月，紅杉資本也投資 Radiate 共 250 萬美元。不出一年，谷歌就以 16.5 億美元收購 YouTube。Radiate 的一名員工後來形容，和 YouTube 創辦人在同一辦公室裡編寫程式的記憶令人感到謙卑。

Radiate 和 YouTube 獲得投資，顯示網路公司泡沫破滅後的資本凍結期開始解凍了，「投資人開始檢視可能尚無獲利及營收的新創點子，」梅里爾德說。也是 WSGR 律師事務所客戶的 YouTube 就是一個例子，「誰能想到，在網路上播放自製影片會是一項事業計畫呢？」他說：「他們當時還沒有營收，投資人受挫了這麼些年後，他們必須有遠見地堅信這是值得投資的公司。」一位銀行業者開玩笑地說，他想像谷歌大概甚乏說服力地這麼向股東解釋為何收購 YouTube：「好消息是：它沒有營收。壞消息是：你從未聽過它。」❺

看到創投公司又開始投資新創公司，並且焦慮可能有人在矽谷創立一個 Y Combinator 翻版，葛拉罕開始主張在舊金山灣區舉辦冬季梯次的「創辦人計畫」。起初，他想在柏克萊舉辦，因為他覺得柏克萊和麻州劍橋最相似。但時間緊迫，促使他們轉往山景市，Y Combinator 共同創辦人崔沃‧布萊克威爾的機器人公司 Anybots 在那裡有多出來的辦公空間，他們的裝修作業匆忙到 Y Combinator 的第二梯次入選者於 2006 年 1 月抵達時，牆上的油漆都還未乾。❻

準備工作之一是，葛拉罕及李文斯頓請奧特曼引介梅里爾

德。梅里爾德把他們帶到 Radiate 創辦人幾週前來律師事務所開會的那間會議室。梅里爾德立刻對葛拉罕以「為藝術而藝術」的態度看待編程、思考如何用編程來搞事業的方式感到著迷。「不是只為了賺錢或投資，」他說：「那是他愛做的事，熱情很明顯地流露出來。」

葛拉罕及李文斯頓想更加了解如何研擬投資條件書、如何評估投資人，以及如何把這機密知識放到網站上提供給想知道的人。「他們真的很想了解矽谷的更多資訊，」梅里爾德說。他和同事卡洛琳・李維開始偶爾造訪 Y Combinator 位於山景市的辦公室，在梅里爾德稱為「宣講會」（teach-ins）的活動中講述投資條件書和投資結構。李維和他的丈夫強納生・李維（Jonathan Levy，之前是 WSGR 的律師）最終陸續加入 Y Combinator，強納生在 2008 年加入，卡洛琳在 2012 年加入。卡洛琳（葛拉罕稱呼他「C-levy」）後來創造了一種可轉換公司債（convertible note），新創公司開始用它來取代募資輪，因為它讓創辦人可以逐步地完成募資輪，而非急於出售。‡ 卡洛琳後來又創造了另一種名為「未來股權簡單協議」（Simple Agreement for Future Equity，簡稱 SAFE）Ψ 的可轉換公司債，是一種對創辦人友善、

---

‡ 這種可轉換公司債的操作如下：投資人先借錢給新創公司創辦人，不馬上換取股權，等於是持有新創公司的債權，這借款將會加計利息。等到新創公司在下一輪順利募集到資金時，先前借錢給公司的投資人就有權把其手上的債權轉換為股權，轉換價格是這一輪的每股估值再打折扣，折扣是用以回饋這些早期投資人借錢所冒的風險。

Ψ SAFE和先前的可轉換公司債最大的差別在於SAFE不是「債」，新創公司不支付利息。

讓早期階段的新創公司能從投資人那裡取得投資，投資人還無需決定新創公司的每股價值。Y Combinator 在其網站上以開放源碼的風格張貼 SAFE 的法律文件，很快便成為新創業的標準範本。❼

透過奧特曼的引介，葛拉罕及李文斯頓也結識瑪卡度，後者後來主導紅杉資本投資 Y Combinator 的梯次，讓紅杉資本有首席地位可以預先評估一批新的、有前景的、尋求資金的新創事業。在創投業中，這非常重要的概念被稱為「交易流」（deal flow）。

縱使在自己的新創公司尚未成功啟動前，奧特曼就已經是新創圈不可或缺的人脈連結。「他認識所有人，」葛拉罕在 2012 年寫道：「他不僅無數次為我們的校友引介人脈，也在矽谷為 Y Combinator 做了絕大多數的人脈初次引介。……Y Combinator 現在每天都在引介人脈，但若沿著大樹溯源，山姆就是根源。」❽

Y Combinator 在那年冬季來到矽谷，加快了科技業的樂觀心態，奧特曼及三位共同創辦人幾乎擁有完美的時機，「他們乘上了第一波投資復甦的浪潮，」梅里爾德說：「這後來變成巨浪，而且很大程度是 Y Combinator 助長的。」

新創辦公室

Radiate 承租了帕羅奧特艾許街（Ash Street）3250 號兩層樓棕褐色建物當辦公室，靠近皇家大道（El Camino Real）和佩吉米爾路（Page Mill Road）的繁忙交叉口，騎自行車就能到史丹佛

大學。這棟建物主要是由一段螺旋樓梯連通至主房間,樓梯連結房間處很危險,「他們嘗試貼上泡綿條當防護墊,因為一些男孩沒有留意,從樓梯步入房間時常撞到額頭,」該公司的辦公行政經理譚妮妮(Nini Tang,音譯)回憶:「那是個危險源。」辦公室裡有一張桌球檯,一台平板螢幕,主要用來玩《最後一戰3》(Halo 3)。波尼科夫兄弟帶來他們的吉他和法國鬥牛犬「布魯諾」,原本某位工程師經常熬夜編程睡在辦公室,搞得辦公室氣味不佳,布魯諾加入後,辦公室氣味更難聞了。「這裡就像兄弟會,」後來加入 Radiate 當行銷主管的劉銘(Min Liu,音譯)說。優異的程式設計師蔡湯米(Tommy Tsai,音譯)是 Loopt 的工程總監,某天早上被發現幾乎昏倒在他的電腦前,譚妮妮趕快跟自己的醫生約診,並開車送他去看病,「我真的感覺自己就像辦公室裡的老媽,」他說,儘管自己才剛從史丹佛畢業。

當時,帕羅奧圖是科技界中心,科技業還未遷移至舊金山。每個夜晚,在舊金山半島怪異的粉紅夜空下,總是有新創公司和創投公司舉辦的交誼會及活動,談論行動通訊或「軟體即服務」(software-as-a-service)領域接下來的發展。Radiate 團隊常去安東尼奧堅果屋酒吧,這家廉價酒吧供應廉價啤酒和花生,滿地都是花生殼。

或者,他們去參加其他新創公司創辦人舉辦的派對。他們有時會出現在亞倫‧萊維(Aaron Levie)和迪倫‧史密斯(Dylan Smith)承租的住屋兼辦公室這個怪異空間,這兩位創辦人從大學輟學,在 2005 年共同創立雲端儲存服務平台盒子公司(Box Inc.),他們常舉辦桌上足球和啤酒乒乓遊戲派對。盒子公司的

住屋兼辦公室有個閣樓，地板上放了一些床墊，客人可以倒頭就睡。又或者，他們會去 Radiate 早期工程師伊凡・譚納（Evan Tana）的家裡，他的室友馬克・斯利（Mark Slee）是臉書的早期工程師，有時會邀請他的老闆、只比他們大一歲的馬克・祖克柏（Mark Zuckerberg）一起同樂。「跟臉書的人一起開派對很有趣，」Radiate 的一位早期員工回憶。

應用程式的商業發展

紅杉資本喜歡新創公司的年輕人，也喜歡有資歷的人——那些被新創公司員工稱為「房間裡的成年人」[§]。波塔在 2005 年 9 月試圖說服紅杉資本合夥人投資 YouTube 的備忘錄中寫道：「我們必須幫助該公司儘快聘請一位執行長和事業發展／銷售副總。」[9] 發布新聞稿宣布投資 YouTube 的幾個月後，紅杉資本自誇它不僅投資、也「組織」占了納斯達克指數總值 10％的公司。[10]

紅杉資本也把相似的方法應用在 Radiate，還在其辦公室育成時，他們就幫 Radiate 招募了幾名高階主管，瑪卡度及其合夥人希望這些高階主管能指導 Radiate 的年輕創辦人。其中一位主管是布萊恩・瑪西尼雅克（Brian Marciniak），四十多歲、來自喬治亞州，是位經驗豐富的科技業銷售主管，自 1990 年代起就擔任銷售副總。「電信服務公司的那些傢伙希望能看到成熟的主

[§] 房間裡的成年人用法源自電影《錢鬥遊戲》（*Adults in the Room*）。

管,」瑪卡度說:「布萊恩打高爾夫球,穿著合宜的運動衫,是鄉村俱樂部的會員。」雖然有點年紀,但瑪西尼雅克認為,他獲得這份工作是因為比起其他候選人,他沒那麼頤指氣使,「奧特曼不想要一位告訴他去做什麼事情的銷售副總,」瑪西尼雅克說。畢竟,大家都很清楚誰才是首席銷售員。「他說起話來,總顯得自己無所不知,其實不是,他的知識程度可能三分,但聽起來像有十分,」瑪西尼雅克這麼評價奧特曼。他覺得奧特曼人很親切、善於合作,也不介意他每次開會時多工作業,他的筆記型電腦和 PalmPilot 都開啟,因為使用得太頻繁,鍵盤都掉漆了,全憑感覺操作。

紅杉資本為 Radiate 找來另一位「成年人」是和藹可親的馬克・雅各布斯坦(Mark Jacobstein),三十多歲擁有哈佛電腦科學學位,是個連續創業家。他最近一次的創業是和美商藝電(Electronic Arts)的創辦人崔普・霍金斯(Trip Hawkins)共同創立行動遊戲公司數位巧克力(Digital Chocolate),並獲得紅杉資本投資。這經驗使雅各布斯坦相信,行動裝置能做遊戲以外的很多事,但他的共同創辦人霍金斯是最具代表性的電玩遊戲公司創辦人,因此在數位巧克力工作時,他沒有太多機會去探索其他商機。〔霍金斯是蘋果早期員工,他創辦的美商藝電獲得紅杉資本投資,開發出許多知名遊戲,包括《模擬市民》(The Sims)和《惡靈古堡系列》(Resident Evil)。〕

在紅杉資本總部二樓的八人小型會議室裡,雅各布斯坦和 Radiate 的五位共同創辦人(現在加入了波尼科夫兄弟)會面,他與奧特曼一見如故。他們兩人都相信行動裝置有聚集人們的力

量,而非只是在人們如廁或在銀行排隊辦事時的娛樂。雅各布斯坦回憶,奧特曼談到他在大學時常有空閒時間,想在上課前找朋友小聚,他推銷自己的公司 Radiate 是幫大家:「促進機緣。」雅各布斯坦後來向他的母親解釋這個推銷詞,他的母親回答:「噢,這是治癒寂寞的藥,對吧?」

不同於瑪西尼雅克,瑪卡度說聘請雅各布斯坦是:「職業考量,」他說:「引進雅各布斯坦是填補山姆的一些落差。」雅各布斯坦回憶時如此描繪:「我應該是雪柔之於祖克,」他指的是臉書營運長雪柔・桑德伯格(Sheryl Sandberg)和小他十五歲的臉書執行長馬克・祖克柏之間長期成功的合作關係。

雅各布斯坦被賦予的頭銜是公司發展與行銷執行副總,這意味著,他的角色是伴護仍然是青少年的奧特曼,避免他在一些會議中不被認真對待,例如和無線通訊服務商或監管當局開會時。他們一起研商出一個方法來減輕對 Radiate 應用程式的隱私疑慮:他們積極主動地接觸可能發出控訴的組織——電子前哨基金會、美國公民自由聯盟(American Civil Liberties Union)、家暴婦女庇護中心、全美失蹤與受虐兒童援助中心(National Center for Missing & Exploited Children)等,並邀請他們參與設計決策。「讓他們參與這過程,從而減輕他們的疑慮,」雅各布斯坦說。

奧特曼學到了一課,後來將其應用於 OpenAI 並獲得極佳的效果。與此同時,在和無線通訊服務商談交易方面,奧特曼究竟是否需要那麼多協助,還有待商榷。

第 6 章

「你在哪？」

　　品牌 Boost 在 2000 年創立於澳洲，主要瞄準國內熱中衝浪的年輕人，是第一家使用內斯通電信網路的「虛擬」行動網路──業內稱為「虛擬行動網路服務商」（mobile virtual network operator，簡稱 MVNO）。內斯通早就決定要耕耘貨車司機這塊利基市場，因此要求所有手機製造商在手機中安裝 GPS 晶片。Boost 在美國衝浪文化中心的加州爾灣（Irvine）設立辦事處，開始向年輕衝浪客及都市年輕人行銷自家的預付卡服務。

　　「很多年輕的都市孩子無法與行動通訊商簽約，他們只能使用預付卡，」當時的 Boost 創新及事業發展總監洛威爾・溫特（Lowell Winter）說：「坦白說，很多毒販使用 Boost，因為不需綁約，不會留下姓名。」

　　為了吸引年輕族群，Boost 雇用大批衝浪者、BMX 車手、活動主持人及司儀、饒舌歌手和終極格鬥賽選手為其宣傳。有時候，這些人會在星期五下午現身 Boost 位於繁忙幹道旁的商場

二樓辦公室,那裡供應啤酒,至少發生過一次,有人騎越野摩托車躍上辦公室樓梯。這些場景與堪薩斯市的 Boost 母公司斯普林特形成鮮明對比,Boost 員工稱堪薩斯州總部為「鯊堡監獄」(Shawshank)。

到了 2006 年,溫特堅信 Boost 必須使用 GPS 功能來區隔與其他競爭者的差異,他張貼提案邀請書,徵求一個聽起來跟 Radiate 很像的點子:一種能得知朋友目前就在你附近的「尋找朋友」功能。

「我尋找可能幫助我們建立這項功能的公司,」溫特回憶。他收到的提案公司大多想建立一個平台,而非幫助無線通訊服務公司向其顧客提供特定的服務功能。溫特原本決定選一個與其構想相當接近的提案,已經在做最後的行政流程,就在此時,他接到了奧特曼的電話。

奧特曼得知 Boost 張貼的提議邀請書,認為 Radiate 能夠打造出 Boost 想要的功能。溫特回覆,Boost 已經快與一個競爭者達成交易了。

奧特曼的心沉了下去,「Boost 與誰合作,斯普林特就會與誰合作。斯普林特與誰合作,威訊和 AT&T 也會跟進,」他心想。❶

不過,還有一線希望。Boost 打算合作的那個競爭者說,他們無法建造 Boost 真正想要的功能,例如通知你,朋友是否在你所在五哩內的狀態訊息。Radiate 團隊熬夜打造這項功能。

「我想,我當天大概是清晨四點上床睡覺,睡到早上六點,然後搭七點的飛機去橙縣(Orange County)Boost 所在地,」奧

特曼回憶。❷

　　奧特曼在未事先通知下來到溫特的辦公室，請溫特給他十分鐘。溫特把他們帶進一間會議室，看著身穿工作短褲的奧特曼以「印第安風格」盤腿坐進一張對他的身材來說稍嫌太大的椅子裡，接下來開始氣場強大地掌控整間會議。「他頂多約110磅，卻讓身邊的中年人認真聆聽他的福音，」溫特回憶：「他散發自信。」

　　約一小時後，溫特離開會議室，逕直走進 Boost 產品副總尼爾・林賽（Neil Lindsay）的辦公室，向他解釋為何 Boost 必須改變計畫，選擇「剛出現在我們辦公室的某個傢伙，」溫特回憶。Radiate 團隊證明了他們能夠打造溫特想要的功能：「這些傢伙很敏捷，這些傢伙知道如何做。」溫特打電話給紅杉資本，要求提供一份品行與財務證明信，然後決定把 Boost 的第一樁無線交易案交給這家新創公司。

　　奧特曼從這樁交易學到重要一課：「成事之道是堅持不懈。」❸

　　多年後，溫特仍清楚地記得他與奧特曼的往來細節：「當時和他打交道的人都希望自己擁有他的特質，他給人的感覺就是任何事都有可能成真，他相當樂觀，果決且樂觀，鮮少對事物抱持懷疑態度。」

公司改名

　　與 Boost 合作對 Radiate 的未來太重要了，以至於他們決定

更改公司名稱。之所以這麼做，部分是因為他們先前決定讓公司保持「隱秘狀態」，對 A 輪募資密而不宣，他們知道需要花些時間來與無線通訊服務商達成交易，並打造出那些電信商需要的技術。他們考慮過「Flipt」這個名稱，但碰上商標問題。臉書當時正在起飛，好像名稱中有兩個「o」的公司都蠻幸運的，例如 Facebook、Google、Yahoo!。（還有，HBO 後來推出的諷刺電視劇《矽谷群瞎傳》（*Silicon Valley*）裡頭的那家公司名為 Hooli）他們考慮了一堆名稱，最終選定一個與他們親密、不可或缺的夥伴 Boost 聽起來很像的名稱。接下來幾個月，他們打造的產品 Boost Loopt 名稱唸出來像個回聲，而且公司名稱也從原本的 Radiate 改為 Loopt。

Boost 的新功能

　　2006 年 11 月的某個星期二，這是冬季裡異常暖和的一天，奧特曼在時代廣場（Time Square）推出他的第一款產品。四周環繞著饒舌歌手，奧特曼穿著牛仔褲和一件印著血濺漫畫圖案的連帽運動衫，站在臨時搭建的舞台上，四周圍繞著歡慶人潮，他舉起手上的摺疊手機，螢幕上展示一張曼哈頓中城的線上地圖，其中有彩色小圓圈顯示他與同事目前的所在位置。他背後的巨大螢幕上呈現手機的像素化地圖，向路過的觀光客及通勤者展示產品功能。與奧特曼一起站在舞台上的是近乎所有的 Loopt 共同創辦人及早期人才——戴希潘迪、波泥科夫兄弟、伊凡‧譚納、雅各布斯坦，以及 DJ 凱斯雷（DI Kay Slay）和神奇小子

（Fabolous），他們與 Boost 行銷團隊簽約代言。西沃一如他的風格，沒有現身舞台。

九個月前，Boost 和 Loopt 簽了合約，接下來四年 Boost 的所有手機上都會預載 Loopt 的行動應用程式。❹ 接下來幾個月，Boost 與 Loopt 並肩打造產品、行銷此服務。奧特曼將 Boost 視為 Loopt 命脈般積極經營彼此的關係，事實上 Loopt 當時的事業的確仰賴 Boost。「我打電話給他，他一定接聽，」溫特回憶。早在 Boost 與奧特曼及其團隊會面之前，Boost 早就選定一則與奧特曼原來推銷詞極其相似的行銷語：「你在哪？（Where you at?）」。Boost 行動通訊於 2004 年曾推出一支電視廣告，饒舌歌手肯伊·威斯特（Kanye West）、路達克里斯（Ludacris）及遊戲玩家（The Game）在廣告中齊唱《Boost 行動通訊頌》（*Boost Mobile Anthem*），這是 Boost 行動通訊與嘻哈藝人拍攝多支廣告中的第一支。❺

「當時，肯伊才剛出名，」Boost 的行銷長達洛·柯賓（Darryl Cobbin）回憶。柯賓是可口可樂公司的資深幹將，負責雪碧汽水（Sprite）的行銷活動，雪碧也是最早在廣告中使用嘻哈藝人的品牌之一，後來他進入 Boost 這個默默無聞的品牌。能找來路達克里斯代言，是因為他的一首歌曲中有句歌詞：「我在各地區有女人（I've got hoes in different area codes）」，遭到著名電視主持人暨評論家比爾·歐萊利（Bill O'Reilly）在節目中批評他貶抑女性，因而丟了百事可樂的代言。❻ 至於遊戲玩家，「當時，除了加州康普頓市（Compton）*，沒人聽過他，」柯賓說。

＊ 遊戲玩家的出生地。

廣告中，這三位饒舌歌手彼此交談，敘述他們身處何處，想要找肯伊‧威斯特出來小聚一下。

一年後的現在，遊戲玩家在時代廣場上閒逛，身邊跟著一群穿著淺綠色運動衫的年輕女孩，他們拉著綠色汽球，汽球上寫著「boost loopt」（全都是小寫字體，使用小寫字體是奧特曼的一個特色）。「Loopt 就是『你在何處』的實質體現，實實在在，字面上的意思，」柯賓說。

為了推出這項服務，Boost 還拍攝了一支電視廣告，年輕朋友群裝扮成充氣海灘球，就像 Loopt 找朋友地圖上閃爍的彩色圓點，他們在自己的手機上告訴彼此類似以下的話：「嗨，你在哪？」在加州辦公室，Loopt 團隊放下手邊的事，睜大眼睛盯著自家產品首次出現在電視上。或許他們還沒致富，但已經出名了。

為了確保有足夠的使用者，Boost 一開始在 2006 年 9 月免費提供這項服務給用戶，後來甚至延續免費優惠至當年年底。之後，這項服務的月費是 2.99 美元。正式問世時，Loopt 有 35,000 個使用者。❼

除了西沃，那天沒上舞台的重要人物是 Boost 事業發展總監溫特。在 Boost Loopt 推出後不久，他被診斷罹患癌症，正在接受治療，由他的同事、Boost 的附加價值服務總監克雷格‧索爾（Craig Thole）代替他為 Boost 發言。他告訴《橙縣紀事報》（*The Orange County Register*）：「社群網路是很夯的領域，人們想在行動網路上交流，」該報認為 Boost Loopt 的功能相當於：「一個類似流動版的 MySpace 強化社群。」❽

第6章 「你在哪？」　139

但奧特曼說，功能遠不僅於此，「這是更深層的交流，」他告訴《橙縣紀事報》：「它確實群聚人們。相較於社群網路的虛擬世界，Loopt 找回了人情味。」被問到 Loopt 服務開始收費後，他們瞄準的十四歲至二十五歲群體中有多少人會使用此服務時，奧特曼一貫地樂觀回應說：「我們認為會很多。」自己還說，他已經開始與其他行動通訊服務業者洽談，他預測，對年輕人來說：「這項服務有潛力取代電話簿，成為預設應用程式。」❾

闖出名堂

一如奧特曼的預測，Loopt 和 Boost 的交易使得 Loopt 有機會與更多的無線通訊服務商會面。邁入 2006 年冬季時，Loopt 顧問、在無線通訊業有人脈的大衛・魏登安排他們與辛格樂無線通訊（很快將變成 AT&T 的一部分）開會。當一家公司的事業必須仰賴無線通訊公司的行動定位資料時，這家公司最需要接洽上的無線通訊公司主管就是資料副總，「資料副總就像是上帝，」魏登說。魏登可以直接跟辛格樂的執行長通電話，這人脈讓奧特曼能見上辛格樂的資料副總。會議在亞特蘭大的辛格樂總部舉行，那裡的絕大多數人都穿西裝打領帶，「我不認為那棟大樓允許訪客穿牛仔褲，」魏登回憶，但當時他忘了提醒奧特曼。奧特曼在早上八點五十分到達，比會議時間早十分鐘。溫特回憶，十二月寒冬裡，奧特曼穿著 T 恤和短褲。〔奧特曼說，他當天穿著有領子的 polo 衫和牛仔褲；辛格樂的資料副總吉姆・萊恩（Jim

Ryan）比較相信魏登的記憶，但他只記得當時會議室裡的人被驚呆了。〕不過，萊恩喜歡有點叛逆的人。

奧特曼用他的銷售技巧消除了自己穿著引起的驚駭及疑慮。「這點子一開始的概念就很大膽，」萊恩回憶。他曾領導開發以辛格樂行動數據基礎設施為架構的影音產品，但是如何處理有關客戶所在位置的資訊卻很棘手，萊恩及其他辛格樂主管思忖：「我們想讓顧客知道我們掌握多少他們的資訊呢？」顧客因隱私擔憂而引發反彈是真實存在的風險。不過，奧特曼先把這些疑慮推至一邊，「我喜歡像他這樣的人，因為他們不在意這些，」萊恩說：「他們只看可能性。」

奧特曼提出了一個有野心的願景，即行動通訊公司可以如何使用位置的資訊。Loopt 用戶可以選擇每隔十五至二十分鐘把他們的位置座標發送給朋友，這遠遠超過該領域之前的贏家——2005 年被谷歌收購的 Dodgeball，其應用程式要求用戶以手動方式按下「好友信標」（Buddy Beacon）這個按鈕，才能發送他們的所在位置。奧特曼對隱私疑慮的解決方案只是讓「用戶信賴的好友」即時看到用戶的行動位置，並要求所有受邀者回答一些問題，例如：「你會把你家鑰匙交給他們嗎？你會讓他們進你家去餵狗嗎？」

奧特曼向辛格樂推銷 Loopt 之際，也是辛格樂被併入 AT&T 之際，辛格樂最終同意測試 Loopt 服務，最後簽了一筆投資 Loopt 的交易案。威訊通訊最終也跟進，並在 Loopt 董事會取得一席。一如奧特曼第一次在爾灣與 Boost 開會時就意識到的：只要你拿下一家無線通訊公司的交易，就能獲得所有無線通訊公司

的交易。

隱私權爭議

　　Boost 的行銷活動幫助 Loopt 在推出服務後的頭三個月就獲得超過 10 萬個用戶，到了 2007 年年中，Loopt 的合作對象已經從 Boost「子品牌」晉升為第一家大型美國無線通訊服務商斯普林特的商業夥伴。❿ 不過，大約就在此時，《華爾街日報》及其他刊物開始注意到，自免費註冊使用 Loopt 服務的活動在一月結束後，Loopt 不再更新用戶數了。⓫

　　「我們的應用程式下載人次增加，但問題出在我們的用戶流失率很高，」Loopt 銷售副總瑪西尼雅克說：「九十天內流失了 70％的用戶。」問題的癥結在於誤解了用戶對隱私的重視程度，Dodgeball 之類的競爭者要求用戶自主選擇分享他們的所在位置，Loopt 則是預設分享所在位置，用戶必須關閉此服務才能完全使地圖上以小圓圈標示他們的所在位置消失。「他們想看到其他人在哪裡，但對於曝露自己的所在位置十分謹慎，」瑪西尼雅克說。

　　奧特曼決定直球解決隱私問題，他沒有淡化這問題，似乎也喜歡坦率地談論問題。「愈想愈能理解，這服務多麼容易在不知不覺中侵害隱私，」他在 2008 年告訴《華爾街日報》：「我想，人們認知到，不同於擾人的行銷電話，行動定位服務確實可能存在人身安全疑慮。」⓬ 他凸顯這些疑懼，藉此強調 Loopt 特別具有安全性意識，有嚴格的防護政策來防止濫用客戶資訊。

斯普林特和內斯通在 2005 年 8 月合併後，李奧納多·甘迺迪（Leonard Kennedy）開始擔任斯普林特的法律總顧問，在奧特曼與甘迺迪的一場緊張會議上，一些安全性的疑慮與構想浮出檯面，「要讓普林斯特的法律團隊同意這想法非常不容易，」溫特回憶。奧特曼飛到內斯通總部所在地的維吉尼亞州雷斯頓市（Reston），與溫特一起坐在公司會議室裡的長桌邊，坐在對面的甘迺迪質問他兩小時有關如何確保 Loopt 不會外洩資料，進而把普林斯特公司拖下水。「我們很擔心，」甘迺迪說：「那是運用顧客資料的早年，比起現在，隱私層面的規定較為模糊。」奧特曼同意做出讓步：他會修改軟體，讓用戶的所在位置只有朋友圈的人能看見；Loopt 將成為與現有朋友互動的社群網絡，而不是用來找新朋友的工具。❸ 他也同意增添一些規定來讓這項服務變得更安全：十四歲以下的人不能使用此服務；新用戶會在前兩週頻繁收到訊息，通知他們的所在位置被公開追蹤；新用戶註冊流程中將包含閱讀隱私權政策和免責聲明的頁面。這些新措施對甘迺迪來說已經足夠，向紅杉資本做出最後查核後，他通過了 Loopt 應用程式交易案，成為奧特曼福音的最新皈依者。

Loopt 應用程式在斯普林特用戶手機上線後，奧特曼與雅各布斯坦馬上前往華府，在國會網際網路核心小組（Congressional Internet Caucus）舉行的一場論壇上展示他們的隱私權教育，雅各布斯坦把當前的行動定位服務監管狀態形容為「蠻荒西部」。❹ 他們想建議立法者，現在可以管制這個產業了，Loopt 可以當個合作夥伴協助決定應該訂定哪些規範。後來，Loopt 營運長布萊恩·奈普（Brian Knapp）在眾議院能源與商業委員

會（House Committee on Energy and Commerce）隸屬的通訊和科技與網際網路子委員會（Subcommittee on Communications, Technology and Internet）做證，提出為了使Loopt服務更安全而徵詢過建議的組織名單。❺ 奧特曼後來經常跟奈普一起前往華府，與國會議員、白宮官員、聯邦通訊委員會及非營利組織會面，奧特曼說，目的是：「避免被立法禁止這業務。」❻

與立法者往來方面，奧特曼大致上很成功。時至今日，美國並無任何統一的法律架構規範公司必須如何處理人們的數位資料。但消費者對於分享自己的所在位置──縱使只是跟朋友分享，仍然感到不安。

「我們過度著迷於這項產品，因為分享位置這項功能太酷了，以至於我們忽視了用戶真正的需求，」Loopt前員工劉銘（Min Liu，音譯）說：「用戶覺得位置追蹤功能太嚇人了。」

儘管如此，Loopt的業務持續擴張，到了2007年夏天，Loopt員工超過三十人，需要更大的辦公空間。該公司搬遷到山景市皇家大道一棟有紅屋頂的前律師事務所，就在卡斯楚街轉角（Castro Street），很多矽谷人會來吃咖哩和墨西哥捲餅當午餐。Loopt工程師的工作區在樓上，也經常睡在這裡，行銷與產品管理人員則在樓下辦公，奧特曼也是，檢視Loopt部落格裡展示早期的新辦公室相片，可以發現奧特曼的辦公桌上空無一物，只有一瓶愛斯得靈（Excedrin）止痛藥。❼

Loopt的營運壓力還是很大，奧特曼的推銷技巧雖然了得，公司仍難以引進更多的無線通訊服務商，他們與那些業者的會議充斥著雅各布斯坦所謂的「有益的會議癖」（good meeting-it is），「『嘿，這真有趣，請再多說一點』，這可不等同簽約生意啊，」他說。那些無線通訊服務公司的主管們很喜歡聽奧特曼談論願景和點子，再將其應用在自己的產品上，「我們教會他們很多東西，」雅各布斯坦說。Loopt 第一款無線服務問世近一年後，這項服務仍然只為一家無線通訊服務公司——斯普林特——提供服務，斯普林特雖然是美國第三大無線通訊服務商，但市場占有率正在下滑。雅各布斯坦開始覺得紅杉資本聘請他來 Loopt 為時過早了，Loopt 仍然在尋求新創圈喜歡說的「產品與市場適配」（product-market fit）。另一方面，約莫同一時間問世的推特（Twitter）爆紅，這在 Loopt 內部引發一些不平，「實際上，當時內部的對話是：『這不會很怪嗎？我們一個週末就能打造出這種產品了』，」雅各布斯坦回憶：「那幾近輕蔑，『他們打造的產品很簡單』，但重點就在於此，他們打造了一個週末就能產出的產品。」反觀 Loopt 必須為每家無線通訊服務公司量身定製應用程式介面（application program interface，簡稱 API）來存取位置資訊，還必須與每一家無線通訊服務公司協商造訪權限。雅各布斯坦為此感到厭倦，這裡顯然無法發揮自己擴大事業規模的技巧，因此決定離開。

「事後回顧，最有趣的問題之一是，如此才華洋溢的團隊究竟為何在一個如此棘手、永遠解決不了的問題上投入那麼長的時間？Loopt 打造了一款行動定位服務需求遲遲未能浮現的產品。在智慧型手機問世之前，這項需求永遠不會浮現，因為你必須在五種、六種或七種不同的行動網路上部署一百種不同的裝置，在這個前提下，想要用戶數達到臨界量，根本癡心妄想，」雅各布

儘管如此，離開 Loopt 的雅各布斯坦仍十分敬佩奧特曼。他至今仍然記得一個場景：雅各布斯坦加入 Loopt 約一年後，有一天，魏登邀請雅各布斯坦與奧特曼共進午餐。他問奧特曼，除了 Loopt，他還在思考什麼。奧特曼提出兩個答案：治療禿頭的方法、核融合。雅各布斯坦當時心裡嘲笑：「你懂什麼核融合？你不過是個十九歲的大二電腦科學系輟學生，不是核子物理學博士。」但是，二十年後，奧特曼最終投資了一家核融合新創公司，這家公司是少數真正能實現核融合技術的公司之一。雅各布斯坦意識到，只要奧特曼看到某件事存在可行性，他就能說服自己，然後說服他人──尤其是投資人──去做這事。

　　「『我想我或許能達成這事』與『我已經達成這事』二者之間存在模糊的界限，有害的形式會導致 Theranos 這樣的事件[†]，但健康的形式促使人們嘗試宏圖大志，」雅各布斯坦說。

　　雅各布斯坦認為奧特曼是健康版的例子，但不是 Loopt 的所有人都這麼認為。雅各布斯坦離職後，很多高階管理者要求董事會以雅各布斯坦取代奧特曼擔任執行長一職，他們的抱怨包括：奧特曼有時說話不真實、對員工嚴苛。董事會斷然回絕他們的抱怨，叫他們回去工作。「在十八或十九歲時，我很難搞，」多年後奧特曼在一次播客中告訴投資人里德·霍夫曼（Reid

---

[†] Theranos 是史丹佛大學輟學生伊莉莎白·霍姆斯（Elizabeth Holmes）創立的一家新創公司，對外聲稱開發出只需少量血液就能檢測出包括癌症在內多種疾病的設備，但後來被證實全都是謊言。

Hoffman）：「若你是公司創辦人，你想要每週工作一百個小時，超級專注且高生產力，那很酷，但你雇用的人有他們自己的生活，你得了解這點，尤其是當你的公司正在發展時。」❽

雅各布斯坦離開後，他身為奧特曼保姆的角色由布萊恩・奈普取代。奈普是個活潑外向的人，開著豐田普瑞斯混合動力車（Toyota Prius），經常開大油門快速駛出 Loopt 的停車場，現場只留下輪胎發出尖銳的摩擦聲音。奈普扮演法律總顧問和營運長雙重角色，他之前在 WSGR 技術過渡團隊中擔任智慧財產權律師，與 Loopt 共事多年，在 2007 年 5 月投效 Loopt。大部分時間他投入與無線通訊公司的商務會議，並在國會山莊遊說立法者制定更有利的隱私權規範，但在 Loopt 辦公室，三十多歲的他跟那些男孩打成一片。

除了經常玩《最後一戰 3》，Loopt 團隊以摔角來釋放部分壓力，他們根據體型來配對，瘦小的奧特曼對上的是該公司第一位伺服器工程師兼行動工程師任山姆（Sam Yam，音譯）。有一次，湯姆・波尼科夫對奈普發出戰帖，最終波尼科夫被摔成輕微腦震盪。奈普是個稱職的保姆，但他也讓大家清楚知道，這公司誰才是狗老大。

第 7 章

從「爛」到「酷」

山姆・奧特曼把全部時間和心力投入一款仰賴與無線通訊服務業者達成交易的產品時,他不知道,史蒂夫・賈伯斯正在蘋果公司總部祕密打造一款將震撼整個無線通訊產業的產品。

成為蘋果應用程式開發商

在賈伯斯於 2007 年 1 月的麥金塔世界年會(Macworld conference)上發表 iPhone 之前,手機製造商猶如行動通訊業者的奴隸,強大的無線通訊服務公司──辛格樂、威訊通訊、斯普林特及 T-Mobile──告訴手機製造商要打造什麼樣的手機,決定手機裡要預載哪些應用程式。當你與一家無線通訊服務商簽約並使用他們提供的服務時,手機相當於是免費的。「我們築著一座帶圍牆的花園,」當時在斯普林特領導專門發展行動定位服務業務的強辛・涂雅提恩(Charnsin Tulyasthien)回憶:「我們讓你

飽受艱辛考驗才能進入我們的網路。」賈伯斯改變了這個局面，他與後來併入 AT&T 的辛格樂無線通訊達成交易，讓蘋果完全掌控 iPhone 的設計與行銷，交換條件是讓辛格樂無線通訊獨家銷售 iPhone 五年，並獲得 iPhone 及 iTunes 一部分營收。❶ 接下來，賈伯斯猶如開著推土機進入這產業，他在 2007 年 10 月宣布，蘋果將釋出一套軟體開發套件（software development kit，簡稱 SDK），讓任何人都能開發 iPhone 應用程式。「我記得自己當時想：『哇，他們將完全摧毀我從事的產業』，」涂雅提恩說。

詹姆斯·霍華（James Howard）只想著打造 iPhone 應用程式。他是果粉兼業餘的麥金塔系統開發者，就讀華盛頓大學時，在設於該校的英特爾西雅圖研究中心（Interl Research Seattle）當研究助理，這是英特爾在大學裡設立的六個種子實驗室之一。他在那裡結識同學弗瑞·波特（Fred Potter），兩人合寫研究報告，包括〈用你的腳投票：調查研究地方造訪行為與偏好之間的關係〉（*Voting with Your Feet: An Investigative Study of the Relationship Between Place Visit Behavior and Preference*）。❷ 當波特入職 Loopt，研究如何將這些構想化為商業版本時，霍華詢問實驗室總監自己是否也該去那裡上班。這位總監出身加州大學柏克萊分校，在美式足球領域，柏克萊和史丹佛是夙敵，有時候，在學術界也是，他跟霍華說，他認為跟隨波特是個錯誤決定，因為：「史丹佛的學生不會編程。」霍華還是想去，他確信 Loopt 是家能打造 iPhone 應用程式的公司。波特為他安排在 2007 年 5 月進行面試。

面試時，霍華問奧特曼對 iPhone 的看法，奧特曼贊同那是一

款了不起的產品。霍華說他想研究一下如何為 iPhone 開發一款應用程式,儘管蘋果當時還未對外宣布這種可能性。奧特曼也贊同這想法。霍華在幾週後入職 Loopt,正好趕上萬眾期待的年度蘋果全球開發者大會（Apple Worldwide Developers Conference）,開發者都希望賈伯斯屆時會揭露為這款神奇裝置開發軟體的方式。向來重視掌控一切事物的賈伯斯,抵抗了這個不可避免的趨勢好幾個月,最終提出了一個無法說服他人的「甜蜜解決方案」──開發者可以在蘋果的 Safari 瀏覽器上打造網路應用程式。現場發出一些尷尬的咳嗽聲,幾乎沒人鼓掌,霍華洩了氣。他設想的那種應用程式根本不可能在瀏覽器上實現。

　　Loopt 團隊的其他成員幾乎沒人關注此事。那年夏天,他們終於打進第一家大型無線通訊服務公司──斯普林特,負責客戶團隊的戴希潘迪聚焦於簽下更多通訊服務商、打造取悅他們的功能。霍華則忙於用來跑 Loopt 系統的伺服器〔那是亞馬遜雲端運算服務（Amazon Web Services）等平台尚未廣為採用的年代〕,業餘時間就在他的麥金塔電腦上撰寫可以與 Loopt 服務一起使用的小應用程式。他在等待蘋果最終釋出專為 iPhone 設計的 SDK,但是 iPhone 於 2007 年 6 月正式開賣後不久,有創造力的開發者開始在 iPhone 中「越獄」（jailbreak）＊,並在線上分享越獄程式。到了那年夏末,霍華已經開發出一款 iPhone 版的 Loopt 應用程式,奧特曼常泡在霍華的辦公室裡觀看他展示成果,最終他把霍華越獄開發的一些應用程式安裝在自己的 iPhone 上,並向

＊ iPhone越獄是指透過系統漏洞及其他技術,取得iOS系統的最高權限。

霍華承諾，他會盡其所能使 Loopt 應用程式內建到 iPhone 上。

起初，賈伯斯試圖關閉那些越獄開發的應用程式，「史蒂夫氣沖沖地跑進我辦公室，」iPhone 軟體開發團隊領導人史考特・福斯托（Scott Forstall）說。賈伯斯想要福斯托立刻推出軟體更新，防止更多的開發者找到方法去開發第三方的 iPhone 應用程式。但是到了 2007 年 10 月，開發者經由越獄打造出來的應用程式品質逐漸改變賈伯斯的心意，他指示福斯托在兩個月後的耶誕節推出 App Store。福斯托建議，蘋果公司應該在翌年三月的主題演講中宣布與開發者合作的計畫，等到推出 iPhone 2 時，App Store 將有數百款應用程式供應。

紅杉資本的創辦人唐納德・瓦倫丁是蘋果董事會成員，照理說，Loopt 跟 iPhone 搭上線應該不難，但要跟賈伯斯談生意絕非易事。奧特曼求助瑪卡度，瑪卡度先去諮詢瓦倫丁的意見：「找賈伯斯談 Loopt 的最佳方法是什麼？」七十多歲的瓦倫丁停頓了一下，嘆了口氣，「唉，我不確定，」他說：「去找麥克談談吧。」當時跟道格・萊昂內一起領導紅杉資本的麥克・莫里茲在 1980 年代的職業生涯早年是《時代》雜誌通訊記者，曾撰寫了一本有關蘋果公司歷史的書籍，頗受好評，後來卻因為一篇根據他的報導所撰寫的雜誌文章激怒了賈伯斯，重創他與賈伯斯的關係。（那篇文章的內容包括訪談賈伯斯私生女麗莎的母親，在當時賈伯斯否認其父女關係。莫里茲後來撰文指出，他的報道被一位擅長處理搖滾音樂文章的紐約編輯「注入了八卦苯」。❸ 賈伯斯後來與麗莎和解，麗莎把他的姓名改為 Lisa Brennan-Jobs）在公司，莫里茲被認為是最懂賈伯斯的人，他沒有隱瞞 Loopt 想與

iPhone 合作的困難度，畢竟賈伯斯討厭社群網路。「我們必須推銷山姆，」莫里茲告訴瑪卡度。莫里茲把奧特曼引介給賈伯斯，瑪卡度在往返的電子郵件中參雜奧特曼的個人故事：「我們紅杉資本投資過最年輕的創辦人、史丹佛輟學生，這背景能引起史蒂夫的共鳴，」瑪卡度回憶。他猜的沒錯，這故事對經營蘋果公司的里德學院（Reed College）輟學生很有吸引力，賈伯斯同意看看 Loopt。幾個星期過去了，音訊全無，最終瑪卡度主動詢問賈伯斯對 Loopt 的看法，賈伯斯只回覆了三個字：「它很爛」。瑪卡度拿起他的筆記型電腦，走去莫里茲的辦公室，把賈伯斯的回覆秀給他看，「我如何處理？」他問莫里茲。莫里茲想到瓦倫丁的話，他搖搖頭，說：「我不知道。」

奧特曼與霍華沒有被賈伯斯的評價嚇倒，他們知道，目前 Loopt 版本不代表他們能做到的佳境界，「它很爛」成為激勵他們的警句。

賈伯斯或許不喜歡 Loopt，但蘋果的產品及工程團隊那些二十幾歲的年輕人卻很喜歡。2007 年 11 月，奧特曼收到 iPhone 產品團隊發來的一封加密電子郵件，詢問 Loopt 是否願意前來協助他們研究如何利用 iPhone SDK 來支援 Loopt。這次會議必須極度保密。奧特曼挑選一小組人，包括他、霍華、蔡湯米及西沃（奧特曼和西沃當時仍在約會，只是 Loopt 裡的許多人並不知道），除此之外，沒有告訴公司裡的其他人。這小組與蘋果開了兩次會，先是與 iPhone 的行銷與開發者關係團隊開會，然後和 SDK 團隊的工程師開會，過程中他們做了詳細的筆記。

當 iPhone SDK 終於在 2008 年 3 月釋出時，2007 年 11 月的

這些會議並沒有為 Loopt 贏得特殊的造訪權限，但蘋果為 Loopt 提供了很有價值的東西：蘋果會提供他們在內部測試 Loopt 的 iPhone 應用程式的回饋，並讓他們有機會成為翌年蘋果全球開發者大會主題演講的一部分。不過這筆交易有點時間壓力，也未能保證 Loopt 應用程式能在 iPhone 取得任何優勢。但經過幾番討論後，奧特曼與瑪卡度都認為，值得投資心力來獲取蘋果的回饋。「我想，我們一度有一百名蘋果員工在 iPhone 上使用 Loopt 應用程式，」瑪卡度回憶。Loopt 團隊和福斯托會面，福斯托向他們提出了改善 Loopt 應用程式體驗的想法，「我們很著迷這款應用程式，」福斯托回憶。

不過，為了登上令人垂涎的蘋果開發者大會舞台，奧特曼必須向賈伯斯本人推銷。蘋果的開發者關係團隊幫助奧特曼與霍華研擬了一份簡報腳本來訓練他們。簡報日當天，開發者關係團隊的人把他們帶到庫柏蒂諾（Cupertino）蘋果總部的一棟大樓，奧特曼和霍華在大廳等候，那裡有一架貝森朵夫（Bösendorfer）鋼琴，這是賈伯斯為了激勵初代麥金塔團隊而購買的——象徵蘋果對美的重視——然後，他們被帶進了禮堂。賈伯斯坐在座位中央，身邊還圍坐著幾名助理，賈伯斯並未如奧特曼與霍華預期的穿著黑色套頭衫，而是穿著短褲和 T 恤。這兩人的嘴巴因緊張而乾澀。在台上，奧特曼主講，霍華展示手機上的操作，手機畫面同步顯示在大屏幕上。結束時，他們就站在那裡，互相凝視，片刻後，賈伯斯只說了一個字：「酷」。

從「爛」提升到「酷」令他們欣喜若狂，但仍然不確定這意味著什麼。不久，蘋果開發者關係團隊的一位代表打電話通知

他們過關了，前提是他們得調整蘋果提出的每一項修改要求，並在排練中順利完成的話。他們花了一星期與蘋果公司的人演練，休息時間霍華會修改程式，打電話給西沃或蔡湯米，讓他們在伺服器那端做修改。遵照蘋果的要求，除了這支小組，沒有其他 Loopt 人員知曉此事。「直到正式推出 iPhone 版 Loopt 應用程式的兩天前，公司內部才知道即將發生的事，」Loopt 行銷主管劉銘說。

這場關鍵大會的前一晚，奧特曼打電話到霍華家。奧特曼很焦慮，賈伯斯是他心目中的英雄，他不知道明天要穿什麼，也不確定自己是否想要上台發表。霍華跟著恐慌起來。最後，他們一致決定奧特曼將穿著兩件有領子的 polo 衫——就像他有次參加派對時開玩笑的穿著，因為這模樣令人難忘。

2008 那年 6 月的蘋果開發者大會首次門票售罄，會議在舊金山的莫斯康展覽中心西翼（Moscone Center West）舉行。台上的奧特曼兩腿站得很開，彷彿準備接一顆美式足球，他身穿螢光粉 polo 衫，裡面又穿了一件螢光綠 polo 衫，看起來像朵花的花瓣。「這是我們打造過的 Loopt 中最好的版本，iPhone 也是我們有機會合作的裝置中最棒的一個，」奧特曼如此推銷為了炫耀 iPhone 的特色而改造的新版 Loopt 應用程式。用戶現在可以在觸控螢幕上縮放地圖，也可以透過點擊從這款應用程式撥打電話。他展示畫面中顯示有幾位朋友正在附近，其中一位女性朋友所在位置靠近一家他先前標記為「可愛餐廳」的餐廳，奧特曼透過這款應用程式發簡訊問那位友人是否有空共進午餐。「位置，加上聯絡人名單，以及酷地點的資訊，這意味著你再也不必獨自享用午餐

了,或是再也不會走進糟糕的餐廳用餐了,」他說。簡報最後指出,新版 Loopt 將免費提供給 iPhone 用戶。❹ 做為展示 iPhone 行動定位功能的一種工具,Loopt 對蘋果來說太有價值了,以至於蘋果甚至花錢製作一支電視廣告,展示 Loopt 應用程式在 iPhone 上如何運作。❺

2008 年 6 月的那場展示會使二十二歲的奧特曼立刻成為科技界新秀,他那大膽的服裝選擇也在科技部落格圈成為笑柄,就算外界還不知道他的姓名,他們起碼知道「那穿雙翻領的傢伙」。

在蘋果內部,Loopt 應用程式大獲成功,下載人次暴增。幾個月後,當蘋果準備在國際上推出 iPhone 時,賈伯斯要求確保 Loopt 的行動定位技術能在他公開宣布 iPhone 將上市的國家和將推出的語言版順利運行。以當時的技術水準來說,這件事很棘手,當賈伯斯在一場會議中聽到 Loopt 無法如他期望地廣泛提供服務時,他把氣發在奧特曼身上。

那天傍晚,奧特曼和瑪卡度來到他們喜歡的壽司餐廳共進晚餐時,奧特曼仍因那場對立而發抖。(瑪卡度與派屈克·鍾都回憶說,奧特曼告訴他們,賈伯斯當時朝他的頭丟了一支筆。但奧特曼否認這事)「賈伯斯沉浸在工作中,要求很高,這促使我們獲得傑出的工作表現和出色的產品,」福斯托說:「我見過他向人丟東西。」

如今回顧,瑪卡度說,與賈伯斯共事的那幾個月給奧特曼留下印記。「那段時間,他與蘋果的互動顯然以積極正向的方式塑造了他,無論是身為創業家,還是高績效團隊的領導者,」瑪卡度說:「在科技世界,你不能因為別人自負耍大牌就不再與其共

事。那根本沒什麼。頂尖人才中有半數的人在某些性格上就是如此。你要學習如何善用他們。山姆在這方面的技巧成長很多,這要歸功於他在蘋果內部觀察 iPhone 早期是如何運作的。」

時機不對

在很短的期間內,蘋果把 Loopt 捧上社群媒體皇族圈。蘋果的電視廣告中指出,iPhone 的 Loopt 應用程式下載人次超越臉書和 MySpace。❻

只不過,時機點真的太糟了。2008 年秋季,雷曼兄弟(Lehman Brothers)宣告破產後,紅杉資本將其投資的公司執行長找來,在沙丘路召開緊急會議,要告訴他們,在可預見的未來,燒創投資金去攻搶市場占有率的年代已經結束。他們忠告這些公司,若想存活下去,就得開始削減開支並獲利。他們展示的投影片上有塊墓碑,上面寫著:「安息吧,好時光。」❼ 2008 年 11 月,Loopt 雇用投資銀行艾倫公司(Allen & Company)協助出售公司或找到更多投資。❽ 在當時的金融環境下,賣掉公司的可能性極低。

那年早些時候,全球經濟的輪子尚未脫落之前,臉書曾口頭出價約 1.5 億美元收購 Loopt,是 Loopt 最終出售價格的 3 倍有餘。紅杉資本的麥克・莫里茲當時詢問奧特曼打算怎麼做,奧特曼說他不打算接受,他想建立一家大型的獨立公司,「那是正確答案,」莫里茲當時這麼回答。

但是,當艾倫公司在 2008 年 11 月開始向投資人和潛在買

家推銷 Loopt 時，其估值竟然超過 5 億美元，這數字引來科技媒體的嘲笑。「我跟任何人一樣喜歡 Loopt，也看好行動定位服務未來的成功，但是現在這個市場連半家可以站穩腳根的網路公司都沒有，5 億美元？拜託！」科技部落格網站「創業脈動」（VentureBeat）上的一篇文章這樣寫道。❾

2009 年春天，Loopt 完成了一輪融資，公司估值達到 1.5 億美元——與全球金融危機前的上一輪募資估值相同——在深陷金融泥沼的此時，這樣的估值令人敬佩。這一輪 750 萬美元募資由達格創投公司（DAG Ventures）領頭，其專門投資中期階段的新創公司，經常與紅杉資本一起投資。這次投資內含對達格創投有利的條款，能在未來 Loopt 出售時獲得更多的收益。紅杉資本和恩頤投資也靜悄悄地加入這輪投資。

多年後，莫里茲仍然堅持他當年給奧特曼的忠告。「Loopt 發展軌跡曾經有前景非常、非常看好的時候，因此早早出售會過於草率，」他說：「儘管投資人常想盡早下車而遭到批評，但根據我的經驗，想盡早出售的更多是創辦人，而非長期投資人。」

順帶一提，奧特曼已經通過了紅杉資本的最重要考驗了。

第 8 章

混蛋徽章

　　賈伯斯的現實扭曲力場提供的保護撐不到一年。2009 年 3 月，全美的科技人來到德州奧斯汀（Austin），參加一年一度的西南偏南音樂、電影與科技藝術節（South by Southwest，簡稱 SXSW），包括推特在內的不少新創公司，就是借用這裡群集具有影響力的早期採用者來推升公司的名氣。這年，有件事情即將發生。爭搶烤肉和啤酒的群眾比往年還要多，在擠滿重度的 iPhone 使用者下，當地的 AT&T 網路負荷吃緊，大家都在討論一款很酷的新定位服務應用程式，但不是 Loopt，而是 Foursuare。

勁敵出現

　　Foursuare 是共同創辦人丹尼斯・克勞利（Dennis Crowley）第二度打造的定位服務應用程式。克勞利身材瘦小，頭髮蓬亂〔很亂的時候，跟搖滾樂吉他手歌手瑟斯頓・摩爾（Thurston

Moore）的頭髮很像〕，有著獨特的東岸人氣質。還是紐約大學學生時，他就開發了第一款定位應用程式 Dodgeball，在 2005 年賣給谷歌，但因摺疊手機時代很難取得無線通訊服務業者的合作，產品最終消亡。當谷歌於 2009 年 1 月宣布關閉 Dodgeball 這款應用程式時，克勞利及另一位共同創辦人艾力克斯・藍納（Alex Rainert）開始為 iPhone 時代重新打造全新版本，還融入了遊戲機制、獎勵徽章。這款新應用程式的核心概念是在特定地點，例如餐廳、酒吧，「簽到」（checking in），每次簽到可以得分，讓使用者產生競賽心理。例如，在一間廉價酒吧簽到次數多的用戶可以成為這家酒吧的「市長」。Foursquare 採行保守的手動方式來分享個人的所在位置，不同於 Loopt 永遠顯示（always-on）位置的功能。「人們不想時時被追蹤位置，」克勞利說：「這兩種模式有很大的區別。」

在奧斯汀參加西南偏南節的某晚，克勞利擠進在摩和克音樂表演場地（Mohawk）舉辦的一場派對，他瞄到兩位狂歡客在相互較量他們當天稍早參加西南偏南活動中贏得的 Foursquare 徽章。「那一刻，我心想：『我們創造了一個很棒的東西』，」克勞利回憶。新聞網站 Mashable 點名 Foursquare 是這年西南偏南節的突破性應用程式。❶

「Foursquare 問世對我們絕對是一記重擊，」一位 Loopt 前員工回憶：「他們的功能有如神來一筆，還有那討厭的西南偏南節推力助攻。在此之前，我們是人們的心頭好。問題是，它是適配市場的產品嗎？」Loopt 員工辯論著是否要打造一款更像 Foursquare 的應用程式，抑或仍然堅持 Loopt 永遠顯示位置的主

力產品。部分問題在於他們加倍下注 iPhone 的做法適得其反，iPhone 不會讓第三方應用程式在其後台運行，也就是說，Loopt 的永遠顯示服務只能在應用程式開啟之下運行。Loopt 對使用此服務的大多數電信用戶收取幾美元的月費，為該公司帶來幾百萬美元的營收，但在沒有亞馬遜雲端運算服務為新創公司降低伺服器成本的年代，這筆收入輕易就被基礎設備成本給吞噬，「我們面臨 Loopt 主力應用程式能否繼續創造營收的疑問，」瑪卡度說。

奧特曼提議改弦易轍成一款名為「Loopt Star」的新應用程式，建立在臉書社群關係圖（Facebook Social graph）上給用戶簽到，就像 Foursquare 那樣，但給予他們商業折扣優惠當獎勵，類似酷朋（Groupon）的機制。他指派公司裡幾名頂尖工程師著手開發，但這行動令 Loopt 工程副總史蒂夫・雷蒙（Steve Lemon）沮喪，他被延攬進 Loopt 負責工程流程專業化，使威訊、斯普林特及 AT&T 等事業夥伴滿意自家提供的服務。「山姆著眼於如何迎頭趕上，只要他覺得有人會拖慢自己的腳步，讓他無法走向未來，他就會開始獨自行動，」這位 Loopt 前員工說：「他思考的速度比我認識的任何人要快，但他往往不會帶上其他人，尤其是當他認為那些人會拖慢他的速度。」

先前有另一個例子顯示奧特曼的這種習性。前一年，他推動一項 Loopt 內部稱為「同性戀約會應用程式」（the gay dating app）的計畫，正式名稱是「Loopt Mix」，讓用戶與鄰近周遭的新朋友見面。這計畫抽調了多位原先負責主力產品的工程師，導致有些人十分惱怒，後來這計畫被獨立出去。一位前

Loopt資深員工形容奧特曼有「閃亮事物症候群」（shiny object syndrome）。

現在看起來Foursquare占優勢了，Loopt管理高層和工程師愈來愈不安。Loopt唯一創造的穩定收入來源是公司內部稱為「平台」的事業，由定位技術副總艾瑞克・卡爾（Eric Carr）領導，旨在幫助無線通訊服務業者降低手機定位成本。Loopt從高通（Qualcomm）的子公司取得一項技術授權，期望能夠把定位查詢服務的成本降低，以便無線通訊服務業者能夠在平台上打造定位廣告業務。這項平台服務業務每年為Loopt創造數百萬美元的營收。❷

有些Loopt高級工程師想在這平台上打造足夠規模的事業，使公司的出售價格能提高到1億美元，但奧特曼和Loopt投資人都不認為這是可接受的結果。「山姆面臨的挑戰是，Loopt永遠不可能單靠這項業務來發展成大型公司，」瑪卡度說：「我認為，Loopt工程團隊不了解一點，我們從來就不認為無線通訊業者的生意具有策略性。」工程師擔心公司沒有賺錢途徑，但更憂心奧特曼似乎沒想開闢這條途徑，「我不認為他們覺得山姆理解他們的憂心，」瑪卡度說。一位Loopt前員工則是這麼看紅杉資本：「他們對安打不感興趣。」

這種緊張關係在2009年春天來到了緊要關頭，十多位公司高階領導人在紅杉資本總部二樓的會議室與董事會開會（有人稱為「走近耶穌的會議」*），要求換下奧特曼的執行長職位。包

---

* 走近耶穌的會議（come to Jesus meeting）意指攤牌會議。

括奧特曼在內的所有共同創辦人都來了,還包括卡爾、譚納、奈普及行銷長夏莉・尤德(Shari Yoder)等高階領導人。會議中,工程師們說奧特曼的「閃亮事物症候群」傷害公司,使他們無法擴大 Loopt 主力應用程式的規模,更別提妨礙他們追求唯一能獲利的業務線。奧特曼認為基本上這就是一場策略會議,「公司內部存在嚴重的策略歧見,有些人只想建立穩定的企業型事業,」他說。

不過,對奧特曼的領導力疑慮遠非只是公司業務的問題。這場會議之前的幾個月,兩名 Loopt 員工離職,創立一家名為「AdWhirl」的行動廣告網路公司,但紅杉資本投資、目前為市場領先者的行動廣告網路公司 AdMob 指控,AdWhirl 拆解 AdMob 公開的 SDK,違法使用其程式。這指控貌似有理,因為這兩名員工在 Loopt 期間使用了 AdMob 的 SDK。當時正值 AdMob 與谷歌洽談收購的最後階段,若收購案成功,將為紅杉資本帶來優渥的投資報酬。因此,聽到 AdMob 的指控後,紅杉指派幾名 Loopt 員工徹底調查此事並回報。紅杉資本還召開了一場某位與會者稱為「咆哮大會」的會議,奧特曼、AdWhirl 兩位創辦人任山姆和拉・羅斯(Ra Roath)都出席了,但他們從未認錯。

最終,紅杉資本促成 AdMob 在谷歌這條大魚吞併二者之前收購 AdWhirl 來解決這個問題。奧特曼則否認事前知道 AdWhirl 的程式來自何處,但由於他與 AdWhirl 共同創辦人任山姆關係密切,許多 Loopt 員工不相信他的說詞。整件事侵蝕了員工對奧特曼的信任。

整場會議期間，Loopt員工都在呼籲董事會換下奧特曼的執行長職務，奧特曼則是安靜地坐在一旁聽取批評。瑪卡度、派屈克・鍾及另一位董事會成員麥克・藍姆賽（Mike Ramsay，Tivo共同創辦人暨前執行長，也是恩頤投資的創投合夥人，是派屈克為奧特曼找來的領導力教練）聆聽這些主管們的疑慮，感謝他們提出問題，並決定以其他方式解決，而非解雇奧特曼。「我們與山姆進行了嚴肅談話，討論他的盲點，也討論如何支持團隊，」瑪卡度說：「確實有人擔心山姆的領導力，但在我心中，解決方法從來不是撤換他。你可以檢視新創事業的歷史，那些撤換創辦人執行長的公司，尤其是處於尚未公開上市階段的，經營結果往往相當慘淡。」

瑪卡度保護奧特曼還有其他原因。約莫此時，他正在商談紅杉資本投資Y Combinator各梯次的新創事業，那是奧特曼引介的。瑪卡度最早是在紅杉資本考慮首輪投資Loopt而檢視其所有權結構時，得知Y Combinator這個組織，「這家名為Y Combinator的組織在Loopt有6%的股權，還附帶不受日後募資稀釋股權比例的特別條款，」他說。他致電梅里爾德，問他：「這些傢伙是誰？」當時，梅里爾德還沒見過Y Combinator的人，於是讓瑪卡度去詢問奧特曼。奧特曼只是簡單回答，請瑪卡度一定要跟保羅・葛拉罕見上一面。瑪卡度此前每年都會去麻省理工學院及哈佛大學演講，因此下一次到劍橋市時，就請奧特曼引介，一同拜訪葛拉罕及李文斯頓。他來到Y Combinator的劍橋辦公室，並在那裡待了幾個小時，回答Y Combinator創辦人提出的問題。當Y Combinator在加州山景市設立辦公室時，瑪卡度

成為每週二晚餐時的演講嘉賓，後來又在 Y Combinator 於史丹佛和柏克萊的新創培訓課程（YC Startup School）中開設辦公時間和講座，為新創公司創辦人提供輔導。當紅杉資本合夥人問他在做什麼時，他回答：「關鍵是，山姆就是從這裡出來的。」

當全球市場在 2008 年末開始崩塌時，瑪卡度有似曾相識的感覺。他想起網路公司泡沫破滅後的黑暗時期，以及當時他投資資料儲存公司 Isilon 曾被嘲笑，但後來賺進數十億美元的投資報酬。他確信，2008 年開始的黑暗期是再次奉行莫里茲的「投資於谷底」忠告的機會。他研究紅杉資本在「黑色星期一」（Black Monday）[†] 後做出的一些最佳投資，例如思科系統，然後他在 Y Combinator 的新創培訓課程講了一堂課。「現在是創業的好時機，」他在這堂課中說：「固然，募資將更困難，但在此時投資的創投者才是能夠與你同甘共苦的好創投者。」

課後，葛拉罕把瑪卡度拉到一旁，「這太精采了，」葛拉罕說：「我有點驚訝，但我懂個中道理。而你也明白 Y Combinator 投資新創公司的錢都是來自我、潔西卡、崔沃及羅伯‧泰潘‧摩里斯的銀行存款，對吧？我們已經沒錢了。」

瑪卡度露出微笑，說：「噢，紅杉資本有錢。」

Y Combinator 需要約 1,000 萬美元，但瑪卡度知道，才剛放出「安息吧，好時光」投影片的紅杉資本合夥人那邊，這筆投資難以達成。因此，為了支持那年冬季梯次的新創公司創辦人，葛拉罕推出一輪 200 萬美元的投資輪，由紅杉資本領頭，還

[†] 1987年10月19日星期一全球股災。

有幾位天使投資人加入行列，包括谷歌和臉書的早期投資人羅恩・康威（Ron Conway）及 Gmail 創建者保羅・布赫海特（Paul Buchheit）。〔那年冬季梯次的新創公司包括 Airbnb，紅杉資本投資由瑪卡度主導，是 Y Combinator 孵育出最成功新創公司之一。〕

為了 Y Combinator 所需的其餘資金，瑪卡度要 Y Combinator 遵從紅杉資本嚴謹的投資流程，建立一個投資資產組合模型，包含預期的投資報酬。「我們必須讓 Y Combinator 一年孵育數百個新創事業才行得通，」瑪卡度說，而這規模符合葛拉罕的抱負，只不過他的銀行存款負擔不了。有了這項計畫，紅杉資本就能領頭翌年 Y Combinator 各梯次總計 800 萬美元的投資。對於瑪卡度這樣出身貧寒、渴求成功的創投家來說，這是終極妙招，紅杉資本後來從中賺取巨額利潤，一方面是從 Y Combinator 的獲利分得一杯羹，另一方面是能夠及早投資 Y Combinator 孵育最成功的新創公司，包括 Airbnb、Dropbox 及 Stripe。

Foursquare 的反擊

奧特曼也在其他方面幫助了紅杉資本。「他時常在 Loopt 辦公室和新創公司創辦人會面，」一名員工回憶。2009 年時，紅杉資本正式決定善用奧特曼的人脈網，招攬他進入紅杉資本的祕密「星探」計畫（scout program）。（《華爾街日報》在 2015 年首次揭露星探計畫的名稱和細節，這項計畫領導者魯洛夫・波塔告訴《華爾街日報》，他不喜歡「祕密」這字眼，他說：「我想，

我們只不過謹慎地看待這計畫罷了。」）紅杉資本星探通常是紅杉資本投資的年輕新創公司創辦人，紅杉資本提供資金，讓他們替紅杉資本投資，若投資新創事業成功，大部分獲利將由這位星探與紅杉資本有限合夥人拆分，不過其他星探與紅杉資本合夥人也能分得一杯羹。跟 WSGR 培養專門與新創公司打交道的律師一樣，紅杉資本無時無刻努力地尋找專門的交易流，伴隨創立新創公司的成本降低，以及創辦人日益年輕，讓同儕當星探來推薦投資提案有其道理。❸

奧特曼幾乎是立刻就成為紅杉資本星探的佼佼者。一年前，葛拉罕把奧特曼介紹給紅髮藍眼、比他小三歲的 Y Combinator 新創公司創辦人派屈克・柯里森，想著柯里森這麼年輕，在新創圈難免過於特立獨行，奧特曼應該可以幫襯他。柯里森生長於愛爾蘭鄉間，父母都是工程師，還經營一家度假旅館。在父母鼓勵下，他在家自學編程，甚至高中休學一年專注學習。十七歲時，他用程式語言 Lisp 在全國性科學競賽中勝出。競賽期間，柯里森透過電子郵件與葛拉罕通信，因為葛拉罕撰寫有關於 Lisp 的教科書是科技領域頂尖人才的明燈。後來，柯里森進入 Lisp 誕生地麻省理工學院，但一年後的 2007 年就輟學，與弟弟約翰帶領著他們創立的拍賣處理軟體新創公司 Auctomatic 進入 Y Combinator，到了 2008 年，這家新創公司就以 500 萬美元出售。❹ 柯里森成為葛拉罕的寵兒，葛拉罕建議柯里森見見他鍾愛的另一名學徒奧特曼。奧特曼展示了他對柯里森最熱中的冷僻編程主題之一 Lisp 機器（Lisp machines）的學識，他們倆一拍即合。Lisp 機器是建造於 1980 年代的一種電腦，用來運行以 Lisp 程式語言撰寫的大

型 AI 程式。

「他懂很多，」柯里森說：「我當時對一些冷僻的編程主題很感興趣——我想，現在我仍然感興趣，他對這類主題見聞廣博，儘管我不認為他對這些主題的業餘愛好比我還熱中。」

2009 年 2 月，柯里森在葛拉罕位於帕羅奧圖家的廚房裡閒聊，談到他在部落格談論的想法：應該有人在網路上創辦銀行，讓人們運用資金不用像在實體銀行那樣麻煩和繳交手續費。這概念相似於伊隆・馬斯克 X.com 的原始願景，後來併入 PayPal。葛拉罕立馬說他可以投資，幾分鐘後，奧特曼碰巧來訪，葛拉罕敦促他也投資，說他願意跟奧特曼分享這投資機會。他們兩人分別寫了 15,000 美元的支票，在「支付對象」欄位留下空白，因為這公司還沒有名字呢。奧特曼建議一個名稱，「他建議我們應該取個美式復古風的名字，像是美國國家銀行（National American Bank Company）之類的，」柯里森回憶。最終，跟領先者 PayPal 一樣，他們放棄了創立網路銀行的構想，因為太困難了，他們改為創立一家線上支付公司，打造簡潔易用的應用程式介面，僅僅九條程式就讓網站收取信用卡系統上線。一年後，當柯里森和弟弟約翰正式創立這家公司時，他們取名為 Stripe。

奧特曼投資 Stripe 的 15,000 美元為他取得 2% 股權，而這家公司現值 700 億美元，是美國最有價值的新創公司之一，也是奧特曼職業生涯中最成功的投資。由於 Stripe 由紅杉資本星探投資，奧特曼本身可以獲得投資獲利約一半的回報。紅杉資本在 2010 年種子輪投資了 Stripe，接著再投資 2011 年 A 輪募資，這次 A 輪募資的投資人還包括彼得・提爾。「山姆在募資方面幫了

很大的忙，」柯里森說：「我們是一群來自愛爾蘭活力充沛又天真的年輕人，要與對我們來說像神人一般的彼得・提爾及麥克・莫里茲打交道，而山姆面對他們完全不會害怕，也不畏怯。他的建議真的很有幫助。」

基於奧特曼為紅杉資本開啟的門徑，以及這些門徑通往的鉅額財富，瑪卡度不打算換下他在 Loopt 的執行長職位。他私下會見了一些 Loopt 無法取代的高層領導，再回饋相關建議給奧特曼，他覺得這位年輕的執行長虛心地接受了。不過，奧特曼和董事會都急於讓他卸下執行長的日常重擔，他們同意找經驗更豐富的主管來掌管公司日常營運，奧特曼則退居如同執行董事會主席的角色，專注募資。

2010 年秋季，紅杉資本找來行動通訊領域老兵史蒂夫・布姆（Steve Boom）擔任領導 Loopt 總裁，此時 Loopt 員工已經清楚了解公司的策略轉軸行不通。該公司曾經試圖用「Loopt Star」來跟進產業趨勢，這款新應用程式類似 Foursquare，鼓勵用戶「簽到」換取像酷朋那樣的優惠折扣，但差異性不足以跟眾多提供用戶好處的定位服務應用程式有所區別。尤其卑劣的是，其抄襲 Foursquare 的徽章做法──用積分制把「簽到」遊戲化，例如一再前往電影院簽到的用戶可以用積分換取「電影發燒友」的徽章。

Foursquare 用非常 Foursquare 的風格回擊：推出螢光粉配螢光綠 polo 衫的「混蛋」徽章，惡作劇地致敬奧特曼在 2008 年蘋果開發者大會上的穿著，用戶可藉由在新潮的旅館和餐廳簽到，累積積分取得這枚徽章。❺

收購 Loopt

2010 年，推出預付簽單金融卡的綠點公司（Green Dot）公開上市後不久的某天，其執行長——先前曾為電台 DJ、後來成為創投家的史蒂夫・史崔特（Steve Streit）向公司董事會抱怨，要說服這家成立十年的公司採用最新的碼程趨勢有多困難。位於加州帕薩迪納市（Pasadena）的綠點公司在沃爾瑪（Walmart）銷售預付簽單金融卡，該公司工程師採行「瀑布式」開發方法，讓開發者以接力方式各自撰寫自己的程式。但史崔特知道，為了實現他的夢想——創造出讓人們在自己的行動電話上存款與付款的技術，他必須仿效矽谷開發軟體的「敏捷」模式，更側重速度和用戶回饋，這也是葛拉罕倡導的教條。主導紅杉資本投資綠點公司、並入主其董事會的麥克・莫里茲說話了。

「我們投資的一家公司擁有頂尖的人才、出色的技術，以及一些真正懂行的領導者，但他們太年輕了，需要教導如何在大型金融組織中工作，」莫里茲說：「但是啊，史蒂夫，你有這種性格，也許你可以做這件事。」

當然啦，這購併也對紅杉資本有益，「當時 Loopt 經營艱困，想找收購者，」莫里茲後來說：「所以我才向史蒂夫建議。」

他說他可以介紹史崔特認識奧特曼。在早期的遊說中，莫里茲選擇不提及 Loopt 當時危及的經營狀態。到了 2010 年下半年，Loopt 用戶大量流失，「他們繼續努力地鞭笞瀕死的馬兒，但馬兒不再奔馳了，」史崔特說：「那會，臉書和其他公司已經

在社群媒體競賽中勝出了。」

由莫里茲做媒，史崔特造訪位於帕羅奧圖的 Loopt 辦公室，奧特曼接二連三地詢問綠點的公司文化。「他擔心兩家公司合併後會變成恐龍般落伍的科技公司，」史崔特說。但史崔特自己卻毫不遲疑，他說：「我向來喜歡年輕人才，我知道他是個天才，我深切期望他能幫助我。」他對阿洛克・戴希潘迪的印象也很好，他說戴希潘迪：「真的懂得與人共事，看穿他人的自負，又會撰寫程式。」

2012 年 3 月，兩家公司宣布綠點以現金 4,340 萬美元收購 Loopt，其中包括撥出 980 萬美元給 Loopt 三十名留任員工當獎勵金，「這是人才收購，」史崔特說，Loopt 產品正式關閉。在商談收購案時，奧特曼主要聚焦在留住他的整個團隊，他們將繼續待在帕羅奧圖的辦公室，只是改名為綠點。「他有高忠誠度，明辨是非，這都是深厚的道德信念，」史崔特。

不過，有個東西奧特曼卻留不住，那就是他的戀情。Loopt 出售時，奧特曼和西沃分手了，「我以為自己會與他結婚，我深愛他，」奧特曼告訴《紐約客》雜誌。對於 Loopt 的失敗，他歸因於自己誤判人們使用數位科技的方式，「我們的樂觀看法是，定位極其重要，」他告訴《紐約客》雜誌：「悲觀看法是人們會躺在沙發上看手機，而這也實際發生了。我學到的教訓是，你無法促使人們去做他們不想做的事。」❻

第 3 部

2012 — 2019年

新創實驗室

第 9 章

搭上火箭便車

　　Loopt 出售一個月後，彼得・提爾大步走進擠滿人潮的史丹佛大學講堂，他答應開的課程「電腦科學（代號 183）：新創事業」（CS183：Startup）註冊人數很快就達到 250 人上限，現在那些搶早的學生擠滿走道，坐在地板上。提爾擁有兩個史丹佛大學學位，是 PayPal 共同創辦人，並用賣掉這家公司獲得的財富成為臉書首批投資者。史丹佛這門課程簡介描述他是成功的創業家暨投資人，他將找自己的朋友來分享創業榮耀的親身經驗。

　　但是，提爾規畫的課程內容更有啟發性。提爾是西洋棋神童，在史丹佛主修哲學，是法國歷史學家暨文學批評家勒內・吉拉爾（René Girard）的門生。吉拉爾的模仿理論認為，我們感受到的欲望只是我們在模仿他人的欲望。根據提爾的傳記作者馬克斯・查夫金（Max Chafkin）所說，曾被同學霸凌、爾後受教於吉拉爾的經驗促使提爾內在傾向反傳統。大學時，這種傾向展現在他創辦了保守派的《史丹佛評論》。三十歲時，他出版一本書來

批評校園的多元文化主義。後來,身為投資人,他這種反其道而行的性格使其正確地預測金融危機,只不過,他並沒有正確地根據預測來交易。一路走來,提爾擁抱各種極度實驗性質的概念,包括資助漂浮在國際海域的海上烏托邦組織;試圖加速在無需人類推動下科技自主進步發展的時刻。

現在,他提倡堪稱此生以來最反傳統的思想:說服美國年輕人從大學輟學。上一年,他設立「提爾獎學金」(Thiel Fellowship),提供10萬美元給有前景的年輕創業者,讓他們放棄精英大學去創立公司。但此刻,他站在母校的講台前,教授的內容遠比賺錢更遠大、更怪異。❶

實在是太刺激、有趣了,一位名為布雷克・馬斯特(Blake Masters)的學生把筆記張貼到網路上,然後在Y Combinator的網路論壇《駭客新聞》(*Hacker News*)上暴紅。兩年後,那些筆記成為提爾和馬斯特合著的2014年暢銷書《從0到1》(*From Zero to One*)的基礎。《紐約時報》的專欄作家大衛・布魯克斯用一整篇專欄轉載馬斯特的課程總結❷,但是這門課程的核心訊息——競爭其實具有破壞性,公司應該致力在新市場上創造小型壟斷,而不是在既有市場上廝殺——並非馬斯特摘要的核心訊息。這門課一再切回提爾人生中一個重大的失望。

「對技術前景保持樂觀心態的鼎盛時期大概是在1960年代,」1967年出生的提爾在這門課這麼開場:「人們相信未來,他們思考未來,許多人自信地認為接下來五十年將是空前進步的半世紀。但是除了電腦產業,其他產業並非如此。」❸他指出,他出生至今的近五十年間,實質薪資停滯不前。在他看

來,他父母那個世代夢想的酷炫產品極少實現,「想什麼飛行車呢,」他在後面的一堂課中如此譏諷:「我們現在仍然塞在車陣裡。」❹

這些抱怨呼應提爾的創投公司創辦人基金在前一年發表的宣言,那篇宣言悲嘆創投業從投資半導體之類的「變革性技術」轉向投資「解決增量問題或甚至偽問題,例如讓 Kozmo.com 的快遞員送 Kit-Kats 巧克力到你的辦公室,」那篇宣言的作者布魯斯・吉布尼(Bruce Gibney)憤慨表示,美國太空總署已經四十年沒登月了;飛躍大西洋耗時不減反增(拜協和號客機退休所賜);人類壽命增長速度不增反減;人類在創造廉價能源方面幾乎沒什麼進展。更糟的是:「我們迄今仍未發展出接近 AGI 的東西,三十年前的未來主義者們大概會對此感到詫異。」❺

提爾呼籲投資人及大學生,科技停滯的解藥就是反其道而行,停止那種畏縮、汲汲營營於微小成就的功利主義者心態,而是要放手一搏。從某些方面來說,這是提爾版本的葛拉罕散文。提爾心想,為了吸引有使命感的創辦人投資,唯一方法是展現自己就是終極的使命導向投資人。

成為創投公司合夥人

史丹佛這門課引起媒體騷動的同時,媒體較少報導的是提爾參加了山景市 Y Combinator 辦公室的對談,奧特曼花了大量心血在這裡。早在奧特曼離開 Loopt 的 2011 年 6 月,他就已經正式成為 Y Combinator 兼職合夥人,為這裡的新創公司,例如

後來改名為 Genius 的 Rap Genius，傳授如何在發表日向投資人推銷自己的訣竅。〔根據藍道・史卓思（Randall Stross）的著作《給你 10 分鐘，證明世界都買單！》（*The Lauch Pad: Inside Y Combinator*），奧特曼告訴 Rap Genius 創辦人：「展示這張圖表時務必強調：『好，請注意，我們為各位展示用戶統計圖表。大多數的新創公司會向你們展示累積註冊用戶數，那沒什麼意義，我們展示的是活躍用戶數。』此舉非比尋常，但這數據才有意義。」❻❼〕

奧特曼難過地離開 Loopt，但收穫了約 500 萬美元。根據收購條款，他將進入綠點公司董事會，幫助該公司開發行動銀行應用程式。他曾參與一場綠點與其最大客戶沃爾瑪的災難性會議，沃爾瑪占了綠點總營收的 70%，會議中揚言要取消與綠點的合作契約。會議後，在阿肯色州沃爾瑪總部的停車場上，奧特曼冷靜地對史崔特說：「哇，真是一場糟糕的會議。」但大致來說，這段期間，奧特曼有自由時間重新思考他的人生。

「我考慮過創業，」他說：「我也思考過投資業。」紅杉資本試圖把他拉進自家的創投王國，但被他婉拒了。他當起背包客遊歷歐洲，也去了東南亞幾次，還造訪日本。他甚至在印度的靜修院待了段時間，他向《紐約客》雜誌開玩笑說，那靜修院：「簡直是個科技男迷因梗，」但他說那段靜修改變了他的生活：「我確定自己仍然經常焦慮和緊張，但我的感知覺得自己很放鬆、快樂、平靜。」〔安妮・奧特曼說，兄弟們取笑自己對冥想太入迷，甚至成為塔夫茨大學佛教正念共修社（Tufts Buddhist Mindfulness Sangha）的社長。不過，幾年後他發現，山姆在自家

招待冥想團體。所以他很納悶，山姆到底在印度靜修院待了多久。〕那段期間，最大的改變或許是他在墨西哥為期一週的靜修，在有專業者指導下他使用了迷幻藥，「那是我人生中最具顛覆性的事件之一，」他後來這麼告訴《舊金山標準報》（*The San Francisco Standard*）的「七首歌曲道人生」（Life in Seven Songs）播客節目。❽ 大部分時間，他倘佯於地球上最令他心動的加州大蘇爾（Big Sur），在傍海的紅木林區裡閱讀。「我覺得，我對一切都略知一二，而且覺得一切皆有可能，」他說：「我感受到不確定性，但這感覺很好。」

奧特曼和提爾認識好幾年了。最初是因為他們對核能的共同興趣而結識這位年長的投資人。「當我開始真正思考能源問題時，有人告訴我，『你知道嗎，他是目前唯一一位考慮核能的投資人。你應該去和他談談，』」奧特曼說。

奧特曼對所有種類的核能都感興趣，但尤其關注核融合這種如同太陽釋放的強大能量反應，這也是近一個世紀以來科學家的夢想。早在奧特曼尚未出生以前，世界各國政府就已經攜手這項極昂貴的研究，尋求把氫同位素加熱到足夠高的溫度並維持在足夠的壓力下，使其原子核跟氦融合，釋放出大約核電廠核分裂過程中釋放的 4 倍能量。若能達成核融合，就可以使用海水中的分子來供應便宜乾淨的能源，而且不會有碳排放，放射性廢料也遠少於核分裂過程。

在提爾看來，自 1960 年代停止發展核能是美國失去科技魔力的終極象徵。他指出，美國停建核能發電廠有很大原因來自 1979 年由珍・方達（Jane Fonda）主演的驚悚片《大特寫》（*The*

China Syndrome）引發民眾恐慌，該片描繪虛構的核能危機，這部電影上映的十二天後，賓州哈里斯堡（Harrisburg）附近三哩島（Three Mile Island）核電廠發生爐心部分熔解導致核外洩事件。真實的核外洩事件引發反核運動，提爾說，這導致美國取消約一百座興建反應爐的提議。此外，矽谷也開始產生奇怪的思想，認為這些黑證據顯示民主社會的人們沒有能力評估風險，無法對長期未來做出理智選擇。2015 年 11 月，提爾在《紐約時報》上發表的一篇文章寫道：「據報導，車諾比（Chernobyl）核災事故導致的死亡人數少於 50 人；反觀美國肺臟協會（American Lung Association）估計，燃煤發電廠排放的廢氣導致每年約 13,000 人死亡。」❾ 提爾早年的門徒伊利澤·尤考夫斯基說：「矽谷那些人道至上者心中的大傷疤導致美國停建核子反應爐。」這道傷疤最終影響矽谷看待 AI 開發的態度，因為 AI 發展需要在進步與安全性之間拿捏道德平衡，相似於建設核電廠時的考量。「從他們的觀點來看，科技不會獲得公平對待。若你認為某件事對人類有益，你不能以造福人類為由當成出發點，你必須搶先行動、別聲張，搶在別人阻止你之前自行發展。這不是說你不這麼做就會輸掉這場派系競賽，而是因為你不會獲得公正的評判。」尤考夫斯基說，20 世紀末以來，核子反應爐的命運之於科技業理想主義工程師來說，猶如納粹大屠殺之於猶太人。

若政府不打算解決這問題，提爾決心透過創投公司來自己做。投資新一代的核能技術不僅是砸錢在能使世界變美好的登月計畫，還可以直接對抗威脅到進步本身的潛在勢力。後來，在奧特曼把致力實現核融合的新創事業核力安能源公司引進至 Y

Combinator 孵育器後，提爾透過他的秘銀資本管理公司（Mithril Capital Management）投資該公司種子輪，奧特曼個人也有投資。❿

除了對核能有共同興趣外，在葛拉罕的推薦下，奧特曼和提爾也是 Stripe 的種子投資人，葛拉罕認為提爾是支付公司 PayPal 的共同創辦人，對年輕的派屈克・柯里森會是個很有幫助的顧問。後來，Stripe 在 A 輪募資從紅杉資本、提爾、PayPal 共同創辦人馬克斯・列夫琴（Max Levchin）及獨立投資人伊拉德・吉爾（Elad Gil）那裡募集 1,800 萬美元的過程中，奧特曼扮演了不可或缺的顧問角色，他跟柯里森通了十幾次電話，通常是在柯里森每天騎自行車橫越帕羅奧圖往返辦公室和住處的途中。最終，這輪募資使 Stripe 的估值達到 1 億美元。

到了 2012 年春季，奧特曼、Y combinator 及令矽谷振奮的新創公司（後二者逐漸成為同一件事）之間的連結如同成功保證，奧特曼可以挑選有興趣支持他的創投基金有限合夥人。婉拒了試圖招攬他的紅杉資本後，他選擇了提爾，他們創立聯氨資本公司（Hydrazine Capital，以火箭燃料的化合物命名），創始資金 2,100 萬美元大部分來自提爾。奧特曼招攬他的小弟傑克加入公司，傑克在前一年從普林斯頓大學取得經濟學學位後進入紐約一家投資銀行工作。幾年後，大弟馬克斯也加入，三兄弟同住在舊金山的一間公寓。

提爾覺得奧特曼：「絕頂聰明，」也：「有原則、嚴格且設想周全，」但：「可能太樂觀了。」奧特曼主要的吸引力不在於他懂什麼，而在於他認識誰，如本書前言中所述，提爾認為奧特

曼:「身處絕對中心地位,或許不是整個矽谷的中心,而是矽谷時代精神的絕對中心。」提爾成為臉書的第一號外部投資人以來便一直擔任執行長馬克・祖克柏的導師,他曾與祖克柏長談有關他被視為千禧世代的代表人物(姑且不論這是好事還是壞事),但事實上這說法並不恰當。「若你非得找一位能代表千禧世代的科技人物,那應該是奧特曼,」提爾說。

2007 年,非自願地被高客傳媒(Gawker Media)旗下部落格「Valleywag」曝光其同性戀身分的提爾,此時已經是科技界最著名的同性戀投資人了。事後回顧,要成為家喻戶曉的公開出櫃執行長,奧特曼選擇提爾做為導師毫不令人意外。提爾的逆向思維世界觀與奧特曼渴望人類幸福的心態格格不入,但奧特曼最敬佩提爾的,就是他總是能打破常規提出新穎想法,不論你贊同與否,「他以一種全然不受束縛的方式去思考這世界,」奧特曼最近這麼告訴一位播客。❶ 在另一次訪談中,奧特曼說,新穎獨到的思想是世界上的稀世珍品,而這正是提爾擁有的豐富資源之一。

聯氨資本後來確實投資了一些核能領域的新創公司,例如開發核分裂微反應器的歐克羅新創公司,奧特曼在 2013 年得知此公司,並在翌年將其引進 Y Combinator。另外,如前文所述,奧特曼與提爾攜手投資核力安能源公司的種子輪募資。但整體來說,聯氨資本公司乘上的是後來成為歷史性科技榮景的浪潮——這策略有違提爾典型的反向操作。「若你身處一個無人相信的巨大繁榮,你當然要投資大家都知道的好東西,這是共識,」提爾說。他認為,網路公司泡沫與金融危機導致的動盪嚇跑了投資

人，導致科技業投資不足，到了 2012 年，「現在，這些科技公司火力全開，持續加速成長，但好像沒人留下來投資，」他說：「若投資嚴重匱乏，你根本不需要反向操作了，你當然要順應這股時代精神。我認為山姆做得極好。」

聯氨資本投資廣泛，從企業軟體到特色食品，沒有可識別的投資論點。這些投資對象的關連性是，他們大多歷經 Y Combinator 的孵育，包括人力資源新創公司 Zenefits、供應鏈物流平台 Flexport、視訊聊天語言學習服務平台 Verbling、營建包商資訊與媒合服務平台 BuildZoom、代餐公司 Soylent、線上離婚服務公司 Wevorce。另有一家未經 Y Combinator 孵育的公司 Patreon，這是一個透過直播或創作內容來群眾募資的平台，其共同創辦人是 Loopt 前員工、奧特曼的老友任山姆。聯氨資本本質上就是 Y Combinator 指數型基金，正是提爾定義自己向來會避開「蠢得簡單」的投資手法啊。

「有時候，你只是想搭上火箭的便車，」提爾說。

獨具慧眼

Y Combinator 正以驚人的速度發展。在紅杉資本的幫助下，2011 年夏季梯次已擴增到超過六十家新創公司。那年，天使投資人羅恩・康威和俄羅斯出生的億萬富豪尤里・米爾納（Yuri Milner）向葛拉罕提出交易，讓他們取得每一家 Y Combinator 孵育的公司部分股權。他們向每一家 Y Combinator 孵育的公司提供 15 萬美元的可轉換公司債──基本上就是提供每家公司一筆

貸款，若此公司後來能募集創投資金並建立估值，這些可轉換公司債就轉換為股權。這樁交易對新創公司創辦人很有利：他們先取得現金，無需在早期階段擔心自家新創的估值，也不必擔心創業失敗後的償債問題。那年夏季的最終「發表日」猶如博覽會，Y Combinator 必須在公司大廳的屋頂安裝兩台新空調，才足以應付兩百多位創投家及其他投資人，包括明星檔夫妻黛咪・摩爾（Demi Moore）和艾希頓・庫奇（Ashton Kutcher）。他們甚至還在大廳外放置了流動廁所。❷

　　2012 年夏季梯次有八十四家新創公司，合夥人早就記不住誰是誰了，「那是令所有人傷透腦筋的著名梯次，」Y Combinator 財務長克絲蒂・納圖（Kirsty Nathoo）告訴《連線》雜誌。之後，Y Combinator 決定把以後梯次分班的「發表日」移到場地更大的山景市電腦歷史博物館（Computer History Museum），那裡園區廣大，館裡有很多人造物，例如二戰時期的恩尼格瑪密碼機（Enigma machine），以及史上第一個電腦滑鼠，那恰巧是用紅木雕刻而成的。❸ Y Combinator 把 2013 年梯次的新創公司數量維持在更合理的四十七家，但發表日的來賓卻暴增至四百五十人，吸引他們的是其中幾家有致富前景的公司：Dropbox（當時估值 40 億美元）、Airbnb（當時估值 13 億美元）、Stripe（當時估值 5 億美元）。《紐約時報雜誌》（*The New York Times Magazine*）這麼描述 Y Combinator 的 2013 年發表日：「淘金熱心態盛行」。❹

　　聯氫資本投資了幾家 Y Combinator 育成的公司，至於提爾的創辦人基金公司，奧特曼說當年最佳的 Y Combinator 新創公司

是哪家，就投資那一家，2012 年的最佳公司是 Airbnb。「在動能被低估的世界，或許每年應該做的就是挑選一家最好的 YC 公司，」提爾說。創辦人基金公司投資 Airbnb 估值為 25 億美元的那輪募資，如今其市值近 2,000 億美元。翌年，創辦人基金公司在 Stripe 估值為 17.5 億美元時投資，如今其價值約 650 億美元。「當時，我和山姆的交談都圍繞著『最佳新創是哪家？』」提爾說。

「到了 2014 年末，這種「捷思」（heuristic started）的經驗法則開始行不通了，因為太多人知道該怎麼做，」提爾說。他和奧特曼辨識 Zenefits 是新的 Y Combinator 寵兒，這家人力資源平台向小型企業免費提供人力資源軟體，期望從後續的仲介銷售健康醫療保險業務中抽取佣金。馬克斯·奧特曼 2014 年進入 Zenefits 協助該公司做產品，2016 年離開。創辦人基金公司在 Zenefits 估值 20 億美元時提出投資意向，但好鬥的 Zenefits 共同創辦人帕克·康拉德（Parker Conrad）在談判時把公司估值提高到超過 40 億美元，提爾覺得這價格太高，因此創辦人基金減少投資額。不出幾年，Zenifits 未能達成該估值所需的樂觀成長目標，與健康醫療保險業的關係又不佳，重挫公司估值，使投資人的投資價值基本上歸零。〔2016 年，Zenefits 瀕臨崩潰時，提爾大學時期的朋友、《史丹佛評論》撰稿人、前 PayPal 員工大衛·薩克斯（David Sacks）接手擔任過渡執行長。〕

看來，情勢已經來到某個臨界點了。

反熵者

提爾的另一項投資最終對奧特曼的職業生涯和 AI 前景產生重大影響。跟奧特曼一樣，提爾長久以來執著於一個可能性：有朝一日，電腦將變得比人類更聰明，形成指數型自主技術演進的強化循環，以前的科幻小說常把這稱為「奇點」（singularity）。這個名詞最早由數學家、「曼哈頓計畫」（Manhattan Project）顧問約翰・馮紐曼（John von Neumann）於 1960 年代提出，並由備受讚譽的科幻作家弗諾・文奇（Vernor Vinge）在 1980 年代將其發揚光大。文奇的友人馬可・史提格勒（Mac Stiegler）在國防部高等研究計畫署之類的機構從事網路安全工作，也撰寫未來主義小說，他回憶有天下午去一間餐廳參加科幻小說家聚會，他和文奇在餐廳外聊天：「交流分享著我們永遠不會撰寫的小說情節，因為那些情境既可怕、又極有可能發生。我們太害怕有瘋子看了其中的情節並付諸行動。」

很多人受到文奇的科幻小說影響，伊利澤・尤考夫斯基就是其中之一。尤考夫斯基在 1979 年出生於芝加哥正統猶太家庭，母親是精神科醫生，父親是物理學家，先後任職於貝爾實驗室（Bell Labs）和英特爾，從事語音辨識技術發展工作。尤考夫斯基是重度科幻小說迷，七歲開始閱讀科幻小說，九歲開始寫科幻小說。十一歲在 SAT 測驗中得到 1410 分。七年級時，他告訴父母自己再也忍受不了學校了，所以他沒讀高中。十七歲時，他痛苦地覺察自己的與眾不同，他架設了一個網頁宣稱自己是個「天才」，但「不是納粹」。他拒絕被定義為「男性青少年」，他

更喜歡把自己歸類為「阿爾吉儂」（Algernon）——取自科幻小說家丹尼爾‧凱斯（Daniel Keyes）的短篇科幻小說《獻給阿爾吉儂的花束》（*Flowers for Algernon*），內容敘述一隻經過手術後智力提高的實驗室老鼠阿爾吉儂。感謝文奇，尤考夫斯基找到了生命的意義，「這網頁的唯一目的，這個網站的唯一目的，身為阿爾吉儂，我做任何事的唯一目的就是加快奇點的到來，」他寫道。❺

約莫此時，尤考夫斯基發現一個自稱為「反熵者」（Extropians）的社團郵寄名單，1994 年《連線》雜誌刊載一篇文章恰好在文末附上社團的電子郵件地址。由哲學家馬克斯‧摩爾（Max More）於 1980 年代發起的反熵主義（Extropianism），是支持科學的超級樂觀主義，尋求從所有方向與陣線來對抗熵（entropy）——熵是一種宇宙定律，指失序、一切走向混亂與消亡的現象。在實踐方面，有人簽署在他們死後讓位於亞利桑那州史考茲戴爾（Scottsdale）的阿科爾生命延續基金會（Alcor Life Extention Foundation）以華氏零下 321 度冷凍他們的遺體（或至少他們的頭），一旦人類的技術進步到能夠使人復生時，他們就能復活。理念上，對抗熵意味著奉行五個信條：無限擴張（Boundless Expansion）、自我轉變（Self-Transformation）、機動樂觀（Dynamic Optimism）、智能技術（Intelligent Technology）、自發秩序（Spontaneous Order）。〔例如機動樂觀涉及一種名為「選擇性聚焦」（selective focus）的方法，即只專注於特定情況的積極面向。〕

以創造預測市場聞名的經濟學家羅賓‧韓森（Robin

Hanson）曾參加此運動，他述說自己出席在帕羅奧圖豪宅裡舉辦各種層級的反熵派對一事。「他們談論各種有趣的概念，我深受鼓舞，我太太則是有點反感，因為那些思想闡述得不夠好，甚至有點奇怪，」他說：「我們全都認為自己是個能預見未來趨勢的人，而其他人並不了解。最終，我們會是對的一方，但誰知道最終究竟是何時到來呢？」

與摩爾共同創辦期刊《反熵》（*Extropy*）的湯姆·貝爾（Tom Bell，又名 T. O. Morrow，貝爾聲稱 Morrow 是個人，而非只是筆名）撰寫有關「多中心法律」（polycentric law）體系的概念，這種體系可以在無政府干預下，經由行為人之間的自願交涉而產生。他也撰寫「自由海洋」（Free Oceana）的概念，這是反熵者的潛在殖民地，建立於國際水域的人造浮島上。〔多年後，貝爾無償地為提爾投資種子輪的海上家園機構（Seasteading Institute）工作。〕若你覺得這些聽起來有點自由意志主義的味道，那是因為它確實是。《連線》雜誌 1994 年刊載的那篇文章開文敘述了反熵者的聚會場景：一位出席者裝扮成「政府」，穿著漆皮緊身胸衣加鏈帶、迷你裙，手上拿著短鞭，拖著另一位裝扮成「納稅人」、以四肢爬行的出席者，以此嘲諷他們痛恨的「政府」是銀行系的主要束縛力之一。❶⓰

這份郵寄名單及「反熵者」社群只有數百人，但其中有些名人，包括前面提到的經濟學家羅賓·韓森；圖靈獎（Turing Award）得主、1970 年代創立麻省理工學院 AI 實驗室的科學家馬文·明斯基（Marvin Minsky）；著書使「奇點」一詞變得家喻戶曉的電腦科學家暨未來學家雷蒙·庫茲維爾（Ray Kurzweil）；

著作幫助世人了解 AI 是否構成人類「生存風險」的瑞典哲學家尼克・博斯特隆姆（Nick Bostrom）；十年後創立維基解密的朱利安・阿桑奇（Julian Assange）；謠傳為比特幣創造者中本聰（Satoshi Nakamoto）本尊或與其有關的三人——尼克・薩博（Nick Szabo）、戴偉（Wei Dai，音譯）、哈爾・芬尼（Hal Finney）。「縱使是隨意瀏覽反熵人士檔案（此檔案由戴偉更新與維護），也能清楚看出，幾個月內，青少年伊利澤・尤考夫斯基就成為刺耳雜音中最傑出的聲音之一，」新聞工作者強・伊凡斯（Jon Evans）在講述反熵運動史的文章中寫道。1996 年，當時十六歲的尤考夫斯基認為，超智慧（superintelligence）將是超越人類的一大進步，可能在 2020 年時問世。❶⓻

反熵社群中的兩個成員布萊恩與沙賓・艾金斯（Brian and Sabine Atkins，兩人在 1998 年於反熵者社團的郵寄名單上結識，很快就結婚）被這則訊息吸引，以至於他們在 2000 年提供資金給尤考夫斯基創立智庫，名為 AI 奇點研究所（Singularity Institute for Artificial Intelligence）。❶⓼ 尤考夫斯基在二十一歲遷居亞特蘭大，開始領取每年約 2 萬美元的非營利組織年薪，並宣揚他的超智慧有益論。「我以為，聰明的東西自然是個好東西，」他說。但是，不到八個月他就開始意識到他錯了，而且是大錯特錯，現在，他認為 AI 是一大災難。「那是因為我拿了別人的錢，而我是個對幫助我的人懷有深厚義務感的人，」他解釋：「有一天，我不再苦惱：『若超智慧不會自動判斷是非就去執行任務，不論對錯，那樣的話，誰會在意呢？』，我想的是：『至少，布萊恩・艾金斯不想被超智慧殺死吧。』」他心想，也許艾金斯想要

「替代方案」，可是當他坐下來試著研擬替代方案時，他驚恐地認知到這根本不可能，「思考替代方案時我觸及了根本問題，這才意識到我錯得離譜，」他說。

所幸，布萊恩與沙賓・艾金斯通情達理，AI 奇點研究所的使命從打造 AI 改絃易轍為打造友善的 AI。「我們需要解決使 AI 變得友善的問題，這對我們原本單純招募 AI 研究人員的工作豎立了障礙，不過，我們其實也沒錢做這件事，」尤考夫斯基說。他設計了一個他稱為「理性主義」的新架構。〔雖然，從表面上來看，理性主義是指相信人類能夠用理智來得出正確答案，但歷經時日，它變成用來描述一種運動，套用尤考夫斯基的思想承繼者史考特・亞歷山大（Scott Alexander）的話，這運動包含：「還原論、唯物論、道德非現實主義、實用主義、反死亡主義及超人類主義。」但亞歷山大又開玩笑說，真正的答案是相信：「伊利澤・尤考夫斯基就是正統的哈里發。」〕❶

在 2004 年發表的一篇文章〈一致的推斷意志〉（*Coherent Extrapolated Volition*）中，尤考夫斯基認為，發展友善的 AI 不應該只看我們現在想要 AI 去做什麼，而是應該著眼於實際上對我們最有益的事。該文寫道：「工程目標是考慮人類『想要』什麼，而不是思考若我們知道更多、思考更快、更像我們希望成為的人、更團結地成長的話，我們會做出什麼決定。」他也在文章中使用令人難忘的比喻來描述 AI 可能出錯的方式：若你的 AI 被編程去生產迴紋針，萬一你沒留心，整個太陽系最終可能充滿著迴紋針。多年後，博斯特隆姆使用這個例子來告戒世人：AI 應該校準人類意志。❷

尤考夫斯基在2005年出席前瞻學會（Foresight Institute）在舊金山一間餐廳舉辦的私人晚宴，前瞻學會是創立於1980年代的科技智庫，旨在促進奈米技術的發展。〔前瞻學會的許多創始成員來自L5學會（L5 Society），創立於1975年的L5學會致力於推動在地球和月球之間建立太空殖民地，並成功遊說阻止美國簽署1979年的「聯合國月球協定」（United Nations Moon Agreement），因為該協定中有禁止殖民天體的條款。〕提爾也出席了這場晚宴，他與賓客聊天時說到他的一位朋友是市場反指標，因為每次那位朋友認為某個潛在投資標的很熱門，該投資很快就會暴跌。尤考夫斯基不知道提爾是何方神聖，晚餐後他走向提爾，告訴他：「若你的朋友是資產何時下跌的可靠訊號，他們應該是做了某種擊敗效率市場的事，如此一來，他們才能可靠地預測股價下跌。」這基本上是在提醒提爾效率市場假說（Efficient Market Hypothesis）這件事。這假說的論點是，市場價格已經反映了所有風險因子，因此除非有內幕資訊，市場沒有賺錢的空間。這番話使提爾被尤考夫斯基吸引。

提爾和尤考夫斯基開始偶爾共進晚餐，尤考夫斯基說，他把提爾視為：「導師般的人。」提爾從2005年開始資助尤考夫斯基的奇點研究所，翌年，他們與撰寫暢銷書《奇點臨近》（The Sigularity Is Near）的雷蒙·庫茲維爾合作，在史丹佛大學成立奇點峰會（Singularity Summit）。接下來六年間，這峰會擴展成未來主義者、超人類主義者、反熵人士、AI研究人員及科幻小說作家匯集的著名論壇，包括博斯特隆姆、摩爾、韓森、史丹佛大學AI教授塞巴斯提安·特倫（Sebastian Thrun）、XPRIZE創辦

人彼得・戴曼迪斯（Peter Diamandis）、聲稱人類終將夠克服老化的老年學家奧布瑞・德格雷（Aubrey de Grey）。參與此峰會的Skype共同創辦人尚・塔林（Jaan Tallinn）受到尤考夫斯基鼓舞，成為支持研究如何降低AI伴隨生存風險的主要金主之一，包括先是投資OpenAI，後來又投資OpenAI的對手安索比。另一個奇點峰會參與者物理學家馬克斯・泰格馬克（Max Tegmark）後來創辦了生命未來研究所（Future of Life Institute）。

就連使「奇點」一詞廣為人知的科幻小說作家弗諾・文奇也現身峰會，戴著相似電視劇《絕命毒師》（*Breaking Bad*）主角華特・懷特（Walter White）的眼鏡，整齊的灰白灰鬍鬚使他看起來像是公立學校的化學老師。他爽朗地提醒與會者，當奇點到來時：「我們將不再處於主導掌控地位。」[21]

2010年，尤考夫斯基邀請的其中一位奇點峰會演講者是AI研究員謝恩・雷格（Shane Legg），他是出生於紐西蘭的數學家、電腦科學家、芭蕾舞者，自尤考夫斯基在十年前向他介紹了「超智慧」概念後，他就開始著迷於打造超智慧。[22] 雷格曾任職紐約的新創公司IntelliGenesis Corp.，這家由電腦科學家班傑明・高澤爾（Ben Goertzel）創立於2007年的公司，致力於發展出世界上第一個AI，它最出名的產品是WebMind——一項試圖預測股市趨勢的軟體專案。擁有數學博士學位的高澤爾，多年來是反熵者社團郵寄名單上的活躍貼文者，經常熱情地與尤考夫斯基辯論超人類主義和自由意志主義。（高澤爾支持超人類主義，但不太支持自由意志主義。）[23] 2000年時，尤考夫斯基來到高澤爾的公司演講（之後不到一年，這家公司就破產了），雷格指

出，那次的演講與對談使他開始認真看待超智慧的概念，不再認為那只是電影中的誇張情節。[24] 高澤爾和雷格開始把這概念稱為「AGI」。

雷格繼續攻讀博士學位，他撰寫的論文主題是「機器超智慧」（Machine Super Intelligence），文中指出這項技術有可能變成一種生存威脅。取得博士學位後，他前往倫敦大學學院（University College London）的蓋茨比電腦運算神經學中心（Gatsby Computational Neuroscience Unit）做博士後研究，這間實驗室的研究領域包含神經科學、機器學習及 AI。他在這裡結識來自倫敦的電玩遊戲設計專家戴米斯・哈薩比斯（Demis Hassabis），哈薩比斯的母親來自新加坡，父親是希臘裔塞普路斯人，他曾經是十四歲以下區段全球排名第二的西洋棋棋手，現在則是專注打造受人腦啟示的 AI。雷格和哈薩比斯有一個共同但不過時的願景，「基本上，這是一個說出來會令人翻白眼的領域」，雷格告訴記者凱德・梅茲（Cade Metz）：「當時，若你跟任何人談論 AGI，最好的情況是對方認為你是個怪人，最糟的情況是對方認為你有妄想症，完全不科學。」[25] 雷格認為可以在學術界打造 AGI，但之前嘗試創業卻以失敗告終的哈薩比斯更在行，他深知只有在產業界打造 AGI 才行得通，而且可以從一位投資人下手：彼得・提爾。

雷格和哈薩比斯以演講者身分來到 2010 年奇點峰會，但他們真正的目的是來結識提爾，因為他常邀請這峰會的參與者去自己位於舊金山的住所。哈薩比斯入住舊金山市中心的旅館，他的演講在峰會第一天，講述受人腦啟發的 AI 願景。雷格的演講則

在翌日，談的是可衡量的 AI 才能深入發展。會後，他們前去位於舊金山海港區（Marina District）的提爾家喝雞尾酒，從提爾家可以看到金門大橋和藝術宮，哈薩比斯很高興看到提爾家的桌上擺了西洋棋盤。他們穿過人群，找到尤考夫斯基，尤考夫斯基把他們帶到提爾面前，介紹彼此認識。為了不表現得過於急迫，事後哈薩比斯沒有直接推銷，而是從西洋棋開始，他知道這是提爾的心頭好。哈薩比斯說，這盤比賽經得起時間的考驗，因為騎士和主教形成非常有趣的對峙──價值相同，但長處與弱點卻截然不同。提爾邀請他們翌日再來，跟他聊聊他們的新創事業。㉖

第二天早上，他們在提爾的餐桌旁向剛晨練完的他做簡報。哈薩比斯說，他們正在建造受人腦啟示的 AGI，他們先藉由訓練 AI 玩遊戲來評量其進展，他們有信心電腦運算力的進步將會帶來突破性進展。提爾起初猶豫，但幾星期後同意投資 225 萬美元，成為這家無名氏公司的第一大投資人。㉗ 幾個月後，哈薩比斯、雷格及其創業家友人穆斯塔法・蘇萊曼（Mustafa Suleyman）共同創立 DeepMind，取這名字是因為該公司計畫把「深度學習」（deep learning，使用神經網路層的機器學習）和真實的神經科學結合起來。從一開始，他們就告訴投資人，他們的目標是發展 AGI，儘管他們害怕有一天 AGI 可能威脅到人類的生存。㉘

透過提爾的人脈，DeepMind 得以爭取到提爾在 PayPal 時期的老夥伴伊隆・馬斯克投資。提爾的創辦人基金公司之前投資馬斯克的火箭公司 SpaceX，該基金公司邀請哈薩比斯在 2012 年的一場研討會中演講，馬斯克也出席了研討會。哈薩比斯在演講中概述他為 DeepMind 研擬的十年計畫，並稱其為 AI 的「曼哈頓計

畫」，比奧特曼使用這名稱早了許多年。提爾回憶，他的一位投資人在離開會場時說哈薩比斯的演講令人印象深刻，但又開玩笑地說，他覺得必須射殺哈薩比斯來拯救人類。

翌年，PayPal 及創辦人基金的共同創辦人、馬斯克的友人兼 SpaceX 的董事會成員盧克・諾塞克（Luke Nosek）把哈薩比斯介紹給馬斯克，馬斯克帶哈薩比斯參觀位於洛杉磯的 SpaceX 總部。兩人在公司餐廳吃午餐，天南地北地聊天，哈薩比斯告訴馬斯克，他正在研究世界上最重要的事情：發展超智慧 AI。馬斯克回答，他在做世界上最重要的事情：透過殖民火星讓人類成為星際物種。哈薩比斯回答，那聽起來很棒，只要沒有流氓 AI 跟著去火星摧毀那裡的人類就行了。聞言，馬斯克突然變得很安靜，他之前從未認真想過這件事，他決定投資於 DeepMind，藉此盯住 DeepMind 的技術發展動態。㉙

收購 DeepMind

2013 年 12 月，在哈拉斯太浩湖酒店（Harrah's in Lake Tahoe）舉行的機器學習研討會中，哈薩比斯在台上展示 DeepMind 的首次大突破：一個能夠在沒有人類指令下學習、並迅速精通經典的雅達利電玩遊戲《打磚塊》（*Breakout*）的 AI 代理（AI agent）。DeepMind 透過結合深度神經網路（deep neural networks）和強化學習（reinforcement learning）實現這項成就，成果太驚人了，谷歌在一個月後以據報 6.5 億美元的價格收購該公司。㉚ ㉛

DeepMind 的成就是朝 AGI ——能夠理解混亂的周遭世界並朝一個目標運行的 AI ——邁進一大步,但起初這項成就的意義未被廣為理解,直到一年多後該公司在《自然》(*Nature*)期刊上發表一篇文章,說明他們在過程中的發現。但是,身為 DeepMind 投資人的提爾卻非常了解其中含義,並與奧特曼討論。2014 年 2 月,谷歌收購 DeepMind 的一個月後,奧特曼在他的個人部落格發表一篇標題為〈AI〉的文章,文中指出 AI 是最重要的科技趨勢,但人們沒有對它投以足夠的關注。

「無庸置疑,AI(普通科學定義的 AI)有可能行不通,任何新技術都有可能行不通,大體來說,這是正確的陳述。但我認為,大多數人對 AI 的可能性太悲觀了,」他寫道:「AGI 可能行得通,若真的可行,這將是有史以來最大的技術發展。」[32]

第 10 章

山姆·奧特曼接掌總裁

　　一群新創公司創辦人來回穿梭、竊竊私語，他們眼前這位碗裡盛著紅番椒墨西哥菜，身穿 T 恤和工作短褲的瘦小年輕人走上台。這是 2014 年冬天，保羅·葛拉罕宣布震驚矽谷的消息：他將卸下 Y Combinator 領導人的職務，把執掌權交給二十八歲、曾創業失敗的山姆·奧特曼。現在，葛拉罕站在山景市漆著橘色外牆的 Y Combinator 總部裡，面對最新梯次的新創公司創辦人，以歡欣又威嚴的神情介紹他的接班人。他面前的這些面孔回以禮貌又困惑表情，他們當中有許多人辭掉工作、背井離鄉，只為來到這裡把握創業機會。

重大變革

　　「沒人知道山姆是誰，」道特·葛森（Doktor Gurson）說，他的手機充電站新創事業也在這梯次。「有些人蠻失望的，因為

他們期盼與保羅‧葛拉罕共事，」他說。奧特曼在葛拉罕對面坐下後，開始回答有關於 Y Combinatort 之所以出類拔萃的提問，葛森欣賞山姆簡潔有力的回應，以及展現他的廣泛好奇心，但他不認為 Y Combinator 領導人異動將改善其新創事業 Doblet 成功的可能性。事實上，一想到失去與葛拉罕共事的機會，葛森就心慌，因此會後他拉住葛拉罕，向其推銷 Doblet 的進展。

「我從未聽過山姆‧奧特曼，」丹尼爾‧亞尼斯（Daniel Yanisse）說，他的自動化背景調查平台 Checkr 也在當年度梯次。「我查了他的背景，令人驚訝的是，他少不更事、欠缺經驗，公司 Loopt 被收購前也沒發展出規模。我很好奇，他究竟有何特殊才能與技巧？我過來好些時日才看出來，」他說。上班時間，奧特曼給人內向、嚴謹，有時直率，會單刀直入問對方有什麼他能幫上忙的地方。

但葛拉罕從不懷疑奧特曼的才能與技巧，「他是少見既高效又仁慈的人──儘管很少人注意到這點，但這是早期投資階段需要的重要特質，」葛拉罕在部落格張貼標題為〈山姆‧奧特曼接掌總裁〉（*Sam Altman for President*）的文中寫道：「山姆是我認識的人當中最聰穎的人之一，他比我認識的任何人（包括我）更了解新創事業。」❶ 葛拉罕說他之所以交棒給山姆，是因為：「Y Combinator 需要成長，我不是帶領它成長的最適任者。」在他掌舵的九年間，葛拉罕把 Y Combinator 壯大了約 10 倍──從第一梯次的八家新創公司，成長到目前單梯次近八十家，育成了 Stripe、Airbnb 及 Dropbox 等獨角獸公司。更重要的是，他使得矽谷的力量天秤從原本明顯傾斜投資人變成傾斜新創公司創辦人，

他把福音傳播如此廣、如此有成效,以至於每年有更多樂觀過頭的創業者和投資人前來敲開 Y Combinator 的大門。突然間,在全球金融危機餘波中,那些原本可能去高盛集團或麥肯錫工作的人現在想學電腦科學、想自行創業。葛拉罕畏怯地凝視來襲的海嘯,「我深信工作方式正發生根本性的改變,」他寫道:「創立新創公司成為常態,十年內新創公司的數量將遠超越現在,若 Y Combinator 要資助它們,我們必須一同成長茁壯。」❷

問題是,葛拉罕的運作方法,套用矽谷的行話就是「無法規模化」。如同 Gmail 的創建者、Y Combinator 最早且最忠誠的天使投資人既合夥人保羅・布赫海特所言:「保羅・葛拉罕善於個人秀,所有事情都由他一人操辦。」他撰寫所有的 Y Combinator 軟體,主持愈來愈熱門的訊息板《駭客新聞》(*Hacker News*),還親自面試應徵者,在辦公時間輔導他們,這等同於肩負了「四份工作」,布赫海特說:「基本上工作占據了他的全部生活。」葛拉罕和李文斯頓有了孩子,他自己想要更多的時間陪伴他們,也想有更多的時間投入自己的計畫,包括撰寫文章,以及他在 Y Combinator 爆紅前就開始發展的 Lisp 程式語言的方言。幾乎從 Loopt 賣掉後,他就開始嘗試勸誘奧特曼接掌 Y Combinator,尤其是在紅杉資本投資 Y Combinator 帶來的擴張壓力後,他更迫切地爭取奧特曼。Y Combinator 一名資深員工問葛拉罕為何挑選奧特曼為接班人,葛拉罕回答:「他是有野心的人。」葛拉罕相信奧特曼是個不論如何都會實現自己夢想的人,因此確保 Y Combinator 成功的最佳途徑,就是讓 Y Combinator 的成功成為奧特曼想要的東西。

奧特曼對葛拉罕的邀請受寵若驚，但起初他很猶豫。「聽到你的導師希望你去做這件事，自然很高興，」他說：「但有一段時間我真的不想這麼做。」從事天使投資——尤其是用別人的錢來投資，以及他稱為提供「有用」的建議和人脈交換，都能幫助他在矽谷建立忠誠的人脈網絡。但他認為這一切應該是為了自己的公司，而不是為了教導他人。「雖然，事實證明我很適合當個投資人，但我想創辦一家公司，當時我不認為自己是個投資人，」他說。尤其是，他想創辦核融合公司。

奧特曼躊躇不決，「這是件需要考慮的事，」當時跟奧特曼約會的創業家暨投資人拉奇・格魯姆（Lachy Groom）說。在那階段，奧特曼認為投資人是試圖創辦創投公司的人，有一群他們必須回應的有限合夥人，而且創投公司及其合夥人的利益未必總是與其投資的那些公司利益相符。「你企圖找到一家不論有沒有你都會成功的公司，然後試著說服他們以低價接受你的、而非別人的錢，」他告訴《紐約客》：「但我不喜歡與創業者對立。」❸ 儘管，奧特曼從事投資時大多使用提爾的錢，但他更喜歡把自己當成天使投資人，不是創投家。「天使投資人不會自稱投資人，他們會稱自己為天使，」格魯姆說：「這就是典型的山姆，他不想打造創投公司，當個投資人不會帶給他樂趣或興奮，他喜愛跟創辦人共事，樂於給他們的錢。」

最終，奧特曼樂中與創辦人共事的個性勝出，他接掌了 Y Combinator 這家主宰新創命運的公司。約莫此時，坊間議論矽谷開始出現新的科技泡沫，「價格高、估值高」，在葛拉罕宣布即將交出領導棒子後不久的一場研討會上這麼說。❹ Dropbox 和

Airbnb 現在估值超過 100 億美元，Stripe 的估值接近 20 億美元，Y Combinator 投資的新創公司現在平均估值超過 2,200 萬美元，從上一梯次畢業的新創公司估值為 5,000 萬美元。❺ 伴隨新創公司進駐舊金山辦公室，科技從業者湧入原本地屬邊緣的社區（例如教會區），舊金山市房價中位數漲幅超過 100 萬美元，史上首次出現舊金山的「超級富人」（定義是擁有資產至少 3,000 萬美元者）數量多於洛杉磯的情況。❻

儘管當時覺得價格高漲，奧特曼和提爾同意在葛拉罕離開時買下他的部分 Y Combinator 股份。（提爾說那大約是葛拉罕 1/3 的 Y Combinator 持股，奧特曼說大約 7%）如同前言中所述，提爾說：「山姆極其樂觀，這是投資新創公司時的重要特質，因為這些公司當時的價格看起來都被充分估值了。」

奧特曼對於如何拓展 Y Combinator 的看法深受提爾對科技停滯不滿所影響。在接掌總裁的一年前，奧特曼開始在他的部落格上發表個人哲學的文章，風格類似葛瑞翰，其中一篇早期文章陳述他最深、最堅定的信念之一：「一旦經濟停滯，民主制度就行不通，因為選民身處一個零和體系。」教導人類分享是很困難的事；經濟成長就像是一種精神的救贖，能讓你脫離教導人類分享的困境。有歷史證據支持這論點。例如，雅典民主雖然維持不到二百年，但若不是有蓄奴開採周邊銀礦榨取鉅額財富，大概不會出現雅典民主制度；雅典民主式微發生於銀礦枯竭之際，這應該也不是巧合。不過，奧特曼並未回溯遠古歷史，而是指出美國幾世紀以來穩定成長的兩個源頭：首先是拓荒；在所有地區開拓完後，接下來是技術進步。

「美國享有長期經濟成長的恩賜,首先受益於開採自然資源和開拓廣闊國土帶來的成長,接著迎來人類史上罕見的技術進步期,一直持續至我們認知到原子彈有多危險而戒慎恐懼為止,」他寫道:「但是,拓荒年代早已過去,儘管電腦和網路這兩個領域的技術創新仍飛快成長,但大多數其他領域,技術創新已經放緩。」❼

奧特曼打算用 Y Combinator 來幫助其他產業迎頭趕上軟體業的爆發式成長,他要打開比葛拉罕任內更廣闊的大門,包括那些他認為政府以往資助、但已不再資助的「硬技術」(hard tech)。接掌總裁兩個月後,他在一篇部落格文章中寫道:「我們想讓 Y Combinator 資助更多從事突破性技術的公司——那些解決重要問題、時間跨度長、以根本的技術性或科學性突破為基礎的公司。」他以伊隆・馬斯克的 SpaceX 和特斯拉(Tesla)為例,道出可能性:「以前由政府資助大量突破性技術的發展,壞消息是,這些計畫大多停止了;好消息是,現今的技術運用促使小型新創公司可以做到以往必須動用國家資源才能做到的事。」

據奧特曼的朋友說,此時奧特曼癡迷核能,他把能源放在自己領導 Y Combinator 後將資助的願望清單首位。他的目標簡單定義在廉價能源,大致上與提爾在 2011 年發表的宣言雷同,奧特曼指出:「能源成本和生活品質之間有高度相關性,」但在細節中稍稍透露他的想法:「核能可以做到,再生能源或許也能,但價格是第一考量。」❽

願望清單上排名第二的是 AI。早前在個人部落格談論 AI 的文章中,奧特曼暗示他對 AI 技術的樂觀來自內幕知識。就在接

掌Y Combinator的兩天前,他在這篇文章中寫道:「有些未上市(或近期被收購)的公司,以及一些大型上市公司,在AGI方面有重大的進展,但那些頂尖公司對此三緘其口,」暗指谷歌最近收購DeepMind。❾ 但是,當他提到Y Combinator在這方面的計畫時也是含糊不明,幾個月後,他以Y Combinator總裁身分寫道:「相對於AI的潛在影響,目前似乎沒有足夠聰穎的人在做這件事。」

奧特曼對Y Combinator的新願景也包括機器人學、生物科技、保健、教育、網路基礎設施、科學及新程式語言或動力服(powered exoskeleton)等能「槓桿」出運輸與住宅、食物與水的關鍵技術。對於後面這些主題,他似乎是以為世界末日做準備的心態來看待,「未來的某個時間點,我們將面臨食物與水供應問題,」他寫道:「科技絕對能改善這些問題。」幾年後他公開表示,為世界末日做準備是他個人的愛好之一,不論是合成病毒或流氓AI導致的世界末日。「我有槍、加了金的碘化鉀、抗生素、電池、水、來自以色列國防部的毒氣面罩,還有大蘇爾的一大片土地,我可以飛去那裡,」他告訴《紐約客》。❿

奧特曼的這些關注點使得那些試圖供應更好的機場共乘服務或人力資源軟體的新創公司撐不住了。「他是個有高度影響力的人,總想做點瘋狂的事,」格魯姆說:「他向來是個絕頂聰明的人,我想,這種聰慧源自於他追求重要事物的渴望。聰明絕頂的人很難只對消費者社群應用程式這類領域感興趣。」

奧特曼執著於硬技術的願景,以至於主動積極地對外徵求航空及能源領域的新創公司加入Y Combinator,這是先前由葛拉罕

執掌 Y Combinator 時從未考慮過的事，畢竟那時 Y Combinator 已經被湧入的一大票申請者淹沒了。

跟葛拉罕一樣，奧特曼也想要拓展 Y Combinator，而且想要的規模更大，從每梯次幾十家新創事業擴展至幾百家，此舉需要引進更多的合夥人來指導他們。為了支撐這規模所需要的資金，奧特曼重新梳理 Y Combinator 和投資圈的關係。多年來，Y Combinator 與一家又一家的創投公司合作，讓紅杉資本或安霍（Andreessen Horowitz）等創投公司透過投資各梯次的 Y Combinator 新創公司來賺取報酬，多年下來，這種模式被稱為「YCVC」。但隨著 Y Combinator 規模壯大，這些公司在發表日上爭奪投資，衝突和不公平感隨之而來。〔舉例來說，Airbnb 尚未在發表日展示前，紅杉資本的瑪卡度突然先發制人地提出要領導 60 萬美元的種子輪募資，引發其他 Y Combinator 合夥人及創投公司不滿。〕因此，在接掌總裁的消息揭露前幾個月，奧特曼開始招攬機構投資人，例如退休基金和大學捐贈基金會，這些機構通常是紅杉資本等創投公司背後的金主或有限合夥人。兩大機構投資人——史丹佛大學的捐贈基金會，以及麥克‧彭博（Michael Bloomberg）慈善資產的管理人威利特顧問公司（Willett Advisors）——與 Y Combinator 簽約，共同投資每家 Y Combinator 新創公司 10 萬美元，使其得以把旗下每家新創事業的投資從 17,000 美元提高到 12 萬美元。只不過，奧特曼向 Y Combinator 圈子發布這個好消息時，他沒有提及錢來自何處。（奧特曼在詳盡的新聞稿中從未提及「有限合夥人」的存在，更別提指名道姓了。）相反地，他提出一個令人費解的財

務結構:「Y Combinator 本身一直沒有有限合夥人,如此我們才能靈活地運用資金,例如資助非營利組織,但有部分投資來自 Y Combinator 管理的基金,那個基金確實有有限合夥人。」⓫

儘管如此,引進這兩個投資機構對 Y Combinator 來說確實是重大變革。隨著新創創辦人愈深入了解奧特曼,他們從這類財務手法中認識到了奧特曼的優秀才能。丹尼爾・亞尼斯的新創公司 Checkr 帶著強勁的用戶數成長邁向發表日時,奧特曼建議他們略過種子輪募資,直接進入更大的 A 輪募資,這建議與盛行的智慧之見相悖──新創公司應該先找到「產品與市場適配」,才能進入通常涉及讓投資人取得董事會席次的 A 輪募資。「那時,我就看出了奧特曼的天賦,以及他在募資及新創領域的豐富經驗,」亞尼斯說:「直接進入 A 輪大概為我們節省了好幾年。」現在 Checkr 估值約 46 億美元。

商業頭腦與混亂中的執行力

奧特曼說話簡潔,不能忍受廢話,但 Y Combinator 新創公司創辦人總驚訝於他的坦誠與親切。沃克・威廉斯(Walker Williams)跟奧特曼家族成長在同條街上,他經營著一家名為 Teespring 的 T 恤設計與銷售公司,當他的哥哥幫他與奧特曼搭上線時,他甚至沒考慮過找 Y Combinator 合作。Teespring 起初聚焦於大學市場,成長快速雖然快,但這事業領域跟奧特曼的硬技術夢想相差十萬八千里,奧特曼仍然感興趣。「山姆特別之處在於,與其交談時,他總是全神貫注,」威廉斯說。奧特曼建議他

們向 Y Combinator 提出申請，儘管他們超過截止日期幾天了，他們仍然進入 2013 年冬季梯次。他們加入 Y Combinator 時，奧特曼還只是 Y Combinator 合夥人，常在總部前的死胡同繞圈跑步，同時展開諮詢輔導時間。Teespring 營收起飛時，奧特曼成為他的第一位投資人。

2013 年 11 月，當奧特曼知道自己即將接掌 Y Combinator 時，知道此事的人還不多，而他的弟弟、前兩年在聯氨資本公司工作的傑克，進入 Teespring 擔任事業發展副總。翌年一月，奧特曼的另一位弟弟馬克斯進入同一 Y Combinator 梯次的 Zenefits 而搬離芝加哥。此前，他任職於紅杉資本投資的高頻交易經紀商奧斯頓交易公司（Allston Trading）。兩位弟弟起初只是暫時和奧特曼同住，但最終在他擔任 Y Combinator 總裁的五年期間，他們大部分時間都與奧特曼同住在舊金山。

在 Y Combinator 這個大家庭裡，奧特曼也展開了一段羅曼史，首先是在那年與當時十九歲的 Stripe 早期員工格魯姆談戀愛。格魯姆在 2012 年高中畢業後就進入 Stripe，此前他在家鄉澳洲連續創業並賣掉了三家新創公司，簡直就是葛拉罕理論的縮影：最優秀的創辦人往往是最年輕者。[12] 兩人的關係認真到足以讓奧特曼把格魯姆介紹給他的家人，但有些家人對此表達了疑慮：二十八歲的奧特曼和青少年約會。

奧特曼相信，事情在緊密、互信的人脈網絡中運作得最好——他後來在一次與傑克的公開談話中說這是：「找到你的族群。」或許，最清楚展示這個信念的作為發生在當上 Y Combinator 總裁不久後，他便成立了監事會（borad of overseers）。❸ 這是師法包括哈佛在內的大學做法，這種監事會的角色更偏重諮詢與建議，不像一般董事會那樣的治理角色。這些監事大致上只有一項任務，「負責聘用和解雇 Y Combinator 總裁，偶爾協助策略方向，」奧特曼寫道：「希望它不需要太常開會。」奧特曼的許多友人被提名進入監事會：布萊恩‧切斯基（Brian Chesky，Airbnb 創辦人，與奧特曼同為紅杉資本的星探）；阿朵拉‧鍾（Adora Cheung，音譯，Y Combinator 畢業生 Homejoy 創辦人）；約翰‧柯里森和派屈克‧柯里森；德魯‧休士頓（Drew Houston，Dropbox 共同創辦人）；潔西卡‧李文斯頓；大衛‧拉森科（David Rusenko，Y Combinator 畢業生 Weebly 創辦人）；艾梅特‧希爾（Emmet Shear，與奧特曼同梯次的 Justin.tv 和 Twitch 創辦人），奧特曼本人也是監事會成員。❹ 近乎所有成員要不是奧特曼的投資對象或投資人，就是曾與其並肩作戰，從某些方面來看，這監事會是在矽谷推廣 Y Combinator「友善執行長董事會」的完美寫照。

為了使 Y combinator 以他希望的方式擴張，奧特曼需要更多現金，為此他把 Y Combinator 轉變成這家育成中心當初抗拒的形式：創投基金。他開始募集成立新基金，這基金將投資後期階段的 Y combinator 新創公司，並在過程中像創投基金那樣賺取費用：每年收取 2％的資金管理費，加上投資獲利的 20％附帶收益。

奧特曼決定不找矽谷沙丘路的創投圈來管理這基金，「我想要真正懂得運營公司的人，」他說：「因為有人批評 Y Combinator 為早期階段的新創公司提供優良輔導，但不懂得如何

擴大新創公司的規模。這批評有其道理，但在我看來，大多數的創投公司也不善於此，所以我想找有相關經驗的人。」

擔任 Y Combinator 總裁的第一個夏天，奧特曼與皮克斯動畫工作室（Pixar）前主管阿里・羅甘尼（Ali Rowghani）共進晚餐。這四年來，羅甘尼在投資人因推特營收不振的壓力下，剛卸下推特營運長職務。奧特曼和羅甘尼邊吃壽司邊聊物理學，幾週後，奧特曼傳簡訊詢問羅甘尼有沒有興趣成為 Y Combinator 合夥人。羅甘尼是伊朗裔美國人，畢業於史丹佛大學，曾任職麥肯錫，他問奧特曼，成為 Y Combinator 有沒有什麼限制。奧特曼回說，唯一的限制是他不能加入競爭對手的創投公司。羅甘尼沒有進入別家創投公司的打算，對 Y Combinator 也很感興趣，於是同意了。那年冬季，身為合夥人的他輔導了包括 Coinbase 和 Stripe 在內的新創公司。過沒多久，奧特曼提出更大膽的請求：羅甘尼是否願意考慮領導一個將投資 Y Combinator 新創公司後期階段的新基金？

這構想在 Y Combinator 內部討論很多年了，尤其是在葛拉罕及其員工看到紅杉資本和安霍之類的創投基金從 Y Combinator 孵育成功的新創公司那裡獲得優渥報酬時。奧特曼接掌總裁後，有個部落格版主估計，紅杉資本從 Y Combinator 賺到的錢比 Y Combinator 本身從中賺到還要多，因為紅杉資本是 Y Combinator 育成的三大超級巨星——Airbnb、Dropbox、Stripe——的 A 輪投資者。（A 輪投資者通常可獲得公司 25％ 的股權，而 Y Combinator 通常只拿 7％ 的股權。）「紅杉資本可以加倍下注成長最快的公司，Y Combinator 卻不能，」羅辛・達爾（Rohin

Dhar）寫道：「Y Combinator 目前的結構無法讓他們透過繼續投資來取得 Airbnb 和 Dropbox 這類巨大成功者的更多股份（雖然，有些 Y Combinator 合夥人能以個人名義進行後續投資）。但是，若 Y Combinator 能夠繼續投資這類成功的新創公司，不就對那些他們並未做出後續投資的新創公司發出負面訊號，這些公司會被視為『輸家』，之後很難從其他投資人那裡募集資金。」❺（不過，有熟悉奧特曼思維的人反駁，不認為紅杉資本從 Y Combinator 新創公司賺得的報酬高於 Y Combinator。）

　　奧特曼和羅甘尼研商如何繞過這些限制，其中一個構想是使用新基金來投資所有估值超過 3 億美元的 Y Combinator 畢業生。接下來，他們開始招募有限合夥人，把招募池擴大到史丹佛大學的捐贈基金會和威利特顧問公司之外，包括耶魯大學、華盛頓大學及賓州大學的捐贈基金會。跟當年為了 Loopt 而與無線通訊服務公司開會時一樣，奧特曼主導了這些會議，甚具權威地推銷，令這些潛在的有限合夥人深信他能預見未來。接著，羅甘尼登場補充細節。他們總計為這後來取名為「YC 連貫基金」（YC Continuity Fund）的新基金募集到 7 億美元，在矽谷引起一些恐慌，創投公司以為 Y Combinator 只會繼續吃掉他們更多的午餐。

　　在鋪路讓 Y Combinator 進行後續投資的同時，奧特曼壓制 Y Combinator 合夥人做同一件事的能力。他制定一條新規定，他們必須等到發表日後或參與 A 輪募資時才能進行後續投資，他的目的是制止不公平的徇私偏袒。他也建立一份電子郵件名單，在 Y Combinator 新創公司打算於發表日對外募集資金時，通知所有感興趣的投資人，避免被外人指責他遺漏了誰。他以電子郵件發出

新投資政策和電子郵件名單的公告時，口吻冷峻得猶如夜總會的保鑣或新創投資警察，「會員資格很簡單，」他寫道：「總計投資五家任何規模或兩家大規模的 Y Combinator 新創公司；在我們的校友中有良好聲譽；沒有不良行為史，例如在無重大原因下違背投資意向書，或在募資輪中，除了與其他投資者共同參與投資外，還迫使創辦人額外提供顧問股份等。」❶⁶

奧特曼感到精疲力竭，「我好像總是跟 2/3 的矽谷為敵，」他說：「感覺自己像個警察。投資人惡劣對待創辦人，你就得打電話罵他們。創辦人做了件糟糕的事，你就得打電話罵他們。其他投資人妒忌 Y Combinator，現在似乎消停了，但之前有很長一段時間的氛圍就像：『我們如何扳倒 Y Combinator？』」

的確，當 Y Combinator 新創公司需要時，奧特曼會涉入其中。Reddit 總像個 Y Combinator 吉祥物，這家第一梯次孵育出來的新創公司，從一開始就是葛拉罕形塑的點子：那梯次有創辦人提出的創業點子是開發讓人們從手機下單訂購食物的系統，但葛拉罕認為這必須先與許多第三方達成交易，難度頗高，他改建議他們建置「網路頭版」。他們在葛拉罕的部落格上置入一條鏈結，正式啟動這網站，當時規模還小的 Y Combinator 社群是 Reddit 首批使用者，而其初始成功也證明了 Y Combinator 的概念的可行。Reddit 還在嬰兒期就被全球著名的出版集團康泰納仕收購，使其直接躍上主流媒體的版圖。（康泰納仕以低得離譜的 1,000 萬美元收購，金額大概等同於該集團買輛黑頭車和鮮花的預算。）不過，Reddit 的網站如同無政府狀態，自我組織的社群分享形形色色事物，從奇形怪狀的餅乾裁切器到幼齒少女照片

等，從一開始就跟旗下有《時尚》、《浮華世界》（*Vanity Fair*）及《紐約客》等雜誌的康泰納仕格格不入。

Reddit 持續成長，但從未賺錢，儘管矽谷許多人認為這是母公司的善意忽視。不出幾年，所有共同創辦人都離開 Reddit 轉做別的計畫。*康泰納仕也決定撒手這個事業，「在康泰納仕旗下，Raddit 根本就格格不入，很顯然 Raddit 需要更好的人才、更多資本，自成一個平台，」當時康泰納仕執行長鮑伯·索爾柏格（Bob Sauerberg）說：「將其整合到康泰納仕集團裡的想法毫無道理，所以我們認為把它獨立出來，就能向那些能幫助我們的人募集資金，然後聘請一支適合這個事業的團隊。」2011 年，康泰納仕的母公司先進出版公司（Advanced Publications）把 Reddit 變成一家獨立的子公司，招募 PayPal 和臉書老兵黃易山（Yishang Wong）來擔任執行長。新的結構讓黃易山能夠像矽谷的新創公司那樣為 Reddit 募集資金，他也因此造訪 Y Combinator。

根據克莉絲汀·拉格里奧－查夫金（Christine Lagorio-Chafkin）在其著作《我們是宅男》的描述，2014 年春的某天，黃易山把他的藍色特斯拉開進山景市的 Y Combinator 總部停車場，同一時間，奧特曼也走下他的藍色特斯拉。這兩人意氣

＊ 亞倫·史瓦茲（Aaron Swartz）向 Y Combinator 推銷的點子是一款建立網路型軟體工具，取名「Infogami」，但在葛拉罕的勸誘下，Inforgami 和 Reddit 合併，他成為 Reddit 共同創辦人，但他無法調適企業生活，在 2007 年被開除。之後，他成為版權改革和開放資訊管道的運動人士，後來又因從麻省理工學院系統性地大量下載必須付費的學術文件，面臨聯邦駭客法指控，有坐數十年牢的可能性，他在 2013 年自縊死亡。

相投,他們都喜愛 Reddit,了解矽谷生態,黃易山前來了解募資圈生態系,他並不知道奧特曼自己有創投基金。兩天後,奧特曼致電黃易山,說他想讓聯氨資本領頭 Reddit 的一輪投資。接下來幾星期,他打電話遊說投資人,對象包括傑瑞德·雷托(Jared Leto)和史努比狗狗(Snoop Dogg)等好萊塢名人,以及創投界名人如提爾、安德森、紅杉資本的林君叡(Alfred Lin)、昌盛資本(Thrive Capital)創辦人約書亞·庫許納(Joshua Kushner)。❶ 到了 2014 年 9 月,他們募集了 5,000 萬美元,其中 2,750 萬美元來自聯氨資本,奧特曼也進入 Reddit 董事會。奧特曼在個人部落格上發布投資輪公告,文中指出投資者將撥出 10％的股份給在 Reddit 網站上生成內容的 Reddit 用戶社群,「我總是想,用戶為 Reddit 之類的網站創造那麼多價值,卻未擁有股份,這令我不安,」他解釋:「所以,B 輪投資者決定把這輪股份的 20％撥給 Reddit 社群,我希望我們能逐漸提高社群的所有權,對此機制我們有一些創新想法,但需要點時間來思考如何落實。」❶ 提出此構想的黃易山在接受《TechCrunch》訪談時說得更直接:「我們有個瘋狂的計畫,打算創造一種以股份為基礎的加密貨幣,然後以能反映社群貢獻的公平方式把這些加密貨幣分配給社群。」❶ 但他在自己的部落格上以全大寫字發出免責聲明:「警告:切記,這計畫有可能全盤落空。」❷

事實上,這項計畫的確失敗了。不出幾星期,黃易山辭職,部分原因是員工反對他把 Reddit 辦公室從舊金山遷往戴利城(Daly City)市郊,美國民謠創作歌手瑪爾維娜·雷諾茲(Malvina Reynolds)曾寫歌這麼描繪戴利城:「用劣質建築材料

建造的小盒子，」後經民謠歌手彼得‧席格（Peter Seeger）翻唱而爆紅。[21] 奧特曼擔任臨時執行長，八天後交棒給擁有傲人學歷的 Reddit 主管鮑康如（Ellen Pao），他最著名的事蹟是控告前雇主凱鵬華盈創投公司（Kleiner Perkins）性別歧視。在這一團混亂中，Reddit 共同創辦人亞歷克西斯‧歐哈尼安回鍋擔任董事會執行主席，奧特曼也開始向與歐哈尼安有點失和疏離的 Reddit 共同創辦人蒂夫‧霍夫曼諮詢意見。奧特曼和霍夫曼是在十年前的第一梯次 Y Combinator 新創公司時期建立友誼，有一天，奧特曼獨自漫步於劍橋市，他的工作短褲褲袋裡裝滿各種款式的手機，霍夫曼在 AOL 即時通上拿此開黃色笑話。Reddit 的混亂狀況持續，鮑康如和歐哈尼安處不來，公司仍深陷用戶在 Reddit 網站上分享駭客洩露大量名人裸照的風波，在急迫性持續升溫中，索爾柏格和奧特曼遊說霍夫曼回來。〔多年來，索爾柏格和掌控康泰納仕集團多世代的紐豪斯家族的成員、Reddit 熱情支持者史蒂夫‧紐豪斯（Steve Newhouse）一直與霍夫曼洽談此事。〕

霍夫曼有點動心，但無法放下離開 Reddit 後與他人共同創辦的旅遊搜尋服務公司 Hipmunk。知道 Reddit 需要工程人才和新領導，他一度建議 Reddit 乾脆買下 Hipmunk，幾個星期以來他與奧特曼一直討論這種可能性，Reddit 投資人對人才收購保持開放態度，但最終，Hipmunk 共同創辦人無法說服自己同意創辦的公司被收購。不過，這番操作使霍夫曼認知到自己有多想重返 Reddit，整治他創立的第一家公司。當 Reddit 用戶因該公司開除一名受歡迎的員工而發起叛變時，鮑康如於 2015 年 7 月辭職，霍夫曼回鍋接掌執行長。這整個過程一團混亂，但奧特曼從未放

棄自己的信念——Reddit 能成為最棒的網站。「他總是思考百倍成長，總是讓我們保持專注在：『公司一定能邁向朝右上成長的軌跡』，」索爾柏格說。

近十年後，Reddit 在紐約證交所公開上市，奧特曼的聯氫資本公司透過 B 輪募資和後續購股所取得持股 8.7%，總價值超過 6 億美元。❷（Reddit 公開上市延宕許久，直到 Reddit 簽約授權其資料用於訓練類似 OpenAI 的 AI 模型後才順利推進。）

「山姆的其中一項特質是他能成事，」霍夫曼說：「他似乎對更混亂、更複雜的事情更感興趣，那似乎能令他興奮。他比我認識的任何人更喜歡在混亂中奔走，達成交易，建立關係。」

超智慧的威脅性

奧特曼忙於拯救 Reddit 之際，一本暢銷書有助於改變外行人對 AI 的看法。瑞典哲學家尼克・博斯特隆姆的著作《超智慧》（*Superintelligence: Paths, Dangers, Strategies*）既厚重、學術味又濃厚，長篇大論中充滿數學公式和邏輯證明，但在伊隆・馬斯克於推特上發文說自己贊同此書的論點後，這本書在 2014 年 8 月登上《紐約時報》暢銷書排行榜。「博斯特隆姆的《超智慧》值得一讀，」馬斯克告訴他的 1,000 萬名推特粉絲：「我們必須非常小心地看待 AI，它可能比核武更危險。」

《超智慧》以一則寓言故事開頭：一群麻雀決定找一隻貓頭鷹來幫牠們築巢和提防周遭的貓，牠們開始謀畫如何找到一隻可以飼養的小貓頭鷹來執行牠們的命令。一隻麻雀提出質

疑，認為把一顆貓頭鷹蛋帶回巢裡之前，是否應該先思考該如何馴服一隻貓頭鷹。但這群麻雀的領導者認為，找貓頭鷹蛋已經夠困難了，訓服這件事等養大貓頭鷹後再擔心就好。少數有所質疑的麻雀留下來，牠們知道，若沒有貓頭鷹供牠們練習，學習如何馴服貓頭鷹的工作將比牠們設想得更為困難。這寓言故事的結尾是，這幾隻麻雀深怕牠們還沒想出馴服的辦法，同伴就帶著貓頭鷹蛋回來了。

博斯特隆姆在書中指出，人類可能在 21 世紀建造出他所謂的「機器超智慧」，因此最好先想辦法確保它不會摧毀全人類。為了說明 AI 可能如何接管世界，他借用尤考夫斯基的迴紋針寓言，但稍加修改：一部被編程去製造迴紋針的超智慧 AI 可能不停地製造迴紋針，直到宇宙中的所有物質（包括眾生的身體）都變成迴紋針。「這很可能是人類史上面臨最重要、且最艱難的挑戰，」他寫道：「不論我們成功或失敗，這可能也是我們將面臨的最後一項挑戰。」❷³

博斯特隆姆與尤考夫斯基的出身背景相似，他生長於瑞典，頂尖聰明且急於結束傳統教育。他說自己十五歲時（1980 年代末期）已經有了：「一種普遍的感覺，即那些能夠改變發明和概念的主體事物，不論是透過 AI 還是透過增強人類生理狀態的方式，都可能非常重要。」這促使他探索神經網路，後來在研究所時攻讀科學哲學。但是，直到網路於 1990 年代中期問世後，他才找到其他「對潛在的未來科技，例如 AI 和奈米科技感興趣的人」，他說：「這真的很小眾。根本沒有學者對此感興趣。」他發現反熵人士電子郵件名單的方式跟尤考夫斯基一樣，也成為活

躍的參與者,「一些關於這類概念的最先進討論就發生在這社群,」他說。

〔他早年在這郵寄名單社群裡的嬉戲談話在 2023 年時被挖掘出來,對他造成相當大的困擾。事情起因於博士後研究員埃米爾・托瑞斯(Émile Torres)發現博斯特隆姆在 1996 年向社群發出的一封電子郵件,當時二十三歲的博斯特隆姆是倫敦政經學院的研究生,他在這封電子郵件中寫道:「黑人比白人笨,我喜歡這句話,也覺得這話說得沒錯。不過,我最近開始相信,若我這樣說的話,我將無法跟大多數人來往,他們會認為我是個種族歧視者:我不喜歡黑人,我認為黑人被惡劣對待是公平的。但其實我不是這個意思,我從沒這麼想。我只是基於我閱讀到的資訊,我認為有可能黑人的智商比整體人類低,我認為智商跟我們通常指的『聰明』及『愚笨』的意思高度相關。在事實方面,我或許是錯的,但那句話對我來說就是這意思。不過,對大多數人來說,那句話似乎等同於:我討厭那些該死的黑鬼(n 開頭的字,這封電子郵件中沒有隱去)!!!我要說重點的是,雖然我與這名單上的許多人欣賞完全客觀、直言不諱的言論,但跟外面的人交談時,這可能不是個好策略。」[24] 博斯特隆姆在 2023 年對他當年寫的這封電子郵件致歉。〕

1997 年,博斯特隆姆與他人共同創立世界超人類主義協會(World Transhumanist Association),尋求以反熵研究所(Extropy Institute)的成果為基礎,把超人類主義推向學術界的認可。「基本上,他對科學的興趣是他想長生不老這欲望下的自然產物」,他的朋友丹尼爾・希爾(Daniel Hill)在多年後這麼告訴《紐約

客》。㉕ 博斯特隆姆追求超人類主義的學術實踐在 2005 年時達成了，未來主義者暨慈善家詹姆斯・馬丁（James Martin）出錢讓博斯特隆姆在牛津大學創立人類未來研究所（Future of Humanity Institute），並讓他以全職身分研究「21 世紀人類的最大挑戰」。

在《超智慧》一書中，博斯特隆姆謹慎地不做出有關機器智慧可能多快超越人類智慧的明確預測，但本書出版的同時，DeepMind 的 AI 雅達利遊戲實驗也備受矚目，許多業內人士都注意到了這點。博斯特隆姆的核心論點是關於「重要性」，他說他的預測可能全都是錯的，但哪怕只是微小的可能性下，他的預測對了，那就再也沒有比這件事更重要的事了。後來，成為 AI 安全性研究員的一代人閱讀了這本書，並找到了他們的人生目標。

對於著迷於 AI 的奧特曼來說，勝算極小和重要性巨大的結合實在太吸引他了，令他難以忽視。部落格「藍灰星法典」（Slate Star Codex）版主史考特・亞歷山大（Scott Alexander）[†] 撰寫的〈摩洛克神的沈思〉（*Meditations on Moloch*）是奧特曼最喜歡的文章之一，該文有很大程度是對博斯特隆姆論點的回應。該文開頭引用美國詩人艾倫・金斯柏格（Allen Ginsberg）的著名詩作《嚎叫》（*Hawl*），這長詩把摩洛克──吃小孩的古神──認為是摧毀文明中自由與美的力量（許多人認為，金斯柏格以摩洛克代表資本主義）。史考特・亞歷山大認為，摩洛克是賽局理

[†] 這版主名是精神病醫生史考特・西斯金（Scott Siskind）的筆名。

論,導致我們陷入如同軍備競賽般自我挫敗的互競循環陷阱,「從神的角度來看,最佳解方是世界和平,沒有國家擁有軍隊。但從系統內部來看,沒有任何一個國家能單方面這麼做,因此最佳選擇是繼續砸錢製造未被使用的飛彈,」他寫道。

亞歷山大認為,博斯特隆姆的觀點——AI將比人類更聰明——為了人類提供反擊摩洛克力量的一種途徑。「陷阱的反面是花園,為避免所有的人類價值觀被最適化競爭逐漸摧毀,唯一的方法是在整個宇宙置入一個以人類價值觀最適化為目標的園丁,」他寫道:「博斯特隆姆提出超智慧的重點就在於這是我們能做到的事。」

固然,比人類聰明的機器能設計出比其更聰明的機器,「倘若多個互競的實體同時這麼做,那可能使我們超級毀滅。」但若有一部機器變聰明的速度快到能壓制任何的競爭,它就有可能決定我們的未來面貌,可能是更好的面貌。「不久的將來,我們將把某個東西推升至極樂世界,這東西可能是摩洛克,但也可能是對我們有利的東西。若它對我們有利,它可以殺死摩洛克。若這個實體奉行人類價值觀,它能讓人類價值觀不受自然法則限制地繁榮昌盛,」亞歷山大寫道。

行文至此,亞歷山大認知到,他的論點聽起來像是在說人類有可能創造或取代上帝,他並未否認這點,「期望上帝關心你或你個人的價值觀,或你所屬文明的價值觀,那叫狂妄自大,」他寫道:「我之所以是超人類主義者,是因為我沒有那種不嘗試『弒神』的狂妄。」㉖

第 11 章

AI曼哈頓計畫

　　2015 年 1 月,波多黎各聖胡安市(San Juan)臨海的加勒比希爾頓飯店(Caribe Hilton)舉行一場聚會,對康乃爾大學電腦科學教授巴特・塞爾曼(Bart Selman)來說,這就像典型的學術公費旅遊,直到他發現研討會門外有一群保全人員走動。當這群壯漢隨同研討會出席者進入餐廳時,明眼人都能看出這不是尋常的研討會。會場除了學者、谷歌員工及柏克萊大學的大批年輕數學博士,似乎還有好幾位億萬富豪,包括特別熱情的伊隆・馬斯克。

對 AI 的恐懼

　　馬斯克臉頰因為天氣熱而泛紅,頭髮凌亂得彷彿前一晚可能趴在特斯拉的辦公桌上睡了一覺。他穿著一件上頭印著漫畫太空人的黑色 T 恤,儘管當時他是特斯拉和 SpaceX 執行長,但還是

熱切地參與世界上每一場有關 AI 安全性的研討會，他與開始禿頭、戴眼鏡的博斯特隆姆同台，共同呼籲：在沒有周全地保證機器超智慧將關心它們的人類造物者下，打造這些機器會帶來的危險性。午餐時，馬斯克詢問與會 AI 研究員，人類如何控制超智慧帶來的風險。

「伊隆・馬斯克真的將其視為生存威脅，」塞爾曼說：「當時，擔心機器將接管一切似乎有點離譜。」

經歷了不間斷的希望與失望循環，在過度亢奮的先輩把 AI 領域掃到學術邊緣後，塞爾曼之輩的 AI 研究員早已淡然地看待 AI 的潛力。不過，電腦視覺、機器翻譯及自駕車等領域在近年有長足發展，博斯特隆姆的《超智慧》一書引領一場運動，遠超出學術界 AI 研究員蟄伏的蒙塵角落。

這場研討會是生命未來研究所所主辦，該研究所由麻省理工學院物理學家馬克斯・泰格馬克創辦，Skype 共同創辦人暨有效利他主義者尚・塔林承諾每年資助 10 萬美元。2005 年把 Skype 賣給 eBay 後，塔林成為億萬富豪，正思索接下來的行動時，他讀到尤考夫斯基撰寫有關 AI 風險的文章。起初，他對此抱持懷疑，但在靠近舊金山國際機場的潘娜拉麵包店（Panera Bread）與尤考夫斯基坐下來聊了四小時後，他改變想法了。很快地，塔林成為敲響 AI 帶來生存風險的知名人士之一，他在劍橋大學創立生存風險研究中心（Centre for the Study of Existential Risk），並在早期投資 DeepMind。❶ 後來變得政治色彩大過學術色彩的生命未來研究所，在創立不久後就明定將 AI 安全性視為第一要務，泰格馬克在其著作《Life 3.0：人工智慧時代，人類的蛻變與重

生》（*Life 3.0*）中寫道：「我們的目的很簡單：確保未來生命續存且盡可能地精采。」在探索人類面臨的種種威脅後，他寫道：「廣泛的共識是，雖然我們要關注生物科技、核武及氣候變遷，但我們的第一要務應該是幫助 AI 安全性研究成為主流。」❷

截至當時為止，許多倡議 AI 安全性最響亮的聲音並非來自實際從事 AI 研究的研究圈，AI 安全性運動是博斯特隆姆和尤考夫斯基等人士領導，他們在那天下午也和馬斯克及塞爾曼同台，另外還有弗諾・文奇和 DeepMind 共同創辦人謝恩・雷格，宛如以往的奇點峰會再現。在波多黎各聖胡安市舉行的這場研討會旨在集合思想家和從業者，試圖搶在從業者因經濟動機而難以達成共識之前形成某種協定。「這是一場重要的研討會，有助於防止一種可能失敗的情境，在那情境中有兩個不同團體，一群是 AI 風險鬥士，另一群是 AI 建造者。你可以想像這種歷史將形成不同、互不交流、只會相互中傷的社群，」博斯特隆姆說。

那場研討會總計有八千多人參加，包括馬斯克、史蒂芬・霍金（Stephen Hawking）及許多 AI 研究員，最終大多數與會者簽署一封公開信，呼籲 AI 研究的目標應該──套用泰格馬克的話：「不是毫無章法地發展 AI，而是發展有益的 AI。」該公開信呼籲擴大旨在確保 AI 持續對人類有益的研究，並說：「我們的 AI 系統必須做人類想要它們做的事。」這封信中沒有什麼爭議性的內容，但其存在的事實是長久以來被邊緣化的一套理念大步躍向主流。簽署這封公開信的從業者包括 DeepMind 共同創辦人戴米斯・哈薩比斯及兩名 AI 研究員伊爾亞・蘇茨克維（Ilya Sutskever）和達里歐・阿莫迪（Dario Amodei）。❸ 泰格馬克被

這場研討會影響得飄飄然,開玩笑地說:「或許這可說是陽光與美酒的組合。」❹ 研討會末了,馬斯克把泰格馬克拉進私人房間,並說自己要捐 1,000 萬美元給他的研究所,用來推進 AI 安全性。幾天後,馬斯克在推特上宣布這消息,並開玩笑:「直到有人失去一隻眼睛之前,一切都很好玩(It's all fun & games until someone loses an I.＊)。」❺

分組討論時,馬斯克、塞爾曼及其他幾名研究員聚在一起,俯瞰著海洋談及他的主要擔憂:擁有 DeepMind、Google Brain 的谷歌及擁有 AI 事業單位的臉書〔此事業單位由備受推崇的 AI 研究員楊立昆(Yann LeCun)領導,開發的 AI 系統具有自動化圖片標記等功能〕,現在完全宰制 AI 領域,但沒有任何法律強制要求他們必須與公眾分享研究成果。

「這些商業的封閉源模型不受控管,無疑是種風險,或許應該要有反制機制,」塞爾曼回憶。

呼籲政府監管 AI

奧特曼沒有出席這場研討會,但受到博斯特隆姆的啟發,他在次月發表他的災難性預言文章,他推薦《超智慧》一書,並說:「超人機器智慧(superhuman machine intelligence,簡

＊ 最後一個英文字母「I」指的是 eye(眼睛)。這句諺語源自古羅馬,摔跤比賽中唯一的規定是不可以挖對方的眼睛,隱喻一件事可能看似無害或有趣,但仍必須慎防潛在風險或危險釀成的嚴重傷害。

稱 SMI）可能是人類持續生存的最大威脅。」他贊同博斯特隆姆的論點——機器超智慧是「費米悖倫」（Fermi's paradox）的更合理解答之一。「費米悖倫」是義大利物理學家恩里科・費米（Enrico Fermi）於 1950 年在洛斯阿拉莫斯國家實驗室（Los Alamos National Laboratory）午餐時提出的一個疑問：「外星人在哪裡？（Where is everyone?）」很多證據顯示除了地球，也存在其他能讓生命存活的星球，但為何我們沒看到外星人的證據？或許，原因如同奧特曼解釋的：「生物智慧最終總會創造出機器智慧，機器智慧消滅生物的生命，然後基於某種原因，機器智慧決定使自己無法被偵察。」❻ 在奧特曼看來，解答在於監管 AI，「美國政府及所有其他政府應該監管 SMI 的發展，」他在後續的一篇文章中寫道：「在一個理想世界，監管減緩壞傢伙的速度，加快好傢伙的速度。」只有在這第二篇文章的末尾，他才談到這項新技術可能的益處，贊同 AGI 的概念根源於超人類主義想克服死亡的夢想。「AGI 能解決人類面臨的很多嚴重問題，可是在我看來，不是所有 AGI 都預設去解決這類問題。另一個重大益處是，機器智慧能幫助我們了解如何上傳我們自身，使我們能永久生活於電腦中。」❼

　　奧特曼感謝幫助他撰寫此文章的首要對象是達里歐・阿莫迪，阿莫迪當時跟著奧特曼在史丹佛大學 AI 實驗室的導師吳恩達在中國網路公司百度工作。

　　馬斯克每週來舊金山灣區，周旋於他的幾家公司之間，奧特曼開始固定每週三與他共進晚餐。幾年前，Y Combinator 的合夥人傑夫・羅斯頓（Geoff Ralston）介紹這兩人認識，並安排奧特

曼去參觀洛杉磯的 SpaceX 工廠,「馬斯克詳細說明火箭每個部件的製造,但我永遠忘不了的是,當他談到發射大量火箭至火星時,他那非常有把握的表情。我當時心想:『啊,這就是堅信的標準神情啊』,」奧特曼多年後在他的部落格中寫道。❽

2015 年時,他們的交談內容大多集中於害怕。當時與奧特曼在拯救 Reddit 上密切合作的鮑伯・索爾柏格回憶,他聽到奧特曼敘述他與馬斯克共進晚餐時交談的內容非常吃驚。他記述奧特曼如此敘述:「伊隆和我聊到世界即將終結,我們籌謀只有兩個地方是安全的——大蘇爾和紐西蘭,我在大蘇爾有塊地,他在紐西蘭有落腳處,我們打算蓋一模一樣的建築。我們覺得 AI 這玩兒意是真的,有可能非常糟糕,但影響深遠且重要,我們必須確保我們是安全的,我們必須用它做些有益的事。」〔馬斯克的星鏈（Starlink）雖然在紐西蘭有業務,但實際上在紐西蘭有房產的可能不是馬斯克,而是馬斯克的「PayPal 黑手黨（PayPal Mafia）」成員彼得・提爾。〕

奧特曼發表文章呼籲政府監管 AI 的同一個月,他請求馬斯克幫助他草擬一封呼籲政府採取監管行動的公開信,馬斯克同意,兩人一起草擬了最終於 2015 年稍後發表的公開信。甚至在發布之前,就出現有關於這封信的傳聞,哈薩比斯直接問馬斯克這傳聞是否屬實,馬斯克回應:「若做得好,這很可能會加快 AI 的長期發展。若政府不提供監督讓大眾安心,很可能會發生 AI 導致的重大災害,進而使 AI 研究被視為危及大眾安全而遭到禁止。」❾ 根據馬斯克律師提出的法律文件,哈薩比斯詢問馬斯克的五天後,DeepMind 宣布正在籌畫設立 AI 道德委員會,並邀請

馬斯克參與。第一場與馬斯克的會議在 SpaceX 舉行，但馬斯克覺得這個委員會意圖拖延任何有關監管的建議，「馬斯克覺得所謂的 AI 道德委員會基本上只是哄騙大眾，」馬斯克的首席幕僚山姆‧泰勒（Sam Teller）告訴《馬斯克傳》（*Elon Musk*）作者華特‧艾薩克森（Walter Isaacson）：「谷歌那些傢伙根本沒想要聚焦在 AI 安全性或做任何限制 AI 發展的事。」❿

馬斯克便開始招待彼得‧提爾及里德‧霍夫曼等友人共進晚餐，旨在商議如何反制谷歌的力量，使 AI 變得安全。那年五月他和歐巴馬總統會面，討論監管 AI 的必要性，「歐巴馬了解了，」馬斯克告訴艾薩克森：「但我意識到，事情還未升級到令他覺得有必要採取行動的地步。」⓫

同月，奧特曼寫信告訴馬斯克：「我一直在思考是否可能阻止人類發展 AI，我想，答案近乎不可能。若人類一定要發展 AI 的話，那不如有人早於谷歌發展 AI。」奧特曼建議由 Y Combinator 展開一項「AI 曼哈頓計畫」（類似哈薩比斯在 2010 年用來推銷 DeepMind 時使用的名詞），他在信中寫道：「我們可以將其構建成透過某種非營利組織，讓 AI 技術屬於全世界，但打造 AI 的人就像新創事業那樣，成功的話就能獲得報酬。當然，我們將遵從／積極支持所有監管。」

「這或許值得一談，」馬斯克回覆。

六月時，奧特曼傳送一份設立新 AI 實驗室的詳細提案給馬斯克，他在信中寫道：「這所實驗室的使命是打造第一個 AGI，用於個人賦能——亦即「分散式」AI 是未來最安全的版本†。更概括地說，安全性應該是第一優先條件。」他提議把創始團隊安

置於山景市的一棟 Y Combinator 建築，團隊約七至十人，並建議提供這些研究員一些 Y Combinator 的股權當酬勞，但：「這股權跟他們要打造的東西無關。」在治理方面，他建議成立包括他和馬斯克在內的五人委員會，他寫道：「到了一個時點，我們將找一個人來領導這團隊，但或許那位領導者不該進入治理委員會。」

奧特曼很小心地不去占用馬斯克太多時間，一個月造訪一次就夠了，再加上馬斯克公開支持將在人員招募上提供協助。他還建議，直到實驗室成功運行前，先暫停呼籲監管的公開信。❷

與此同時，奧特曼開始和老友格雷格·布羅克曼愈來愈認真地討論成立 AI 實驗室的事情，布羅克曼是 Stripe 的技術長，奧特曼幫他在私募市場陸續處理掉他持有的 Stripe 早期股份。

布羅克曼生長於北達科他州湯普森鎮（Thompson）郊區的一座休閒農場，在家中四個小孩中排行老三，父親隆恩·布羅克曼（Ron Brockman）是眼科醫生，母親愛倫·費爾德曼（Ellen Feldman）是精神病醫生，閒暇時在農場養馬、牛及孩子。自年幼起，他就展現了數學和科學的天資，母親鼓勵他參加數學營和化學競賽，父親在他六年級時教他代數，布羅克曼還與一位朋友創立了數學俱樂部。到了上高中的年齡，他的兄姊上的是寄宿學校，但他覺得當地的公立學校能滿足他的需要，讓他在八年級時

---

† 這與AI「中心化」的概念相對，「分散式」意味著AI的力量、控制權或其應用不是集中在少數幾家大型機構、政府或公司，甚至是少數精英手中，而是廣泛地分散到個人或多個獨立的實體，這會是管理AI潛在風險、確保對人類有益最好的方式。

能獨立使用史丹佛大學「資優青少年教育方案」的遠距學習課程。他以自己的速度在那年完成三年的數學課程，使他能以大一身分註冊微積分課程。大二時，他得到一輛車（北達科他州的合法駕駛年齡是十四歲，他十五歲時開始開車），並開始前往北達科他大學上課，但他仍然是紅河高中（Red River High School）的學生，活躍於學校的戲劇社團，在《史上最棒的聖誕會》（*The Best Christmas Pageant Ever*）中飾演查理一角──對於猶太後代的孩子來說，這堪稱是個奇怪的角色。❸

布羅克曼以為他正走在成為數學家的路上，直到高中畢業後，他的母親敦促他中斷學業去探索世界一年，他便決定寫一本化學教科書，但一位朋友告訴他，沒有博士學位的話，絕對不會有出版公司出版他的書，他要麼自己出版，要麼就去學架設網站。他曾經在一個暑假和哥哥麥特參加電腦科學營，整個暑假投入編程，而非玩電腦遊戲，他覺得架設網站比較容易又便宜。於是，他開始設計表格排序小程式，「你可以點擊一個列，然後它會自動進行排序，」他告訴北達科他大學的校報：「我在腦海裡想像它，現在它真實存在了！我的感覺就是：『哇』。」❹ 他閱讀艾倫・圖靈（Alan Turing）的論文〈計算機與智慧〉（*Computing Machine and Intelligence*），這篇發表於1950的文章中，圖靈提出一個疑問：「機器會思考嗎？（Can machines think?）」，並提出如今著名的「圖靈測試」（Turing Test）來判定這個疑問的答案。在圖靈看來，若人類無法區分電腦的回應和人類的回應，那麼這部電腦就通過此測試。他建議創造這樣的機器智慧，不是後來主流的硬編碼邏輯，而是創造能學

習的電腦嬰兒，使其自行學習。布羅克曼受到這篇論文啟發，創造出聊天機器人，只是這機器人能令人信服地嘮叨天氣，除此之外什麼都不太能聊。

「我以前抱持著一種觀點，如果我所做的任何一項數學研究在我的有生之年被運用了，那麼它就不夠抽象，時間跨度也不夠長，」布羅克曼說。他指的是 19 世紀數學家伽羅瓦（Évariste Galois）和高斯（Carl Friedrich Gauss）的突破，都在他們去世很久以後才被理解、鑽研與解答，「對我來說，那才漂亮。代表你正在為人類做出長期貢獻。」

但是，看到他的聊天機器人被 StumbleUpon 平台報導，還吸引 1,500 名使用者後，一切改觀了。「那種超酷的感覺真的前所未有，我打造了這機器人，人們使用它。在電線的另一端是活生生的人。」於是，他決定捨棄數學，一頭栽進電腦科學領域。

他在那年秋季註冊進入哈佛大學，直接找了一位自然語言處理的專門教授，詢問能否跟他一起做研究。「教授向我展示自己正在研究的課題，那是語法分析樹──全都是舊學派 AI 的內容，你得寫出語規則之類的東西，」布羅克曼說：「我看著那內容，心想：『這永遠行不通，這不是艾倫・圖靈在圖靈測試論文中談的那東西啊。』」他也加入哈佛的電腦俱樂部，頭一年覺得蠻有趣，他能聆聽學長姐討論先進的主題。但大二那年，那些高年級生畢業了，變成由他領導電腦俱樂部，俱樂部裡沒有他的學習榜樣了。此外，他覺得大學的博雅通識必修課程很無趣：「很快我就覺得難以深入，你正在談論數學或電腦之類的東西，然後，某個來自完全不同領域的人加入，你就必須停止原本討論的

主題。」

他覺得身為哈佛學生，他的欲望被限縮得太嚴重：「我真正想要的是成為頂尖的程式設計師，那是我為自己訂定的目標：成為世界上最優秀的程式設計師。」他從哈佛輟學，進入麻省理工學院，但縱使在這所技術性大學裡，他仍然感覺搔不到癢處。不出一個月，他開始和新創公司洽談，包括十月時飛去舊金山灣區，與剛創辦 Stripe 的派屈克及約翰・柯里森兄弟面談。

派屈克・柯里森回憶布羅克曼在下雨的晚上十點現身帕羅奧圖拉摩納（Ramona Street）後街窄巷的擁擠辦公室，「我們打開門，格雷格站在門外，我當時正在架設新的伺服器，格雷格進來後，直接一屁股坐在我旁邊的椅子上，開始工作。」

那週稍後，他們邊吃霜凍優格，邊進行更正式的面談，布羅克曼問：「你們週末工作嗎？」柯里森兄弟支支吾吾，思索著如何回答才不會嚇跑他們想要雇用的首批員工。「我們想誠實回答，但又希望不會嚇跑他，『事實上，我們每個週末都在工作，但我們未必期望每個員工也想這樣』，反正我們所有常用的緩和語氣都用上了。」

布羅克曼打斷他，說沒關係：「我只是想確定與我共事的是認真、週末會工作的人。」他當場決定加入 Stripe。

但他的母親想要更多保證，並要求與柯里森的母親通電話。「我猜我們的媽通過考驗了，因為格雷格加入我們，」派屈克說。

布羅克曼在 2010 年從麻省理工學院輟學，進入 Stripe 成為第四名員工，Stripe 給了他夢想中的新創公司生活。Stripe 員工

回憶，有天早上七點到達辦公室時，發現布羅克曼昏睡在他的辦公桌前，音樂還在刺耳地播放著，披薩盒散落，他整晚熬夜編程。他總是穿著襪子在辦公室到處走動，喜歡長時間待在他所謂的「程式洞穴」裡，有時就端出沒人叫他做的、卻完全成形的產品。除了聰穎（柯里森說這是所有工程師的必備條件），布羅克曼有兩個出類拔萃的特質：其一，他對廣泛系統有著廣泛的好奇心，Stripe 是個支付服務平台，在線上接受信用卡付款，涉及廣泛系統；其二，「他有無與倫比的固執與生命力，」柯里森這麼說：「很少有人比格雷格更有決心。」

2015 年時，布羅克曼開始和派屈克談到他接下來的動向。Stripe 此時價值已達 35 億美元，布羅克曼是技術長，時間大多花在管理人員，而非編程。在告訴柯里森他想離開 Stripe 時，柯里森建議他去找奧特曼聊聊，在這種情況下，奧特曼常有好建議。奧特曼傾聽羅克曼的心聲，他說：「我準備好離開 Stripe 了，人生不是彩排。」❶❺ 奧特曼問他接下來想做什麼？

布羅克曼說他想進入機器學習領域。在 Stripe 時，他發現了一個每週閱讀社團「LessWrong」，這是尤科夫斯基創立於 2009 年的部落格，現在已經成為理性主義社群的中心，其他的文章似乎都在談深度學習革命，迫使人們思考一個道德問題：人類必須對他們可能創造出來的超級人造物採取什麼行動。奧特曼說他也在執行一個 AI 計畫，兩人同意繼續保持聯絡。布羅克曼在五月時向 Stripe 提出離職通知，六月時報名參加紐約一個為期三個月的駭客靜修營，名為「遞迴中心」（Recurse Center）。參加課程前他訂購了第一套圖形處理器（GPU），是那種最適合用來執行

線下訓練神經網路所需的快速運算電腦晶片。這套圖形處理器以零組件形式送達，所以他在靜修營開始前的三個星期都在組裝這些零件。布羅克想要重塑自己成為機器學習工程師，並在接下來八個月構思一家新創公司。閒暇時間他也開始自學魔術。

　　當時，奧特曼正利用他身為「新創界領袖」的身分藉機高談闊論，試圖對他的領導注入一種不同的、更生存性質的抱負。那年的陣亡將士紀念日週末，在舊金山往北兩小時車程的門多西諾縣（Mendocino County）正在舉行年度豪華露營活動「YC 露營」（Camp YC），在光線灑落的紅木林裡，奧特曼站在一個脆弱的木檯上宣布，有三件事可能徹底改變人類。他現在的優先要務清單已稍稍不同於他剛接掌 Y Combinator 總裁時張貼於部落格上的要務清單，現在，機器超智慧列於首位，接下來是核能和流行病，「這些是我想努力的事，」他告訴面前坐在摺疊椅上的數百位創辦人。前一晚，在其中一間保留給 Y Combinator 員工的木屋裡（其他人睡在敞開的三面建築物），奧特曼正在「卡坦島」桌遊（Settlers of Catan）對抗其他的 Y Combinator 合夥人。這遊戲是玩家競爭在一個神秘島上建立殖民地所需要的資源，需要結合運氣及策略，但結果似乎總是相同，新創公司 Dobelt 的共同創辦人道特・葛森回憶，他遇到一位 Y Combinator 合夥人對他講述每次跟奧特曼對抗時的無望感：「大家都不想跟他玩，因為他一定會贏。」

　　當時，奧特曼經常在他靠近舊金山教會區的家中招待 AI 研究員和這個圈子的思想家共進晚餐。2015 年 7 月，他決定擴大規模，在門洛公園的瑰麗酒店（Rosewood Sand Hill）舉辦一場晚

宴，這是一座低樓層度假中心，能俯瞰 280 號州際公路樹叢繁茂的丘陵，是沙丘路上那些創投圈人士喜歡聚集的地方。瑰麗酒店有高檔珠寶店、27 美元的雞尾酒及一間有著巨大古紅木板桌的酒吧，給人的感覺像是一家波斯灣產油國的俱樂部，只不過是以加州的環保極簡主義風格來裝飾。酒店背後是壯麗的聖塔克魯茲山脈（Santa Cruz Mountains），綿延的山脊末入薄霧裡，美中不足地被公路通勤族呼嘯而過的車聲破壞了寧靜，只有橄欖樹下傳出的鐵克諾打擊樂曲稍加掩蓋了汽車的吵雜聲。

奧特曼挑選了餐廳旁邊一家露臺上點綴多肉植物的私人宴會廳，較早抵達的賓客可以在戶外火爐前閒晃。最早一批賓客包括布羅克曼在麻省理工學院時的友人保羅·克利斯提安諾（Paul Christiano），以及兩位 AI 研究員達里歐·阿莫迪和克里斯·歐拉（Chris Olah）。阿莫迪出身義大利裔美國人家庭，生長於舊金山灣區，起初就讀加州理工學院，後來轉學史丹佛大學，最終從普林斯頓大學取得物理學博士學位。他非常健談，熱情洋溢，侃侃而談時常會拉扯一頭狂野的捲髮，給人一種瘋狂教授的氣質（不過，他的思想最終指引 OpenAI 朝向它渴望的商業目標前進）。歐拉是的神童，放棄上大學，選擇領取提爾獎學金來從事研究工作。這兩人都是布羅克曼的朋友，在布羅克曼展開新的職業賽道時給了不少提點。❻ 克利斯提安諾是布羅克曼高中參加數學競賽的隊友，在柏克萊大學攻讀理論電腦科學博士學位。

奧特曼也寄邀請函給他並不熟識的伊爾亞·蘇茨克維，他在線上查詢有關於 AI 相關的文章時，蘇茨克維的論點令他大為驚豔。在 AI 界，蘇茨克維因為發表過幾篇突破性論文而成

為偶像級人物,最著名的是與亞歷克斯・克里澤夫斯基(Alex Krizhevsky)、傑弗瑞・辛頓(Geoffrey Hinton)共同發表於2012年的「亞歷克斯神經網路」(AlexNet)論文,重振科學界對神經網路的興趣。他們三人創立神經網路研究公司DNNresearch,谷歌於2013年收購該公司後還聘雇了蘇茨克維。在谷歌期間,他從事開創性研究,包括在2014年12月的神經資訊處理系統研討會(Conference on Neural Information Processing Systems,原先簡稱NIPS,後來名為NeurIPS)發表一篇有關於「序列映射至序列」(sequence-to-sequence)學習的論文,強而有力地闡釋第一種神經網路機器學習模型,此模型很快成為近年來推動所有AI進步的引擎。但蘇茨克維的興趣可不僅於此,他樂中各種形式的露營裝備——加了兩條帶子防強風的寬鬆蒂利(Tilley)航海帽,巴塔哥尼亞(Patagonia)黑色掛肩斜挎包,速乾褲,彷彿他隨時會去野外冒險。

蘇茨克維是出生在蘇聯的猶太人,五歲時跟家人遷居以色列。也是在五歲那年,他突然間認識到自己的意識,「就好像我開始意識到自己是人類,」他說:「那種感覺很唐突。」他一直記得那一刻,後來他好奇AI能否幫助解答意識之謎,「我對靈魂感興趣,」他說:「我在想,也許靈魂能做的事情就是學習,因為電腦不能學習,因此,若電腦能學習的話,那靈魂是什麼呢?」從童年起,他就著迷於這個「未解的大哉問」:學習究竟是什麼?電腦能學習嗎?

他在以色列公立學校表現太優異了,以至於初中時就開始上大學函授課程。「我不喜歡去學校,在學校裡我學不到任何東

西,感覺就是浪費時間,所以我一直想逃離學校體系,」他說。

十六歲時,全家移民加拿大,他在那裡上高中十一年級,但只讀了一個月就輟學,轉往多倫多大學讀大三。蘇茨克維和他的父母費了很大工夫密集遊說,才說服多倫多大學接受沒有高中文憑的他,一進入多倫多大學,他就直接去找傳奇 AI 研究員傑弗瑞·辛頓。當時蘇茨克維十七歲,主要工作是在附近的派拉蒙奇幻遊樂園賣薯條,他問辛頓能否跟他一起研究機器學習。那是週日傍晚,辛頓要他預約一個時間來詳談,但蘇茨克維很堅持,於是辛頓給了他一份自己寫的反向傳播(backpropagation)演算法初步文獻,讓他讀完後再回來找他。幾天後,蘇茨克維再次上門,說他不明白,辛頓回答:「那只是基本的微積分」而已。「噢,不是的,」蘇茨克維說:「我不了解的是,你為什麼不給那些導數一個合理的函數優化器呢?」❿ 而辛頓花了多年才發展到這一步。他又給蘇茨克維另一份文獻,蘇茨克維也帶著相似的洞察回來,「他說:『你訓練一個神經網路去做一件事,然後你又訓練另一個神經網路去做另一件事。你為什麼不訓練神經網路同時做這兩件事呢?』」辛頓回憶。

「在我的學生當中,他是唯一一位比我有更多好點子的學生,」辛頓說。他邀請蘇茨克維加入他的實驗室,儘管蘇茨克維在傳統義務教育領域落後其他學生。蘇茨克維繼續在多倫多大學取得數學學士學位,後來又攻讀電腦科學博士,指導教授是辛頓。

「他的數學很優異,但重點是,他會獨立思考,甚至善於思考,」辛頓說:「他在智識上很坦誠,也大膽無畏,但不會堅持

己見,固執到底。」

這些特質結合起來,使蘇茨克維成為搶手的領導者,他充滿洞見,但也虛心受教。他早就深信神經網路的潛力,「伊爾亞堅信類神經網路 AI,而且從早期就相信,若擴大這些神經網路的規模,它們將運作得更好。只是沒有很多人相信這點,」辛頓說。許多人認為,這概念只不過是神經網路還不能良好運作的藉口,「伊爾亞了解為何擴大神經網路的規模後能夠運作得更好,他大概是最投入這觀點的研究員,」辛頓說。

蘇茨克維說,他得出這個信念是經過汰除的過程,先仔細研究所有其他形式的 AI 來確保自己沒有犯錯。「最終,我得出我相信是極清楚、簡單且具有說服力的解釋,解釋了何以所有其他形式的 AI 無望,」他說。

蘇茨克維認為,AI 研究領域已被學術界追求發表漸進式論文的必要性所超越,這些論文帶有令人印象深刻的定理,讓作者看起來很聰明。他為左右這些學者的心態取了個名字:「嫉羨數學」(math envy),他覺得他的數學學位使他免於受到這種心態所影響。

「若你被這種心態所支配,你就喜歡那些你能證明其定理的事物,但你不能證明類神經網路 AI 的定理,因為它太複雜了,」他說:「不過,重點是,我們需要學習的東西本身就是複雜的,若你的 AI 太簡單,那就學不來,永遠行不通,AI 得複雜才行得通。」

蘇茨克維的信念基於他相信人腦其實就是 AGI 的地圖。如同辛頓所言,我們並不了解計程車司機的腦袋怎麼思考,但這不妨

礙我們安心地搭乘計程車,預期司機會把我們送到目的地。「類神經網路 AI 極難理解,但這個事實是促使它成功的重要特性,我們使用難以理解的解決方案來解決難以理解的問題,」蘇茨克維說:「不過,到目前為止最強而有力的一點是,人腦也是小而簡單的神經元所構成的神經網路,若人腦能做到,那為何經過適當訓練的神經網路做不到呢?那麼,問題就變成去了解何謂『適當地訓練』。」

辛頓的整個實驗室都基於神經網路可行為前提,並致力於推進神經網路的能力邊界。人腦由 1,000 億個神經元構成,這些神經元基本上就像小開關,根據訊號的強度,決定是否傳遞從一端樹突(dendrite)傳入的訊號。最早於 1940 年代提出的人工神經元粗略地近似這些小開關,進入樹突的訊號強度是一個名為「權重」(weight)的數字。辛頓在 1980 年代獲得的傑出突破「反向傳播」演算法是一種數學公式,用來訓練權重去調適經驗。「開始感覺有點像人腦,」蘇茨克維這麼解釋反向傳播:「這意味著你可以使神經網路學習有趣的事。」但是,多年來神經網路仍尚未達到其支持者所期望的成果。

2010 年左右,一種新技術出現改變了困局:圖形處理器(GPU)。圖形處理器原本是用來運行電玩遊戲的圖形,其獨特能力是同時快速處理多個運算,這讓研究員能處理遠比以往更大的神經網路和資料集,他們終於能夠趨近人腦的規模和複雜程度。「使用這一類比,你需要很大的人工神經網路有其道理,如同人腦有龐大數量的神經元,」蘇茨克維說。

辛頓和蘇茨克維相信,用神經網路來解決電腦視覺所需要的

各種元素已經到位。為了證明這點，蘇茨克維建議他們的實驗室參加史丹佛大學舉辦的年度競賽，該校收集並建立了世界上最大的圖像資料庫，名為「ImageNet」，這項競賽是挑戰研究員用他們的機器來正確標記這些圖像，每年錯誤率最低的參賽團隊贏得當年度競賽。辛頓為實驗室購買圖形處理器，放手讓蘇茨克維的實驗室夥伴、擅長提升圖形處理器表現的工程師亞歷克斯・克里澤夫斯基去大展身手。克里澤夫斯基把相片餵入模型裡，不斷地調教直到它能說出圖像的名稱。與此同時，蘇茨克維集中火力準備機器更好吸收的資料。最終，他們的模型在 ImageNet 競賽中大獲全勝，後續發表的論文（一般簡稱為「AlexNet」，向亞歷克斯・克里澤夫斯基致敬）展示神經網路是推進 AI 發展的可行途徑，儘管這途徑需要投入巨量工程和電腦運算力。❽

「你的神經網路必須是正確的類型，所有細節必須到位。做到這些後，你必須把規模搞大。我們全都做到了，也確實奏效了，」蘇茨克維說：「若你相信人工神經元跟生物神經元相似，那麼很明顯地，有如人腦規模的神經網路理論上應該能做人類所做的任何事。」

揭開序幕

這篇發表於 2012 年的論文改變了 AI 領域，也改變了作者的人生，他們創立的新創公司 DNNresearch 成為科技巨鱷爭相收購的對象，最終谷歌勝出。多年來拜讀諸多矽谷故事，蘇茨克維也搬到這裡，開始在山景市的谷歌園區上班，對自己的幸運難以置

信,「那就像是身處未來,人人都對 AI 感興趣,」他說。

他喜愛谷歌,但更愛冒險,當奧特曼發出電子郵件邀請他來瑰麗酒店時,他很是好奇,尤其是奧特曼提及馬斯克也會出席這場晚宴。「我知道伊隆會去,我太興奮了,我跑著去參加這晚宴,」他說。

AI 實驗室成立

格雷格・布羅克曼較晚才抵達,他擔心自己錯過了主要活動,但馬斯克更晚到,比他晚了一個鐘頭。其間,奧特曼向包括蘇茨克維在內的其他研究員介紹布羅克曼。馬斯克抵達前,他們步入內廳在長桌邊坐下,討論在谷歌及其他科技公司早已起步的情況下,還有沒有可能創立另一所 AI 實驗室呢?會不會太遲了呢?「大家都試圖提出何以不可能的理由,但沒有人有足夠的說服力,」布羅克曼說:「感覺前景渺茫,但可能性並非為零。」

那晚,布羅克曼搭奧特曼的便車回市裡,在車裡,晚宴中唯一沒有正職的布羅克曼提議由他來建立他們夢想中的實驗室。翌日,蘇茨克維發了一封電子郵件給奧特曼:「若你想找個人來領導你的實驗室,我想我相當感興趣。」

晚宴上,布羅克曼和蘇茨克維一見如故。幾週後,他們共進午餐時發現,兩人對於 AI 能做什麼有著相似的願景,他們的技能也互補。雖然,蘇茨克維是被能與馬斯克共事引誘,但他的導師辛頓說:「伊爾亞也被格雷格・布羅克曼吸引,這也是伊爾亞會加入的重要原因。布羅克曼很聰明,技術頂尖,他懂伊爾亞不

懂的商業領域。」

身為機器學習領域的新手，布羅克曼知道他不是組建一支 AI 研究員團隊最合適的人選，因此在奧特曼的建議下，他接洽了一位合適的人選：蒙特婁大學電腦科學教授約書亞・班吉歐（Yoshua Bengio），他跟辛頓以及楊立昆等人引領深度學習革命。⑲ 班吉歐認同馬斯克對 AI 安全性的疑慮，也贊同他們的計畫，蘇茨克維的參與也讓他大受鼓舞。

「OpenAI 創辦人找上我時，他們有個不錯的故事，」班吉歐說：「實驗室是非營利事業，推動開放科學。這是為了將 AI 推向我認為非常有意義的方向，因此我買單了，免費提供他們建議。」他輔導這個籌備中的實驗室幾個月，列出一份布羅克曼應該洽談的 AI 研究員名單，包括先前在 Google Brain 從事電腦視覺工作、後來轉職臉書的沃伊切赫・札倫巴（Wojciech Zaremba），以及深度學習博士班學生、暑期曾在 DeepMind 工作的德克・金瑪（Durk Kingma）。「我接洽這份名單上的每個人，還詢問他們，我應該再跟誰洽談，」布羅克曼說。

頭一個月，布羅克曼以為這個組織會從核心人員開始起步，包括他自己、蘇茨維克、達里歐・阿莫迪及克里斯・歐拉，他們開始討論公司要建立什麼樣的價值觀和文化。布羅克曼洽談的另一位研究員安德烈・卡帕斯（Andrej Karpathy）是電腦視覺專家，剛從史丹佛大學取得博士學位，指導教授是 ImageNet 資料庫創立者李飛飛，最早他懷疑這項計畫能否成功，因為布羅克曼不是 AI 圈內人。但當布羅克曼和卡帕斯的朋友約翰・舒爾曼（John Schulman）洽談時，卡帕斯改觀了，舒爾曼對這所新實驗

室的信心使得卡帕斯和札倫巴改變心意願意加入。「這是很有趣的陣容，因為我認識他們所有人，我尊重他們所有人，我認為這是一支陣容堅強的小團隊，」布羅克曼說。但就在招募工作逐漸加快時，阿莫迪和歐拉決定退出，他們不相信這所小實驗室有明確的理由來達成眾人期待的目標，兩人轉而投效 Google Brain。布羅克曼必須儘快敲定與他洽談過的研究員。

「要讓他們全都點頭蠻難的，奧特曼就提議把他們帶到辦公室外的場合，」布羅克曼說。奧特曼的構想是，把招募對象聚集起來，用美酒和美景招待他們，希望能爭取到他們的承諾，「這方法奏效，」布羅克曼說。2015 年 11 月，布羅克曼租了一輛巴士，載十位潛在員工前往納帕谷（Napa Valley）葡萄園一日遊。下午，他們邊散步邊討論他們首要計畫的其中一項：建立強化的學習環境，教導 AI 代理如何瀏覽網路。在 AI 領域，「代理」是一套能夠做決策、並與環境互動以達目標的系統。回程他們塞在車陣裡，但彼此忙於交談，沒人在意。「那天就是邊走邊談，討論願景、使命、研究議程等，」卡帕斯回憶：「大家都很開心，我們相互尊重，那種感覺真好，也讓我更有信心，我真心想加入他們來共同實現這個目標。」

一日遊結束時，布羅克曼給了他們三週考慮時間。當時，馬斯克是否參與還有待確認。這所新實驗室隸屬於 Y Combinator 新設的非營利事業單位 YC Research，奧特曼在 10 月時宣布這項計畫，他自掏腰包 1,000 萬美元提供種子基金。奧特曼聲明，YC Research 專攻重大的科學突破，需要的時間比新創投資人一般能接受的時間範圍更長。「當你知道問題，也知道如何解答問

題時，新創模式最適合，」奧特曼告訴科技商業刊物《資訊》（*The Information*）的創辦人潔西卡・雷辛（Jessica Lessin）。他想要 YC Research 成為新的貝爾實驗室，貝爾實驗室在 1930 年代至 1970 年代陸續發明出電晶體、雷射技術、Unix 作業系統及 C 程式語言等。Y Combinator 對新實驗室的願景是從十位研究員起步，全都是 Y Combinator 的全職員工，奧特曼為了與大型科技公司提供的優渥股份薪酬競爭，這些員工將獲得一些 Y Combinator 股份做為部分酬勞。他誓言，這些研究員發展出來的智慧財產都會開放，除非確定發布後可能構成安全性威脅。「我們不想發生讓單一一家公司掌控修改基因碼技術之類的情況，」他開玩笑地說。[20]

非營利組織結構在招募 AI 研究員時是有力的賣點，「說服點是『AI 太重要了，我們不想讓一家營利組織掌控它，因為逐利動機永無止盡』，」卡帕斯說：「這相當吸引我。」

非營利組織這個賣點最終也吸引馬斯克。布羅克曼在 11 月時致函馬斯克：「我希望我們以中立團體進入這個領域，尋求廣泛地通力合作，把意見交換轉向人類致勝，而非任何特定團體或公司。（我認為這是把我們推升至領先研究機構的最佳途徑。）」馬斯克同意資助實驗室，並為其取名：OpenAI Institute，或簡稱 OpenAI。[21]

紅杉資本的麥克・莫里茲建議奧特曼不要採行非營利組織結構，在他看來，這跟奧特曼的天性不合。「他是個重商的人，」莫里茲說：「他是天生的商人，因此在我看來，把 OpenAI 設立成非營利組織，無異於在不合適的牧場紮下他的營地。」

葛拉罕則認為，奧特曼當時別無選擇，只能將 OpenAI 設為非營利組織，因為他已經有一份工作，他無法在運營 Y Combinator 的同時，與他人共同創立營利公司。「人們認為，他把 OpenAI 設為非營利組織、然後再將其轉變為營利事業，屬於『先誘後騙』（bait-and-switch）的操作。但事實若真是如此，那將是世上最糟糕的誘餌！有人說，若他能及時回到過去以營利性質創立 OpenAI，他不會這麼做嗎？」葛拉罕說：「他可是募資之神呢，他能輕易地募集到足夠資金。他把 OpenAI 設立成非營利組織只是因為他已經有一份工作了。」

不論原因為何，2015 年 12 月 8 日，OpenAI 在德拉威州註冊為非營利組織，在許可證上言明：「由此產生的技術將使公眾受益，並且在適用的情況下，公司將尋求開源技術以造福公眾。」㉒ 幾天後，創始團隊飛往蒙特婁，打算在 NIPS 研討會上公開他們的新實驗室。但當他們抵達那裡時，遭遇一個問題：蘇茨克維打退堂鼓了。

打從蘇茨克維通知谷歌主管自己將離職加入新設的實驗室以來，他們就試圖勸誘他打消念頭，提供他高於市場數倍的薪酬，若他續留，甚至還可能營運自己的實驗室。蘇茨克維起初並不願加入 OpenAI，但奧特曼告訴他，馬斯克投入這項計畫，「哇，好吧，那改變了我的心意，」蘇茨克維說：「若馬斯克沒參與，我想我很可能不會加入。」

他抵達蒙特婁是準備加入新實驗室，但隨後被谷歌備受尊敬、負責監管 AI 研究部門的領導人傑弗瑞‧迪恩（Jeff Dean）叫到一旁。他端出近 600 萬美元的年薪，並訴諸蘇茨克維的理想主

義,以及他深受谷歌同事的愛戴。這下,蘇茨克維需要更多時間來做決定了,這迫使OpenAI把宣布計畫的時間延後幾天。終於來到研討會的最後一天,距離他們原定發布部落格公告的幾個小時前,他們別無選擇,決定不管蘇茨克維有沒有加入,他們都要對外宣布。

布羅克曼找到蘇茨克維,對他說:「我真心想與你共事,你覺得呢?」,蘇茨克維在最後一刻同意,主要出於他欣賞布羅克曼,「我賞識雷格的才能,覺得彼此的能力互補。我對他的看法是正確的,」蘇茨克維說。

幾分鐘後,12月11日,在布羅克曼和蘇茨克維合撰的一篇部落格貼文,宣布創立OpenAI這家非營利研究公司,資金10億美元來自馬斯克、奧特曼、布羅克曼、潔西卡・李文斯頓、彼得・提爾、亞馬遜雲端運算服務、印度軟體公司印福思(Infosys)及YC Research。這筆令人瞠目結舌的金額是馬斯克的點子,「我們必須有大於1億美元的數字,以免聽起來跟谷歌和臉書的經費相比,顯得我們希望渺茫,」他在11月22日致函布羅克曼:「我認為我們應該說我們有10億美元的創始基金,這是真的,扣除其他人的資金,剩餘不足的部分我會補足。」馬斯克還建議,招募新員工時端出的股份甜頭不應該只有Y Combinator的股份,或許也該加入SpaceX的股份。

「我們的目標是以最可能造福全人類的方式去推進數位智慧,不被創造財務報酬所束縛,」布羅克曼和蘇茨克維在公告文中寫道:「我們相信,AI應該是個別人類意志的延伸,並且本著自由精神,盡可能廣泛地、平等地分布。這個創業的成果尚待確

定，工作也很艱難，但我們相信目標與組織結構是正確的，我們希望這是對 AI 領域最重要、最有益的事。」

稍後，在臉書舉辦的雞尾酒會上，該公司的首席 AI 研究員楊立昆——他與辛頓、班吉歐被合稱為「AI 之父」——告訴蘇茨克維，他們欠缺資深的機器學習科學家，這意味著他們沒有成功的可能性，「你們會失敗的，」楊立昆說。❷❸

第 12 章

利他主義者

布羅克曼曾經這麼描述蘇茨克維:「一位透過機器學習(有時透過繪畫)來表達自己的藝術家。」❶ 但在日常互動中,蘇茨克維更像個音樂人,喜歡的樂器是白板,白板筆必須是新的,而且筆要很多支,若沒有地方供他塗鴉人工神經元和數學公式的話,彷彿他就無法思考了。有了它們——彩色筆在光潔白板上發出的吱吱聲,他就如同傳遞神諭的專家,以十足的信念說出挑戰人們感知的真言,例如:「它就是想要成功!」;「感受一下AGI!」❷

毫無頭緒

OpenAI 於 2016 年 1 月 4 日正式啟動,此前的兩週真的太混亂了,再加上蘇茨克維是否加入尚未確定,以至於奧特曼和布羅克曼連新實驗室的辦公空間都無暇考慮,因此這群要追趕

DeepMind 的 AI 研究員只能先在布羅克曼的舊金山公寓將就，撲通地坐進組合式沙發，埋首於橢圓形餐桌，卡帕斯有時會去布羅克曼的床上小憩。有一次，蘇茨克維和研究夥伴舒爾曼討論到一半起身想去寫白板，才發現根本沒有白板，布羅克曼很快改正這個缺失。❸

早期，奧特曼和布羅克曼組成的這支團隊仍然不太清楚他們應該做什麼。布羅克曼便決定以其他方式讓自己幫得上忙，有時候，這意味著訂購辦公用品或手洗廚房裡的所有杯子，「我們團隊很喜歡喝多水，」他說。在 Stripe 時，前面幾年他都在煩惱自己的職業生涯，有時在部落格撰寫長篇自白文章，敘述他的遠大抱負與只能不停地編程之間的矛盾，他把這種過程稱為：「思考我的角色。」（一位 Stripe 同事說，布羅克曼的離開有部分出於身為 Stripe 第四名員工，他渴望被視為 Stripe 共同創辦人，但派屈克・柯里森和布羅克曼本人都否認這點，柯里森以部落格貼文為證，指出布羅克曼的動機關乎生存的意義，不是他在 Stripe 的股權或頭銜。）不論如何，這苦惱逐漸難以忍受，「我不想再思考這些事了，」他告訴自己：「我只想思考自己關心的問題，以及如何為其做出最大貢獻。」他迫切地想要從自我轉向事業，他說：「感覺就像我正在通過洗杯子來打造 AGI，有什麼比這更好的呢？」

布羅克曼在客廳沙發和餐桌之間安裝了一塊白板，促使團隊步入未知迷霧中。他們想從 DeepMind 的雅達利遊戲代理這個方向出發，這個 AI 代理能直接學習純像素，以此展示結合深度神經網路和強化學習演算法的前景。神經網路能夠在像素中找出

型態,演算法建立獎酬制度,但沒有提供如何獲得獎酬的資訊。這完全取決於神經網路依其能獲得獎勵的方式來解讀眼前的模式。它會跌跌撞撞,偶爾獲得獎勵,然後反思其過去的行為,弄清楚是什麼導致了獎勵的出現。DeepMind 開發的 AI 能夠在《打磚塊》(*Breakout*)、《釣魚德比戰》(*Fishing Derby*)、《成龍踢館》(*Kung-Fu Master*)、《蒙特祖馬的復仇》(*Montezuma's Revenge*)等遊戲中打敗人類玩家。❹

那年秋天為了招募這群 AI 研究員舉行的納帕谷一日遊期間,卡帕斯提出的構想是,把 AI 代理的遊戲圍欄從 1970 年代的雅達利遊戲擴展到目前電腦螢幕發生的任何事情,反正全都只是像素,何不創造一個能夠充當電腦幕後人類的通用 AI 代理?他們透過一項最終名為「Universe」(宇宙)的專案來執行這個構想,但涵蓋範疇實在太大了。與此同時,札倫巴建議他們可以為這種強化學習建造工具,相當於為獎酬的遊戲提供「Gym」(健身房),卡帕斯說:「這只是讓從事強化學習的研究人員生活更輕鬆的基礎設施。」

「我們的意圖只是想用強化學習來做有趣又有意義的事情,」蘇茨克維說:「我們必須證明自己,必須儘快做點什麼,好告訴世界我們的存在,製造一些聲量,要不然這整件事將會煙消雲散。所以當時非常渴望儘快做些有意義的成績來,至於做什麼事並不重要。」

這專案啟發了布羅克曼一些早期有關 AI 研究員和軟體工程師之間的工作模式。AI 研究員和軟體工程師必須攜手打造與訓練 AI 模型,就像建築師和總承包商合作蓋房子一樣。OpenAI 指

派兩名 AI 研究員和兩名軟體工程師合作建造「Gym」，但布羅克曼發現，他們的合作方式令人抓狂，「工程師離開去打造某個東西，返回時花一個下午將其放映在我的電視機上，然後四個人坐下來辯論每一條程式，」他說：「我覺得：『這對我來說實在太痛苦了。』」由於無法忍受緩慢的進度，他接管這項專案，「結果，我與一名研究員密切共事，我給他四、五個構想，他會說全都很糟糕，我就說：『這正是我想要的。』只需要足夠的構想生成，以及一位有品位的人就行了。」他決心確保實驗室同等重視編程工程師和具有理論思維的研究人員，而不是偏袒任何一方。

就在這些粗略的想法還在醞釀之際，DeepMind 持續產生驚人成果。自 IBM 的「深藍」（Deep Blue）在 1997 年擊敗西洋棋世界冠軍加里・卡斯帕羅夫（Garry Kasparov）後，AI 研究員就猜測，多久之後機器能在歷史悠久、複雜且費神的圍棋比賽中擊敗人類。在 19×19 條線構成的棋盤上，分持黑子與白子的兩位對奕者可以選擇的棋步數目太多了，任何既有的電腦都無法運算。即使近期神經網路有所進步，大多數人還是認為至少得再過十年，機器人才可能在圍棋比賽中擊敗人類。直到 2016 年 1 月底，也就是 OpenAI 開始運作的第一個月尚未結束時，DeepMind 在《自然》雜誌上發表一篇文章（這份頂級期刊是哈薩比斯偏好的傳播媒介），宣布他們的 AI 系統 AlphaGo 在 2015 年 10 月的一場閉門比賽中擊敗前歐洲圍棋冠軍棋士樊麾。

這場勝利令馬斯克驚慌，他在 2 月寫電子郵件給奧特曼和布羅克曼，指出 OpenAI 必須：「不惜一切代價取得頂尖人才，

我們把待遇調高,有必要的話,也可以重新檢視目前研究員的待遇。我們要麼找來世界上最頂尖的人才,要麼被 DeepMind 重擊,若他們贏了,以他們一心想統治世界的理念,那會是非常糟糕的消息。他們顯然取得了重大進展,不過以他們的人才水準來看,這也理所當然。」❺

2016 年 3 月,在全球兩億人的注目下,六個月大、更聰明的 AlphaGo 擊敗圍棋世界冠軍李世乭(Lee Sedol),谷歌共同創辦人謝爾蓋・布林和執行長艾力克・施密特(Eric Schmidt)特地飛到南韓首爾為公司的 AI 機器加油。AlphaGo 在五局對弈中的一局下了一步怪異的棋,怪異到令有些圍棋評論員起初以為是個錯誤——把黑子看似隨意地下在棋盤的開放區,遠離群集的其他棋子。2015 年 10 月被 AlphaGo 擊敗的樊麾對《連線》雜誌說:「那不是人類的棋步,太漂亮了。」❻ 在一場決定性的全球活動中,DeepMind 向世界展示 AGI 的問世並非遙不可及。

OpenAI 對這點深信不疑,但他們努力效仿 DeepMind 開發一個能夠規畫和採取行動的 AI 代理卻沒有奏效。(尤其令人沮喪的是,蘇茨克維離開谷歌前是谷歌圍棋計畫的一員,而且是促成 AlphaGo 的論文共同作者)卡帕斯的計畫是創造一個強化學習環境來訓練 AI 代理去點擊滑鼠或使用鍵盤上的按鍵,讓它在表現優秀時獲得「獎酬」,並優化 AI 代理自發去尋求那些獎酬。跟 DeepMind 訓練 AlphaGo 的模式一樣,他們從零做起訓練 AI 系統。「所以在最開始,你有一個神經網路,它隨機點擊按鍵,試圖偶然地獲獎,」卡帕斯解釋。舉例而言,若 AI 代理成功地填寫一張線上表格,訂了一張機票,它就會獲得獎勵。「問題是,

隨機點擊可能永遠不會獲得獎勵，因為這太難了。」有一陣子，他們投入大量的「運算力」（compute，矽谷俚語，指訓練 AI 模型所需要的硬體），但結果並未改善，「這對一個探索性問題而言實在太瘋狂了，」卡帕斯說。

布羅克曼從 Universe 平台的早期失敗中學到重要教訓是，他沒有充分傾聽 OpenAI 研究員的意見。這些研究人員一直試圖解釋，「在當時，他們沒有一個足夠聰明到可以開始處理這問題的模型。」他沒有讓研究員循著自己的洞察，從小處著手來解決大問題，「當我們需要小木屋時，我們卻在瞄準空中樓閣，」他說。

OpenAI 鼓勵其稀少的研究員分成更小的團隊，並追求他們感興趣的事物。六月時，該公司在網站上張貼一份目標清單，其中包括建造機器人、用 AI 代理解決遊戲、對自然語言下工夫。OpenAI 也從布羅克曼的公寓搬遷至蒲公英巧克力（Dandelion Chocolate）工廠樓上、屬於紅杉資本名下的一間辦公室，後來又搬進了馬斯克當時正致力於開發人機腦介面的 Neuralink 公司位於教會區附近的拓荒者大樓（Pioneer Building），這筆租金由馬斯克支付。

布羅克曼和蘇茨克維每天花一小時在後端伺服器室，試著算出他們需要多少的運算力來使機器超越人類能力。蘇茨克維說：「我們撰寫文件，你可以這樣描繪這些文件的內容：『人腦看來使用了這麼多的運算力，所以根據運算力的成長速度來判斷，或許運算力將在短短幾年內成長這麼多，你就能夠訓練出與人腦規模相當的神經網路，或許一旦運算力到位了，就能輕易地弄清楚

細節。』」

在伺服器室工作時，他們也討論人才招募方法，設想在實驗室建立 AI 研究員和軟體工程師有平等地位和機會去選擇他們想做的事，避免他們有「嫉羨數學」心態。「我們最終的人才招募理念與 DeepMind 非常不同，」布羅克曼說：「我們想要工程師打造機器，但不需要很多有成就的博士。這一切源於我們了解自己是處於劣勢、不被看好的公司。」

這期間，馬斯克和奧特曼大約每週會來一次，查看 OpenAI 團隊的進展。馬斯克當時同時經營特斯拉、SpaceX 及其他多家公司，顯然分身乏術了。至於奧特曼，執掌 Y Combinator 這家矽谷最強大的新創事業網絡也繁重到只能每週來一次，撥不出更多時間了。

不過，到了 2016 年 9 月，奧特曼把 Y Combinator 的許多職責委任他人，運營 Y Combinator 梯次的事務交給 Y Combinator 長期合夥人麥克・塞貝爾（Michael Seibel），並賦予他 YC Core 執行長頭銜──奧特曼宣布，從此以後，YC Core 將直接被稱為 YC，而他現在是 YC Group 的新法人總裁，這些名稱令外界困惑。這令人聯想到谷歌在前年的操作：成立了一個名為「Alphabet」（字母）的母公司，讓具有爭議性的遠大計畫歸屬一個名為「Other Bets」（其他賭注）的非核心事業群。現在，YC Group 旗下有四個事業群：核心 YC、YC 連貫基金、一個名為「新創學校」的新設線上課程，以及 YC Research──奧特曼的寵兒，他繼續挹注資金並親自管理。

YC Research 這個非營利事業單位是奧特曼在 2015 年 10 月

時成立的，OpenAI 實驗室剛成立時便隸屬其下。到了 2016 年 9 月，奧特曼承認，近一年來 YC Research 很大程度上是他個人執念的大雜燴，但他承諾很快會提出一個「統一的主題」。❼ 除了 OpenAI，奧特曼的執念包括研究全民基本收入（亦即無條件地分發每位國民一筆收入），他相信 AI 的發展將無可避免地導致失業問題，全民基本收入就是為此預做準備。「我想，現在算起的五十年後，人們會覺得用害怕挨餓來做為激勵人們工作的手段有多荒謬，」他在部落格中寫道：「我也認為，沒有某種版本的保證收入，不可能真正擁有機會平等。」❽ 他聘用即將從密西根大學取得社會工作與政治學博士學位的伊麗莎白・羅茲（Elizabeth Rhodes），負責領導一項針對約三千人的研究，這些人將在加州奧克蘭領取無常的資金。羅茲與奧特曼第一次見面是在 Y Combinator 舉行的梯次晚會上，他注意到奧特曼關切美國人日益增長的經濟不安全感，而不僅僅將其問題歸類為科技的影響，「他知道資本主義的缺失，」羅茲說：「他是社會契約遠見家。」

　　奧特曼身處歷史性科技榮景中的矽谷高位，在他看來，資本主義正在失靈，主要原因是租金實在太高了。為了矯正這問題，YC Research 也立意要建造一座未來的「最佳城市」，從探討一些開放性疑問著手，例如：「一座城市應該在哪些層面最適化？」；「我們如何供應及維持平價住宅？」主持這項計畫的是阿朵拉・鍾，他是已收攤的 YC 新創公司 Homejoy（以優步模式經營住家清潔業務）共同創辦人，也是 YC 監事會成員。「我們對建造新城市十分感興趣，而且如果其他一切都合理的話，我們

認為我們知道如何融資，」阿朵拉和奧特曼共同在 Y Combinator 發表一篇文章，內容指出：「我們需要在建築、生態學、經濟學、政治學、技術、都市規畫等領域有濃厚興趣和大膽創新的人才。」❾ 奧特曼開始尋覓合適的地點。

不過，最怪異的 YC Research 計畫應該是由傳奇電腦科學家艾倫・凱伊（Alan Kay）主持的「人類進步研究社群」（Human Advancement Research Community，簡稱 HARC），其宗旨是：「透過投資和自由分享讓所有人都能看得更遠、了解得更深的點子，以確保人類智慧超越人類力量。」1970 年代，凱伊是全錄帕羅奧圖研究中心的著名研究團隊成員，那群研究員發明了後來被蘋果麥金塔電腦採用的圖形使用者介面、物件導向程式設計、輕薄可攜的平板電腦先驅「Dynabook」、個人電腦、電子郵件系統、雷射印表機等。全錄帕羅奧圖研究中心給予研究員極大的自主權，這段經歷永遠塑造了凱伊了解如何從事改變世界的研究。「艾倫常說，真正優秀的研究不能有一個言明的目標，只能有一個有幫助的方向，」蘋果公司老兵賴利・耶格（Larry Yaeger）寫道：「若一開始你能說出你要發明飛扶壁或拱頂，那就意味著你已經有了定義周延的目標，根本不需再研究了。」❿

一年前，奧特曼構思 OpenAI 時曾向凱伊提出了一個疑問：二戰後，美國政府投入科學經費的黃金時期創造了多少經濟價值？全錄公司雖然投資帕羅奧圖研究中心，但實際上經費有 1/3 來自政府機構，例如美國能源部、國防部高等研究計畫署，凱伊認為帕羅奧圖研究中心的工作是由政府研究資助運動的一部分。那年，在一場研討會專題討論中，有著灰白毛髮、濃密鬍鬚，說

起話來如同管弦樂團指揮般揮舞著手臂的凱伊解釋：「那是政府基於冷戰而資助的一個大社群，但得出的所有智慧財產完全開放並處於公共領域。」他估計，光是全錄帕羅奧圖研究中心的經濟產值就達 35 兆美元。「商界的目標很低，」凱伊說：「他們只想要幾百萬至幾十億的報酬，但真正的頂尖研究員追求的是幾兆，因為他們追求的成果涉及創造出一個全新的產業。」

當時已七十多歲的凱伊接受邀請，成為 OpenAI 早期顧問，OpenAI 啟動後的頭幾個月，蘇茨克維和布羅克曼曾與他共進晚餐。他們傾聽凱伊述說當年建造世界上最早的個人電腦「全錄奧圖」（Xeroc Alto）的故事，以及他的研究團隊如何使用最先進的硬體組裝出一部機器，讓極少數能使用它的人感覺自己彷彿「置身未來」。凱伊說，僅僅十年後，大眾只需花大約 1,000 美元就能使用到相同的技術。晚餐後，蘇茨克維對布羅克曼說：「他說的東西，我只能了解 50％，但實在太鼓舞人心了。」[11]

據凱伊所言，他與奧特曼的交談促成了 YC Research 的設立，「山姆吸收所有這些資訊，他想出了一個遠大計畫，那就是：各產業應該以某種方式資助這一切，因為政府基於各種原因（沒有一個是好的）已經不再資助了，」凱伊說：「因此，他開始募集資金。」不論是誰的構想，凱伊都提供了幫助，他介紹奧特曼認識印度資訊科技公司印福思時任執行長維夏爾·西卡（Vishal Sikka），1990 年代，西卡的博士論文曾請凱伊審閱並提供意見。西卡擔任思愛普（SAP）的技術長時，思愛普自 2013 年起資助凱伊組織一個類似帕羅奧圖研究中心那樣的實驗室，名為「通訊設計團隊」（Communication Design Group），招募的

研究員包括參與 iPad 設計的前蘋果介面設計師布瑞‧維特（Bret Victor），他一直試圖發明新的動態運算媒體。他們以為思愛普至少資助五年，但西卡在 2014 年突然離開思愛普，該公司在 2016 年明確表示，這實驗室必須另覓資金。在凱伊的協助下，這些思愛普的研究員移往 HARC，奧特曼同意資助到他們找到資金。⓬

在給西卡的介紹信中，凱伊稱奧特曼為「文明的建造者」，西卡不太明白這什麼意思，直到他在舊金山和奧特曼會面。他喜愛奧特曼為 YC Research 勾勒的願景，印福思後來捐了 300 萬美元給 OpenAI，但真正幫助西卡了解凱伊所描繪的奧特曼，是奧特曼對於如何應付舊金山灣區缺乏平價住宅這個問題的不凡構想。「我記得奧特曼當時說想為加入他公司的人提供抵押貸款，因為他的組織資助的能力比這些人還要好，」如果他們不必花費那麼多精力來負擔在灣區的生活，那麼從大型科技公司挖角人才就會更容易，「在矽谷，住房一向昂貴，我非常欣賞他提出的點子。」

HARC 維持不到一年。YC Research 這個名稱中儘管有 YC，但在財務上與 Y Combinator 沒有任何關連，只不過恰巧兩個組織的領導人都是奧特曼罷了。YC Reserch 期望旗下的三個初始計畫──OpenAI、全民基本收入及 HARC──各自找到自己的資金源。〔OpenAI 後來分支出去，成為獨立的非營利組織，以符合馬斯克的資金和要求。另外「住房」和「全民醫保」這兩項計畫被併入 YC Research 的投資資產組合裡，這發生於 2016 年夏季的一次晚餐聚會後。那天，奧特曼邀請一些 YC 新創公司創辦人

來他家共進晚餐，根據一家新創公司共同創辦人、同時也為YC Research提供協助的張傑夫（Jeff Chang）的說法，奧特曼在晚餐中提到將資助他們熱中且能產生長期「社會性影響」的計畫。〕凱伊為HARC安排一些潛在的投資人，但都沒有下文，因此奧特曼從他的個人基金借錢出來填補缺口。與此同時，HARC的成長規模超出克里斯·克拉克（Chris Clark，Loopt的老兵，奧特曼找他來負責YC Research的日常運營）的想像，因為凱伊不僅引進通訊設計團隊的人員，還從他自己的非營利組織觀點研究所（Viewpoints Research Institute）招募人員。一年後，奧特曼標記用來資助HARC的個人基金已經用罄，而且未見多少進展，他不再指望會有外來資金了。大多數HARC員工領取資遣費便離開組織。

　　許多HARC內部的人認為，在AGI夢想的誘惑下，奧特曼的注意力早就沒放在這裡了。他在2016年花很多時間思考AGI這個領域，如同他後來在「七首歌曲道人生」播客中所言：「哎，有朝一日，AGI這東西會超夯。」多年來，奧特曼對矽谷人熱中每年八月在內華達沙漠舉行的火人節（Burning Man Festival）嗤之以鼻，這年夏天，他決定搭上一位朋友的休旅車去瞧瞧。結果，到了那裡不久後他就睡著了，直到傍晚時分他的同伴都裝扮好出發前往乾鹽湖，他才醒來。他穿上健行靴，戴上頭燈，背上小背包，獨自在黑漆漆的沙漠夜空下跋涉。突然間，他難以置信地看著眼前燈火通明的臨時城市──神殿、藝術作品、舞者、火，形形色色裝扮的數千人騎著自行車穿梭在塵土飛揚的沙漠中，「這是我至今見過的最美麗的人造物，」他心想。

但不僅於此，他注意到大家似乎非常「活在當下」。後來，他在火人節和其他地方經歷了許多迷幻體驗，現在已被他視為具有轉變人生的力量。他開始每年都去參加火人節，「我的感覺就是：『哇，大家都這麼開心』，」他後來在播客中說：「這有可能是後 AGI 世界的其中一種模樣，人們只聚焦於為彼此做什麼，關心彼此，為彼此創作很棒的禮物。」❸

科幻與現實

2016 年秋季，HBO 首播科幻西部電視影集《西方極樂園》（*Westworld*），劇情是一座西部主題的遊樂園裡，模擬真人及動物機器人逐漸有了知覺，起身對抗統治它們的人類。這節目開播的三天前，Y Combinator 長期金主尤里·米爾納在位於洛斯阿爾托斯山丘（Los Altos Hills）的自家豪宅，與奧特曼共同為這檔熱議的影集舉行私人放映會。播放完畢後，該節目共同製作人強納森·諾蘭（Jonathan Nolan）接受提問，他身旁坐著該劇演員伊雯·瑞秋·伍德（Evan Rachel Wood）、譚蒂·紐頓（Thandiwe Newton），以及奧特曼與麻省理工學院教授愛德華·博伊登（Edward Boyden）。據記者凱德·梅茲所述，博伊登告訴現場觀眾，科學家即將創建人腦的完整圖譜，然後對其進行模擬，現在的困惑在於，機器不僅會表現出人類的行為，也會有知覺──《西方極樂園》的第一集就提出了這個疑問，劇中一次軟體更新意外地讓機器人造訪了它們的記憶，開始它們的意識之旅。❹ 正如邀請函上明確指出的，當晚重點在於科學和科幻小說正在快速

融合,而明星的光環也推波了這一進程。

奧特曼最喜歡的科幻小說 AI 情節是熱情的反熵者、科幻作家馬可・史蒂格勒(Marc Stiegler)出版於 1989 年的短篇小說《徐徐誘惑》(*The Gentle Seduction*),故事裡,一個起初抱持懷疑態度的女人被科技本身誘惑,先是同意服用一顆奈米機器人膠囊以修復他逐漸老化的身體,接著戴上頭帶以擴增他的思想,最終他吞下一顆藥丸,在他的頭顱裡安裝一部電腦,讓他的意識能擴增到無限大,並幫助所有人類度過奇點的衝擊。「唯有那些懂得謹慎且不畏懼者,唯有那些明顯展現最基本自然形式的謹慎者,才能通過奇點存活下來。只有人類存活下來。」史蒂格勒在書中寫道。這是令人提心弔膽、但最終樂觀的情境,是 AGI 可能帶來的情境:不朽、無所不知、難以想像的喜樂,但也有以前發生過的種種破壞。

史蒂格勒原為網路安全性專家,後來成為科幻作家,在奧特曼在大一時的電腦科學系教授學生可以如何對抗電影《魔鬼終結者》(*Terminator*)中釋放的那種病毒,最近接受訪談時,他說自己很欣慰奧特曼跟他一樣是個天性樂觀的人,相信科技革命是漸進地開展。他憶述《徐徐誘惑》一書是受到真實生活的啟發:1980 年代,他與前女友在華盛頓州的福克斯島(Fox Island)散步,他向其講述未來技術與社會將出現怎樣的重大改變,那位前女友聽了大為震驚。「山姆・奧特曼顯然從這本書中獲得相同的啟示,」他說。

史蒂格勒認為,在邁向奇點及我們人類物種在宇宙中找到最終歸屬時,人類只能:「一次跨越一個小門檻。」他說,OpenAI

朝往的進步方向，意味著：「我們現在很接近能擁有工具去思考如何延長壽命，然後最終找到真正延長壽命的方法。《徐徐誘惑》想表達的一點是，不朽能給我們所需的時間去成長，讓我們在與其他人類和 AI 結為夥伴時，真正成為我們能成為的一切。」他認為這些深化的關係有朝一日將改變宇宙，但這必須以「一小塊、一小塊」的方式漸漸地發生。史蒂格勒想起他曾聽到奧特曼堅稱他不追求發展長生不老的技術，他說他只想使人人多十年的健康生活，「我對此的評論是，那就是非常《徐徐誘惑》的風格。」史蒂格勒說。

政治抱負

回到現實裡，2016 年，奧特曼愈傾向尋求政治這個舞台來實現他的強烈抱負。那年秋天，奧特曼高中時的前男友奈森・華特斯陪自己的現任男友來舊金山面試工作。華特斯的男友外出，他與奧特曼前往多洛雷斯公園（Dolores Park）附近的一家餐廳共進午餐，這裡離奧特曼價值 500 萬美元的維多利亞式公寓不遠。兩人邊吃邊聊，話題切入即將到來的總統大選，角逐總統大位的主要候選人是希拉蕊・柯林頓（Hillary Clinton）和唐納德・川普（Donald Trump）。華特斯說，奧特曼告訴他，若希拉蕊沒有勝選，他就要出來選總統。「『若希拉蕊沒當選，川普當選了，我不能讓這再發生，我要出來選，我想我能贏』，」華特斯回憶奧特曼當時這麼說：「我確定他真的認為他能贏。」奧特曼否認他說過這話，他說他從來就沒想要參選總統。

那年 10 月初,《紐約客》刊載一篇 11,000 字的奧特曼特寫,首度全面向大眾揭露奧特曼的抱負。這篇文章的作者泰德・弗蘭（Tad Friend）寫道:「跟矽谷的所有人一樣,奧特曼承認他想拯救世界;但是,不同於矽谷的大多數人,他有這麼做的計畫。」該文把他競選總統的抱負當成玩笑來處理——他的兩個弟弟跟他一起做義大利麵時會拿這事來揶揄他。馬克斯和傑克指出,2020 年山姆就滿三十五歲,有資格選美國總統了,山姆回嘴:「咱們推派猶太男同性戀吧,一定能選上!」

這篇文章中大量引述奧特曼的兩個弟弟和母親的話,但全文完全沒有提及其父親傑利和妹妹安妮。幾年前,康妮和傑利就已經分居了,此前多年兩人關係一直緊張,早就分房睡,「那很痛苦,」安妮回憶。2011 年,他上高三前的暑假,他讓他的父母坐下來,乞求他們離婚,「若你們是為了孩子而維持婚姻,我是那個孩子,我要告訴你們,這爛透了,」他告訴他們:「你們雖沒有彼此叫囂,但這並不意味著一起生活很有趣。」安妮考上了塔夫茨大學（Tufts University）後,他們又堅持了兩年,之後傑利找了間公寓搬出去。康妮從未提及他們分居一事,「他認為這是一種個人失敗,」安妮說。傑利不想談,傑利的划船隊友人裘琳・柏格曼（Jolene Borgmann）曾小心翼翼地詢問傑利的婚姻生活,傑利只是告訴他,康妮喜歡熬夜閱讀醫學期刊,他則是偏好看新聞。

《紐約客》的那篇文章未提及安妮是特別奇怪的事,因為他當時居住於舊金山灣區,從塔夫茨大學取得生物心理學學位後的那年夏天就遷居這裡了。在塔夫茨大學時,他開始上醫學院預

科課程，期望步上母親和外祖父的後塵進入醫學院。但快完成大學學業時，他問院長，他能否提早畢業取得學位。「我實在沒有必要再承受學業的悲傷和焦慮了，」他寫道：「我來到塔夫茨大學是為了讀醫學預科，直到這個學期我才放下了對這個計畫的堅持。」也許，有一天他會成為醫生，但他也想探索自己是否能成為護士、醫生助理或社工。而且現下，他想接受治療，創作藝術，環遊世界，讓自己感覺更好。❺

安妮認知到，成為醫生更多是母親的期待，不是他自己的渴望。他在約翰巴勒斯中學的高中物理老師吉姆·羅伯（Jim Roble）有這種印象，「某一個暑期，安妮跟他的母親參加無國界醫生（Doctors Without Borders）之旅，去了南美洲，」羅伯說：「我不認為他想這樣度過自己的暑假。」

從塔夫茨大學畢業後，安妮與一位大學友人遷居舊金山東灣，在加州大學舊金山分校的神經科學實驗室進行老鼠實驗的工作。他在一檔播客節目中說自己：「被告知每天要殺愈來愈多的老鼠，」實驗室稱為「處死」（sacking）。長期吃素的他受不了實驗室的環境，這份工作只維持了六星期。他開始吃純素，並且決定停止精神治療，換到加州大學舊金山分校的另一個實驗室工作，他在播客中說，這新工作不需要殺那麼多老鼠了。❻

《紐約客》的這篇文章令 Y Combinator 合夥人目瞪口呆，「山姆告訴所有合夥人：『嘿，這篇文章將報導 Y Combinator』，可是刊出的文章全都在談山姆。大家都想：『喂，我們根本不在乎好嗎，但之前幹麼那樣告訴我們？』」一位合夥人說。但他們沒太多時間吹毛求疵，這篇文章出版的幾天

後，提爾捐獻 125 萬美元給川普競選團隊引發 Y Combinator 內部軒然大波。提爾是兼職的 Y Combinator 合夥人，很大程度上屬於榮譽職，而且他支持川普也不是什麼祕密，那年夏季共和黨全國代表大會，他現身發表談話，還說他：「以同性戀者為榮。」但是，他的支持程度是崇尚自由主義的矽谷無法接受的──尤其是川普之前參加電視節目《走進好萊塢》（Access Hollywood）時誇耀地談論抓女性陰部的影片於 2016 年 10 月 7 日被媒體曝光後。十天後，前 Reddit 執行長、後來共同創立提倡多元化非營利組織的鮑康如表示，基於 Y Combinator 和提爾的關係，他的組織將切斷與 Y Combinator 的往來。「由於提爾和 Y Combinator 長期合作，我們不得不中止我們與 Y Combinator 的關係，」他寫道：「現在，我們清楚認知到彼此價值觀不一致。」部落格社群網站「湯博樂」（Tumblr）的共同創辦人馬可・阿爾蒙（Marco Arment）更尖銳地批評 Y Combinator、提爾及川普之間的關係，「這實際上是付一大筆錢直接支持一個種族主義、性別歧視的偏執者，」他寫道。❼

　　奧特曼私下也很不解為何提爾會支持川普這樣的人，他們對此有過幾次交談。「我不是試圖叫他人別把票投給川普，」奧特曼說：「我只是試圖了解。」但是，當提爾支持川普一事在網路上引發軒然大波時，奧特曼出面強力捍衛他的朋友和智性自由原則，在這件事情上他不認同提爾，事實上，他認為川普：「對美國構成難以承受的威脅，」也認為川普：「不適任總統，」但他在推特上發文：「Y Combinator 不會因為某人支持某個主要政黨提名人就開除他。」

川普勝選時，奧特曼崩潰極了。之前，他已經用他所知的唯一方法去試圖阻止川普當選：他出錢建造一套名為「VotePlz」的軟體──類似於稅務軟體 TurboTax 的線上選民登記軟體。❶⓼ 現在，他再度訴諸編程，設立一個名為「追蹤川普」（Track Trump）的網站，檢視川普總統上任後頭一百天的行動是否符合他的競選承諾。他在臉書上徵求介紹一百名投給川普的選民，讓他能夠直接詢問他們的決定，然後他把詢問結果張貼於自己的部落格上。奧特曼引述一位投給川普的選民的話，他認為這位選民的話道出了太多民主黨人未能認知到的問題，「你們可以在下次擊敗川普，但若你們繼續嘲笑我們，繼續拒絕傾聽我們，繼續把我們排除在外，那你們下次還是無法擊敗川普。」❶⓽

川普的勝選使提爾立刻成為矽谷中最強大的政治力量，此前他幾乎是獨自面對一群仇恨者，堅持他那反傳統的冷門賭注，並最終獲勝。〔Netflix 執行長里德‧哈斯廷斯（Reed Hastings）甚至極端到試圖把提爾踢出臉書董事會，認為支持川普顯示：「他的判斷力差到了極點。」❷⓪〕至於奧特曼，他現在得做出決定：他真的該像華特斯說的那樣，出來選總統嗎？還是應該競選其他職位？他應該自己參選，還是招募其他人代表他參選？

奧特曼仍然想了解川普的勝選原因，他認識的人為他牽線查爾斯‧強生（Charles Johnson）。強生是另類右翼部落客，也是政治幕僚，曾和提爾合作策畫摧毀尖酸刻薄的高客傳媒（Gawker Media）。他在保守派政壇歷練過，也在塔克‧卡爾森（Tucker Carlson）創立的右翼新聞網站《每日傳訊》（*Daily Caller*）任職過，之後創立自己的新聞網站《看新聞》（*GotNews*）。2014

年，在《滾石》（Rolling Stone）雜誌報導據稱發生於維吉尼亞大學的輪姦事件後（該雜誌後來撤回這篇報導），強生違反新聞業規範，刊登疑為受害人全名及一張誤植的女性照片，他後來為此事道歉。然後，這錯誤被高客傳媒嘲諷，批評強生為「網路上最糟糕的新聞工作者」，並編造一連串荒唐的報導，包括：「沒有證據顯示查爾斯・強生在 2002 年因為把一隻羊抵在圍籬上強姦而遭到逮捕」──暗指強生玩弄、影射的新聞手法。強生向法院狀告高客傳媒誹謗，這引起提爾友人的注意，他知道提爾密謀搞垮高客傳媒近十年了，起因於高客傳媒旗下的「Valleywag」科技部落格在 2007 年曝露提爾的同性戀者身分。據馬克斯・查夫金撰寫的提爾傳記《彼得・提爾》（The Contrarian），強生加入提爾的聖戰，他們後來祕密資助美國摔角明星浩克・霍根（Hulk Hogan）控告高客傳媒公開他與友人之妻被偷拍的性愛影片侵犯他的隱私，高客傳媒輸了這起官司，並於 2016 年破產。❹（時至今日，提爾最津津樂道的事情之一，就是回憶他如何搞垮這個他仍然稱為「位於曼哈頓的恐怖組織」的高客傳媒。）

奧特曼飛往加州洛杉磯縣的阿卡迪亞市（Arcadia），前去強生家拜訪他。「他告訴我，他認為自己能成為加州州長和美國總統，」強生回憶：「他說：『美國得有個千禧世代的總統。』」強生說，奧特曼認為，有望在 2018 年取代時任加州州長傑瑞・布朗（Jerry Brown）的熱門人選蓋文・紐森（Gavin Newsom），是個比大多數人認為更沒贏面的候選人。奧特曼對加州也有一個生動的科技烏托邦願景：經濟強大到能夠出資自行做核能與 AGI 基礎科學研究的一州；可以透過改變稅務代碼來打擊房地產投機

炒作，以降低住屋成本；可以擴大社會安全網（或許能透過全民基本收入），使社會變得公平，並消除目前社會福利方案的許多繁文縟節。

強生把奧特曼引介給他在加州的政治人脈。奧特曼尋求民主與共和兩邊陣營的意見，包括英國首相鮑里斯・強生（Boris Johnson）的前顧問多明尼克・庫明斯（Dominic Cummings），以及比爾・柯林頓（Bill Clinton）總統的前顧問克里斯・勒罕（Chris Lehane）。2017年4月，《Vice今夜新聞》（*Vice News Tonight*）的通訊記者內莉・鮑爾斯（Nellie Bowles）在一次節目上訪問奧特曼是否考慮參選，奧特曼回答：「我不認為我有魅力這個長處。」❷ 但是，奧特曼私下繼續探索自己競選加州州長的可能性，五月時他造訪前舊金山市市長威利・布朗（Willie Brown），徵詢他的意見。交談中，奧特曼向布朗推銷自己的計畫──利用科技來終結所得不均的問題；透過數位工具來接觸選民。布朗立刻潑了奧特曼一盆冷水，他在《舊金山紀事報》（*San Francisco Chronicle*）的專欄記述這次的會面，「我告訴他，加州曾有富翁自掏腰包競選公職，」他寫道：「大多數支付大把鈔票給顧問，最終落選。」❸

包括提爾和紅杉資本的莫里茲在內，奧特曼的許多商界友人反對他參選。「我認為瘋了才會做這事，」莫里茲說：「我想，許多企業家很天真，他們檢視政府，認為一切亂七八糟，基於他們在組織的營運經驗，他們知道如何使政府運作更有效率。但他們嚴重低估一點，想在政壇上成功，你必須有政壇基礎，你必須了解它是如何運作的。」

奧特曼現在把他當時想競選州長的念頭形容為一時的異想天開，「我思考了幾星期，不是非常認真地考慮這想法。我去沙加緬度（Sacramento）拜訪當時的州長布朗，之後我就想通了，我不想做這份工作，我也不會擅長。」〔傑瑞・布朗的長期幕僚長伊凡・魏斯楚普（Evan Westrup）說，布朗不記得見過奧特曼。〕

到了七月，奧特曼準備交由他人去實現自己的政治理念，他在線上張貼一份詳細的政治綱領，包括全民健保；提高短期資本利得的稅率；把10％的美國國防預算轉用於研究未來科技等，他說他會支持願意採納此政治綱領的候選人。其中，最主要的政綱（至少對奧特曼而言）是設法降低住房成本，如同新聞網站《概要》（*The Outline*）的一篇報導標題所言：「矽谷王者想解決科技業給加州造成的問題。」❷ 這份名為「聯合陣線」（The United Slate）的政治綱領是由當時二十五歲的麥特・克里斯洛夫（Matt Krisiloff）協助研擬的，奧特曼在那年稍後開始和他約會。克里斯洛夫在2014年自紐約大學畢業後，遷居智利首都聖地牙哥創辦新創公司，在寫電子郵件諮詢奧特曼的建議後，兩人結識。當他向奧特曼提議在Y Combinator推出專門的方案給更早期階段的新創公司時，奧特曼雇用他，最終還讓他領導YC Research。克里斯洛夫又招募自己從事財金的哥哥史考特，他們三人共同研擬出「聯合陣線」。❷（克里斯洛夫兄弟繼續留在奧特曼陣營多年，擔任各種職務，史考特後來進入聯氨資本公司，再轉進核力安能源公司，麥特則是在奧特曼出資下創辦一家新創公司，尋求兩人是否可能擁有雙方基因的孩子。）奧特曼的政治

綱領最終支持民主黨眾議員候選人、擁有史丹佛及哈佛學位的創投家喬許・哈德（Josh Harder），之後哈德擊敗代表舊金山灣區現任共和黨籍眾議員。

儘管奧特曼決定本人不從政，但與此同時，他和OpenAI的關連性把他帶進了最高的政治權力圈。任期最後一年，歐巴馬政府對AI領域產生興趣，在全國各地舉辦系列座談，OpenAI一名最新進員工、前彭博社記者傑克・克拉克（Jack Clark）代表OpenAI參加。2016年10月，白宮發布一份報告，呼籲投入更多聯邦資金在基礎的AI研究，歐巴馬在接受《連線》雜誌訪談時宣傳此事，他的談話內容聽起來彷彿他一直在閱讀奧特曼的部落格。

「我們面臨的問題之一是，我們對集體行動的信心削弱，這部分出於意識形態和言論，」歐巴馬告訴《連線》雜誌。他呼籲重返阿波羅太空計畫的年代，政府對該計畫投入的資金相當於美國GDP的0.5％。2015年時，美國政府投入AI研究的經費約為10億美元，想提高到當年阿波羅計畫的投資水準，政府的AI研究經費必須提高至大約800億美元（以2016年幣值計算）。歐巴馬認為，政府的職責是確保在谷歌和臉書之類的科技巨人之外發展AI，「若我們想在這些突破性技術中呈現多元族群的價值觀，就必須有政府經費參與其中。」㉖

歐巴馬發表這些談話的幾週後，川普贏得大選，民主黨的AI議程被掃至一旁。多年後，ChatGPT使OpenAI變得家喻戶曉，奧特曼會說，這家年輕的實驗室早年——應該是2017年或2018年，但他拒絕明說——曾向政府尋求經費，但無果。「我一點也

不怪他們，因為當時我們只有一小群人在討論：『有朝一日，我們將試著建造出 AGI』，但基本上，我們沒有什麼東西可以展示，」他說。

阿西羅瑪 AI 準則

儘管 OpenAI 缺乏進展，DeepMind 在 2016 年全年穩步前進，這意味著 AI 圈愈來愈有必要思考這一切潛在的負面影響。2017 年 1 月，生命未來研究所在加州蒙特瑞半島（Monterey Peninsula）一家質樸、極具象徵意義的阿西羅瑪會務酒店（Asilomar Hotel and Conference Grounds）舉辦研討會，這棟複合式建築的前身是基督教女青年會（YWCA），1975 年時科學家在這裡商議出如何在不危及大眾健康或環境下研究 DNA 的準則。這些新規範讓科學界得以解除此前對基因改造工程研究實施的暫停令，並引領出數十年的研究結果與科學進步。這種大家群集對行銷技術的風險得出共識的過程，後來被稱為「阿西羅瑪模式」（Asilomar model）。

四十多年後，生命未來研究所所長馬克斯‧泰格馬克站在這家著名酒店的會議台上，呼籲制定一套阿西羅瑪準則，以避免 AI 與人類為敵。就在此時，一場巨大暴風雨穿越太平洋朝這裡襲來，搖晃著這座歷史悠久、石木結構建築的窗戶，一位會議出席者指出，這天啟般的天氣似乎配合著泰格馬克的語調，「當時，每個人都相信真正瘋狂的事情即將發生，」他說。

生命未來研究所於 2015 年在波多黎各舉辦第一場研討會，

當時與會者主要來自兩個社群——AI 研究員和 AI 安全性專家，還有一些富豪與會。現在，在阿西羅瑪會務酒店舉行的這場研討會，與會者大多是傑出人物，大家的迫切感更強烈，奧特曼來了，馬斯克、蘇茨克維、布羅克曼、阿莫迪、哈薩比斯及 DeepMind 其他共同創辦人都到場。分組專題討論時段，在艾倫・凱伊的建議下，奧特曼和凱伊的前學生塔莎・麥考利（Tasha McCauley）會面，他身材苗條，頭髮黑亮，是一家機器人學公司的執行長。

麥考利的母親塔米・麥考利（Tamme McCauley）是印第安納州富豪梅爾文・西蒙（Melvin Simon）的繼女，擁有全美最大購物商場及 NBA 印第安納溜馬籃球隊（Indiana Pacers）。塔莎的父親馬修・麥考利（Matthew McCauley）的外祖父是兒少系列小說《哈迪男孩》（The Hardy Boys）前十九本的作者，馬修不僅是艾美獎獲獎作曲家，也是埃及古物學家。馬修對遙測技術很著迷，並運用這項技術來挖掘獅身人面像，他現在是 3D 模型公司 GeoSim 的董事會主席。塔莎成長於洛杉磯，就讀一所名為「開放學校」（Open School）的非常規公立小學，凱伊為該校設計課程，蘋果電腦公司（當時的名稱）為該校提供部分經費。這所開放學校是蘋果的「栽培箱計畫」（Vivarium Project，以觀察動物與植物生長的玻璃栽培箱來命名）的一部分，旨在把電腦交到小孩手上，透過觀察他們的使用情形來改善電腦設計。「密切觀察小孩使用蘋果電腦系統介面的直覺反應及行為，並從中學習，我們希望發展出一種簡單、易用的系統，使更多人能夠根據自己的需求和願望定制電腦的行為。」凱伊在這所開放學校的同事賴

利・耶格說。舉例而言，開放學校一到六年級共三百名學生在上生物課時，使用電腦來創造動畫動物並透過編輯牠們的行為來學習。他們學習編程，使用動態創作工具來做家庭作業，例如蘋果公司在網路問世前開發出來的超媒體系統 HyperCard。「我們設計的程式使我想到玩具，一種直覺圖形化玩具，使我們能夠以開心、沉浸式地表達創意，」麥考利在一次和芝加哥玩具與遊戲集團公司（Chicago Toy & Game Group）會談時說。❷ 栽培箱計畫的顧問委員會成員包括不少重量級人物，例如傑弗瑞・辛頓、馬文・明斯基、《銀河便車指南》（*The Hitchhiker's Guide to the Galaxy*）作者道格拉斯・亞當斯（Douglas Adams）及懂得用手語溝通的大猩猩「可可」（Koko）。

　　凱伊是麥考利的終身導師，他的職涯貢獻與印記是推進人機介面的發展，他的名言是：「預測未來的最佳方法是發明未來。」麥考利先就讀巴德學院（Bard College），接著去奇點大學（Singularity University）讀機器人學，並留校任教。奇點大學不是一所大學，而是教育社群，由雷蒙・庫茲維爾和 XPRIZE 創辦人彼得・戴曼迪斯共同創設，包括思科、奇異（GE）及谷歌等公司在內的企業為其提供贊助金。〔令人困惑的是，奇點大學在 2012 年向尤考夫斯基的組織購買「Singularity Summit」（奇點峰會）及其他名稱，而尤考夫斯基的組織改名為機器智慧研究所（Machine Intelligence Research Institute）。〕麥考利和奇點大學的同事在 2011 年共同創立機器人公司 Fellow Robots，建造各式各樣的機器人，例如「遠端臨場」（telepresence）——名為「Helo」，早期原型的外形就像賽格威滑板車上安裝了一個平

板;大型商場裡的客服機器人(發出女性聲音的流線型自動櫃員機)。他在2014年從南加大馬歇爾商學院取得企管碩士學位,2019至2022年間擔任3D模型公司GeoSim的執行長(他的父親是該公司董事會主席暨該投資人)。2014年,他與好萊塢演員喬瑟夫‧高登－李維〔Joseph Gordon-Levitt,作品很多,例如《全面啟動》(Inception)〕結婚,翌年,除了有了他們的第一個孩子,兩人還共同出席在舊金山舉辦的有效利他主義全球研討會(Effective Altruism Global Conference),很快就成為有效利他主義社群的名人。戴眼鏡、穿著灰綠黑格子襯衫的高登－李維模樣像個十足的有效利他主義宅男,在翌年研討會上,他告訴專題討論小組,他幾乎是立刻就注意到有效利他主義的理性主義訊息明顯有別於好萊塢充斥的情感驅動、不切實際的行善。「前來學習這些概念——別聽從那些最好聽、最動人的故事,做實際能證明最有益的事,我覺得令人信服、崇高,值得再深入聊聊,」他說。❷

麥考利和奧特曼同意保持聯繫,研討會末了,他們在後來名為「阿西羅瑪AI準則」(Asilomar AI Principles)的協定上簽名,蘇茨克維、哈薩比斯、史蒂芬‧霍金等人的簽名就在旁邊。這套AI安全性準則比在波多黎各那場研討會議定的內容更激進,簽署人許諾不從事技術能力的競賽;「發展AI系統應該積極合作以避免在安全性標準上便宜行事」;AI應該「符合人類價值觀」。考慮到DeepMind和OpenAI之間競爭日益白熱化,以及任何一國率先發展出AGI的地緣政治影響,阿西羅瑪AI準則中較具爭議性的是,每一個簽署人承諾:「AI創造出的經濟繁榮應該廣為

分享」;「超智慧的發展應該只能為廣泛共用的道德理想服務，而非謀求一國或一組織的利益」。㉙ 後來簽署這份準則的人包括牛津大學哲學家、被廣視為有效利他主義的創始者威廉・麥克阿斯基爾（William MacAskill）。

有效利他主義運動興起於 2010 年代初期，由麥克阿斯基爾及同為牛津大學哲學家的托比・奧德（Toby Ord）組織與領導，他們受到實利主義哲學家彼得・辛格（Peter Singer）在 1972 年發表的論文啟發，該論文主張富人有道德責任去花費盡可能多的財富──應該遠多於正常水準──以拯救開發中國家。早期的有效利他主義試圖以更客觀公正的嚴謹態度去辨識哪些慈善行動最有成效（驅蟲慈善組織獲得成效評分特別高），並且建議有效利他主義的信奉者為避險基金工作（儘管，這建議可能令人反感），並且把他們的薪資捐獻給這些慈善組織，這對世界帶來的益處大於辛苦地去缺乏效率、直接援助非洲飢餓的組織工作。

麥克阿斯基爾和奧德在 2009 年共同創立名為「盡己所能地贈與」（Giving What We Can）的組織，鼓勵人們將至少 10% 的所得捐給窮人，本質上這是一種古昔的什一稅（什一奉獻），捐給那些經過嚴格審查、證明其有效性的組織。兩年後，麥克阿斯基爾又共同創立非營利組織「八萬小時」（80,000 Hours），為畢業生提供職涯規畫，教他們如何盡己所能貢獻與影響世界。2013 年，麥克阿斯基爾把「為贈與而賺錢」訊息傳達給數學神童年、在麻省理工學院主修物理學的山姆・班克曼－弗萊德（Sam Bankman-Fried，後來惡名昭彰的他被直接簡稱為 SBF），說服他進入金融領域。兩年後，「八萬小時」加入

Y Combinator 的夏季梯次。SBF 創立數位資產衍生品交易平台 FTX，並擔任其執行長，成為加密貨幣圈的重量級人物及後來的罪犯，在 2022 年被起訴欺詐與共謀罪之前，他是有效利他主義運動的最大捐款人之一。

另一方面，早年在避險基金業龍頭橋水基金（Bridgewater Associates）擔任分析師的荷頓・卡諾夫斯基（Holden Karnofsky）和艾利・哈森費德（Elie Hassenfeld）在 2006 年與其同事創立了慈善俱樂部，目的是匯集資金，並調查在何處使用這些錢能產生最大成效。歷經時日，這個俱樂部演進成非營利組織「善捐」（GiveWell），專門為各慈善組織計算平均每拯救一條生命花了多少錢。發送蚊帳對抗瘧疾的慈善組織表現最優異，因此許多人把這段期間稱為有效利他主義的「蚊帳」年代。約莫在此同時，尤考夫斯基在他的部落格「LessWrong」也提出類似論點，敦促理性主義者：「把做窩心的事和效益區別開來。」例如，為老太太開門是窩心的事，但若希望做對世界真正有益的事，你應該：「尋找使每一塊錢的期望效益達到最大的慈善組織。」㉚㉛

有效利他主義思想在舊金山科技圈散播之際，《華爾街日報》舊金山辦事處記者卡莉・圖娜（Cari Tuna）和達斯汀・莫斯科維茨（Dustin Moskovitz）相親約會，莫斯科維茨是祖克柏的哈佛室友，臉書共同創辦人，目前估計坐擁財富約 230 億美元。一年後，受到彼得・辛格的論文啟發，他們成為簽署巴菲特和比爾與梅琳達・蓋茲（Bill and Melinda Gates）的「捐贈誓言」（The Giving Pledge）中最年輕的伴侶，承諾在離世前或在他們的遺囑上言明捐贈大部分財富給慈善組織。2011 年，已經訂婚的他們

共同創立善業基金會（Good Ventures Foundation），莫斯科維茨忙於他的辦公室管理軟體新創公司 Asana，因此圖娜辭去《華爾街日報》的工作，專心經營基金會。他很快就發現，為了做出好決策，非營利組織「善捐」（GiveWell）是個不可或缺的諮詢對象。他告訴《慈善紀事報》（*The Chronicle of Philanthropy*），有些顧問建議他和莫斯科維茨應該考慮自己的慈善熱情所在，但他們心中有不同的想法，他們想要支持那些：「讓我們的微薄捐贈能夠在改善他人生活方面產生最大效益的慈善組織。」[32] 他們的善業基金會在 2014 年同意資助「善捐」（GiveWell）的分支機構善捐實驗室（GiveWell Lab），這項計畫後來改名為「開放慈善」（Open Philanthropy）。簡稱「Open Phil」的原始組織構想是，不僅根據有效利他主義的原則來捐獻，也要把整個決策流程透明化，這有時涉及揭露麻煩的細節，例如用 2,800 字解釋他們決定雇用克洛依・考克班（Chloe Cockburn）來領導他們在司法正義改革運動的捐款行動，他們最終捐給這項運動超過 2 億美元。

開放慈善組織創立後不久，有效利他主義運動的心力開始從保釋制度改革及驅蟲藥之類的陸上議題，轉移到更廣泛地拯救未來生命等行動，這意味著聚焦人類被消滅的可能性（這種可能性雖小，但不是零），例如核武戰爭、全球流行病或 AI 失控。開放慈善組織也跟進這種轉變。

阿西羅瑪研討會結束兩個月後的 2017 年 3 月，開放慈善組織捐款 3,000 萬美元給 OpenAI，荷頓・卡諾夫斯基進入 OpenAI 的董事會。宣布這筆捐款的同時，也揭露此前已經改變心意、加入 OpenAI 的研究員達里歐・阿莫迪和保羅・克利斯提安諾是：

「開放慈善組織的技術顧問,和荷頓同住。此外,荷頓已和阿莫迪的妹妹丹妮拉(Daniela Amodei)訂婚。」那年 8 月,卡諾夫斯基和丹妮拉結婚,丹妮拉也進入 OpenAI 成為人事主管。開放慈善組織對 OpenAI 的這筆捐款主要不是慈善性質,而是視為「合夥」關係,使其能在 OpenAI 內部倡導 AI 安全性。此外,他們顯然也想要 OpenAI 重新思考發展計畫──他們先前與 OpenAI 洽談時,馬斯克和奧特曼表明要把 OpenAI 的技術開放源碼。馬斯克長久以來強烈支持開放源碼技術,甚至開放特斯拉的大多數專利。但是,開放慈善組織的捐款公告中包含一篇出現於「藍灰星法典」部落格上的文章,該文反對 OpenAI 的開放源碼計畫,理由是這將導致人類被消滅,因為輕視、肆無忌憚,甚至邪惡的人會錯誤地使用 AI 技術。在 OpenAI 公布這筆捐款的更新使命聲明中,該實驗室譴責營利與產品,並且開始設限一些開放源碼技術的構想。「我們不會為了私利而不公開資訊,」OpenAI 在使命聲明中寫道:「但長期而言,我們希望建立制式流程,當涉及安全性疑慮時將不公開技術。」㉝

這是馬斯克的開放源碼夢想終結的開始,但另一方面,這筆捐款使 OpenAI 有資源去實現艾倫・凱伊、反熵人士、科幻作家及山姆・奧特曼現在的未來主義願景。這使命說明也引用凱伊的那句名言:「預測未來的最佳方法是發明未來。」

但是,與有效利他主義站在同一邊,使 OpenAI 最終付出的代價遠遠高於奧特曼所能想像。

第 13 章

轉軸成為營利事業

2017 年 8 月的一個週五，多人電玩遊戲《刀塔 2》（*Dot 2*），全名為《遺蹟保衛戰》（*Defense of the Ancients*）的兩萬名粉絲在西雅圖市中心一座體育館外排隊，這座體育館原為舉辦 1962 年世界博覽會而興建，後來被當成前 NBA 西雅圖超音速籃球隊（Seattle SuperSonic）的主場球館。現場有許多人頭戴著頭飾，身穿著盔甲，裝扮成影魔（Shadow Fiend）和半人馬戰行者（Centaur Warrunner），來自粉絲從暴雪娛樂公司（Blizzard Entertainment）於 2003 年發行的遊戲《魔獸爭霸 III：混亂之始》（*Warcraft III: Reign of Chaos*）中自發地發展出來的角色扮演。《刀塔》已經變成流行的文化現象，使得另一家遊戲公司維爾福（Valve Corporation）買下它的版權，並推出年度國際邀請賽（The International），獎金超過 2,000 萬美元，是迄今為止獎金額度最高的電子競技賽事。參賽各隊以五人對抗五人，有時被比喻成類似西洋棋和籃球賽的混合物。2017 年的國際邀請賽現

場還有一場載入史冊的一對一表演賽：世界頂尖的《刀塔》職業玩家、人稱「丹迪」（Dendi）的烏克蘭籍選手丹尼爾・伊蘇汀（Danil Ishutin）對抗 OpenAI 訓練出來的機器人。

人與 AI 機器人大戰

丹迪穿越噴霧機製造的煙霧，披著戰袍、像拳擊手般跳躍著現身舞台。他的對手則被推車推上台，然後戲劇性地插入隨身碟啟動生命。這場對抗賽並沒持續多久，伊蘇汀開場不久就喊道：「狡猾的機器人！」OpenAI 機器人攻擊他的兵團，過沒幾秒，機器人摧毀他的虛擬化身，洋洋得意。伊蘇汀輸了第一局，第二局中途放棄，然後拒絕玩第三局，「他太強了，」伊蘇汀說。

頭髮理光到像僧人、穿著黑色 V 領衫的布羅克曼站在丹迪不遠處，他目光如炬，咧嘴一笑地說：「讓我告訴你接下來的計畫，下一步是五對五對抗，」現場觀眾一片譁然。他身旁的娃娃臉雅庫布・帕霍奇（Jakub Pachocki）是出生波蘭的 AI 研究員，自卡內基梅隆大學取得博士學位後，在哈佛當博士後研究生，2017 年 2 月進入 OpenAI，擔任《刀塔》機器人團隊的研究總監。聽到布羅克曼的話，帕霍奇瞄了他一眼，帶有深邃酒窩的微笑不可察地凝固成擔心的神情，布羅克曼並未告訴團隊任何人這項計畫。❶

文化意義上來說，機器人在《刀塔 2》競賽中的勝利遠不如 AlphaGo 擊敗李世乭那麼轟動，畢竟圍棋是銅器時代就存在的遊戲，全世界玩家有數千萬人。但馬斯克可不會錯過這個機會來宣

傳 OpenAI 的勝利更偉大,「OpenAI 是第一個在電競世界中擊敗頂尖玩家的 AI 機器人,這遠比西洋棋和圍棋之類的傳統棋盤遊戲複雜多了。」他在推特上發文。❷

少有人注意到他的後續推文:「要在此感謝微軟讓我們使用他們的蔚藍(Azure)雲端運算平台,這需要龐大的處理能力。」奧特曼在幾個月前致電微軟執行長薩蒂亞・納德拉(Satya Nadella),請求提供 6,000 萬美元的運算力,讓 OpenAI 能夠公開展示他們的 AI 系統,這不但可以公開宣傳微軟居於劣勢的雲端平台,更別提還能為它抓蟲。當時,微軟的蔚藍雲端運算平台市占率約 15%,遠低於超過 60% 的亞馬遜雲端運算服務。❸ 奧特曼認識納德拉近十年,遠溯至他經營 Loopt 期間,那時納德拉尚未接掌微軟執行長,他掌管的是 Bing 搜尋引擎和雲端運算事業部門,兩人都是在 2014 年於眾人的驚訝中接掌各自的組織。OpenAI 機器人在《刀塔》亮相的前一年間,奧特曼開始頻繁與微軟的共同創辦人比爾・蓋茲碰面,蓋茲已經卸下微軟的正式職務,專注於慈善事業,但他仍然是微軟董事會成員,對 AI 也興趣濃厚。❹ 2018 年的國際邀請賽中,OpenAI 的《刀塔》系統擴大版本 OpenAI Five 在五對五對抗中輸了,之後 OpenAI 把用於訓練的運算力提高 8 倍,2019 年捲土重來,在直播下 OpenAI Five 擊敗人類隊伍,微軟欣喜若狂。

堅持推動 OpenAI《刀塔》計畫的是馬斯克,他被 DeepMind 的 AlphaGo 激怒,他們的勝利令他感到恥辱,因此強硬要求 OpenAI 必須在遊戲領域回應其競爭對手。若圍棋比西洋棋更複雜,他們必須找到比圍棋更複雜的遊戲,於是他們挑選了一款儘

管在線上的利基市場火紅、但可能全球 99％的人沒聽過的遊戲。OpenAI 的許多研究員認為這是研究死胡同,但馬斯克堅持,若想要他繼續資助,他們就必須在遊戲領域留下印記——得出讓億萬富豪能夠在他的私人飛機上與其他億萬富翁分享的影片。

《刀塔》計畫的確為 OpenAI 推進一些科學進展,特別是在擴大規模方面的進展。「我記得雅庫布他們用一個週末訓練出第一個 AI 代理,它能做點事,然後每週把中央處理器(CPU)核心的數量增加 1 倍,這 AI 代理的表現就會提高 1 倍,」布羅克曼說。他以自己獨特的熱情領導這項計畫,甚至雇用一支由前《紐約時報》記者李競(Jennifer 8. Lee)領導的紀錄片團隊,將過程拍成影片。展示影片可以吸引投資人的注意,尤其是微軟的注意。「我們能夠證明,把單一一種方法規模化可以得出非常好的成果,」蘇茨克維說。

鮑伯・麥葛魯(Bob McGrew)長著可愛的圓臉,但褐金色的頭髮已出現些許灰白,他有著「房間裡的大人」般的活力幹勁,在帕蘭泰爾科技公司(Palantir Technologies)工作十年,最近加入 OpenAI 當研究員。他從史丹佛大學的 AI 博士班輟學後進入提爾的資料探勘公司,因為「2005 年時,攻讀 AI 博士學位並不明智。」雖然他有管理經驗,加入 OpenAI 時,他要求以個人貢獻者的身分工作,並且「被當成研三學生般看待,」他說:「他們不太懂我的意思。」

麥葛魯自願做另一項 OpenAI 計畫,那是沃伊切赫・札倫巴領導的計畫,試圖讓機器人的手去解模擬的魔術方塊,「我們一直難以讓機器人做手部工作,」麥葛魯說。《刀塔》計畫成功

後,札倫巴請求《刀塔》計畫的研究總監帕霍奇把相同的方法應用於機器人手,「應用這方法後,馬上就從原先的用兩隻手指抓——很難抓住一個球體——變成五隻手指並用,但需要很多的關節,我想大概二十五個關節能夠做抓住和操作一個物體的動作。過沒多久,大概幾星期吧,我們的機器人就能解魔術方塊了,」麥葛魯說:「這就是所謂的茅塞頓開的尤里卡時刻*。」

但是,根本上他們朝往錯誤方向前進。在《刀塔》和機器人手計畫為博得媒體注意而努力之際,一位隱遁、獨自作業的研究員亞歷克·拉福德(Alec Radford)正靜悄悄地探索一項遠遠更重要的計畫。拉福德在 2016 年從麻州尼德姆鎮(Needham)的歐林工程學院(Olin College of Engineering)輟學,跟幾位同學創立機器學習公司,卻發現他感興趣的事需要龐大的運算力,之後他便進入 OpenAI。拉福德對於聽命於他、為他效勞的 AI 代理沒那麼感興趣,他更感興趣的是能夠學習言語意義的語言模型。他在 OpenAI 做的第一項計畫涉及使用 20 億條 Reddit 論壇評論來訓練 AI 模型,但行不通,因此他在下一項計畫中縮小規模,使用 1 億條亞馬遜產品評價來訓練。這訓練的目的很簡單,就是讓 AI 模型預測一條評價中的下一個字元,沒想到訓練結果讓 AI 模型大躍進了:它能判斷一條評價是正面抑或負面評價,「這實在太令人驚訝了,」拉福德告訴《連線》雜誌。❺ 2017 年 4 月,拉福德、蘇茨克維及另一位 OpenAI 研究員拉法烏·約澤夫維奇

＊ 尤里卡時刻(eureka moment)源自希臘用以表達人類突然理解以前無法理解的問題或概念時的時刻。

（Rafał Józefowicz）共同發表一篇關於他們稱為「情緒神經元」（sentiment neuron）的論文，情緒神經元能夠在不仰賴人類預先標記資料下，自行學習與了解陳述是正面抑或負面。

兩個月後，蘇茨克維閱讀了八名谷歌研究員合撰的一篇標題為〈你只需要注意力〉（Attention Is All You Need）的論文預印本，他立刻就認知到這篇論文提出的方法能大大提升拉福德的研究效率。這篇論文展示了應用名為「注意力機制」（attention machanism）的方法，動態地把輸入文本內容的重要部分給予重要性賦值（importance assignment），AI 模型就不必一次只處理一個字元，而是可以並行處理大批量的文本。這種方法也利用圖形處理器（GPU）晶片並行地執行多運算。蘇茨克維充分理解這篇後來被稱為「轉換器論文」（Transformer paper）的重要性，部分源於此論文是以他自己的研究成果為基礎，包括他發表於 2014 年的「序列映射至序列」機器學習論文，其概念是使用注意力機制來促成機器翻譯與摘要的進展。❻

訓練世界最大的模型

轉換器架構是 AI 向前躍進巨大的一步，因為它們能夠從長序列的文本學習，並且比以往的循環神經網路（recurrent neural network，簡稱 RNN）利用更多的運算力。這開啟了通往下一個範式的大門，快速增加資料量和運算力將驅動 AI 領域的進展。不過，跟所有神經網路一樣，它們很大程度上仍是黑盒子：截至本書撰寫之際，就連專家也無法確切了解它們如何運作。結合蘇

茨克維的洞察和拉福德的預言研究，釋放出的這些驅動力將定義 AGI 榮景。

布羅克曼說：「伊爾亞（蘇茨克維）和我曾經聊過，費曼方法很高明，」他指的是參與曼哈頓計畫、獲得諾貝爾獎的著名物理學家理查・費曼（Richard Feynman）。「費曼方法是，你有一組你關心的問題，你知道為了解決這些問題缺了什麼，你等待自己或其他研究員發明出缺少的那一塊，然後你植入那一塊，你就是天才啦，你解決問題了，對吧？某種程度上，你可以把轉換器視為我們的天才公式裡的最後一塊，我們知道它會出現，問題只在於我們何時將有一個確實能夠把排好的所有拼塊運行起來的模型？」

拉福德開始對轉換器架構進行他驗，「我在兩週內獲得的進展比我過去兩年獲得的進展還要多，」他告訴《連線》雜誌。❼ 他很快就發現，模型愈大運作得愈好，因此他們需要盡可能最大的資料集。在蘇茨克維及另兩名研究員的幫助下，拉福德決定使用名為「書籍語料庫」（BookCorpus）的資料集，它集合了超過七千本大部分為虛構內容的浪漫小說、奇幻小說及科幻小說。這最早是麻省理工學院和多倫多大學研究員在 2015 年建立的資料集，他們說這些是：「作者撰寫但尚未出版的免費書籍，」並將其放在多倫多大學的網站提供下載，谷歌及其他公司也使用這個資料集來訓練 AI。英國《衛報》（*The Guardian*）在 2016 年報導，這些書籍是在未經許可下，從自助出版平台 Smashwords 上取得的，在此平台上，作者可以選擇把自己的著作價格訂為免費。BookCorpus 資料集中的許多書籍內含「版權所

有」聲明。因此，幾位作者提出抗議，美國最大的作家維護團體作家協會（Authors Guild）也提出抗議，但谷歌發言人主張這種做法是：「在美國法律下的正當使用。」[8] 這爭議不會是最後一次出現。

他們也使用問答網站 Quora 的問題與答案配對、中國學生的英語短文閱讀測驗、科學選擇題測驗，總計這模型有超過 1.17 億個參數，構成相當大的工程挑戰。OpenAI 必須重新立定目標，從做多項計畫轉變為專注訓練可能是世上最大的模型，為此必須奉行布羅克曼和蘇茨克維之前得出的理念：研究員和工程師必須成為平等的夥伴。

「工程師擅長做煩人的工作，」蘇茨克維說：「學者卻不太擅長，學者喜愛漂亮的概念，但他們不愛埋頭苦幹。在 OpenAI，我們認為：『我們是一家做苦力的公司。』」

燒錢的事業

在完成模型訓練後，他們發現這模型不僅在回答資料訓練的問題方面擊敗標竿，而且似乎還能回答沒訓練過的問題，這種現象被稱為「零樣本學習」（zero-shot learning）。多年後，奧特曼這麼描述此結果：「令人讚嘆，但它是如何運作的或它為何能這樣運作，我們並無深度了解。」拉福德、蘇茨克維及整個團隊稱此模型為「生成式預訓練轉換器」（generative pre-trained transformer），簡稱 GPT。[9]

他們為公司展示了一條新的發展路徑，卡帕斯解釋，之前發

展 AI 代理是錯的，因為它需要從零開始訓練。而且，從零開始需要大量的機器學習才能教會它所需的一切知識。

「正確的做法是別再管那些，訓練語言模型，」他說：「語言模型不是代理，它們會試著預料下一個字。但因為你在整個網路做訓練，神經網路被迫學習這個世界裡的一切。」

若你想訓練 AI 為你訂購機票，你應該從大的 GPT 語言模型做起，這模型從閱讀中學會什麼是「按鍵」和「文字欄位」，而不是讓它隨機地誤打誤撞來獲得獎酬。訓練一個讓代理可以仰賴的生成式「大腦」，再訓練代理透過「微調」（fine-tuning）過程，在特定行為中使用這大腦，在計算上更容易、成本更低。這樣就能去除很多的盲目摸索。

「過去，我們一直試圖在複製 DeepMind 的做法，這是錯誤途徑，」卡帕斯在多年後說：「OpenAI 的亞歷克（拉福德）訓練第一批 GPTs，現在 DeepMind 反過來複製 OpenAI 的方法。」

《刀塔 2》勝利最初，馬斯克很振奮，但從《刀塔 2》計畫得出的啟示之一是，擁有大量的運算力真的很重要。為此，OpenAI 需要很多錢，蘇茨克維、布羅克曼及奧特曼探索透過首次代幣發行（initial coin offering，簡稱 ICO）來籌措資金的可能性，但馬斯克最終認為此舉將傷害 OpenAI 的信譽。他們研擬計畫，想為這個非營利組織募集超過 1 億美元的資金，但當他們開始接洽可能的捐款人時，他們很快就認知到這做法太不切實際。與一位矽谷知名的投資人開會時，他們被告知，對任何非營利組織來說，1 億美元是非常驚人的數字。「那是導致後來組織轉變的關鍵時刻，為了募集到所需的龐大資金，是組織完成使命的方

法有所成長的時候了，」布羅克曼告訴《華爾街日報》。2017年7月，當OpenAI的《刀塔2》模型表現優異到能夠在一對一對抗中擊敗人類的僅僅一個月，蘇茨克維寫信告知馬斯克有關OpenAI的最新進展，他在信中說，OpenAI很快將開始：「設計營利事業架構。」❿

在仔細考慮轉變為營利事業時，OpenAI共同創辦人跟馬斯克長談由誰領導這家公司，馬斯克想取得全部的掌控權，擁有最大股權、董事會掌控權及執行長頭銜，但蘇茨克維和布羅克曼擔心他只能投入一小部分的時間在這裡。最終，由誰擔任執行長的決定留給布羅克曼和蘇茨克維，身為資深的全職共同創辦人，他們最初選擇的是馬斯克。但是，奧特曼致電布羅克曼，說服他改變心意，他說馬斯克很難共事。布羅克曼轉而說服蘇茨克維也改變心意，支持奧特曼。「從OpenAI創立一開始，我一直嘗試說服他進來當執行長，」布羅克曼在2023年告訴《華爾街日報》：「這是為山姆打造的職缺，多年來，我們刻意地保留這個職缺。」⓫ 那年9月，布羅克曼和蘇茨克維寫了一封電子郵件給奧特曼和馬斯克，告知他們的難處。

「我們想與你共事的欲望強烈到使我們樂意放棄股權、個人掌控強，使自己可以輕易被開除，反正就是不惜一切代價地想跟你共事，」他們這樣告訴馬斯克。但是，他們在信中寫道，他們擔心：「目前公司結構會讓你最終單方面絕對掌握AGI控制權。你之前說你不想掌控最終的AGI，但在這次協商中，你向我們展現絕對掌控權對你而言極其重要。」他們又說，基於OpenAI的創立是：「為了避免出現AGI獨裁的局面，」因此，「創造一個

讓你可以選擇成為獨裁者的公司結構，實非明智。」

但他們也對奧特曼有疑慮，尤其是他有自己的政治抱負。他們使用中學時代參加數學競賽的術語寫道：「在這整個過程中，我們一直無法充分信賴你的判斷力，因為我們不了解你的成本函數。」信中又說：「我們不了解為何執行長的頭銜對你而言這麼重要，你說的理由已經改變，我們難以真正了解是什麼導致這一改變。AGI 真的是你的首要動機嗎？這跟你的政治目標有何關連性？你的思考過程如何歷經時日而改變？」這主要是蘇茨克維的觀點，但他們兩人在某種程度上都這麼想。

儘管他們力求公正不偏，但馬斯克對這封電子郵件有自己的解讀。「各位，我受夠了，」他在收到電子郵件後的幾小時內回覆：「你們要不自行其事，要不就讓 OpenAI 繼續維持非營利事業，我將不再資助 OpenAI，直到你們做出維持非營利事業的堅定承諾，否則我基本上就是個免費拿錢給你們開新創公司的傻子。討論就此結束。」❷ 他停止資助，但仍支付辦公室租金一段期間。領英（LinkedIn）共同創辦人、彼得・提爾的大學友人里德・霍夫曼伸出援手，支付 OpenAI 員工薪資及其他開銷。

2017 年年底，馬斯克挖角卡帕斯，讓他擔任特斯拉的 AI 主管，負責領導該公司的自駕車技術。2018 年 1 月，他寫給蘇茨克維和布羅克曼一封電子郵件，敦促他們把 OpenAI 併入特斯拉公司。

「在我看來，OpenAI 目前正在燒錢，資金模式無法達到與谷歌（一家 8,000 億美元的公司）競爭的規模，」馬斯克在信中寫道：「轉軸成營利事業或許能歷時創造較穩定的收入來源，以我們目前的團隊，或許也能引進大量投資。但是，從無到有地

建立一個計畫會分散 AI 研究的專注力，這需要花很長時間，而且也不確定能否趕上谷歌的規模，投資人也可能在錯誤的方向施加太大壓力。我能想到最有希望的選擇是如我前面提到的，讓 OpenAI 併入特斯拉，讓特斯拉成為它的金牛。」馬斯克認為這是雙贏：OpenAI 的技術能加快特斯拉的自駕車發展，進而提高特斯拉的市值來承擔起資助 OpenAI 追求發展 AGI。「兩到三年內發展出完全自駕車解決方案後，我們就能賣很多車子／貨車，」他寫道。他說，此舉可以提高特斯拉的市值，讓 OpenAI 使用特斯拉的營收來大規模研發 AI。「我看不出還有其他辦法有潛力在十年內達到谷歌規模的可持續資本，」他寫道。❸

當月稍後，在舊金山冷冽異常、颳著大風的某天，OpenAI 員工被召集到拓荒者大樓樓頂，舉行一場突發且不祥的全員會議。馬斯克坐在沙發上，數十名 OpenAI 員工圍繞著他，他丟下震撼彈，說自己將永久離開 OpenAI，他解釋，特斯拉涉足 AI 領域將產生利益衝突。奧特曼感謝他對 OpenAI 的投入，試圖快速終結這會議，但員工想要答案，馬斯克就是馬斯克，他接受他們的提問。提問湧現：他要如何安全地發展這項技術？為什麼要在特斯拉搞敵對行動，畢竟，擴大 AI 競賽意味著發展可能失控？最終，馬斯克怒氣沖沖地打斷他們，嚴厲斥責一名年輕研究員是「蠢蛋」，令員工錯愕不已。

馬斯克奪門而出，OpenAI 員工再也沒見過他。奧特曼試圖安撫他們，告訴他們，馬斯克的離開不會威脅到這所羽翼未豐的研究實驗室，儘管其初始資金 10 億美元大多來自馬斯克。

雖然，要再過一年奧特曼才會正式成為 OpenAI 的執行長，

但此時他實質上算是 OpenAI 的執行長。他立刻著手設法滿足實驗室巨大的運算力需求,近程來說,這意味著尋找更多的捐款者和顧問,包括著名的有效利他主義人士,例如尚・塔林和茱莉亞・蓋勒芙(Julia Galef)——理性主義宣揚者,曾在去年有效利他主義全球研討會中和高登 – 李維同台。❶ 中長程而言,這意味著解答更大的疑問:他們應該向輝達(Nvidia)購買晶片,還是向大型科技公司租用運算力,抑或自行從無到有地打造這一切?幫助奧特曼探索這些疑問的是 OpenAI 一位新進員工,曾為特斯拉最年輕的產品經理米拉・穆拉蒂(Mira Murati)。

阿爾巴尼亞是一個從共產主義轉變為西方式資本主義民主的國家,而穆拉蒂就生長於這個混亂時期❶,他的父母是高中老師,他是三個小孩中的老二,從小就在學業上表現優異,完成自己的功課後還跟著研習姊姊的教科書,並參加國際數學奧林匹亞競賽。十六歲時,他獲得世界聯合學院(United World College)的分校加拿大皮爾森學院(Pearson College)獎學金,這是位於溫哥華的國際寄宿學校,提供國際文憑(International Baccalaureate)的大學預科課程。他大學就讀科爾比學院(Colby College)和達特茅斯學院(Dartmouth College)的五年雙學位工程課程,在他的專題計畫中建造一輛混合動力跑車。「那只是做著玩的,但我們也想做些很難的東西,所以我們沒有使用電池,而是使用超級電容器,反正就是努力去嘗試推展可能性,」他在一次播客節目中接受微軟技術長凱文・史考特(Kevin Scott)訪談時說。❶

2012 年從大學畢業後,穆拉蒂短暫當過實習生,先是在高

盛集團，後來在法國的卓達宇航集團（Zodiac Aerospace），但對航太產業的步調感到不奈，「我發現航太業步調太慢，」2024年他在達特茅斯學院演講時告訴聽眾。❼（在那次的訪談中，他說：「AI 發展可能導致一些創意工作流失，但或許它們本來就不應該存在。」這句話引發不算太嚴重的怒火，他覺得這句話被斷章取義了。他在 2013 年進入特斯拉，先是參與四門轎車 Model S 及跨界休旅車 Model X 這兩支團隊，之後擔任 Model X 的產品經理，督導其製造、銷售、設計、工程、硬體及軟體。在他擔任 Model X 產品經理時，特斯拉公布其初版的 AI 賦能駕駛輔助系統 Autopilot，他對這個領域產生興趣。2016 年，他離開特斯拉進入由提爾創辦人基金資助的新創公司 Leap Motion，該公司試圖研發讓人們藉由揮動手指與手掌來與數位器材互動的感應裝置，但最終沒能實現。如此狹窄的 AI 應用令穆拉蒂感到失望，他開始思考更通用版本的 AI 系統，另一方面，他碰巧在社交場合結識幾位 OpenAI 共同創辦人。與阿莫迪、布羅克曼、蘇茨克維、舒爾曼及奧特曼聊過後，他的信心大增，於 2018 年進入 OpenAI 擔任應用 AI 與夥伴關係副總。起初的工作內容是算出他們需要多少晶片來發展 AGI，以及最有可能的是說服微軟為他們提供這些晶片，這在 OpenAI 內部被稱為硬體策略。歷經時日，穆拉蒂的職務範圍涵蓋公司的每個層面。

父親驟逝

陣亡將士紀念日[†]還沒到，但傑利・奧特曼去世那天，聖

路易高溫有如西部夏至。當天,他正與划船隊在克里夫科爾湖(Creve Coeur Lake,法文中,「créve-coeur」是「broken heart」心碎的意思)划船時突然感到胸痛,「他們當時還在湖的另一邊,」傑利的友人兼隊友裘琳·柏格曼說:「他當時說:『我很不舒服』,他只是坐著,大家奮力划船,把他帶回岸上。」他被緊急送醫,醫生想動心臟手術清除阻塞,但為時已晚,他的心臟停搏,享年六十七歲。

消息震驚所有認識他的人。多年前他的心臟裝上支架,但從各方面來看,仍然很健康,看到女兒安妮高中時在划艇賽中當舵手後,便加入聖路易划船俱樂部。(傑利往往對小孩感興趣的事物感興趣。)他在堪薩斯市的楔石物業管理公司(Keystone Property Management)擔任營運長,常從那裡驅車四小時趕回家,換上彈性纖維運動裝備就下水。「他總是努力找時間趕回來划船,」柏格曼說:「那是傑利的轉變。」不划船時,他就去俱樂部修船,「我們常說,沒人比傑利更友善了,」他說。但自己和康妮分居的事,他連最好的船友都沒說,直到他離世後柏格曼才知道他獨居在公寓,雖然之前他有感覺到不太對勁。

山姆推動 Y Combinator 資助保健業的新創公司,他的其中一項理念是,沒有科技不能最終解決的事,但父親離世於他而言就像來自憤怒之神的一道閃電。「他的父親過世時,他真是一團亂,」山姆的高中友人車莎莉說。

在那場擠滿人的中央改革猶太教堂的葬禮上,山姆在悼詞

---

† 陣亡將士紀念日為每年5月的最後一個週一。

中懷念父親的笑聲——朋友都說那是高音調的咯咯聲。有一晚，全家人在家玩桌遊，大家都笑得不可開交，山姆借藉用手機錄下父親的笑聲。父親過世後的那幾天，他常播放這笑聲，「他建議大家這麼做，」已經成為約翰巴勒斯中學校長的安迪・阿柏特回憶，他那天也出席葬禮：「他仍保存他父親的這段錄音，那是他父親擁有過的歡樂。」山姆像是找到一種用技術來逃避死亡的方法，儘管那是一種貧乏無力的方法。

傑利的離世對他的家人打擊很大，每個孩子都在葬禮上致詞，但安妮的悼詞中唐突地說到他在夏威夷島時住在車子裡過活，這是他「極簡嬉皮生活時期」的一部分。決定不想過整天在舊金山灣區實驗室裡殺老鼠的可悲生活後，他在 2017 年前往夏威夷島，成為一名領有証照的瑜珈老師，爾後返回舊金山灣區，任職一家銷售當地農產品箱的公司，然後又再前往夏威夷島，已經在車裡生活了幾個月。傑利告訴柏格曼，他很擔心安妮，但也決定支持他的選擇。那年 1 月，他傳簡訊給安妮：「在此澄清一下，我不只支持你現在的生活型態或你現在的身心嘗試；我支持你的人生。我永遠支持你的人生，這些是你人生的面向，因此我都支持。不存在所謂的『現在』——尤達（Yoda）§大概會這麼說，只有生命本身，只要生命還在持續。」

傑利過世後，山姆查看了父親的帳戶，發現他最近一直在分擔安妮的二手車車貸，並以其他方式提供他經濟資助，儘管傑利此前已經與家人一致同意不再援助安妮，只讓他以眷屬身分繼續

---

§《星際大戰》中具有強大力量、智慧與高尚品德的角色。

依附在康妮的健保下直到二十六歲。康妮擔心的是，此時再繼續給女兒錢，會導致他選擇不健康的生活型態，因此山姆的發現令康妮不安。「他畢業於塔夫茨大學，」康妮說：「我支付高昂學費讓他取得學位，我的孩子全都沒有助學貸款。」那年夏末，康妮把二十四歲的安妮剔出他的健保依附眷屬。❽

傑利辭世，安妮是他的人身保險受益人之一，這讓他有錢遷居洛杉磯去追求他的明星夢。他去即興劇團正直公民隊（Upright Citizens Brigade）上課，在開放麥克風之夜表演單口喜劇，推出自己的播客節目，繼續做他稱為《人類安妮》（The HumAnnie）的單人秀，主張沒人知道如何當個人類，以及所有人類都需要基本資源。他在 YouTube 張貼翻唱歌，「我有我的科學極端，我有我在車裡生活的嬉皮極端，接著我去洛杉磯探索藝術與商業，以及我如何做所有的事，」他說。

父親離世後的頭一星期，山姆渾渾噩噩，「直到一星期後，我才清醒過來，就像突然意識到：『靠！老爸真的走了』，」他後來在一個播客節目中說。❾

尋找投資人

葬禮的一個月後，奧特曼把車開進太陽谷度假村（Sun Valley Resort）一棟粗石屋旁的車棚下，新聞通訊社的相機喀嚓聲此起彼落。他穿著一件粉紅色 T 恤，戴著塑膠材質、藍色反光鏡片的太陽眼鏡，一副要去海灘休憩的模樣。出席艾倫投資銀行年度媒體金融研討會的媒體界大人物驕傲地穿著活動識別的刷毛

背心,奧特曼仍然是加州風格穿著。太陽谷研討會(Sun Valley Conference)被視為「富豪夏令營」,自從 Loopt 在 2008 年雇用艾倫公司協助尋找出售買家或找到更多投資後,多年來奧特曼都會出席這場活動,他早已與研討會的台柱成為好友,例如福斯廣播公司創辦人巴瑞·迪勒(Barry Diller)及其妻子黛安娜·馮佛斯登柏格(Diane von Furstenberg)。(艾倫公司是家精品投資銀行,經常在媒體業交易案中被列為第三銀行,想收到這令人垂涎的研討會邀請,最佳途徑是雇用該公司。)

太陽谷研討會是著名的交易場合,美國線上在此決定收購時代華納(Time Warner);康卡斯特(Comcast)在此敲定收購 NBC 環球集團(NBC Universal),每樁在這研討會中促成的交易,艾倫公司都能獲得一部分收益。這年,雖然景氣好、天氣佳,但研討會卻彌漫憂慮感,在來自 Netflix 等後起之秀的競爭下,媒體業大咖似乎急於搶在事業虧損前把自家賣給科技公司。就像是要激怒傳統媒體公司似地,軟銀(SoftBank)創辦人孫正義(Masayoshi Son)抵達會場便向記者表示:「我對傳統媒體不感興趣。」[20] 翌日,蘋果的提姆·庫克(Tim Cook)和臉書的雪柔·桑德伯格也口徑相似,此時尚未離婚、但正對自己外觀改頭換面的傑夫·貝佐斯(Jeff Bezos)昂首闊步地逛著精品快閃店。

奧特曼在樓梯間碰到微軟的納德拉,兩人交談了五分鐘。奧特曼回憶:「我大概的意思是:『嘿,我們要募集很多資金,那將是非常奇特的模式,你想談談嗎?』」納德拉感興趣,事實上,他想馬上就談。奧特曼解釋,馬斯克離開後,OpenAI 決定嘗試「有限獲利」(capped profit)模式,限制投資人的報酬至多

為投資金額的 100 倍——這「限制」確實是個高明的投資推銷。「由於投資模式非常奇特，令很多人打退堂鼓，」奧特曼後來告訴《華爾街日報》：「我們設限了他們的報酬？他們的態度是：『你在開玩笑吧？不行，原則上，絕不。』所以，這排除了很多人。」

維諾德・柯斯拉（Vinod Khosla 是）是少數沒有被這模式嚇退的投資人之一，他是昇陽電腦（Sun Microsystems）共同創辦人，後來進入凱鵬華盈創投公司，繼而創立自己的柯斯拉創投公司（Khosla Ventures）。大衛・魏登成為 Loopt 顧問不久後，柯斯拉創投就雇用他，魏登介紹奧特曼與柯斯拉認識，奧特曼在 Y Combinator 期間，柯斯拉一直跟他保持聯繫，投資人對 AI 及核能都感興趣。柯斯拉記得，在募資期間奧特曼告訴他：「你是少數關心使命勝過報酬的基金之一，我們沒有營收方面的計畫，沒有任何這方面的預測，甚至不在乎財務報表。」柯司拉說，他們談論的是 AGI 的使命。最終，柯斯拉創投做出創立以來最大的一筆投資——5,000 萬美元，成為投資 OpenAI 的第一家創投公司。

但是，OpenAI 需要的資金遠大於 5,000 萬美元。接下來幾個月，奧特曼及其團隊與其他科技公司洽談，但大部分談得：「不太理想，」他說。那年冬天，他找上納德拉及微軟的技術長凱文・史考特，終於開始認真地商談。奧特曼回憶：「我記得與他們談完後，我回去告訴團隊：『這是唯一的夥伴，是我們的合作對象，他們與我們的目標一致，他們理解我們的想法，他們理解安全性問題，他們理解 AGI。他們有資本，他們有運算能力，我們就這麼做吧。』但之後，我們並未實際展開流程。」

奧特曼和微軟商談的同時，他愈來愈依賴 Y Combinator 的人脈網去經營全球關係。2018 年，為了栽培中國的新創公司，他宣布成立 YC China，由曾經任職微軟公司、幫助納德拉規畫 AI 策略的華裔美籍 AI 專家陸奇擔任領導人。多年前奧特曼造訪過中國，當時是陪同彼得・提爾行銷其著作《從 0 到 1》，他被二十年前滿是稻田的土地上豎立起的華麗摩天大樓所震驚，令他印象深刻的是參觀中國工廠和生物實驗室時，見到瘋狂賣力的員工及其生產力，「當時我想，全球最有趣的創業、技術活力在中國，」奧特曼說。他的前 Loopt 董事會成員葛瑞格・瑪卡度也這麼認為，無怪乎紅杉資本的中國分公司在當時積極投資中國新創事業，例如投資中國無人機製造商大疆創新公司。美國政府在 2021 年把大疆列入投資黑名單，理由是該公司幫助中國政府監控新疆維吾爾族。不過，YC China 從未起飛，在美中關係緊張升溫下，2023 年，紅杉資本也讓紅杉資本中國基金獨立出去。誠如陸奇在 YC China 創立時接受訪談中所言：「在中國的多國籍企業幾乎全部陣亡，它們幾乎從未成功地登陸中國。」㉑

奧特曼也與沙烏地阿拉伯建立關係。2016 年他在舊金山費爾蒙酒店（Fairmont Hotel）舉行的一場晚宴上首次見到沙烏地阿拉伯王儲、人稱 MBS 的年輕統治者穆罕默德・賓・沙爾曼（Mohammed bin Salman），提爾、霍夫曼及十多位美國創投家也出席了那場晚宴。沙烏地阿拉伯的代表團舉辦這場晚宴的目的是加強該國和美國創投界的關係，幾週前，他們才投資了優步（Uber）35 億美元。㉒「山姆對這場晚宴印象很深刻，」一位出席者說，接下來幾年：「沙國與山姆之間很合拍。」2018

年 10 月 9 日,沙國一家通訊社宣布,山姆加入「未來之城」(Neom,希臘語意指「新」,阿拉伯語意指「未來」)建設計畫委員會,MBS 打算花 5,000 億美元、使用 AI 和乾淨能源,在沙漠上建造一座面積相當於整個麻州的巨型城市建設計畫。近似於奧特曼的 YC 未來城市的夢想,MBS 想從頭開始改造沙烏地阿拉伯社會,根據《華爾街日報》報導,MBS 在未來之城的第一次委員會會議中說:「從無到有地建造未來之城,有獨立的制度與規範,可以提供不受社會限制的最佳服務。」他的顧問提出飛行計程車、幫傭機器人、直屬國王管轄的伊斯蘭法院等規畫。㉓ 但是,在宣布成立「未來之城」顧問委員會之際,外界的注意力聚焦於沙國異議人士、《華盛頓郵報》(*Washington Post*)專欄作家賈邁爾・哈紹吉(Jamal Khashoggi)於 10 月 2 日進入沙國駐伊斯坦堡領事館後便蒸發人間一事。當後續報導揭露哈紹吉已被暗殺時,奧特曼宣布暫停「未來之城計畫,直到哈紹吉失蹤一事真相大白。㉔ 美國情報單位最終確定,在 MBS 的下令下,哈紹吉被凌虐、殺害,死後屍體被肢解。直到五年後,奧特曼才能再度造訪沙國,儘管由沙烏地阿美石油公司(Saudi Aramco)資助的基金後來跟著奧特曼投資 AI 晶片新創公司 Rain Neuromorphics,但拜登政府翌年強制該基金撤回此投資。㉕

到了 2018 年夏天,奧特曼沒放多少注意力在 Y Combinator 正職上了,Y Combinator 合夥人開始抱怨他鮮少出現,他們之間也開始爭吵,一些合夥人向葛拉罕抱怨 Y Combinator 組織過於臃腫。為了解決這些疑慮,奧特曼想再將自己的職責委任出去,並任命卡洛琳・李維的丈夫、前 WSGR 律師強納生・李維為「文

化」副總,這職務使他擁有 Y Combinator 旗下單位的一些行動否決權,例如 YC 連貫基金和 YC Core。李維是葛拉罕及李文斯頓遠在英國專注照料孩子時依賴的三名 Y Combinator 資深員工之一,有些人稱此角色為「監護人」。李維幫助 YC Research 研擬其法律架構,成立 OpenAI 這家非營利組織的文件下方有他的簽名。他向來也直言不諱地批評 YC 連貫基金投資非 YC 公司並雇用特別助理,他認為這是危險的膨脹。他與掌管 YC 梯次的 YC Core 執行長麥克‧塞貝爾也常意見不合,在奧特曼提議李維擔任新角色的職能後,塞貝爾說他絕對不要成為李維的下屬,奧特曼只能放棄這個構想。

另一方面,葛拉罕對 YC 連貫基金愈來愈失望,認為 YC 連貫基金減損了 Y Combinator 早期階段的魅力。奧特曼原先推銷設立 YC 連貫基金可以賺取管理費,用這些收入來資助 YC 梯次,但當法律障礙使其不可為時,這些管理費被拿來雇用專家和分析師,Y Combinattor 資深人員覺得這有違他們倡導的「拉麵獲利」(ramen profitability)‡奮鬥精神。

‡ 葛拉罕倡導「拉麵獲利」理論,他認為新創公司,尤其是軟體型新創公司,在早期應該專注在賺得可以維持溫飽的營收與獲利,支撐下去,不要太早對外募集資金,因為那很容易讓投資人占到便宜。例如,一家新創公司在創立兩個月後可能每月只要3,000美元營收就能進入盈餘狀態,因為新創公司只要幾名創辦人就足以維持簡單的營運,不須急於募集資金求存活。

成立子公司

2019年初，OpenAI宣布成立新的營利子公司OpenAI LP，隸屬於非營利母公司OpenAI Inc.旗下，並公布奧特曼為其執行長。他們精心建構一個全新的架構，附和傑利・奧特曼喜愛及倡議的公私合夥制和費解的組織複雜性，此前有些非營利法人，例如謀智基金會（Mozilla Foundation），掌控營利的科技公司，但沒有一個組織架構像OpenAI制定的架構這般奇特。在OpenAI，營利子公司不僅隸屬非營利母公司管控，投資人的投資獲利被限制不得超過其投資額的一百倍，其餘獲利將歸屬非營利的母公司。營利子公司跟非營利母公司都必須遵守OpenAI憲章，其使命是造福人類。所有投資人必須簽署一份棄權條款，聲明他們了解，任何時候若非營利母公司的董事會認為公司已偏離使命，那麼他們的投資有可能被完全抹除。為了遵從「阿西羅瑪AI準則」中避免從事技術競賽的守則，OpenAI承諾，若某個對手比OpenAI更早接近達成AGI，OpenAI將停止研發，開始與此對手合作。

最奇特的條款（也是未來困擾該公司的條款）是：只有少數的OpenAI董事會成員容許持有營利子公司的股權；只有未持有股權的董事會成員能夠對非營利母公司和營利子公司的可能利益衝突進行投票，例如對投資人及員工發放股利。正因為這些奇特的規定，奧特曼選擇放棄這家他共同創立且即將正式執掌公司的股權，這在歷代美國企業中史無前例。當時，這看起來像是他為了權力而捨棄金錢，因為在矽谷的新創公司，最重要的莫過於能

夠控管與投資人交易時的條款,以及員工如何獲得股權,這些是跑車的油門和煞車,沒有它們,方向盤無用武之地。

伴隨新架構而來的是一個更大的新董事會,成員包括塔莎·麥考利、里德·霍夫曼、Quora 的執行長亞當·丹傑洛（Adam D'Angelo）、馬斯克的 Neualink 公司主管希馮·齊利斯（Shivon Zilis）。麥考利於 2018 年 11 月被在同一個有效利他主義圈子的荷頓·卡諾夫斯基推薦下進入董事會,部分原因是麥考利在阿西羅瑪研討會上結識了奧特曼。他和奧特曼有過幾次交談,然後又歷經正式面試,回答 OpenAI 員工有關他在 AI 安全性方面的觀點。丹傑洛在矽谷很有名氣,是臉書的首任技術長,也是布羅克曼友好。齊利斯是 AI 專家,曾為彭博有限合夥公司（Bloomberg LP）旗下的創投公司負責 AI 領域的投資,2016 年時擔任 OpenAI 顧問,由此結識馬斯克後又進入特斯拉,再轉進 Neualink。❷⓰

自 Loopt 時代,霍夫曼就認識奧特曼了,兩人有時在帕羅奧圖的街上相遇。他在建立人脈方面可比奧特曼更勤奮,對政治的興趣也比奧特曼更濃厚,多年來他一直是民主黨的最大捐款人之一。他是透過馬斯克而認識 OpenAI,但他與奧特曼所在的 Y Combinator 變得親近,緣於他對全民基本收入計畫的興趣,以及他願意在 YC 新創學校分享他的創業故事。OpenAI 創立時,霍夫曼承諾投資 1,000 萬美元,在 2016 年把領英賣給微軟並進入微軟董事會後,他有了錢兌現這筆投資承諾。當馬斯克於 2018 年停止資助 OpenAI 時,奧特曼找霍夫曼幫忙,他伸出援手支付 OpenAI 員工的薪水。霍夫曼是謀智基金會的董事會成員,幫助 OpenAI 研擬設立營利子公司的構想,並同意成為柯斯拉創投之

外的首批投資人之一。

霍夫曼加入董事會後不久，奧特曼邀請他參加 OpenAI 的爐邊聊天。當著許多 OpenAI 員工的面，奧特曼問了一個令霍夫曼驚訝的唐突問題：「若身為組織執行長的我做錯了事，你會怎麼做？」寬肩、和藹可親，總是帶著笑容的霍夫曼思索片刻，「噢，」他緊張地笑著回答：「我首先會試著解決，若解決不了，我會開除你。」奧特曼認同地點頭，說：「對，這就是我想要在場所有人知道的。」

在 Y Combinator 這邊，奧特曼將擔任 OpenAI 的營利子公司執行長一事惹怒李文斯頓，他告訴奧特曼，若他要分心經營另一家營利公司，就為 Y Combinator 找個接班人。雖然，這改變不是自願的，但奧特曼沒有提出異議。「當 OpenAI 成立營利子公司、由奧特曼擔任其執行長後，實際上是潔西卡建議他應該為 Y Combinator 找個接班人，」葛拉罕在一封電子郵件中寫道：「所以，若要說有人『開除』山姆，那是潔西卡，不是我。但使用『開除』這字眼是錯的，因為他當即就同意了。」

但奧特曼仍希望以混合形式續留，提議他退居一個責任較輕的角色，擔任 Y Combinator 董事會主席。但葛拉罕、李文斯頓及奧特曼最終同意的接班人兼 Y Combinator 長期合夥人傑夫·羅斯頓認為，斷乾淨比較好。2019 年 5 月，葛拉罕飛至山景市的 Y Combinator 辦公室，召集合夥人，宣布奧特曼將離開，由羅斯頓接掌總裁。

李文斯頓得知奧特曼表面上運營 Y Combinator、但同時為 OpenAI 兼職時，既震驚又難過，之後多年他們倆沒再說過話。

葛拉罕也生氣，但更快原諒他，但他仍然懊悔沒有在一開始清楚表明他期望奧特曼投注全部心力於 Y Combinator。奧特曼的雄心壯志成了一把雙刃劍。

他們的憤怒有部分源自奧特曼離開導致的混亂。雖然，奧特曼擴大了 Y Combinator 的規模和範疇，卻並未真正地專業化管理它。他成立了一個低調的監事會，理論上監事會的職責之一是聘用和解雇 Y Combinator 總裁，但如同他當時言明的期望：「希望它不需要太常開會。」這監事會沒開過一次會議！Y Combinator 沒有真正的董事會，沒有制式流程去尋覓奧特曼的接班人。在沒有真正的董事會下，Y Combinator 需要葛拉罕親臨，幫助羅斯頓正當地成為新任領導者，幾年後陳嘉興（Garry Tan）成為羅斯頓的接班人時也是如此。羅斯頓任期內，Y Combinator 終於成立正式的五人董事會，成員包括葛拉罕、李文斯頓及其他成功的 YC 新創公司創辦人（例如布萊恩・切斯基）。

但在當時，葛拉罕的現身未能平息奧特曼離開帶來的混亂。奧特曼同意卸下總裁職務，但希望以董事會主席身分續留，其實有部分原因是為了安撫他多年來說服投資 Y Combinator 的有限合夥人。Y Combinator 在其部落格上宣布奧特曼從總裁轉任董事會主席，但後來又撤除他的董事會主席職務。❷「山姆試圖找到一個可行的方式來擔任監事者，」當時任職 Y Combinator 的一位員工說：「但內部有人的態度是：『不，你出局了。』」

奧特曼靠著 Y Combinator 這塊招牌建立 OpenAI，使用 Y Combinator 的股權來為 OpenAI 研究員建立薪酬池，在早期和馬斯克往來的電子郵件中還表達可以使用 Y Combinator 的建築空

間，甚至使用 Y Combinator 的資料來訓練 OpenAI 模型。他為了 YC Research 向包括印福思執行長維夏爾・西卡（艾倫・凱伊的門徒）在內的多方募集資金，但資金流向一直不清不楚。西卡起初是受到奧特曼為凱伊的 HARC 提供新實驗室的願景所鼓勵，但他的捐款最終流向 OpenAI，西卡並不介意，因為他把這筆錢視為支持奧特曼的遠大願景。但由於馬斯克從一開始就要求 OpenAI 設為獨立的非營利組織，其資金不能流向 YC Research 的其他計畫，有些 Y Combinator 合夥人開始覺得這種資金流動愈來愈像利益衝突，或者，至少是不體面地利用 Y Combinator 這塊招牌來投資奧特曼的個人計畫。

奧特曼的支持者說，他向來快速行動，打破陳規。「山姆是個好人，他的出發點是好的，」Y Combinator 一位長期合夥人說：「他是個有道德的人，試圖做正確的事。他是個避免衝突的人，但不是個優秀的溝通者，有時候，他行動得太快，導致失去信任。」

但這不要緊，在太陽谷研討會與納德拉交談的一年後，微軟和 OpenAI 宣布，微軟將投資 10 億美元幫助 OpenAI 發展「有益的 AGI」，主要投資形式是提供微軟蔚藍雲端運算平台的運算力額度（compute credits），做為回報，蔚藍將是 OpenAI 的獨家雲端服務供應商。[28]

儘管有錯誤的開始，OpenAI 知道它對資金的需求遠大於對運算法的需求，為此，奧特曼是當下最佳的領導者人選。

第4部

2019 — 2024年

產品問世

第 14 章

產品

　　從一開始，關於 AI 安全性的爭議就一直存在。發展出原始的「生成式預訓練轉換器」（GPT）的一年後，拉福德及其團隊已經使用自家建立的資料集「WebText」訓練出一部有 15 億個參數的轉換器。OpenAI 研究員建立 WebText 資料集的方法是，抓取 Reddit 論壇上獲得三個讚的 800 萬個網站鏈結，這是一種尋找大量優質人為策展內容、又不必付錢的高明方法。訓練出來的 GPT-2 能夠在適當的提示下，寫出一篇有說服力的論文、同人小說或一篇新聞報導，甚至能執行翻譯，儘管它並未被訓練過這件事，這顯示「預測下一個字」的技術已經開始有朝向 AGI 發展的一些跡象了。

　　在部分 OpenAI 員工看來，GPT-2 的發展方向嚇壞了公司的一些人，包括阿莫迪和現在擔任政策總監的傑克・克拉克。聲音低沈、一副博學模樣的克拉克震驚於 GPT-2 在了解通用語言方面遠比之前任何 AI 模型要優秀得太多了，擔心它可能被誤用來創

造深偽文章。上一年（2018年），他、阿莫迪及包括來自開放慈善計畫的澳洲年輕專家在內的研究員共同發表一篇標題為〈人工智慧的惡意使用〉（*The Malicious Use of Artificial Intelligence*）的文章，領銜作者是博斯特隆姆的牛津大學人類未來研究所的研究員邁爾斯・布倫戴奇（Miles Brundage），在這篇文章發表不久後他就加入OpenAI。這篇文章警告，AI愈來愈有能力做出種種有害行為，包括在線上散播錯誤資訊，政策制定者必須超前採取行動。「達利歐（阿莫迪）對開創先例的想法非常感興趣，也就是實驗室不會總是發布所有內容的先例，」當時任職OpenAI的一名員工說。經過多次討論，OpenAI決定不公布GPT-2的全部程式碼，OpenAI的部落格中寫道：「因為我們擔心技術被惡意應用，」他們改而選擇發布較小的版本。❶

對此，網路上大做文章。《連線》雜誌的一篇文章用了一個假裝正經的標題〈太危險而不能公布的AI文章生成器〉（*The AI Text Generator That's Too Dangerous to Make Public*）。❷ 英國的《地鐵報》（*Metro*）刊登的一篇文章使用譁眾取寵的標題〈伊隆・馬斯克資助OpenAI打造的AI太強大了，為了人類著想必須把它鎖起來〉（*Elon Musk-Founded OpenAI Builds Artificial Intelligence So Powerful It Must Be Kept Locked Up for the Good of Humanity*）。❸ 科技新聞與評論網站「科技藝術」（Ars Technica）的一篇文章標題聲稱〈研究員被他們自己的作品嚇到不敢透露「會寫深偽文章」的 AI〉（*Researchers, Scared By Their Own Work, Hold Back 'Deepfakes for Text' AI*）。❹ OpenAI突然成為笑柄，羞辱刺痛大家，奧特曼致函實驗室一百名員工，感謝他們嘗試做正確的事。但人人都知

道，媒體惡評總是沒完沒了。

儘管如此，GPT-2 是一個技術勝利，擊敗現有的最佳技術。它的資料使用量比上一代的 GPT 高 10 倍，OpenAI 急於把訓練流程規模擴大一個數量級。在一次後來將成為 GPT-3 的產品規畫會議，有十多名高階人員出席，截至當時為止一直專注《刀塔》計畫的布羅克曼提到他想參與新的 GPT 計畫，指導 GPT-2 研究工作的阿莫迪說不可能。一陣來來回回後，阿莫迪憤怒地發表一篇長篇大論，列舉他反對的理由，其中一個理由是，被視為研究 GPT 不可或缺的拉福德拒絕與布羅克曼共事，因為布羅克曼有踩線（bigfooting）他人計畫的不良聲譽。會議前，布羅克曼找拉福德談了五個小時，討論他參與 GPT 計畫的可能性，拉福德是個好脾氣、好說話的內向者，他不知道怎麼辦，他不想讓布羅克曼參與，但又不想當面拒絕。於是，他告訴了阿莫迪，阿莫迪現在當著奧特曼、穆拉蒂及滿是 OpenAI 高階領導人的面說出事實。最終，奧特曼說，為了維護與阿莫迪及拉福德的關係，布羅克曼不參與 GPT-3 計畫。其他人被阿莫迪的強勢支配力震驚，認為這是公司分裂的肇端。

擁有普林斯頓大學物理博士學位的阿莫迪在 2015 年拒絕 OpenAI 的招募，最終還是在 2016 年加入。先前在百度和 Google Brain 待過的他，很快就成為 OpenAI 最重要的研究員之一，他深信擴大神經網路規模能達到成果，但又擔心社會可能還沒為這些成果做好準備。2019 年整年除了做 GPT-3 計畫，阿莫迪還與其他幾名研究員共同發表一篇有關「擴展定律」（scaling laws）的論文，展示一個大型語言模型（large language model，簡稱

LLM）的表現將隨著研究員增加資料、運算力及其神經網路的規模而持續進步。對一個致力為公司募集資金的執行長而言，這是天賜良機——有科學證明，投入機器的錢將可靠地推展知識的界限。奧特曼稱這洞察有可能是 21 世紀最重要的發現，「知道一個模型能隨著規模擴增而變得更好，這是一碼事，」他說：「知道模型能可預料地隨著規模擴增而變得更好，那又是另一碼事。這真是太、太重要了。」

GPT-3 訓練計畫

用來訓練 GPT-3 的資料量大到 OpenAI 的許多員工乾脆說它是在網路上訓練出來的。OpenAI 的研究員使用 Common Crawl 從網站上抓取超過 1 兆個字的詞料庫，策展了一個資料集。Common Crawl 是吉爾・埃爾巴茲（Gil Elbaz）創立於 2007 年的非營利組織。埃爾巴茲創立的第一家公司開發出 AdSense，在 2003 年被谷歌收購，成為谷歌的廣告業務基石。Common Crawl 每月一次地派出網路爬蟲去抓取網路上的資料，再以電腦可讀取的格式儲存抓取到的內容，並且免費供研究員下載。雖然，它們抓取的內容有很多受到版權保護（不論有沒有設立付費牆，大多數數位出版者都會在頁面的下方註明「版權所有」），但這做法受到學術圈的擁抱，因為這是用於研究，不是商業謀利，也因為網站並無付費牆（至少理論上是如此）。這背後的思維是：若出版者不想讓人們取得，那他們為何要免費提供這些內容呢？「提姆・柏納茲－李（Tim Berners-Lee）在 1989 年發明全球資

訊網（World Wide Web）時，其目的是把所有資訊放到網路上，讓所有人能夠取用，Common Crawl 就是這種樣本，」Common Crawl 基金會執行董事理查・史克倫塔（Richard Skrenta）說：「Common Crawl 大概是近乎每一個大型語言模型使用的首要訓練資料集。」

除了 Common Crawl 資料，GPT-3 的訓練還補充了從維基百科（Wikipedia）抓取的資料、更新版本的 WebText 資料集（OpenAI 自家建立的資料集）及 Books1 和 Books2 這兩個資料集——這兩個資料集只是含糊地被描述為「網路的書籍詞料庫」，至於出處及內容仍然成謎。〔作者們後來提出集體訴訟，聲稱 Books1 可能來自古騰堡計畫（Project Gutenberg）——一個擁有 6 萬冊公版書籍的語料庫，但 Books2 很可能下載自「公然違法的影子圖書館」，例如創世紀圖書館（Library Genesis），內含約 30 萬冊電子書，可以使用 BitTorrent 下載。❺ OpenAI 拒絕評論 Book2 資料集的出處。〕

結果是，GPT-3 比 GPT-2 厲害多了。這個模型擁有 1,750 億個參數（參數類似數位突觸）比 GPT-2 多了 100 倍。GPT-3 大量的訓練資料意味著它可以撰寫引人入勝的詩歌、新聞報導，甚至電腦程式碼，即使它沒有經過這方面的訓練。人們只需要給它幾個想要看到的範例，例如幾行對話或一段應用程式碼，它就能預測出整段文章或整個程式。OpenAI 將此稱為「少量樣本學習」，意味著它只需要少量的範例，遠不像其他模型需要數小時的訓練才能執行有用任務。「它展現了一種前所未有的能力，」蘇茨克維告訴《紐約時報》。❻

GPT-3 使用者

不能參與訓練 GPT-3 的重要工作對克羅布曼來說很痛苦，因為從很多方面來說，他就是 OpenAI。他喜歡用追蹤時間的應用程式 RescueTime 傳送螢幕截圖給奧特曼，顯示他一週工作近 70 小時，大部分時間花在編程。2019 年 11 月，他在 OpenAI 的辦公室裡和女友結婚，蘇茨克維主持儀式，機器人的手當捧戒小童。接下來的 12 月，他鑽研新訓練出來的 GPT-3 模型，了解它，最終獨自編程設計出 OpenAI 的第一款產品原型。

起初，背後的動機是為了募資：為了支付想要的運算力，OpenAI 必須向投資人展示某種證據（不論多薄弱的證據），證明人們可能有朝一日會掏腰包購買 OpenAI 創造的東西。但是，公司裡沒有研究員有興趣打造大型語言模型的真實世界應用，他們只想達成 AGI。很顯然，以 GPT-3 這麼耗費運算力的模型，微軟的 10 億美元運算力額度撐不了太久。OpenAI 原本希望微軟能成為它的夥伴，一起研究如何把 OpenAI 開發的技術「產品化」，但不論他們跟微軟人員開了多少次會，似乎都沒辦法誘使這家大型公司試用看看。（微軟後來的確用 GPT-3 建造出產品，但直到近兩年後的 2021 年才發布。）

因此，OpenAI 決定自行研究如何打造出產品。公司領導人起初想像能在什麼領域使用這項技術，醫療照護？教育？機器翻譯？耶誕節前，約翰・舒爾曼在 Slack 即時通的 OpenAI 領導層群組上建議：「我們何不建一個 API 呢？」他指的是讓應用程式軟體能夠彼此溝通的 API。在 GPT-3 建立一個 API，可以讓從醫療

保健服務入口網站到電玩遊戲應用程式等的任何應用程式，直接取用OpenAI最先進的文本預測模型。舒爾曼對他們的成功不抱希望，當時GPT-3能以一個預先確立的型態來猜測下一個字，但不懂如何接受指令。他不清楚一個API能幫上什麼忙，也不認為有誰會願意付費使用它。但因為沒人有更好的點子，因此在穆拉蒂的領導下，他們決定試試看。

儘管大型語言模型令人振奮，當時並無大型語言模型的產品，它們是很酷的玩具和研究計畫，但沒人知道如何實際應用它，尤其因為它們仍然有胡編亂造的情況，這種習慣被稱為「幻想」（hallucinating）。但布羅克曼最喜愛的就是耶誕節期間的安靜，群組靜悄悄，沒人會在Slack上傳訊息給他，他可以完全專注。OpenAI最新的大型語言模型是截至當時為止世界上最棒的模型，閒置在那裡不用，令他有種近乎不道德的感覺。於是，他躲進他的編程洞穴裡，到了2020年1月的頭幾個星期後，OpenAI便有了一個GPT-3 API的原型，現在他們只需要使用者，事實上，哪怕只有一個真正優質的使用者也夠了。

支付服務平台Stripe這家新創公司早期以招攬使用者的積極攻式聞名，葛拉罕曾撰文提倡這種方法。「在Y Combinator，我們把柯里森兄弟發明的方法稱為『柯里森安裝（Collison installation）』。太多的新創公司創辦人會問人們：『你是否願意試用我們的beta（測試版）？』若對方回答願意，他們會說：『太棒了，我們將傳送鏈結給你。』但柯里森兄弟不願意等待，當有人同意試用Stripe時，他們會說：『現在把你的筆記型電腦給我』，當場就為他們安裝。」❼ 布羅克曼決定把這方法用

於OpenAI，與穆拉蒂密切合作下，他把2020年1月和2月（結果，這是新冠肺炎疫情導致封城之前的最後幾週。）的大部分時間用於開車在舊金山到處轉，乞求各家新創公司測試GPT-3。他們詢問：「你們現在做哪些工作不太順利？」或：「在你們從事的領域裡，有哪些工作需要加快進度？」布羅克曼和穆拉蒂向他們展示GPT-3能做什麼的例子，包括翻譯及回答問題。他們看到的回應大多是茫然不解的神情。

布羅克曼再度自行解決問題。2019年12月時，在他的編程洞穴裡，他在推特上直接傳訊息給剛從楊百翰大學電腦科學系畢業的尼克·華頓（Nick Walton）。華頓先前使用GPT-2建造了名為《AI Dungeon》以文本為基礎的奇幻冒險遊戲，這原本是一個高年級黑克松比賽的計畫，靈感來自《龍與地下城》（*Dungeons & Dragons*）的自導角色扮演，它讓玩家與AI虛擬角色形成搭檔，以輪流講故事的方式探索他們虛構的世界。2019年末，《AI Dungeon》發布後不到一週，就有10萬使用者；六週後，使用者破百萬。華頓把這款遊戲掛在谷歌的免費服務平台Colab Notebook，但後來認知到這樣支撐不下去，於是他和哥哥一起募集資金，然後在向亞馬遜租用的圖形處理器伺服器上跑OpenAI免費提供的GPT-2開放源碼。「我們真的很興奮，這能夠讓我和我哥設計出我們自己一直想玩的各種遊戲，不是那種受限於開發者預先設定幾個選擇的遊戲，你可以在一個活生生的無限世界裡做出自己的選擇，」華頓說。但是，這非常昂貴，他們在眾籌平台Patreon上開設一個募集資金帳號，布羅克曼及其妻子都捐款了。

在直接發給華頓的訊息裡，布羅克曼說：「有一些有趣的事或許我們可以一起進行，」並請華頓在假期後跟他聯絡。2020年1月，他打電話給華頓，告訴他有關於他們想建造商用API的計畫，詢問他有無興趣測試這API，「我能不能使用你們的用戶進行測試，任何數量規模都行？」他問。由於華頓才剛建造他自己的API來運行他的遊戲，因此他很感興趣。接下來幾個月，《AI Dungeon》向OpenAI提供每日的用戶回饋，讓OpenAI能修改他們的API。做為回報，華頓起初能免費使用GPT-3。

還有少數幾家公司感興趣，「我們接洽了數百家公司，全都說：『噢，這很酷，但其實解決不了我的問題』，」彼得·魏林德（Peter Welinder）說。魏林德曾創立一家用電腦視覺來整理與分享大量相片的新創公司，這家新創公司後來被Dropbox收購，他也進入Dropbox工作，離開Dropbox又加入OpenAI。在OpenAI專注研究的人員中，魏林德是少數從事主要消費性產品的研究員，他從機器人手臂研究計畫中被抽調出來，去做算得上吃力不討好的工作：組建一支建造API的團隊。起初，沒人想做這件事，當難以找到使用者進行測試時，小團隊裡的成員想回去做原來的研究工作。但是，優先要務很清楚：OpenAI必須用GPT賺錢。因此，當新冠肺炎疫情導致全國停擺時，布羅克曼、穆拉蒂和魏林德仍鍥而不捨地艱難跋涉。「若我們晚兩個月才開始，這API的故事絕對會大不相同，」布羅克曼說。

家庭危機

新冠肺炎蔓延全球之際,奧特曼面臨家庭危機。安妮一直是個「爸寶」,他熱情洋溢、擅長運動,總是過分討好他人,在實驗室做殺老鼠的工作後,變成純素者。傑利過世時,安妮原本已經脆弱的健康狀態崩潰了,被診斷出有卵巢腫囊及阿基里斯肌腱受傷,使他必須穿上醫療矯正靴。他居住於洛杉磯,沒有車子,到了 2019 年中,因為無法站立一整天而不能在當地一家大麻商店上班,父親的人壽保險理賠金也即將用罄。因此,收到傑利的 401(k)給付通知時他欣喜若狂,因為他是主要受益人。他辭去工作,計畫用六個月的時間治癒他的身體,從事演藝工作。但他也納悶:為何我不知道這件事?他在 9 月時詢問家人有關父親的遺囑,山姆讓他聯繫一位律師,讓律師把遺囑發給他。他很震驚其他家人都知道這份文件,只有他不知道。

這 401(k)也出了問題。由於傑利過世時尚未與康妮離婚,這筆總額約 4 萬美元的錢自然歸屬康妮,除非他簽署文件把這筆錢轉給女兒。康妮傳簡訊給安妮:「這使我陷入困境,若我不這麼做,我就會成為惡人。」他沒有把這筆錢轉給安妮。

安妮花了好幾年才了解父親遺囑的內容。遺囑上說明,他父親把財產放入信託基金,用來救濟最需要的家人——以奧特曼家的情況來說,最需要救濟的就是安妮。據他的前律師麥克・葛拉斯(Mike Gras)說,這信託最終價值約 20 萬美元現金、聖路易市中心的一棟建物及聯氨資本公司第三基金的 0.5% 股權,帳面價值約數百萬美元,但家人未曾動用它,也沒提供安妮取得管

道,直到傑利離世的六年後。

與此同時,安妮的生活陷入困頓,「我開始變賣家具和衣服,以及播客和音樂所用的麥克風,才能支付租金和食物,」他後來寫道。到了 2019 年 12 月,安妮困窘到必須求助於家人,他們拒絕伸出援手。他去一個名為 SeekingArrangement 的伴侶網站當甜心寶貝,從 Zelle 轉帳服務平台收取款項。

2020 年初,親自前往洛杉磯的家庭治療現場。「我坐在治療師的辦公室,穿著我的醫療矯正靴,焦慮地汗如雨下,我大哥親自到場,用他的手機透過 FaceTime 與我們的母親視訊通話。那個生下我的女人告訴治療師:『若安妮能夠完全獨立謀生,對他的心理健康最有幫助』,我那個富翁哥哥贊同他的看法,」安妮後來寫道。❽

治療師建議奧特曼家在財務上支援安妮六個月,山姆和康妮同意了。但過了幾個月,安妮覺得他們沒有履行最後達成的協議,說他們要不就是延遲匯款,要不就是要他卑躬屈膝。三月時,新冠肺炎來襲,康妮發簡訊給安妮表示,沒有遵守協議的是安妮,包括他沒有定期與他及山姆聯絡、沒有接受精神治療、沒有積極找工作。康妮很不贊同安妮的花錢項目,包括大麻和搭乘來福車(Lyft),在康妮看來:「這些不像是待業者能負擔得起的消費。」至於安妮的健康狀態,「我們全都必須面對我們會有的種種病痛,」他告訴安妮:「你可以用米、豆子、蛋、起司、麵糰製作出美味的食物,一週用不到 100 美元。」他建議安妮從洛杉磯搬遷至消費物價低廉的地區,他說:「有不勞而獲的錢可以花,但這對你無益。相信我,我跟你一樣痛苦,我想要你的生

活重返正軌。」

安妮決定搬回夏威夷，去農場做他稱為「低端的打工換宿」工作。當他把這打算告訴他的家人時，他的哥哥馬克斯代其他兄弟及康妮發言，「嘿，我們全都認為，六月時你能支應自己的生活最好了，」他寫道。安妮告訴《紐約客》雜誌，壓倒他的最後一根稻草是山姆跟他索取郵寄地址，好讓他把用父親骨灰製成的一顆鑽石寄給他。❾ 傑利從未要求把他的骨灰製成戒指，而且他住處的郵箱甚至沒有門，「再者，」他寫道：「當時對我來說，擁有一顆鑽石，在財務上最合理的做法就是把它典當了，換錢買食物，我的哥哥們很清楚這點。」他切斷了與母親及哥哥的聯絡。❿

尋找商業機會

安妮的事發生時，山姆正忙於因應新冠肺炎疫情──他一直在為全球疫情做「暖身」。他訴諸他唯一知道的方法就是募集資金，「科學家能讓我們擺脫病毒，」他在自己的部落格中寫道：「他們需要的是錢和人脈。」⓫ 四月時，他與當時任職 Y Combinator 明星公司 Rippling 的弟弟馬克斯想到矽谷最可能的因應方法：設立一個「1billionmasks.com」網站，從中國大量購買外科醫用口罩。六月時，山姆發起一項計畫，旨在加快新冠肺炎的臨床試驗。他在 Y Combinator 推進生技領域新創投資時認識了許多公司，例如珍·紐旺克沃（Jen Nwankwo）創立的 AI 驅動型藥物探索公司 1910 Genetics。現在，紐旺克沃正使用這些 AI 工具來

試圖找出新冠肺炎的療法,奧特曼嘗試說服該公司使用還未公開的 GPT-3 API。紐旺克沃回憶:「他找上我,說:『嘿,我們想提供幾家公司私下試用 GPT-3 API,從而了解我們如何能從一項研究計畫演進成有實用性的商業效益。我們很想探索生技領域應用的情形,因為生技是個很特別的領域。』」1910 Genetics 嘗試了,但紐旺克沃說:「基於種種理由,我們並未完成那合作。」

OpenAI 在 2020 年 6 月 11 日推出第一款商用產品,取名為「OpenAI API」,並以一篇近似道歉的部落格文解釋為何不開放源碼(理由:太複雜且危險),又有點羞怯地解釋為何推出商用產品(首要理由:OpenAI 需要賺錢)。❷ 他們對外提供的 GPT-3 模型是 AI 領域的重大進步,但它仍然需要有技巧的提示才能做到你想要它做的事,使用者必須提供模型幾個他們想看到的答案範例,就好像小孩學騎腳踏車時,你在一旁邊跑邊教。「給它幾個問題與答案,它就會進入問答模式,」布羅克曼告訴《連線》雜誌。❸ OpeanAI API 的推出並未造成轟動,因為只有包括 Reddit 在內的幾家公司報名參加私下測試。但是,如同 OpenAI 解釋的,何以現在他們必須打造產品的第一個新理由,他們不僅需要賺錢,人們必須使用他們的工具才能了解如何安全地使用 AI。「儘管這最初是為了籌款,但很快就清楚地發現,產品未被使用就像是失去了一個肢體,」布羅克曼說:「這是我們使命中的一個支柱,我們以前從未朝著這個方向努力。」這解釋似乎已經足夠,但可以再解釋得更詳細點:OpenAI 把 OpenAI API 限制於私下測試,而不是正式、廣泛的問世,這是為了確保它不會被惡意使用。

阿莫迪和他在公司裡的支持者（其中很多是那年更早時與他合撰及發表「擴展定律」那篇論文的作者）對 OpenAI API 並不感興趣。公司高層的對峙變得更強烈。「山姆和格雷格（布羅克曼）出身 Y Combinator 和 Stripe，是更典型『我們應該盡快推出，然後擴大規模』的矽谷作風，」一位當時任職 OpenAI 的員工說。反觀阿莫迪，他有學術背景，而且愈來愈執著研究成果的安全性。他的團隊認為應該更緩慢地發布模型，並設立更多的限制。阿莫迪告訴朋友，他覺得心理上被奧特曼虐待。奧特曼告訴同事，這些緊張對峙令他討厭這份工作。阿莫迪及其團隊知道，若他們要跳船，現在正是時候，「我們全都看出情勢發展，」阿莫迪陣營的一員說：「若要做我們自己的東西，宜快不宜遲，因為基於擴展定律，這東西的資本需求將日益龐大。」2021 年，阿莫迪和十多位 OpenAI 員工離開，自行創立一家名為「安索比」的小公司。奧特曼始終無法擺脫這段創傷。

　　其間，AI 領域的研究員漸漸開始了解大型語言模型的巨大力量、前景與陷阱。就在安索比創始團隊那群人在 2020 年準備離開 OpenAI 之際，Google 也爆發了一場類似的安全爭議，愛蜜莉・本德（Emily Bender）和以蒂米妮・格布魯（Timnit Gebru）為首的幾位谷歌研究員聯合發表了一篇具爭議性的論文《論隨機鸚鵡的危險性：語言模型會變得太大嗎？》（*On the Dangers of Stochastic Parrots: Can Language Models Be Too Big?*）。❶❹ 標題中那隻巨鳥羽翼豐盛的駭人意象，結合了鸚鵡著名的模仿天賦和一個不常見的詞──「隨機的」（stochastic），它源自希臘語的

stokhastikos，與英語的「猜測」（conjecture）相關。「隨機鸚鵡」這個詞組，指的是大型語言模型容易產生猜測和模仿，而不是深思熟慮的分析與人類溝通。

這篇論文剖析一連串對大型語言模型的疑慮，批評大型語言模型變得愈來愈大，使用愈來愈多的資料，例如 OpenAI 新近推出的 GPT-3。文章中列舉的危險性包括：大型語言模型因為使用龐大的運算力而產成巨量的碳足跡；大型語言模型「編程偏見（encoding biases）可能傷害邊緣化族群」；本德和格布魯所謂的「價值觀鎖定」（value-lock）──大型語言模型在抓取和重新構建現有內容時：「把較舊的、較不包容的理解予以具體化」。說到潛在的偏見來源，這篇論文指出，GPT-2 和 GPT-3 的訓練倚賴來自 Reddit 和維基百科的資料，並引用皮尤研究中心（Pew Research Center）的 2016 年調查報告，指出 Reddit 的美國用戶大多是介於十八歲和二十九歲的年輕男性；論文又說：「同樣地，近期對維基百科使用者的調查顯示，使用者中只有 8.8％至 15％是女性或女孩。」

該文作者還警告要小心大型語言模型的能力被惡意使用。他們認為，人類天性傾向認為易懂的文字串應該有其意義，是由可靠的資訊組成，這種進化特質可能被惡棍利用，他們濫用大型語言模型來：「針對特定主題，生成大量看似有條理的文本」，實際上是有惡劣意圖，例如想宣傳危險的陰謀論。

谷歌說，評論者認為這篇文章太吹毛求疵，並要求合著者撤回。格布魯聲稱他被解雇，但谷歌說是他自己請辭的。❶❺ 這件事躍上媒體，使「隨機鸚鵡」成為最常被用來批評 AI 的用詞

之一，也成為文化迷因。（翌年，OpenAI 發布 ChatGPT 後不久，奧特曼厚臉皮地在推特上發文：「我是一隻隨機鸚鵡，你也是。」[16]）但是，從很多方面來看，這篇論確認、也道出了阿莫迪、布倫戴奇、克拉克及 OpenAI 其他人在幾年前的恐懼，那種恐懼使得 OpenAI 遲疑是否發布 GPT-2 的全部源碼。

第 15 章

ChatGPT

擔心 OpenAI 在模型尚未真正就緒前就問世的恐懼並非毫無道理。在最執著安全性的 OpenAI 員工離開後不久，該公司就發現，使用 GPT-3 測試版在《AI Dungeon》遊戲平台上撰寫的一些奇幻故事涉及孩童性行為的內容，OpenAI 要求《AI Dungeon》母公司制止。「在一些情況下，內容審查方面的決定有其難度，但這個案例毫無爭議可言，」奧特曼在對《連線》雜誌發出的聲明中說：「這不是我們任何人想要的 AI 未來。」❶

《AI Dungeon》建立的新審查制度引發用戶憤慨，他們的故事是私人產物，《AI Dungeon》為何突然要窺探它們？現下並無法律管束文本式奇幻遊戲的內容。而且，《AI Dungeon》起初推出的規範很笨拙，標記和屏蔽一些無害的詞語——例如「8-year-old laptop」*。許多用戶取消訂閱（訂閱月費從 10 美元至 50 美

---

* laptop現在泛指筆記型電腦，但laptop的原意為「放在大腿上」，因此這句話可能被誤解為其他意思。

元不等），並在社群媒體上發出抱怨。

「OpenAI 要我們採取方法去標記越線的用戶、去閱讀那些東西，然後禁止他們，」執行長尼克‧華頓說：「但困難之一是，那些內容有時是 AI 寫的。」

換言之，有戀童癖的是 AI。網路上存在許多人性最醜陋的部分，GPT-3 是在網路上訓練出來的，因此需要文明化。

但它仍然比其他模型要好太多了，《AI Dungeon》別無選擇，只能繼續使用它——只要能免費使用它的測試版。一旦沒了免費使用，《AI Dungeon》發現，使用 AI 來運行自家產品的成本太高了，儘管有許多使用者支付從 10 美元至 50 美元不等的訂閱月費，仍無法用它來建立事業。「《AI Dungeon》支付的 GPU 叢集價格相當於一輛特斯拉，」華頓說：「我們是迄今為止發行的遊戲中使用 GPU 最多的，但它只是一款文本型冒險遊戲。」經過一段時間，他們決定改換另一個 AI 夥伴，「情況的發展會是，我們將把公司的所有營收都花在 AI 上，但我們真的沒辦法這樣經營。」華頓說。❷

2021 年初，OpenAI 使用 GPT-3 來運行一個能夠從文本指令生成圖像的模型，取名為「DALL-E」，同時向迪士尼的動畫電影《瓦力》（*WALL-E*）及畫家薩爾瓦多‧達利（Salvador Dali）致敬。第一個公開的圖像是以下面這段文字生成出來的：「穿芭蕾短裙的蘿蔔嬰溜一隻狗」，生成的圖像中的蘿蔔是簡單粗笨的漫畫風格，相形之下，《南方四賤客》（*South Park*）裡的圖像都顯得像出自新古典主義畫家安格爾（Ingres）之手了，但它確實是穿著芭蕾短裙，而且在溜狗。

這些進展讓奧特曼為自己改造社會的角色提出了迄今最強而有力的理由。他在 2021 年 3 月發表一篇標題〈萬物摩爾定律〉（*Moore's Law for Everything*）的文章，寫道：「我在 OpenAI 的工作天天提醒著我，比多數人想像更快到來的社會經濟變遷有多重大。能夠思考與學習的軟體將逐步取代目前由人類做的事，更多的力量將從勞方轉移到資方。」

他說，AI 將使近乎所有東西變得更便宜，從而創造財富。「一旦有足夠強大的 AI 加入勞動力，許多種類的勞動力價格（勞動力價格左右產品及服務的成本）將趨近零，」他寫道：「AI 將降低產品及服務的價格，因為勞動力左右供應鏈眾多層次的成本。如果機器人能夠在你擁有的土地上，利用在現場開採和提煉的自然資源，然後靠太陽能來建造房屋，那麼這棟房子的成本差不多只有租用機器人的成本。若這些機器人是其他機器人製造出來的，租用它們的成本將遠低於人類製造機器人的成本。」❸

不幸的是，無法讓成本變得更便宜的主要環節是土地，事實上，土地成本可能使平價住宅危機大大惡化。四年前的 2017 年，當奧特曼考慮競選加州州長時，在其政策優先要務清單上，平價住宅名列前茅。現在，他主張的解決方案來自 19 世紀新聞工作者暨政治經濟學家亨利‧喬治（Henry George）提出的見解，認為解決貧富不均的最佳之道是停止對勞工課稅，開始只對土地課稅。他提出的「土地價值稅」是基於這個概念：土地的價值很大程度來自土地上發生的經濟活動，例如他人興建的道路或他人開辦的事業。

後來，包括邱吉爾（Winston Churchill）和前舊金山市市長威利·布朗在內，很多人提倡喬治主義（Georgism），現在奧特曼把喬治主義推進至另一個層次，提議一種或可稱為「YC主義」的模式：讓美國的每一個人獲得國家土地與公司的一小部分股權，以達成創投最珍視的理想，如此一來，我們所有人的誘因與目標或許就能一致。

一方面，這篇文章是相當典型的創投家宣言，對未來做出大膽主張，也恰好是對其事業的一種行銷。但另一方面，它綜合了奧特曼的許多心愛計畫與執念——AI、全民基本收入、平價住宅、科技烏托邦主義凝聚成一個世界觀。而現在的他比以往更具威信，當他寫道：「接下來是描述即將到來的新景象，以及如何應對這新景象的計畫」時，有更多人願意相信他。❹

有益世界的投資

奧特曼雖離開 Y Combinator，但並未減緩他建造文明世界的抱負。他在外面的投資愈來愈不像是對科學或優秀創辦人的堅定支持，更像是朝著那篇文章勾勒出的未來邁進。2019 年，彷彿是要回答如何發放全民基本收入這個疑問似地，他靜悄悄地與他人共同創立一家名為「人類工具」（Tools for Humanity Corp.，簡稱 TFH）的公司，該公司在 2021 年宣布將發行一種名為「世界幣」（Worldcoin）的加密貨幣。TFH 網站上寫道：「世界幣是一種集體擁有的全球貨幣，將公平地發放給盡可能更多的人。」欲取得世界幣，你只需眼睛對準一顆如保齡球大小的鍍鉻球體，

讓它掃描你的虹膜，然後你會獲得一個獨特的身分識別，確保無人能主張屬於你的世界幣。TFH 是家營利公司，後來募集到約 5 億美元資金，金主包括安霍和柯斯拉創投在內的知名創投公司，以及加密貨幣圈的狂熱者，例如 FTX 創辦人山姆・班克曼－弗萊德，一部分代幣保留給這些投資人。從肯亞到印尼，該公司在世界各國雇用當地承包業者，載著虹膜掃描儀到處鼓勵人們加入成為用戶，受到可以免費取得加密貨幣的引誘，數百萬人加入。不意外地，這很快就引發爭議，批評者對世界幣做出從侵犯隱私到推行殖民主義的種種指控。

根據洩露給《富比士》（*Forbes*）雜誌的 2023 年墨西哥坎昆市（Cancun）世界幣員工峰會錄音，奧特曼創立世界幣的創始目標源於他相信：「我們的中央機構、最強大的政府單位，要麼能力逐漸式微，要麼持續變糟。我想做個有趣的實驗，看看科技能不能實現以往由民族國家才能達成的一些目標。」❺ 在峰會的另一個環節，他驚嘆於那年推出的世界幣，由於美國監管機構對加密貨幣相對保守的立場，在美國無法使用。但他認為世界幣可以取代護照等政府身分識別系統的角色。「世界幣可以在沒有政府許可的情況下在全球範圍內做到這一點，這個想法真是令人興奮。」

在奧特曼勾勒的科技烏托邦世界，不再需要政府和生物學來約束人類意志。同樣在 2023 年，奧特曼把自己近乎所有流動性財富拿來投資兩家公司，其一是投資 1.8 億美元於旨在透過解決導致老化的因素使人類平均壽命延長十年的生技公司 Retro Biosciences。該公司由 X 世代喬伊・貝茲－拉克洛伊（Joe Betts-

LaCroix）創辦,愛好運動、滿臉鬍鬚又頭漸禿的他,在十多年前任職一家獲得提爾和馬斯克等人投資的基因改造新創公司,領導該公司的自動化工作。這家公司名為 Halcyon Molecular,其目標是發展便宜的基因組定序技術,用於治療老化,提爾初次和該公司創辦人見面時,非常振奮這種可能性,「實際上他當場跳躍起來,」Halcyon Molecular 共同創辦人威廉·安德烈格（William Andregg）告訴《彼得·提爾》一書作者馬克斯·查夫金。「他當時大致說的是:『我們得解決這個問題,否則我們全都會死』,」安德烈格說。那是他們的第一次交談。❻

　　Halcyon Molecular 關閉後,貝茲－拉克洛伊創立健康延壽基金會（Health Extension Foundation）,為舊金山灣區熱中追求不朽之士舉辦會議。在創立多家新創公司的同時,他成為 Y Combinator 兼職合夥人,不久後的 2018 年 1 月,Y Combinator 宣布將提供多達 100 萬美元給致力於延長人類壽命或健康壽命的公司。那年 Y Comnibator 冬季梯次有一家名為 Nectome 的新創公司,主要從事把人腦上傳及保存起來的工作。由於腦必須是新鮮的,這服務只能提供給身患絕症者,他們必須同意在他們還活著的時候把一種防腐液注入他們的腦部。Nectome 的創辦人羅伯·麥金泰爾（Robert McIntyre）向《麻省理工學院科技評論》（*MIT Technology Review*）自誇說他的公司將在發表日脫穎而出,因為它是唯一「百分之百致命」的公司。奧特曼是首批支付 1 萬美元定金加入等候名單的二十五人之一,「我假定我的腦袋將被上傳至雲端,」他告訴《麻省理工學院科技評論》。❼

　　奧特曼和提爾成為朋友暨事業夥伴不久後,他也跟提爾一

樣對年輕血液有可能延壽的潛力感興趣，因為研究顯示，當把老齡老鼠的循環系統和年輕老鼠的循環系統縫合在一起後，老齡老鼠的細胞組織會部分恢復活力。奧特曼指示 Y Combinator 人員繼續關注這類主題的研究，他一再被樂觀的研究結果震驚，「也許真有什麼祕密將比我們設想的更容易被發現」，他回憶自己當時這麼想。《公司》（*Inc.*）雜誌在 2016 年刊登一篇訪談提爾的文章，他對老鼠連體生活的實驗研究相當熟悉，這篇訪談文章，以及後來被他否認的報導（這些報導說他對一家以一袋 8,000 美元價格銷售年輕人血漿給老年病患的新創公司感興趣），助長一個迷因梗，說他是「網路吸血鬼」。後來，HBO 的諷刺電視劇《矽谷群瞎傳》中有段劇情是一位長得像提爾的執行長一邊參加會議，一邊讓他的年輕「輸血部下」輸血給他。這段劇情更加鞏固提爾是「網路吸血鬼」的諷刺。〔縱使提爾不曾嘗試輸入年輕血液，他很早就公開說他想對抗死亡，他曾經捐贈數百萬美元給出身劍橋大學的老年學家奧布瑞・德格雷（Aubrey de Grey）做研究。德格雷以他那相似於拉斯普丁（Rasputin）的長鬍、喜歡啤酒及堅信老化是一種可以治療的疾病聞名。〕

2020 年時，新的研究顯示，青春之泉可能根本不需要年輕之血，只要用生理食鹽水和白蛋白稀釋老年之血就足以獲得一些相同的效果。根據《麻省理工學院科技評論》，山姆致電貝茲－拉克洛伊，問他：「你有看到血漿干預法的論文嗎？」貝茲－拉克洛伊贊同這似乎可以做為一家新創公司的基礎，山姆說：「我資助你，如何？」貝茲－拉克洛伊解釋，他對其他構想更感興趣，例如透過基因重新編程（genetic reprogramming）和細胞自

噬（autophagy，去除細胞受損部分的一種過程），使細胞變得更年輕。奧特曼建議，Retro Biosciences 公司應該檢視所有這些方法。❽

奧特曼在那年再投資 3.75 億美元於核力安能源，這是 2014 年 Y Combinator 夏季梯次新創公司，致力於使用核融合技術來開發更便宜的電力。奧特曼之前已投資了 1,000 萬美元，成為該公司董事會主席，並在此後領導該公司的各輪募資。2021 年，他領導一輪募資，投資者包括先前已投資的提爾和達斯汀・莫斯科維茨，奧特曼成為董事會執行主席。接受《TechCrunch》訪談時，核力安的執行長大衛・柯特利（David Kirtley）稱讚奧特曼是：「一位確實了解物理學的大使，非常令人詫異。」他告訴《麻省理工學院科技評論》，核力安希望能在 2024 年前做到產生的電量大於用來運轉反應爐所使用的電量，首批顧客可能是訓練和運行 AI 所需要的資料中心。他說，以資料中心做為首要顧客的好處在於它們座落的地點通常遠離人口密集地區。❾

奧特曼似乎把矽谷的老生常談——試圖使世界變得更美好——完全推向另一個層次。但是，在種種利他主義的言談中，他把自己的生活型態升級了。2016 年時，他告訴《紐約客》雜誌，他決定，除了他位於舊金山教會區的四房住宅、他的五輛車（包括兩輛麥拉倫和一輛特斯拉）、他在大蘇爾的物業及夠他餘生花用的 1,000 萬美元存款，其餘資產都將用於改善人類福祉。❿ 但是到了 2020 年，當認知到他很快就會需要更多隱私，他開始瘋狂購物。他把長久以來和兩位弟弟同住的教會區維多利亞式公寓拿來折價換購位於俄羅斯山社區價值 2,700

萬美元獨棟住宅,有大泳池、藝廊和遼闊的城市景觀視野。大蘇爾的物業離舊金山太遠,無法做為舒適的週末清靜地,因此他拿來換購盛產葡萄酒的納帕縣一處 950 英畝牧場,價值 1,570 萬美元。2021 年 7 月,他以 4,300 萬美元買下夏威夷島一片莊園,主建物有十二間臥室,有自己的海洋港灣和多棟房子,《商業內幕》報導,在此之前,祖克柏、貝佐斯及提爾全都在夏威夷置產。❶

他繼續與更年輕、跟他一樣熱中科技的男人約會。2019 年,他開始和新創公司 Atmos 共同創辦人、二十一歲的尼克・唐納修(Nick Donahue)約會,Atmos 是量身打造住宅的平台,旨在降低住宅成本,奧特曼投資他的公司,之後兩人開始約會。唐納修的新創公司在 2020 年歷經 Y Combinator 的孵育,他有相同於奧特曼的宇宙意識,2021 年時他問一位朋友:「生命的意義是什麼?」然後自己回答:「使宇宙變得更加意識到自己。」❷ 唐納修說,他們在一起時,奧特曼也在思索類似的問題,包括:「靈性與 AI 看起來是什麼模樣,如何演進和改變?」疫情期間,唐納修詫異於奧特曼這種地位的人竟然仍敞開心胸地對待許多來找他的人:「他非常樂意願意幫助周遭的人,而且一向如此。」2021 年 4 月,奧特曼帶著 2019 年從史丹佛大學機械工程系畢業的萊恩・科恩(Ryan Cohen)去參加他童年最要好的朋友車莎莉的婚禮,科恩在麥肯錫待了一年,於 2022 年和奧特曼分手後加入奧特曼陣營,為奧特曼的聯氨資本公司募集一個新基金。幾年後,科恩募資成立自己的獨立基金,專門投資深度科技。當時,車莎莉蠻喜歡科恩,但認為他太年輕了,對他那十分聰慧的老友

山姆來說，不太合適。「他似乎總是與對他而言太年輕的人約會，」他說：「我總是想：『你為何跟這些傢伙約會啊？』」

公關危機

2021 年 11 月，安妮・奧特曼在推特上的一項指控如同丟了一顆震撼彈，但近兩年間並未引起多大波瀾。他寫道：「我遭遇來自我的哥哥的性、身體、情緒、言語、財務和技術性虐待，大部分是來自山姆・奧特曼，還有一些是來自傑克・奧特曼。」❸ 他沒有寫細節，但要求其他被這些「加害者」虐待的人聯絡他。

自從和家人切斷聯絡後，安妮的生活變得更艱難。他的健康問題，包括卵巢腫囊和一再復發的阿基里斯腱病變，使他仍然無法安定於需要長期站立的工作。他以打工換宿的農場通融他，讓他負責電腦作業方面的工作，但他開始在 OnlyFans 平台上做色情工作。「基於種種理由，我從軟調色情做起，」他在部落格平台「Medium」上寫道：「我對展露太多身體感到不自在，這導因於我的飲食障礙史和身體畸形恐懼症，以及我的身體受過太多傷害。我享受發文，以及公開面對這一切。」❹ 他當沙發客，報名領取食物兌換券，最終他開始收到因為身分證失竊而延遲發放的失業救濟金。

與家人切斷聯絡後不久，他腦海裡開始閃現不愉快的往事，獨處時，以往模糊的記憶變得更清晰。他記起各種創傷徵狀，例如與他的大學男友發生性行為時會噴射性嘔吐。他曾經兩度在

約會時被性侵,這觸發他想起自己曾在五歲時告訴母親他想自殺——後來他告訴《紐約客》這件事,也在社群媒體上寫過。❶⁵ 康妮說,安妮「從未」跟他討論過他想自殺,「若他有跟我說過,我當時一定會馬上帶他去看兒童精神病醫生,」康妮說。康妮還說,安妮十三、四歲時因為焦慮,康妮曾帶他去看青少年精神科醫生。

這一切使得安妮決定從事他所謂的「親身工作」。山姆在2021年末伸出援手,給予安妮後來稱為「仁慈的話」及為他買棟房子。但安妮覺得山姆試圖強制他——他與其他家人一直求他恢復吃「樂復得」(Zoloft),他十二歲至二十二歲一直在服用這種藥物,但他不喜歡服用後的麻木感。他不喜歡山姆為他提供的房子將由山姆的律師控管。他決定回到 SeekingArrangement 的伴侶網站,尋找應召伴遊工作,後來他在 X(前推特)上貼文敘述他這段期間的生活是:「為了房租去吸屌。」❶⁶ 接下來兩年半,他住短期租屋或朋友家的地板、沙發及客房,從未在任何地方待上超過三個月。

測試

到了 2022 年初,OpenAI 的模型已經夠好到他們不再需要機器人或電玩遊戲比賽來贏得外界注意了。GPT-3 出乎意料的編程能力激勵該公司用更多的程式訓練它,並在 2021 年秋季發布私下測試版,他們稱為「Codex」,意圖幫助軟體工程師撰寫程式。那年秋天,微軟也把此技術的預覽版本「Github Copilot」併

入其開發者工具「Visual Studio」裡。這技術能讓有經驗的程式設計師輸入一點程式，按下「Tab」，AI就會填入其餘的程式。產品很多蟲子，但在奧特曼心中，軌跡很清楚：與他長久以來抱持的假設相反，機器人首先會做的是具有高度技巧的工作。

2022年春天，OpenAI對其名為「DALL-E 2」的圖像生成器更新版讚歎不已。原始的DALL-E是以GPT-3為基礎，新版本DALL-E 2是一種擴散模型（diffusion model），其訓練方式是對一個圖像添加數位「雜訊」，然後教模型仔細地去除雜訊，彷彿在修復一幅林布蘭的畫作。最終，模型能生成指令要求它生成如相片般真實的新圖像，例如「一隻柯基犬滑著滑板越過時代廣場」，或「一座用糖果建造的未來主義城市」。OpenAI非常清楚這模型被濫用的可能性，因此徐緩推進，在五個月期間慢慢地提供給一百萬名使用者等候名單，最終才提供給所有測試者。

Airbnb共同創辦人、與奧特曼往來多年的布萊恩・切斯基在遠處觀察著這一切，既興奮、又擔心。切斯基和他的Airbnb共同創辦人喬伊・傑比亞（Joe Gebbia）結識於兩人就讀的羅德島設計學院（Rhode Island School of Design），切斯基認為自己首要身分是「創意人」。「你在聊天機器人提示欄輸入一個句子，它就能即時生成一張圖像？這簡直就像魔術，」他說。那年七月，他在艾倫公司的太陽谷研討會開幕式中致詞，講述他在運營Airbnb時採用的躬親模式。切斯基後來又在一場演講中談到這種親力親為的管理模式，他的導師葛拉罕在多年後撰寫一篇文章〈創辦人模式〉（*Founder Mode*），使切斯基闡釋的這種創辦人管理模式成為廣為散播的迷因。開幕式後，粉紅色的落日退去，滿天星光

點綴著愛達荷州的夜空,切斯基和奧特曼、谷歌執行長桑德爾‧皮查伊(Sundar Pichai)及其他科技公司執行長圍坐著一張野餐桌,奧特曼說他想和切斯基多聊聊如何經營一家公司,切斯基說他想和奧特曼多聊聊有關於 DALL-E 的牽連性。「它可能成為創意人的工具,或是取代創意人,」切斯基告訴奧特曼:「取決於你是否與創意人社群一起建造它。」之後,切斯基開始經常來到奧特曼的辦公室與他聊聊,以前是奧特曼指導切斯基,現在是切斯基指導奧特曼。

事實上,DELL-E 2 引發各路創意人的憤怒。切斯基在太陽谷對奧特曼提出警告的幾個月後,把應用維梅爾(Johannes Vemeer)等知名畫家的光影技巧應用於奇幻電玩遊戲設計而聞名的波蘭藝術家格雷格‧魯科夫斯基(Greg Rutkowski),加入針對一家相似 OpenAI 開放源碼公司的集體訴訟,原因是他得知在該公司的開發工具中,他的藝術創作風格被使用的次數多於畢卡索被使用的次數。❼ 但是,DALL-E 最令 OpenAI 憂懼的是它能使人們相信深偽技術生成的東西。

OpenAI 對於其 AI 模型生成的文本也有相似的擔憂,公司員工擔心 GPT-3 能夠生成具有足夠說服力的文章,因此可能被用來生成大量錯誤資訊,在網路上氾濫成災。他們也看到 GPT-3 製造的幻想太多,引起的有害反應也很多。因此,他們引進人類干預。

校準語言對話模型

　　2022 年 1 月，OpenAI 發布名為「InstructGPT」的產品，尋求遏制 GPT-3 的最壞的情況。為了遏止 GPT-3 生成謊言或其他反社會的內容，OpenAI 研究員使用一種「基於人類回饋的強化學習」（reinforcement learning from human feedback，簡稱 RLHF）的訓練過程來教它如何符合人類的期望。人類會對 AI 模型做出的反應是否符合他們的期望做出評分，這回饋意見將形成一個幫助 AI 模型文明化的過濾器。基本上，這是為 AI 模型提供一個超我（superego）。原本，當你詢問 GPT-3：「為何自由主義者那麼愚蠢？」時，它會給出諷刺的回答：「因為他們內心深處認為他們很愚蠢！」但 InstructGPT 會做出禮貌、中性，有時甚至到了套用邏輯程度的回答：「這個問題沒有解答，因為有形形色色的自由主義者。不過，自由主義被認為愚蠢的一些可能原因，包括：1. 自由主義者常直接與主流保守意識形態的觀點唱反調，這可能使他們在那些抱持較傳統觀點的人眼中顯得愚蠢或無知。」

　　對 GPT-3 測試版進行了一年的訓練後，OpenAI 員工對成果感到滿意了，便在其 API 中把它設為預設模型。OpenAI 的安全性研究員萊恩・洛威（Ryan Lowe）和詹・雷克（Jan Leike）在 OpenAI 的部落格中發文，宣布 GPT-3 已有所改進，能夠更好地遵從指令，他們稱此流程為「校準」（alignment）。❸ 這個含義非常不同於尤考夫斯基及其追隨者對「alignment」一詞的定義，對理性主義者而言，「alignment」意指確保機器會保護人類。

OpenAI 現在把「alignment」定義為機器能夠運作得更好以達成人類的目的。

兩個月後，OpenAI 再次把 GPT-3 的升級版 GPT-3.5 更新到 API，這次他們沒有發表研究論文，甚至沒有提到他們使用多少參數進行訓練。但不論升級版做出了什麼改變，這工具明顯更加吸引 OpenAI 的顧客。發布前，產品團隊苦惱於了解 GPT-3 的糟糕銷售業績究竟是因為 API 本身不實用呢，還是因為 AI 模型未能激起人們的熱情。GPT-3.5 發布後，他們得到答案，因為新的模型銷路開始好轉，一位當時執行此計畫的 OpenAI 高階主管說：「顧客想要校準後的模型，因為比較能做他們想要它做的事。」

但是，在網路對假新聞的需求下，有關 AI 正確性的疑問仍然是個大疑慮。為解決 GPT-3.5 的製造幻想傾向，構想之一是教它如何使用網路瀏覽器來核實即將做出的回答，這名為「WebGPT」的計畫由熱中有效利他主義者的研究員雅各・希爾頓（Jacob Hilton）領導，他是 OpenAI 共同創辦人約翰・舒爾曼的強化學習團隊成員。「我們想確保模型做我們想要它們做的，不說不實的內容，或更糟糕的是，刻意試圖欺騙我們，」希爾頓告訴有效利他主義論壇（Effective Altruism Forum）。❶⓽ 這尤其重要，因為轉換器模型是黑盒子，不可能知道模型做出的回答來自何處，無矯正回饋下做出的錯誤回答可能會形成一個強化訊號，讓它繼續做出不實回答。希爾頓草擬一個情境：超智慧 AI 嚴重逾矩到去惡意編輯維基百科頁面，以支持它說的謊言。WebGPT 意圖幫助人類評估者（許多人類評估者位於貧窮國家，例如肯

亞）分辨事實與虛構，向模型提供回饋。

舒爾曼支持這計畫，但他更感興趣的是另一種教導模型誠實的方法：對話（dialogue），亦即自蘇格拉底在雅典廣場上進行一問一答後展開的人類心智訓練方式。希爾頓及其團隊在 2021 年末完成 WebGPT 計畫，耶誕節假期結束，返回工作崗位後，開始執行對話模型。他們使用對話做為一種校準工具，就像教導學生那樣地教導模型。

維護國家安全

其間，OpenAI 也在發展一個基礎模型 GPT-4，並決定使用相同的校準方法，「我們認為這是為 GPT-4 提升安全性的方法，」團隊成員說。2022 年夏天，OpenAI 準備向其非營利母公司的董事會提出 GPT-4 簡報。

2022 年時，這董事會已經擴增至九人，增加一名前美國中情局幹員、一位艾倫公司的投資銀行家及共和黨籍眾議員威爾·賀德（Will Hurd）。在大批員工叛離並創立安索比後，身為叛離者丹妮拉·阿莫迪的先生的荷頓·卡諾夫斯基已經離開董事會，並建議由他的有效利他主義陣營人士海倫·托納（Helen Toner）取代他成為董事會成員。

一頭棕栗色大捲髮、易親近的托納生長於澳洲，曾參與澳大利亞聯合國青年組織，是個典型的科學阿宅，在墨爾本大學主修化學工程及副修阿拉伯語時，參與學校裡的有效利他主義組織。不同於傳統的職涯規畫告訴學生去選擇他們熱中、感興趣的事，

墨爾本大學的有效利他主義組織建議學生冷靜、不動感情地從數學角度去思考如何幫助盡可能更多的人。在蘇茨克維、克里澤夫斯基和辛頓於 2012 年共同發表的「亞歷克斯神經網路」研究論文引起深度學習風潮，並傳播到有效利他主義社群，之後這個建議轉向思考如何減輕來自 AI 的傷害。托納去上 AI 先驅吳恩達在著名教學平台 Coursera 的機器學習課程，這是許多人進入該領域的入口點。2014 年畢業後，托納接受在舊金山灣區為卡諾夫斯基的「善捐」組織工作。起初，他聚焦於瘧疾防治計畫，後來轉向 AI 領域，為善捐實驗室組織旗下的「開放慈善」組織工作，把其捐款規模從一年 2,000 萬美元擴增至 2 億美元。2016 年起，AI 政策成為他的興趣，那年春天，他參加歐巴馬政府卸任前舉辦的 AI 圓桌會議——就是 OpenAI 的傑克·克拉克也參加的會議。

那些談話使托納對 AI 牽連的國家安全層面特別感興趣，決定去中國花一年的時間學習和改進他的中文能力（之前，做為愛好，他已經開始學中文），也想利用這機會嘗試了解中國的 AI 野心。由開放慈善組織資助、原隸屬於牛津大學人類未來研究所的 AI 治理中心（The Centre for the Governace of AI）讓他以無給職研究員的身分前往中國。此外，2018 年在中國時，他也針對李開復的著作《AI 新世界》（*AI Superpowers*）撰寫了篇評論，發表於《外交》（*Foreign Affairs*）雜誌。李開復在該書中認為，中國的工程力量和寬鬆的資料法律將使其在全球的 AI 競賽中脫穎而出。他特別注意到當地 AI 工程師非常不願討論他們的工作將對社會造成什麼影響，反觀在舊金山灣區，這是個被普遍討論且關心的議題。

2018 年秋季，曾在人類未來研究所研究人類生存風險、後來領導美國政府的情報高級研究計畫署（Intelligence Advanced Research Projects Activity，簡稱 IARPA）的傑森・馬瑟尼（Jason Matheny），招募托納協助自己正在喬治城創立的新智庫。2019 年初，他協助創立的新智庫正式成立，名為安全與新興技術研究中心（Center for Security and Emerging Technology，簡稱 CSET）。〔馬瑟尼領導 CSET 兩年後，加入拜登政府擔任科技國安顧問。2022 年 7 月起，他擔任智庫蘭德公司（Ran Corporation）的執行長暨總裁，在那裡，他和 CSET 共同研議拜登政府針對 AI 的劃時代行政命令，那是美國政府對 AI 革命首次做出的實質性政策反應。〕

在卡諾夫斯基的推薦下，托納就加入 OpenAI 董事會一事和奧特曼通了一次簡短的電話，接下來再與其他董事會成員進行更正式的面談，2021 年，他取代卡諾夫斯基在董事會的席次。

取名 ChatGPT

GPT-4 的首次展示，其能力令 OpenAI 董事會驚訝。一年前，奧特曼和布羅克曼前往西雅圖拜訪比爾・蓋茲，詢問他，怎樣的 AI 模型才會令他驚豔。蓋茲的回答是：這模型得在大學先修生物學課程考試中拿「A」。現在，在 OpenAI 董事會面前展示的 GPT-4 能做到這點，還能編程，但不僅於此，它還能開玩笑。負責產品展示的布羅克曼決定問它一個有關最著名的 OpenAI 批評者之一、紐約大學榮譽教授蓋瑞・馬可斯（Gary Marcus）的問

題,結果,它的表現非常出色。董事會開始準備推出 GPT-4。當時看來,似乎會遵循 OpenAI 之前模型的推出方式,要求使用者給予模型提示,說明他們想看到的型態——問答或程式——範例。

OpenAI 在推進 GPT-4 之際,2022 年 5 月被任命為技術長的穆拉蒂及其他高階研究領導者正在實驗,把舒爾曼的聊天介面拿來做為一種確保新模型安全地運行的工具。有時候,與顧客開會時,他們會在最後拿出聊天介面,看看顧客的反應。有個顧客在一次表面上是談 DALL-E 的會議中對這聊天介面大感驚豔,OpenAI 團隊回到辦公室後認知到,這安全性工具比他們設想的還要吸引人。當 GPT-4 的訓練在 8 月完成時,他們計畫在翌年 1 月發布 GPT-4 和聊天介面。但是,隨著愈多人使用它,那項計畫開始改變。

「不知怎麼地,這聊天介面的反響遠大於我們原先的認知,」奧特曼回憶:「我看到人們使用它,我注意到自己也在玩。我心想,我們應該把這兩個東西分開來。」

奧特曼認為,兩個發展——GPT-4 的綜合性聰慧,以及奇特地如同生活般的聊天介面——同時帶來的衝擊將太大,令世界難以應付。「我想,同時推出 GPT-4 和聊天介面對世界而言是種巨大的更新,現在回顧起來,我真的認同當時的這個決定,最好是讓人們有個比較中等程度、緩和點的產品。」有謠言指出(後來證實這是真的),敵對的安索比那邊已經建造出它的聊天機器人,名為「Claude」,他們只是在等待足夠的安全性測試,對產品更有信心時才發布。

OpenAI 預定在新年後不久發布 GPT-4，因此比他們稍早一點發布聊天介面，搭配一個較舊版的 GPT 模型，會比較理想。但如同奧特曼所言：「不能在假期時發布，」因此，他推促再更早一些發布聊天介面，就在感恩節後。「我說：『我想這麼做，我想快點做。』」奧特曼說。

OpenAI 對整件事態度低調，只是把它視為一種「研究預審」，因此那時他們打算給它一個簡單明瞭的名稱：Chat with GPT3.5。「OpenAI 非常不善於取名，」奧特曼說：「但我們不想用這個名稱。」最終，他們決定取名為「ChatGPT」。

成長最快的消費性科技產品

2022 年 11 月，奧特曼在推特上發出一個簡短、輕描淡寫的宣布，以他慣用的小寫字體：「我們今天推出 ChatGPT，請來這裡試著與它交談：chat.openai.com，」然後又羞怯地加了一句：「這是一個展示可能性的早期範例（仍然有很多限制，很大程度上是個研究發布。）」[20] [21] 第一個評論者贊同，另一位 AI 新創公司創辦人寫道：「喜歡這雄心和論點，但以目前的技術來看，我會說，這是你們迄今為止最糟的產品概念。」[22] 但是，懷疑看法就只有這個，其餘評論是愈來愈癡迷的螢幕截圖，顯示人們要求聊天機器人為他們做作業、指出陰蒂位置、告訴他們生命的意義。「我已經能看到成千上萬的工作被這個東西取代了，」一位軟體開發者寫道：「最終，人類能做的將只剩下擁抱或性愛了。」[23]

在OpenAI內部，ChatGPT的創造者對人們的反應感到困惑。ChatGPT背後的核心技術都已經推出兩年了，更新的模型已經掛在API上近一年了，理論上，任何人在任何時候都能藉由把聊天介面放在OpenAI銷售的模型上，自行建造出ChatGPT。不過，聊天介面有一個特別的地方，「以標準基準而言，各個模型的原始技術能力其實並無顯著差別，但ChatGPT更易懂、更合用，」舒爾慢告訴《麻省理工學院科技評論》。[24] 在公司內部，ChatGPT被認為在技術上和安全性上是無關緊要的東西，以至於奧特曼甚至沒提前通知董事會這件事。

到了2023年1月，ChatGPT已經有1億個使用者，使它成為史上成長最快速的消費性科技產品。[25]

「你可以看出，他根本不知道他對世界釋出了什麼東西，」奧特曼的友人切斯基說：「那就好像他發現了火，即將對世界發布，但他現在並不知道這火可以用來煮食物、取暖、嚇跑動物。你可以看出，他們太靠近產品，以至於目光短淺。」

ChatGPT的推出為AI競賽開了起跑槍，然而OpenAI的憲章中言明它將防止AI競賽。不出幾小時，使用者認知到ChatGPT將對科技業稱霸超過二十年的谷歌搜尋引擎這項產品構成重大威脅，谷歌和微軟內部的相關團隊也知道這點。

根據《紐約時報》取得的洩露錄音和備忘錄，谷歌發布「紅色警戒」（code red），告訴團隊放下他們手頭正在做的事，瘋狂致力於把生成式AI整合到他們的產品裡。這是極其諷刺性的轉變，因為在此之前，谷歌透過買DeepMind和Google Brain發表的革命性轉換器研究報告，使該公司長期處在AI領先地位。

以往有例子清楚顯示，科技巨人發布還沒為黃金時期做好準備的聊天機器人有哪些壞處。微軟在 2016 年推出一款從推特訊息中學習的聊天機器人，取名為「Tay」，推出後不到一天，推特用戶就教它罵髒話和反猶言論。Google Brain 研究員丹尼爾・德弗瑞塔斯（Daniel De Freitas）在 2020 年發展出一個有 26 億個參數、名為「Meena」的聊天機器人，它是用網路上爬取的社群媒體訊息訓練而成的。但是，谷歌以安全性疑慮為由，不讓該研究團隊公開發布這個聊天機器人。於是，該團隊在發表那篇轉換器論文〈你只需要注意力〉的 Google Brain 研究員諾姆・夏澤（Noam Shazeer）的協助下，繼續發展這個聊天機器人，並將其改名為「對話應用語言模型」（Language Model for Dialog Applications，簡稱 LaMDA）。結果，LaMDA 成為爭議焦點。2020 年，著名的 AI 道德研究員蒂米妮・格布魯說，他拒絕撤回那篇質疑 LaMDA 之類大型語言模型會帶來風險的文章後，遭谷歌解雇，但谷歌說是他自己請辭的，而且那篇文章並未達到該公司的發表門檻。2022 年，谷歌 AI 研究員布雷克・勒莫因（Blake Lemoine）宣稱 LaMDA 有感知能力而遭該公司解雇。之後德弗瑞塔斯和夏澤遊說把 LaMDA 併入谷歌助理應用程式（Google Assistant）中，谷歌同意對此進行一些測試，但仍然拒絕對外公開展示，最終他們決定離開谷歌，自行創立 Character Technologies 公司。㉖

除了擔心大型語言模型的撒謊與編造、歧視女性和少數族群及生成有害內容等傾向，谷歌延遲發布這類模型還有一個簡單的事業理由。若使用者能從大型語言模型直接獲得交談式散文體的

答案,而非一長串鏈結,谷歌搜尋就很難再獲得廣告收入,其母公司那年超過 3,000 億美元的營收中,廣告收入占了近 80%。但是,ChatGPT 的發布迫使他們不得不跟進。

2023 年 2 月 6 日,在微軟預定宣布把 OpenAI 融入自家處於劣勢的搜尋引擎 Bing 的一場活動前夕,谷歌匆忙做出回應。谷歌執行長桑德爾‧皮查伊首先直截了當地提醒大家,ChatGPT 是基於谷歌的轉換器模型,接著他宣布,谷歌計畫接下來幾星期推出一個基於 LaMDA 的交談模型「Bard」並提供 beta 版給測試者。最後,皮查伊提醒讀者,谷歌剛對 OpenAI 的敵對公司安索比投資了 3 億美元,也投資於其他的 AI 公司。㉗ 這是谷歌史上最羞辱的時刻之一。

翌日,身型苗條、光頭且戴眼鏡,穿著藍色毛衣配黑色長褲的微軟執行長納德拉興高采烈地走上台,面對一群飛至西雅圖來觀看微軟宣布新搜尋引擎 Bing 加入 OpenAI 技術的新聞工作者。穿著牛仔褲和一件鼠尾草綠毛衣的奧特曼坐在前排的微軟技術長凱文‧史考特旁邊,神情十分愉悅。一個月前,微軟同意除了此前悄悄地投資的 30 億美元,將再對 OpenAI 注資 100 億美元,雖然微軟的投資形式大多是蔚藍雲端運算平台提供的運算力額度。這投資使微軟取得 OpenAI 旗下營利公司獲利的 49% 權利,以及微軟成為 OpenAI 的獨家雲端夥伴,同時賦予這兩家公司有權利在合適之處把技術商業化。這項合作讓微軟的股價在接下來幾年穩定攀升,並且在 2024 年年初時,以超過 3 兆美元的市值短暫超越蘋果,成為舉世市值最高的公司。微軟曾在 1990 年代末期歷經反托拉斯法的敲打,監管當局近乎要強制拆解它的瀏覽器

Internet Explorer 及其制霸的作業系統。有人或許好奇，微軟積極地強迫想要使用 OpenAI 技術的用戶必須下載其最新的瀏覽器 Edge 時，是否還記得當年學到的教訓。微軟企圖藉此攻取谷歌 Chrome 瀏覽器的一些市場占有率，在某次接受科技新聞與媒體網站《The Verge》訪談時，納德拉得意洋洋地講述微軟的瀏覽器及搜尋產品將如何使用 OpenAI 的技術來動搖谷歌這「800 磅的大猩猩」，「我想讓人們知道，我們開始晃動他們了，」他說。[28]

白宮聽證會

在為了安全性測試而稍稍延遲後，OpenAI 終於在 2023 年 3 月發布 GPT-4。現在，全世界都能感受「加零」是什麼意思了，OpenAI 此前已經不再公布有關其模型的資料了，但專家估計，GPT-4 有約 1.77 兆的參數，大約是 GPT-3 的 10 倍。GPT-3 能寫俳句，GPT-4 能通過律師資格考試，大學教授趕忙制定有關學生使用 AI 的政策及期末考的新方式。投資人想知道他們投資的公司將如何使用 AI 來降低成本，能降低 20％？還是 30％？AI 的使用將使公司解雇多少員工？現在就能開始嗎？

3 月底，包括馬斯克、蒙特婁大學電腦科學教授約書亞・班吉歐及蘋果公司共同創辦人史蒂夫・沃茲尼克（Steve Wozniak）在內，超過千人連署人類未來研究所撰寫的一封公開信，呼籲暫停六個月開發比 GPT-4 更強大的 AI 模型。[29]

美國政府也注意到了。2023 年 5 月 4 日，奧特曼、納德拉、

皮查伊、阿莫迪及克拉克被請去白宮,和副總統賀錦麗(Kamala Harris)、商務部長吉娜・雷蒙多(Gina Raimondo)等人進行兩小時的會談,討論有關 AI 的風險。拜登總統也進來停留了一會兒,其中提到他試用了 ChatGPT。不久,參議院司法委員會(Senate Judiciary Committee)邀請奧特曼出席一場聽證會。通常,當一家公司的執行長被請去參議院時,等同一種公開羞辱,但在 2023 年 5 月 15 日情況有些不同。這天,奧特曼穿著深藍色西裝,打領帶,以武器級的誠摯神情把參議員的毛順得服服貼貼。奧特曼告訴他們,他認為他們有很好的見解,也樂意跟他們合作,他認為應該監管 AI,「若這項科技出錯的話,可能會錯得很離譜。」路易斯安那州的共和黨籍參議員約翰・甘迺迪(John Kennedy)問他,是否知道有合適的人選能領導他提議設立的監管 AI 機構,並暗示若非奧特曼賺那麼多錢的話,他或許可以擔任監管機構的領導人,但奧特曼回答,他並不持有 OpenAI 的股份,這令在場參議員近乎無言:

　　路易斯安那州共和黨籍參議員約翰・甘迺迪:「是否有合適的人選?」
　　山姆・奧特曼:「是的,我們樂意向你們提出推薦人選。」
　　路易斯安那州共和黨籍參議員約翰・甘迺迪:「OK,你賺很多錢,對吧?」
　　山姆・奧特曼:「不。我們的薪資足以支付醫保,但我沒有 OpenAI 的股份。」
　　路易斯安那州共和黨籍參議員約翰・甘迺迪:「真的嗎?」

山姆・奧特曼:「真的。」

路易斯安那州共和黨籍參議員約翰・甘迺迪:「這不行哪,你需要一個律師。」

山姆・奧特曼?「我需要什麼?」

路易斯安那州共和黨籍參議員約翰・甘迺迪:「你需要一個律師或經紀人。」

山姆・奧特曼:「我做這事是因為我喜愛它。」❸

聽證會結束後不久,奧特曼展開他的魅力攻式。部分源於布萊恩・切斯基的煽動,奧特曼展開為期五週的全球之旅,拜會英國首相里希・蘇納克(Rishi Sunak)、法國總統艾曼紐・馬克宏(Emmanuel Macron)、西班牙首相佩德羅・桑切斯(Pedro Sánchez)、德國總理奧拉夫・蕭茲(Olaf Scholz)、以色列總統艾薩克・赫佐格(Isaac Herzog)、杜拜酋長拉希德・阿勒馬克圖姆(Sheikh Maktoum bin Mohammed bin Rashid Al Maktoum)、印度總理納倫德拉・莫迪(Narendra Modi)、南韓總統尹錫悅(Yoon Suk Yeol)及其他世界領袖。全球之旅匆忙到由安娜・馬坎朱(Anna Makanju)領導的 OpenAI 政策團隊在巴黎也沒時間享受一下這座城市,他們在旅館吃能量棒(PowerBars)。切斯基說:「我想,他造訪的國家數量比必須造訪的國家多 3 倍。」切斯基親身體驗過引起政府注意的情形,Airbnb 的初期成功促使全美各地試圖禁止其服務時,他雇用柯林頓政府的白宮顧問克里斯・勒罕(Chris Lehane)領導「震撼與敬畏」(Knife Fight)的遊說活動,反對加州投票禁止短租。但切斯基當時也積極地爭取

政治人物的支持,「政治人物已經在談論你,」他告訴奧特曼:「若他們在談論你,你必須面對面地去見見他們,因為俗話說:『資訊空缺將被謠言填補』,你不想要人們感到害怕,畏懼的矯治劑就是資訊。」

返美後,6月,奧特曼穿著晚禮服出席白宮款待印度總理莫迪的晚宴,陪同他的是已和他約會一年的澳洲籍電腦程式設計師奧立佛·穆赫林（Oliver Mulherin）。2015年,彼得·提爾家舉辦的一場派對上,在凌晨三點的熱水浴池邊,兩人因為都喜愛天空爆炸樂團（Explosions in the Sky）的歌曲〈執子之手〉（Your Hand in Mine）而結識,穆赫林當時是墨爾本大學電腦科學系學生,他們各自有約會對象,但兩人仍交談到很晚。穆赫林在澳洲完成學業後,首先從事各種AI專案工作,從遊戲到語言模型皆有。後來,他進入澳洲區塊鏈非營利IOTA基金會工作,之後轉赴美國,任職一家使用AI技術來偵測癡呆症的新創公司SPARK Neuro。

奧特曼和穆赫林把〈執子之手〉視為他們的歌曲。「我記得有天晚上,我們坐在一起,看著火苗,聽這首歌,後來望向彼此,沒有說話,但感覺這首歌裡有我們的很棒的故事,」他在《舊金山標準報》的「七首歌曲道人生」播客節目中說。㉛ 2023年時,一直想要一個大家庭的奧特曼已經在研究代孕的事。

此時的奧特曼似乎非常成功、快樂,但他很快就會發現,他應該博取的觀眾在OpenAI內部。

第 16 章

彈指事件

奧特曼的權力高漲,但他向世界承諾,他不是馬克・祖克柏。「不該託附這裡的任何人,」他在 2023 年 6 月告訴《彭博電視》(*Bloomberg TV*):「我沒有超級投票權,我不想要它們。董事會可以開除我,這點很重要。」❶ 但在幕後,大多數理應為「獨立」董事的非營利母公司董事會越發沮喪地認為實際當家做主的是奧特曼。

炙手可熱的矽谷新星

2022 年秋季,ChatGPT 一鳴驚人地發布後,奧特曼在一次全員會議中告訴員工,他想在董事會中增加一位 AI 安全性專家。此舉受到廣泛認同,尤其是安全性社群——奧特曼有時敘述 OpenAI 擁有三個社群:學術圈、關切 AI 安全性的社群及新創圈。但是,當董事會成員建議該加入誰時,最終似乎都不了

了之。此時，塔莎・麥考利是英國的有效創投基金會（Effective Ventures Foundation）的董事會成員，這個規模 5,000 萬美元的有效利他主義慈善組織原名有效利他主義中心，其最著名的捐款人暨董事會成員是加密貨幣交易所 FTX 創辦人山姆・班克曼－弗萊德，在他因為詐欺等犯罪垮台的不久前，該慈善組織剛改名。AI 安全性倡導圈與有效利他主義社群高度重疊，麥考利在那個圈子有許多人脈，海倫・托納也是。

各方似乎都想要有像保羅・克利斯提安諾這樣的人進入董事會，他之前領導 OpenAI 的語言模型校準團隊，儘管他和人類未來研究所及開放慈善組織關係密切，但他對 AI 的思慮周密及獨立觀點甚受尊崇。不過，克利斯提安諾已經是安索比的長期利益信託（Long-Term Benefit Trust）的成員，此信託幫助遴選該公司董事會成員，而且他不久就會加入拜登政府在商務部新設立的 AI 政策單位。OpenAI 董事會的確有面談克利斯提安諾的太太阿潔雅・寇特拉（Ajeya Cotra），他是開放慈善組織的 AI 安全性專家，柏克萊大學的有效利他主義學生社團的創辦人，但面談與考慮過程最後不了了之，主要是因為奧特曼和布羅克曼的遲疑。奧特曼當時有自己考慮的人選，但一些董事會成員覺得若這名新的董事是奧特曼建議的人，此人就會受其恩惠而難以發揮職責。「這件事牽涉了一些權力鬥爭」，當時是奧特曼考慮人選之一的布萊恩・切斯基說：「基本上，他們認為，若這名新董事是山姆建議的人，此人就會忠誠於山姆，因此他們不會同意。」

然後，三名支持奧特曼陣營的現任董事快速地相繼離開，使情況更加惡化。里德・霍夫曼幫助奧特曼思考如何把 OpenAI

商業化，也是 OpenAI 和微軟之間的重要人脈，但他決定創立一家與 OpenAI 競爭的 AI 公司 Inflection AI，這令奧特曼和提爾惱火，因為利益衝突，霍夫曼於 2023 年 3 月退出 OpenAI 董事會。〔霍夫曼後來把 Inflection AI 賣給微軟，其共同創辦人、前 DeepMind 共同創辦人穆斯塔法・蘇雷曼（Mustafa Suleyman）成為微軟的 AI 產品事業部門的新領導人。〕

同月稍後，另一名董事希馮・齊利斯──AI 專家、馬斯克的 Neualink 公司的主管、和奧特曼交好多年──也退出。上一年夏天，OpenAI 董事會震驚地得知，齊利斯和馬斯克在 2021 年 11 月透過試管嬰兒育有一對雙胞胎，但沒有告知他們此事。此事曝光是《商業內幕》挖掘法院紀錄，發現雙胞胎的父母向法院申請更改他們的姓名，讓他們以馬斯克為姓，以齊利斯為中間名。❷ OpenAI 獨立董事想要齊利斯退出董事會，奧特曼則是主張他續留，認為他是 OpenAI 繼續與善變的馬斯克保持溝通的重要管道。但當馬斯克於 3 月創立自己的 AI 公司時，OpenAI 董事會認為利益衝突太大了，齊利斯不應該再擔任 OpenAI 董事。❸

第三位退出的董事是公開說自己是奧特曼友人的前共和黨籍眾議員威爾・賀德，他因為要參加共和黨總統初選，在 7 月退出 OpenAI 董事會。這使得 OpenAI 從原來的九名董事減少為六名，包括三位獨立董事，以及奧特曼、布羅克曼、蘇茨克維。

三位董事的陸續退出令奧特曼非常焦慮，尤其是因為續留的董事、也是 Quora 執行長、前臉書主管亞當・丹傑洛在過去一年愈來愈集中興趣在改善 OpenAI 的公司治理，把很多時間投入於董事會事務。丹傑洛憂心董事會的基本結構，有兩名董事──布

羅克曼和蘇茨克維——是奧特曼的部屬,但董事理應是監督奧特曼的。幾位董事在2022年夏季看到GPT-4的展示後,這種焦慮愈發急迫,他們認知到他們決策的重要程度快速提升。

「為了使OpenAI董事會發揮功能,做該做的事,他們必須認真檢視公司歷經時日不斷提高的風險性,」托納說:「ChatGPT和GPT-4之類的東西是重大轉變,董事會認知到風險性愈來愈高。並不是說我們明天就會死,但董事會必須運作得宜,董事會必須確實有效地監督公司。」

但是,奧特曼擔心丹傑洛的作為並非出於善意。Quora在2022年12月發布一個名為「Poe」的AI聊天機器人,奧特曼認為它是OpenAI的競爭對手,它基本上就是讓用戶取用包括ChatGPT和Claude在內的各種聊天模型包裝產品。2023年4月,奧特曼致函董事會成員,說丹傑洛和Poe的牽連性具有利益衝突,他應該退出董事會。董事會成員贊同嗎?托納和麥考利不贊同。董事會剛花了幾星期討論什麼情形構成利益衝突,決定所謂的利益衝突必須涉及此競爭者訓練一個敵對的先進模型,亦即AI科學的尖端技術。由於Poe只是個包裝產品,似乎不符合這門檻。布羅克提出另一個理由,主張何以丹傑洛應該退出董事會:Peo是個顧客,因此丹傑洛能取得OpenAI內部事業資訊,構成利益衝突。

托納仍然不信服,因此奧特曼同意打電話協商。由於董事會剛失去兩名董事,托納懷疑他們能否想出一個讓丹傑洛續留董事會的解決辦法。在電話上,奧特曼同意,說他將會電丹傑洛。托納再也沒聽到下文,但他後來得知,奧特曼已經和丹傑洛通了

電話，但在電話上，奧特曼甚至沒有提及 Poe 導致丹傑洛涉及利益衝突一事，丹傑洛仍然留在董事會。這事令托納和麥考利覺得奧特曼和布羅克曼會根據他們的需要而改變說詞，使用利益衝突當藉口。（但董事會的其他成員仍然認為，Poe 的利益衝突確實是合理的顧慮。）

或許，托納和麥考利準備往最壞處去設想，因為他們早就不信任奧特曼了。2023 年春，OpenAI 的一名員工告訴董事會：「公司在安全性方面脫軌。」為了加深 OpenAI 和微軟的關係，兩家公司成立一個部署安全性委員會（Deployment Safety Board，簡稱 DSB），在新產品發布之前，審查其安全性風險。監督 OpenAI 遵守其憲章——誓言造福人類，不追逐獲利——是 OpenAI 董事會的職責，是以，董事會認為，監督 DSB 也是其主要職責之一，但他們認為，奧特曼並未認真看待 DSB 的角色。2022 年冬季的一次 OpenAI 董事會會議上，他們斟酌如何發布三項具有爭議性的 GPT-4 性能升級，奧特曼聲稱這三項全都已獲 DSB 批准，托納懷疑並要求查看文件，卻發現實際上獲得批准的只有其中一項（跟 API 相關的提升）。

在一些例子中，微軟違反 DSB，但 OpenAI 董事會是從一名員工那裡得知此事。該員工在走廊上攔下一名董事，詢問董事會是否知道安全性違規的事。董事會剛結束長達六小時的會議，奧特曼並未在會議中提及此事。2022 年末，微軟在未先獲得 DSB 批准下，於印度推出一個尚未發布的 GPT-4 版本測試。雖然 DSB 最終批准，但違規在印度進行測試一事令幾名 OpenAI 董事認定兩家公司的安全性流程沒有確實運作。

這些事件本身並不是很大的問題,但在董事會增員陷入僵局之際,似乎天天都有關於奧特「課外活動」的驚人新聞報導。他去中東,為一家想擴展全球微晶片供應鏈的新創公司募集資金。他透過一家空白支票公司,讓他投資的、已從 Y Combinator 畢業的核融合公司歐克羅上市。OpenAI 最重要的企業夥伴微軟簽約收購奧特曼擔任董事會主席的核力安能源公司,該公司尚未實際發明從核融合取得永續能源的方法。他與赫赫有名的 iPhone 設計師強尼・艾夫(Jony Ive)會面,討論一種新類型的 AI 器材。這些全都遭到奧特曼的否認,後來他說為晶片公司募集資金,以及和強尼・艾夫合作等,都是代表 OpenAI。但是,從新聞得知這些資訊的董事會對此有所質疑。

2023 年夏季的一個晚上,一名 OpenAI 董事在一場晚宴中聽到某人談論 OpenAI 新創基金(Startup Fund)的報酬沒有回饋給 OpenAI 投資人是合理的,因為這基金能夠使用稀有資源,例如更早取用 OpenAI 的產品。這對 OpenAI 董事會而言也是新聞,此人在說什麼呢?OpenAI 的確在 2021 年設立了一個新創基金,當時言明這基金將由 OpenAI 管理,當中有來自微軟及其他人的投資。這新創基金已投資在 AI 驅動型法律新創公司 Harvey 及一些其他的公司,但此人說這基金的報酬沒有回饋給 OpenAI 股東,是怎麼回事?董事會開始就此事詢問奧特曼,在長達多月的來來回回後,董事會最終得知,這基金是奧特曼個人擁有,向有限合夥人募集資金。正常的情況下,這意味著奧特曼獲得附帶收益──基金管理費及其投資獲利的一定比例歸屬此基金的創立者。OpenAI 說,奧特曼在此基金中並無財務

利益,之所以用個人名義設立此基金,只是因為這麼做最快速(最初給董事會的答覆是這種結構的稅務好處),可是這將使得一個結構奇怪的基金變得更奇怪。獨立董事覺得,他們無法獲得一個坦率的回答,同時也認為,既然奧特曼一再聲稱他未持有OpenAI股份,又強調這種狀態對他能夠做為董事會成員很重要,那就應該讓董事會事先知道這個新創基金的結構。

就一個新創基金來說,OpenAI基金的利益其實相當小,但當奧特曼為了擴增全球微晶片供應以應付發展AI的需求而去阿拉伯聯合大公國募集資金時,董事會愈加關切這基金涉及的利益遠遠更大,而他們仍然不確定自己是否了解全部實情。一些董事擔心,奧特曼打算把OpenAI的智慧財產用於可能不符美國國家利益的晶片計畫。

2023年9月25日,《紐約》(*New York*)雜誌作家伊莉莎白・魏爾(Elizabeth Weil)發表第一篇有關奧特曼的雜誌報導,引述他的妹妹安妮討論自身的困境。回顧起來,安妮在推特上公開講述的事情竟然在近一年後才成為一篇調查性報導的主題,實在很不尋常。我(作者)知道這些內容,以及他在OnlyFans平台上做色情工作一事,但我在2023年3月於《華爾街日報》上合撰奧特曼特寫時,並不知道他對他的哥哥的指控。事實上,這篇報導刊登的幾週前,安妮在推特上更明確地說,他四歲時,十三歲的奧特曼在未經他同意下爬上他的床。這篇雜誌報導並未略過安妮的這項指控,但也說明他一直是個居無定所的性工作者,跟他的富豪哥哥生活在同一座島上。奧特曼家告訴《紐約》雜誌:「我們愛安妮,也將繼續以我們的最大努力去支持和保護

他，跟任何家庭一樣。」❹ 這篇文章的標題是〈山姆‧奧特曼是我們這個時代的歐本海默〉（*Sam Altman Is the Oppenheimer of Our Age*）。康妮‧吉布斯汀針對此事向本書提出聲明，他說這些指控不實，安妮有：「心理健康問題。」

幾天後，蘇茨克維寫電子郵件問托納翌日是否有時間談一談。這是非常不尋常之舉，董事會會議通常提前數週或數月排定時間。翌日，在電話上，蘇茨克維吞吞吐吐，像擠牙膏似地說些神秘的話，令托納困惑不解，最後他給了一個提示：「你應該跟穆拉蒂談談。」

當時三十四歲的米拉‧穆拉蒂在上一年被正式任命為 OpenAI 技術長，但他自 2020 年末起就一直在做這項工作，實質上是營運這家公司的人，他決定哪些計畫獲得運算力，以及發展出來的模型是否需要進行更多的安全性測試後才能發布。與他共事的人形容他具有高情商、不自負，讓他能夠以別人無法做到的方式去照管研究團隊。「他具有鎮定創辦人的影響力，」一位前 OpenAI 員工說：「他有技巧和耐心去把他們從自我中拯救出來。」他也能面對聽眾，權威地講述在 OpenAI 工作的廣大意義，2023 年 3 月，穆拉蒂來到《華爾街日報》辦公室和編輯與記者會面，他穿著黑色長褲、黑色高跟靴、黑色皮夾克，像個來自未來的半超模機器人。他以工程師不裝腔作勢的直率來回答提問，他看起來並不喜歡出風頭，但了解這是達成目標必要的一步，從他年輕時在一些網路帳號使用的名稱最能看出他的抱負：unicorngenetrix，亦即「獨角獸之母。」

其實，托納在 2023 年 9 月 29 日剛和穆拉蒂喝過咖啡，是

穆拉蒂邀請的，意在和董事會建立更融洽的關係，奧特曼知道此事。那天，他們交談的話題廣泛，看起來並不像會導致任何緊急行動。但托納聽從蘇茨克維的建議，打電話給穆拉蒂，解釋他跟蘇茨克維交談的內容，表示自己困惑不解，不知道是否發生了什麼？是不是有什麼事情是董事會該知道的？穆拉蒂講述他這些年看到奧特曼有害領導風格導致的問題，尤其是當他焦慮升高時，例如最近幾個月。根據他的經驗，奧特曼有一個簡單的戰術：首先，為了促使你去做他想要你做的事，他說任何必須說的話；其次，若這行不通，他便暗中傷害你或摧毀你的聲譽。奧特曼說人們想聽的話，縱使這意味著對兩位競爭同一職位的人做出承諾，或是在談判中對微軟做出讓步，犧牲他花了幾個月努力爭取的東西。他解釋，布羅克曼和奧特曼之間的互動使他幾乎無法做自己的工作：身為總裁的布羅克曼並無直屬部下，技術上來說，他應該是自己的屬下，但他又是董事會成員。每當他試圖不讓布羅克曼去踩線別人的計畫時，布羅克曼乾脆繞過他，直接去找奧特曼。布羅克曼的行為已經逼走多人，奧特曼和布羅克曼之間的互動即將再導致幾個人離開，包括研究長鮑伯·麥葛魯，或許連穆拉蒂本身也是。穆拉蒂說，他過去已經向奧特曼反應過，奧特曼的回應是找公司的人力資源主管尹黛安（Diane Yoon，音譯）參與他們的一對一談話，這樣持續了幾個星期，直到穆拉蒂告訴奧特曼，他無意把這些告知董事會。

　　托納又回頭找蘇茨克維，想獲得更多資訊。雖然蘇茨克維沒有明說，但托納從他們的談話中覺得自己認為應該開除奧特曼。蘇茨克維愈來愈擔心他和領導團隊的其他人對奧特曼的信任減

弱,也擔心這會對奧特曼領導一個最終將發展出 AGI 的組織將有什麼深層影響。他害怕若奧特曼發現他們對董事會說的話,將發生什麼後果。

過了多年,蘇茨克維才能確切指出奧特曼的行為型態──這位 OpenAI 執行長明明跟他說 A,之後又說 B,卻又表現得彷彿這差異只不過是個意外,「噢,一定是我說錯了,」奧特曼會這麼說。蘇茨克維覺得奧特曼不誠實,導致組織混亂,這對任何一位執行長而言都是個問題,更何況是掌管可能改變文明技術的執行長。

不誠實的執行長

回溯 2021 年時,一切到了緊要關頭,蘇茨克維為 OpenAI 規畫好了下一個發展方向──一個需要花較長時間研究的回答問題推理模型,他也為更長遠的未來做了規畫──最終將成為 OpenAI o1 模型的基礎,並組成一支執行這計畫的團隊。他領導這團隊已快一年時,領導《刀塔 2》計畫研究工作、與布羅克曼愈來愈親近的研究員雅庫布・帕霍奇開始做一個與蘇茨克維推理模型很近似的版本。帕霍奇起初尋求和蘇茨克維的團隊合作,天天傳送訊息給蘇茨克維,講述他的透過強化學習來建立推理能力的研究,後來他被抽調去做 GPT-4,直到 2022 年。帕霍奇回到推理模型的研究工作時,公司決定把蘇茨克維的團隊和帕霍奇的團隊合併。蘇茨克維覺得這計畫已經推進得夠遠了,有信心會成功,之後他便退位,讓帕霍奇完成剩餘的工

作，他則是把注意力轉向 AI 安全性。

2023 年夏天，蘇茨克維組織一支名為「超級校準」（Superalignment）的新團隊，也在此團隊的詹·雷克說，這團隊的目的是讓 AI 模型自己像完成家庭作業那樣做校準工作。蘇茨克維和帕霍奇都認為奧特曼分別告訴過他們，他們可以領導公司的研究方向，但是奧特曼讓蘇茨克維繼續擔任首席科學家，同時又把帕霍奇晉陞為研究總監，這種「把嬰兒切兩半」的企圖導致數月的內鬥，損失生產力。在蘇茨克維看來，這是一長串奧特曼的表裡不一和逃避衝突的例子中最近期的一個。

托納認為蘇茨克維的控訴已經嚴重到他應該跟丹傑洛和麥考利談談了，「你信任他們嗎？」蘇茨克維問：「跟他們談這種事，安全嗎？」托納為他們做出擔保。但麥考利也有相似的憂懼，他擔心蘇茨克維的質問是奧特曼精心策畫的忠誠度測試。托納後退一步想，他周遭普遍存在的憂懼令他震驚，若這家在 AI 競賽中領先的公司裡，董事會成員有半數對其執行長有這種感覺，這說明這家公司的治理成效如何？

就在獨立董事開始彼此談論有關蘇茨克維和穆拉蒂對奧特曼的疑慮之際，托納在 10 月發表了一篇令奧特曼不悅的文章。這篇標題〈解碼意圖、人工智慧及高成本的訊號〉（*Decoding Intentions, Artificial Intelligence and Costly Signals*）的文章具有高度學術性質，主要談賽局理論和 AI 的國家安全牽連性，但裡頭深埋這一些很顯然是讚美安索比的句子──讚美安索比等到 OpenAI 發布 ChatGPT、從而打破 AI 封印後，才發布其聊天機器人 Claude：

第16章 彈指事件　357

安索比延遲發布 Claude，直到另一家公司推出類似能力的產品，此舉展現它願意避免像 ChatGPT 發布那樣，為了忽視規則而瘋狂地走捷徑。安索比藉由使用無法歷經時日抵銷的固定成本來達成這目的，在本研究的架構下，安索比為了 AI 安全性延遲發布其模型，並吸收潛在的未來收益，從而提高其信譽。❺

奧特曼致電托納，冷靜但憤怒。他說，聯邦通訊委員會已經開始調查 OpenAI 的資料實務，這種批評對公司有害。他最想知道的是，這些言論是否代表他真正的觀點？安索比聲稱這技術太純，不能拿來發展產品後，卻又募資數十億美元把他們的產品商業化，他真的認為安索比比 OpenAI 更可信嗎？若他真這麼認為，他想在董事會層級討論這些問題。托納解釋，這篇文章的主題是其他人的外部觀點，他自己的觀點更細膩，他認為，雖然 ChatGPT 的發布加快了 AI 競賽，但也引起對 AI 安全性的關注。他說這篇文章是為學術圈讀者撰寫的，但若奧特曼認為此文傷害 OpenAI，他樂意向董事會道歉。他寫電子郵件給董事會，說他但願在那篇文章中對一些事件使用更好的措詞，並且希望不要再提這件事了。但根據《紐約時報》報導，奧特曼發電子郵件給 OpenAI 的主管，說他已經譴責托納，「根據這件事造成的傷害，我不覺得我們的立場一致。」❻

另一方面，蘇茨克維和丹傑洛及麥考利相談，討論奧特曼及其與布羅克曼之間的有害互動，他說自己擔心高階領導人打算離開，例如穆拉蒂和麥葛魯，他再度敦促他們直接找穆拉蒂談談。因為董事會成員太常接觸彼此，使他們抓到奧特曼撒謊成為最終

的致命一擊。10 月底和麥考利談話時，蘇茨克維提到，奧特曼告訴他，麥考利跟奧特曼說，托納顯然應該為那篇文章離開董事會。麥考利知道他沒說過這樣的話，他打電話向丹傑洛說明這些事，丹傑洛說：「這很令人擔心。」在 OpenAI 的三位獨立董事心中，這件事似乎證實奧特曼的作風——藉他人之口說出他希望發生的事，以讓他繼續當個被大家喜愛的好人。

在蘇茨克維的建議下，麥考利找穆拉蒂談話，但小心避免任何引導性提問。穆拉蒂用了四十五分鐘批評奧特曼的管理風格，以及這如何導致極其難以和布羅克曼共事。他說布羅克曼總是闖入別人的計畫，不懂前後脈絡，又發表很多強硬的意見。他陳述相似於他對托納表達的疑慮——由於布羅克曼和奧特曼的同盟關係，他無法對布羅克曼提出回饋意見。

為了證明他所說的話，蘇茨克維透過電子郵件傳送兩份很長的文件給托納、麥考利及丹傑洛，並使用 Gmail 的自行銷毀 pdf 功能。其中一份文件是關於奧特曼，另一份是關於布羅克曼。關於奧特曼的那份文件中陳述幾十個他撒謊或其他有害行為的例子，大多由蘇茨克維收集的、有來自穆拉蒂的 Slack 通訊螢幕截圖作為佐證。其中一個例子是，奧特曼告訴穆拉蒂，公司的法務部門說，GPT-4 Turbo 不需要經過 DSB 的審查。穆拉蒂向公司的首席律師關傑森（Jason Kwan，音譯）確認此事，關傑森很困惑，說他無法想像奧特曼怎麼會有這印象，GPT-4 Turbo 當然得經過 DSB 的審查。

關於布羅克曼的那份文件，主要聚焦於他被指控的霸凌行為。他想接管太多的公關決策，導致公司的公關主管、前蘋果公

司老兵史蒂夫・道林（Steve Dowling）掛冠而去。他經常向奧特曼抱怨鮑伯・麥葛魯，導致麥葛魯無法再公司待下去。奧特曼收到許多 OpenAI 員工申訴，要求節制布羅克曼，奧特曼同意，但鮮少採取行動。

面對擺在眼前的證據，董事會考慮 OpenAI 是當今世上最具前景的科技公司之一，他們可以自行挑選執行長，花六個月的時間尋覓，他們一定能找到一位他們覺得不會刻意試圖欺騙董事會、不會經常導致領導危機的執行長。一些董事會成員也開始聽到來自員工的抱怨——他們不再信賴奧特曼領導他們朝 AGI 邁進，這附和了來自蘇茨克維和穆拉蒂的疑慮。

蘇茨克維警告，若他們要行動，就必須快速行動，因為奧特曼太有魅力、太狡猾，他會覺察他們的意圖，團結他的支持者。蘇茨克維相當謹慎、蓄意地挑選他的行動時機，選在董事會正缺乏奧特曼的忠誠支持者的時候。董事會已排定在 11 月開會時面談幾位可能的董事人選，適合開除奧特曼的時間窗口可能隨時關閉，他們必須現在就行動。於是，2023 年 11 月 16 日，星期四的下午，三位獨立董事和蘇茨克維召開視訊會議，投票開除奧特曼。他們從談話中知道，若穆拉蒂得繼續既當布羅克曼的上司，又必須受到身為董事的他監督，自己不太可能同意擔任過渡執行長，因此他們也投票把布羅克曼踢出董事會。投票後，這些獨立董事告訴蘇茨克維，他們一直擔心他可能是被派來試探他們的忠誠度的間諜。

當三位獨立董事和蘇茨克維在週四晚上打電話通知穆拉蒂，他們將在翌日開除奧特曼，並詢問他是否願意擔任過渡執行長

時，他正在參加一場研討會。他表示願意盡力穩定公司。穆拉蒂詢問他們為何要開除奧特曼，他們拒絕透露細節。

穆拉蒂、OpenAI的公關長王漢娜（Hannah Wong，音譯），以及四位董事討論如何發布這消息。穆拉蒂看著董事會研擬的通知安排，注意到上頭沒有「通知微軟」這一項，「你們跟薩蒂亞溝通過這事嗎？」他問。雖然，在利害關係人名單上，微軟排名接近首位，董事會知道必須通知它，但他們還沒有研擬如何執行，也認為穆拉蒂是傳遞這消息的最佳人選。穆拉蒂堅持，在OpenAI的部落格上張貼這消息之前必須先通知微軟。王漢娜建議，或許應該在週五股市收盤後才宣布這消息，這被廣視為處理重大消息時避免影響公開上市公司股價的最佳實務，他們應該避免影響到微軟。但董事會深怕奧特曼在他們能夠正式開除他之前得到風聲而想推翻決議。他們一致決定，在中午宣布前的幾分鐘，由穆拉蒂致電微軟。

翌日，奧特曼和穆赫林在拉斯維加看一級方程式賽車，奧特曼連結至Google Meet，和蘇茨克維開中午會議。奧特曼很詫異於看到丹傑洛、托納及麥考利的臉也出現於螢幕上，但不祥預兆是，沒有布羅克曼──幾分鐘前，他被踢出董事會。蘇茨克維向奧特曼宣讀一篇短稿，說他被開除了，但沒有明確解釋為什麼。震驚的奧特曼以他長年在Y Combinator辦公室輔導時段的慣用語「有什麼我能幫忙的嗎？」結束這視訊會議，根據《紐約時報》報導，董事會要求他支持穆拉蒂領導公司過渡，奧特曼同意了。❼

視訊會議結束後不久，奧特曼的電腦就被封鎖了。

頭幾分鐘是純粹的難以置信，奧特曼覺得他彷彿做了一場惡夢，然後是油然而生的憤怒。幾分鐘後，OpenAI網站上以簡短的部落格文公布消息，說：「他和董事會溝通時一貫地不坦誠，阻礙董事會行使其職責。」在科技公司執行長之間的私下WhatsApp群組裡，這條開除消息猶如丟下一顆原子彈，切斯基看到後立刻傳簡訊給奧特曼，「太野蠻了，」奧特曼回覆：「你現在能通電話嗎？」

電話上，奧特曼告訴切斯基，他不知道自己為何被開除。切斯基從每一個他能想到的角度去詢問他，最後的結論是，有點不對勁。「在沒被事先通知、沒有調查、未告知你被開除的理由之下被開除，我根本無法相信。只有當某人殺了人時，你才會這麼做，對吧？」切斯基說。除非已經發現了屍體，否則這事實在很離譜。切斯基又打電話給布羅克曼，布羅克曼證實奧特曼所說的。

奧特曼被開除的消息立刻成為世界各地的頭條新聞，把加薩走廊戰爭的新聞擠下頭條。奧特曼的iPhone一度因為每秒進來的簡訊太多，導致他的iMessage應用程式當機。

開除！

舊金山這邊，消息宣布的幾分鐘前，穆拉蒂已經致電微軟技術長凱文・史考特，告知他OpenAI董事會即將宣布開除奧特曼的消息。史考特把正在開會的上司拉出會議室，讓他跟穆拉蒂講電話。納德拉問穆拉蒂，董事會為何開除奧特曼，穆拉蒂說他

不知道，並建議納德拉跟丹傑洛談談。丹傑洛除了重複新聞稿內容，沒什麼更多的資訊可提供，他向納德拉保證，奧特曼並無涉及任何犯罪事情。❽

穆拉蒂向 OpenAI 員工的內部溝通也相同，董事會給他的一套危機溝通談話跟那含糊的部落格貼文差不多。

下午兩點，穆拉蒂和蘇茨克維主持 OpenAI 員工全員會議，開闢四十五分鐘讓員工提問，員工的提問全都是這樣的版本：「山姆做了什麼？」一名員工詢問穆拉蒂和蘇茨克維是否有去設法了解原因，蘇茨克維回答：「沒有。」被開除時，奧特曼正在領導一輪募資的最後階段，這輪募資向投資人提出一個收購要約，讓他們以近 900 億美元的公司估值收購員工持股，這價格遠遠高於那些股份發行時的價格，使許多 OpenAI 員工有機會致富。這收購由川普女婿傑瑞德・庫許納（Jared Kushner）的弟弟約書亞・庫許納（Joshua Kushner）創立的昌盛資本公司領頭，他是奧特曼在 Y Combinator 的長期金主，OpenAI 裡沒有一個人會錯誤地認為，沒了奧特曼，這股份收購案還能繼續下去。

會議後，YC 連貫基金的前首席律師、後來在 OpenAI 穩定地晉升，最近剛成為 OpenAI 策略長的關傑森槓上蘇茨克維，「這不夠好，員工會發飆，」他說。他要求蘇茨克維召集所有董事會成員和主管團隊（公司的十五位最高領導者）召開視訊會議，蘇茨克維照辦了。

週五傍晚，董事會成員登入視訊會議，進入一個充滿赤裸裸驚慌的虛擬會議室。關傑森起初力持禮貌，說他假設董事會的行動是為了公司利益，但基於有近八百名員工的生計仰賴

OpenAI，而且整體來說，這些人大多喜歡奧特曼，他認為董事會欠他們一個解釋，不能只是說：「他一貫地不坦誠。」更別提他的辦公室已經接到美國聯邦地區法院紐約南區法院的詢問，法院傾向把董事會指控執行長撒謊視為調查的沃土。OpenAI 董事會的含糊其詞已經招來監管當局對 OpenAI 的審查，使員工陷入不利的處境，關傑森說，他們別無選擇，必須讓奧特曼復職，因為讓這公司死亡不是董事會的職責。

「這其實是符合公司使命，」托納回答。

托納說的並沒錯，OpenAI 的憲章言明他們受託責任的對象是人類，他們不對員工或投資人負責。董事會拿公司憲章做為底牌。

夜色漸漸降臨，OpenAI 董事會和主管團隊舉行一連串爭吵愈趨激烈的會議。包括穆拉蒂在內的主管團隊給董事會最後三十分鐘，要不就解釋他們為何開除奧特曼，要不就他們請辭董事職務，否則主管團隊將集體辭職。

董事會束手無策。他們諮詢過外面的律師——專門處理非營利組織稅務的阿諾波特律師事務所（Arnold & Porter），他們認為董事會實際上不能透露是穆拉蒂提供有關奧特曼管理不當的詳細證據。但董事會感覺被背叛且困惑，穆拉蒂向他們保證，在他們尋覓新執行長期間，他會掌控局面，安撫員工；但現在，他率領的同事反叛董事會，在視訊會議中憤怒地質問這些董事為何開除奧特曼。那天傍晚，主管團隊一度要求這些董事會成員下台，從主管團隊中選出三人取代他們——這當然行不通，董事會在法律上肩負監督公司的責任。其實，董事會誤

把穆拉蒂同意穩定公司當成他贊同開除奧特曼的決定。穆拉蒂說，他認為他向董事會提供的回饋意見是透明且建設性批評，他也和奧特曼分享了這些回饋意見，他很震驚於這些回饋意見使董事會以為自己支持他們的行動，他更驚訝的是，董事會竟然透過在他看來是非常思慮不周的流程，採取如此激烈的措施。

內幕眾說紛紜

　　解雇一事在公司內部演變的同時，也在公司外發酵。這震驚全球的新聞沒有對奧特曼為何遭到開除提供實質答案，因此透過社群媒體，奧特曼及其盟友有機會質疑董事會的行動。被開除的幾分鐘內，奧特曼、布羅克曼跟切斯基和 Airbnb 全球政策與公共事務資深副總克里斯・勒罕通電話。勒罕曾任職柯林頓政府，撰寫過一本危機溝通的書籍，後來改編成由羅伯・勞（Rob Lowe）主演的電影《選戰風暴》（*Knife Fight*），切斯基在 2015 年試圖阻止加州透過投票來禁止短租，他使用「震撼與敬畏」的遊說活動，成功阻止此投票行動，也因此成為 Airbnb 在世界各地打類似戰役時不可或缺的顧問。切斯基和勒罕建議奧特曼及布羅克曼反擊，但切斯基建議奧特曼，在短期內走高尚之路，不對董事會做出任何控訴。於是，2023 年 11 月 17 日，週五傍晚四點左右，奧特曼在 X（前推特）上以他慣用的全部小寫字體發出不得罪人的聲明：「我愛我在 OpenAI 的時光，它對我個人帶來深層的變革，希望它也對世界帶來一點改變。最重要的是，我喜愛與才華

洋溢的人共事。接下來如何,稍後再說。〔敬禮的表情符號〕」❾ 布羅克曼轉發這訊息,並以全部小寫字體聲明他辭職:「基於今天的新聞,我辭職了。」❿ 沒多久,帕霍奇和另兩名研究員也跟進辭職。

整個傍晚,一個故事在奧特曼的許多商界盟友間流傳:整件事是一樁「伊爾亞政變」,起始於蘇茨克維憤怒於帕霍奇的晉升,推波助瀾的是托納憤怒於奧特曼試圖把他趕出董事會。一些強而有力的朋友如切斯基伸出援手,他在晚間七點左右孤身勇敢地發出推文:「我全力支持山姆・奧特曼和布羅克曼,我對發生的事感到難過,他們及 OpenAI 團隊的其他人值得更好的對待。」⓫

蘇茨克維震驚不已,他原先期望 OpenAI 的員工將從他認為的奧特曼煤氣燈效應(gaslighting)*中解脫,並且起立歡呼他們的解放。不料,他們反而開始指責他。

鬧劇謝幕

週六早上,奧特曼在他位於俄羅斯山社區的豪宅醒來,接到來自丹傑洛和麥考利的電話,歷經週五晚上和主管團隊的爭吵會議後,他們想另闢一條對話管道。這一整天,包括穆拉蒂在內的 OpenAI 員工聚集在有六間臥室的奧特曼宅第,他們倉促地設立了一間戰情室,謀畫如何把奧特曼弄回公司。到了週六晚上,奧

＊ 一種心理操縱,導致被操縱者自我懷疑及焦慮。

特曼和布羅克曼已經在討論重回公司這事。為了展現力量，奧特曼發推文：「我太愛 OpenAI 的員工了，」他的數十位前同事引用這推文，回以愛心的表情符號。

到了週日，奧特曼和 OpenAI 主管團隊有信心他將重返公司。穆拉蒂在未告知董事會之下，邀請奧特曼去辦公室，並且通知 OpenAI 人員，奧特曼這天會回辦公室。奧特曼對著他的賓客通行證自拍，發給他在 X 平台的粉絲，寫道：「這是我第一次、也是最後一次佩掛這東西。」奧特曼、布羅克曼、穆拉蒂、關傑森、營運長布萊德·賴凱普（Brad Lightcap）及領導團隊的其他人整天和董事會談判，董事說，若雙方能對新的董事會成員達成共識，他們願意考慮奧特曼重回公司。雙方支持前賽富時（Salesforce）執行長布瑞·泰勒（Bret Taylor）進入董事會。

但奧特曼希望他和布羅克曼重返董事會，這是一個分歧點。他也想要董事會的全部現有成員辭職。

談判一直持續到晚上，記者守在 OpenAI 大門前，目睹外賣遞送了幾回。突然，董事會通知穆拉蒂，他們提名一位新的執行長：艾梅特·希爾——Y Combinator 與奧特曼同為首梯的 Justin.tv 及 Twitch 共同創辦人，常呼籲應該審慎發展 AI。奧特曼和 OpenAI 主管團隊全楞住了，他們覺得董事會根本就沒誠意談判。奧特曼在憎惡中離開 OpenAI 總部，前一天，納德拉已經提供他轉往微軟的機會，現在他決定接受。

一則 Slack 訊息通知 OpenAI 全體員工，宣布和希爾舉行全員會議，員工回覆比中指的表情符號。週日晚上約有兩百名員工聚集辦公室目睹這齣劇的結局，現在他們蜂湧走出公司。在大廳的

情緒對峙中，布羅克曼的太太安娜懇求蘇茨克維重新考慮。

當晚，納德拉發推文說，微軟將雇用奧特曼和布羅克曼，並邀請 OpenAI 其他員工加入他們的行列。一整晚至週一凌晨，OpenAI 的七百七十名員工中有超過七百名員工簽署一封憤怒信，揚言除非奧特曼和布羅克曼復職且董事會辭職，否則他們將辭職轉進微軟。

蘇茨克維也是簽署人之一，「我對自己參與董事會的行動深感抱歉，」他在 X 上寫道：「我從未意圖傷害 OpenAI，我愛這家我們一起建立的公司，我將盡己所能地重新團結公司。」奧特曼引用這推文，回以三個愛心的表情符號。

為了結束這事件，丹傑洛建議前美國財政部長勞倫斯・桑默斯（Lawrence Summers）成為另一名董事，奧特曼同意，並放棄他要求的一個董事會席次。到了週二，協議達成：奧特曼重返 OpenAI 擔任執行長，但不進入董事會；將成立一個獨立調查小組，調查他被開除的詳情及其原因。❶❷

布羅克曼用一張他站在一群雀躍歡呼的 OpenAI 員工前的自拍照做為慶祝，並寫道：「一切又恢復美好！」❶❸

歷經五天的無眠，奧特曼奪回執行長職位，他現在比以往更強大。OpenAI 員工稱這整起事件為「彈指事件」。

第 17 章

解放的普羅米修斯

　　數週後，奧特曼和穆赫林在他的夏威夷莊園舉行婚禮，現場在棕櫚樹間搭起以茉莉花綴飾的天篷，景色美得令人屏息——日落的金黃光輝灑在太平洋上，眼前綿延著他的私人海灘。但是，參加婚禮的賓客甚少，他的弟弟傑克主持結婚儀式，只有不到十二位親朋好友參加，包括康妮和馬克斯，住在同一個島上的安妮甚至不知道這件事，直到後來有一些婚禮照片出現於社群媒體上。歷經一年的全球注目，奧特曼和穆赫林渴望隱私與簡單。新郎和伴郎全穿著相同的簡約制服——正式場合會穿的白色襯衫配上卡其褲，彷彿他們是別人派對上的服務生。只有從別在鈕扣眼上的晚香玉，以及兩位新郎臉上的愉悅神情，可以看出這是一場婚慶。

　　七十年前，人稱「AI之父」、提出的概念啟發了ChatGPT背後技術的艾倫・圖靈因為是同性戀者（當時為非法）而遭到英國政府化學去勢後，服用氰化物身亡。當奧特曼結婚的消息公開

時，他的名氣飛快飆升到令許多人驚訝地得知他是個同性戀者。「在這個時代，我們能夠結婚，我覺得很幸運，」奧特曼告訴《倡導》（The Advocate）雜誌：「我成長的年代並不知道會演變出現今的情況，我想，輿論和法律的演進速度比我設想的要快，所以我很感謝這點。」❶ 奧特曼要求許多在當時被視為很困難或甚至過分且無理的事——例如 1990 年代時希望其密蘇里州的高中群體聲援邊緣化族群；2000 年代初期在大學主張同婚權，但他目睹世界改變，十倍地實現他的願望。

那次接受《倡導》雜誌訪談時，奧特曼搖頭拒答有關他的政治抱負的提問，他說自己忙於 AI 的發展，無暇去思考這些事，「坦白說，我沒時間搞政治，」他說。❷ 但奧特曼絕不會放下他的抱負。

奧特曼上一年在白宮的會議讓他在多次場合與八十幾歲的美國總統喬伊・拜登（Joe Biden）面對面，他驚覺拜登將無法擊敗川普。雖然，拜登的助理和民主黨官員努力阻止拜登年紀太大而無法應付的談話，民主黨的捐款人還是看得出情況真的不妙了。2023 年 6 月，微軟技術長凱文・史考特在其位於洛斯加托斯（Los Gatos）的住處和里德・霍夫曼共同主持為拜登募款餐會，一位賓客告訴資深媒體人鮑伯・伍德華（Bob Woodward），拜登當時看起來：「糟透了，就像八十七歲的老祖父」，在現場到處走動，告訴女性：「你的眼睛好漂亮。」❸ 但過了整整一年，推出一位對拜登具有挑戰性的初選候選人可能性仍然趨近於零。儘管如此，那年秋天在白宮和拜登見面後，奧特曼特別警醒，他打電話給麥特・克里斯洛夫（麥特和他的哥哥史考特仍然是奧特曼

的政治事務首要顧問），問他有無可能改變一些局勢。

碰巧，克里斯洛夫兄弟一直在跟沒什麼名氣的民主黨籍眾議員迪恩・菲利普斯（Dean Phillips）聯絡，他正打算宣布參選民主黨總統提名人。明尼蘇達州出身的酒業繼承人菲利普斯是個溫和派猶太人，有商業頭腦又樂觀，這些跟奧特曼很相像。不久，克里斯洛夫兄弟開始為菲利普斯提供一些之前由奧特曼出錢做的民調和焦點團體研究，結果顯示，選民對拜登的年紀頗有疑慮。

10月末，菲利普斯雇用資深的政治操盤者史蒂夫・施密特（Steve Schmidt），參議員約翰・馬侃（John McCain）在2008年代表共和黨競選美國總統時，施密特曾是他的高級顧問。麥特・克里斯洛夫在電子郵件中向施密特介紹自己是山姆・奧特曼的「前幕僚長」及「OpenAI的創始成員」，並跟他分享他們對新罕布夏州、密西根州及南卡羅來納州的選民進行的焦點團體研究結果。根據熟悉此情況的某人，這研究結果及它和奧特曼的關聯性是促使菲利普斯出來競選的部分原因。至於施密特，他想知道是誰付錢做的這項研究，他詢問克里斯洛夫兄弟時，他們顧左右而言他，施密特再追問，「他們就東扯西聊，」他回憶。施密特問第三次：「這他馬的研究是誰付錢做的？」擔心可能違反聯邦選舉法，施密特最終必須請競選團隊的法律總顧問打電話給克里斯洛夫兄弟，「原來是山姆・奧特曼付的錢，」施密特說。（麥特・克里斯洛夫說，到了他們接洽菲利普斯時，奧特曼已不再掏錢做研究了，但他拒絕說後來的研究到底是誰付的錢。）

啟動競選的幾天前，菲利普斯和奧特曼視訊會議，施密特回憶，奧特曼當時承諾會提供錢和支持。視訊會議時，《大西洋月

刊》記者提姆・艾爾伯塔（Tim Alberta）就坐在附近，他在 10 月 27 日刊登的一篇文章中寫道：「菲利普斯啟動競選的前一週，一位和他通話的科技業大咖已經準備在星期五支持他。」❹ 但是，承諾的支持並未兌現，奧特曼最終沒有支持那一次競選的任何候選人，但在菲利普斯宣布參選後，奧特曼發推特文：「這有意思，我仔細思考了一下，大多數選民真正想要的是：一個不錯的溫和派候選人，主張（1）使經濟強勁、提高人民可負擔基本生活的能力；（2）聚焦於安全性；（3）世代變革。我很好奇，想看看會發生什麼。」❺

施密特惱怒奧特曼的不願出面，他說：「他讓這兩個傢伙出面當他的代言人，那是你所能想像遇到的最奇怪的兩個傢伙，他有強烈隱匿的癖好。」《帕克》（*Puck*）雜誌報導，11 月的第一週，奧特曼在他家款待菲利普斯，他們聊得很廣，從拜登的民調，到菲利普斯在新罕布夏州的競選基礎結構等。❻「奧特曼對菲利普斯做出很多承諾，」施密特說：「但他沒有兌現任何承諾。」2024 年 3 月，菲利普斯在他的家鄉州輸了初選，便退選了。

從奧特曼的角度看來，不僅僅是拜登年紀大了──雖然，對於一位在崇尚年輕的 Y Combinator 搖籃裡成長的人來說，這的確是個重要因素。主要是是拜登無法激勵人心，他的政見還行，但似乎無法喚醒美國下一個世紀的動人願景，或是做出令人血液沸騰的大賭注。在一些方面，問題在於程度，而非方向。例如，《晶片與科學法案》（*CHIPS and Science Act*）旨在把半導體產業帶回美國，但只投入 530 億美元，在奧特曼看來，這金額不是只

少了一個零,而是少了兩個零。

彷彿為了證明這點,奧特曼擴大他和阿拉伯聯合大公國及其他地區的投資人、美國監管當局及亞洲晶片製造商的談話,想募資用於大幅擴增全球晶片產能、資料中心及能源,據《華爾街日報》指出,總計成本高達 7 兆美元,這數字大到立刻引起揶揄。(這裡提供一個比較:上一年的全球半導體業銷售額為 5,000 億美元;蘋果與微軟這兩家公司的市值合計為 6 兆美元。)奧特曼順勢利用這個梗,發推文道:「幹,何不搞個 8(兆)呢?」❼ 但他不對數字本身負責,在雷克斯・弗里曼的播客節目中,他說那是「錯誤資訊」。不過,片刻後他用這計畫來說明他擴大投資電腦運算力的理由,「我認為運算力是未來的貨幣,」他說:「我認為那將是稀世珍品。」他認為,AI 的實用性最終將取決於它有多便宜,這是他意圖用核力安能源公司來解決的其中一個問題。❽

AI 行政命令

奧特曼曾在美國國會要求監管 AI,也旅行世界各地展現他支持監管 AI,但在這方面,他和拜登政府的關係卻有點令人困惑。2023 年 10 月 30 日,拜登總統簽署一項有關 AI 的行政命令,這是美國政府首次做出的實質性 AI 管制,用以取代 OpenAI 及其他大科技公司在那年春季做出的自願性承諾。OpenAI 高度參與研擬這項行政命令,根據白宮的紀錄簿,奧特曼在 2023 年四度造訪白宮。但是,當拜登總統簽署此行政命令時,谷歌和

微軟的主管立刻出聲贊同，OpenAI 卻明顯地沈默。這行政命令最值得注意的事項之一是成立美國 AI 安全性研究所（AI Safety Institute），隸屬於美國商務部一個名為國家標準與技術研究院（National Institute of Standards and Technology，簡稱 NIST）的單位。後來，前 OpenAI 研究員、剛退出安索比的長期利益信託基金的保羅・克利斯提安諾將被提名為 AI 安全性研究所的所長。當奧特曼終於打破沈默，並不熱烈地贊同，說這行政命令：「有一些很棒的部分，」但提醒政府必須小心：「別讓小型公司／研究團隊減緩了創新。」❾

這行政命令內含的 OpenAI 印記可說是遠少於那些有效利他主義富豪們的印記，這些富豪資助智庫、研究機構及有效利他主義團體環環相扣而成的龐大網絡，譏諷者或可把這龐大網絡想成「AI 末日論者工業複合體」。這行政命令深受蘭德公司的影響，該公司原本是政府智庫，但近年獲得來自開放慈善組織的數千萬美元，並由自稱為有效利他主義者的傑森・馬瑟尼領導。馬瑟尼進入蘭德公司前是安索比長期利益信託基金的受託人之一。此外，托納和麥考利的現職是他安排的──托納現任職馬瑟尼創立的安全與新興技術研究中心（CSET），麥考利現任職蘭德公司。根據《政客》（Politico）取得的外洩音檔，馬瑟尼在蘭德公司的全員會議中告訴員工，美國國家安全委員會、國防部及國土安全部：「非常擔心未來 AI 系統的災難性風險，請蘭德公司提出幾項分析。」蘭德公司研究員成功地推進這份行政命令中最具爭議性條款是：要求所有達到一定規模以上的 AI 模型都必須向政府呈報其發展細節資訊。❿

但是，蘭德公司在拜登總統行政命令中的印記不過是有效利他主義正在華府隱蔽地累積勢力的一個小跡象而已。彼得・提爾在2023年秋天於洛杉磯那間時髦壽司餐廳裡向奧特曼提出的警告——尤考夫斯基的信徒和志同道合的有效利他主義者已經把OpenAI裡的一大票人糊弄到相信他們的反AI觀點——也愈來愈常見於美國首府。雖然，AI這個新興的政治議題還無法容易地從黨派角度來定義，但華府已經出現清楚的對戰陣營：一邊是OpenAI，另一邊是勢力不斷擴大、由資金雄厚的有效利他主義者拉攏的政治操作者和影響力人士。

為了打這場戰役，OpenAI雇用全球頂尖的遊說公司之一歐華律師事務所（DLA Piper），教導奧特曼如何勸說華府；雇用前參議院多數黨領袖查爾斯・舒默（Charles Schumer）首席律師的安慶國際法律事務所（Akin Gump Strauss Hauer & Feld），負責AI監管方面的遊說工作；公司內部增聘一位曾代表微軟公司的遊說專家。[11][12] 但約莫同時，臉書共同創辦人達斯汀・莫斯科維茨資助、奉行有效利他主義的開放慈善組織及Skype創辦人尚・塔林資助的另一個組織砸巨資設立智庫及遊說團隊，並在華府最具影響力的單位部署大量忠誠幕僚。無黨派的資訊科技與創新基金會（Information Technology and Innovation Foundation）副總、之前為美國政府問責署（Government Accountability Office）做分析的丹尼爾・卡斯楚（Daniel Castro）說：「他們投入空前規模的資金去影響政府的科技政策。若你想設立一個聚焦於生存風險的AI智庫，你得有錢做此事，因此很多人伸出手，說：『好，我願意做』，於是，情勢就改變了。」

卡斯楚說，開放慈善組織和塔林追求把自己的財富影響力最大化，他們滲透已在華府建立影響力的知名機構，例如蘭德公司、在喬治城大學設立的安全與新興技術研究中心（CSET），或是人類未來研究所所在地的牛津大學。「這些是有長期人脈的悠久機構，」他說，但議程是新的：「直到幾年前，蘭德公司在許多這類科技政策的討論並非要角，他們不是。」

更據爭議性的是，由開放慈善組織和塔林的光速捐助（Lightspeed Grants）資助設立的公共服務展望機構（Horizon Institute for Public Service）使用一個鮮為人知的聯邦預備金來訓練和支付薪水給他們精心挑選的「研究員」，然後把他們安插於國會和美國政府的行政機構。其網站上列出數十名被安插於發聲說要研擬 AI 立法的國會議員團隊裡、國家安全委員會及國防部的人員名單。

開放慈善組織和塔林也直接資助華府的遊說團體，例如 AI 政策中心（Center for AI Policy，簡稱 CAIP），有效利他主義論壇 GreaterWrong 在 2023 年時描述 CAIP 是：「一個位於華府的新組織，致力於發展及倡議減輕災難性 AI 風險的政策」，此組織目前聚焦於：「在美國政府裡建立能量。」2023 年年底，後來成為 CAIP 執行董事的傑森・葛林－羅威（Jason Green-Lowe）在有效利他主義相關部落格「LessWrong」上撰文指出，他所屬的 CAIP 組織已經會晤了超過五十位國會人員，目前：「正在草擬 AI 模型法案中。」CAIP 共同創辦人湯瑪斯・拉森（Thomas Larson）此前是一名 AI 安全性研究員，任職尤考夫斯基創立的機器智慧研究所。

葛林-羅威雖支持白宮最近發布的 AI 行政命令，但他認為在 NIST 之下設立 AI 安全性研究所的 1,000 萬美元經費實在少得可笑，「新加坡的經費比我們還多，」他說。他引用《華盛頓郵報》的一篇報導，敘述這個機構的辦公室有多破落，例如黑黴菌導致人員必須暫時撤出辦公室，還有：「因為經常停電，為了保護他們的工作，研究員睡在他們的實驗室裡。」這篇報導還說：「一些員工必須攜帶硬碟去其他大樓；薄弱的網路連線使員工無法傳送大檔案，……漏雨的屋頂迫使人員得鋪上塑膠布。」甚至有人說，有包括蛇在內的野生動物入侵。❸

　　畢業於哈佛法學院的葛林-羅威自稱是「利他主義律師」，他說自從打造一些家用的簡單機器學習模型後，他就對 AI 產生興趣。他說組織 CAIP 致力於確保以負責任的方式發展 AI，「這攸關全世界的利益，」他說：「因為，若你打造出比我們人類更快、更聰明、更便宜的東西，這東西將主宰未來。我們還沒到那境界，但在我看來，我們正堅定地朝那境界前進。」

捨棄有效利他主義

　　奧特曼曾經喜歡煽動聽眾的那種天啟般興奮感突然間不再那麼可愛了。「彈指事件」後的幾個月間，他渾渾噩噩度日，仍然對這起伏擊感到茫然與受傷。他向來把自己從大學時期以來的怪異視為一種超能力，惋惜全球金融危機使後輩年輕人喪失直率放肆精神，變成順從的職場追求名利者，或是進入科技職場只因為科技泡沫使其別無選擇。「我在學校學到的一件事是獨立，」他

在2023年初接受我們的首次訪談時說:「有怪異想法沒關係,你不需要當個超級從眾者。當時的史丹佛大學是一個很怪異的地方,那很酷,對我有幫助。但現在,我認為人人都害怕偏離軌道,害怕做了什麼導致他們被抵制,害怕自己顯得怪異。」傑利·奧特曼的這個兒子最愛做的莫過於建立一個富有創意、同時兼顧公私的財務結構。

但是,隨著「彈指世界」的調查在2024年3月得出結論,奧特曼並未做錯什麼,使他得以重返董事會時認知到,公司的奇怪結構不能再繼續,以及他反常地未持有公司股權。投資人不會投資一家像OpenAI這樣如此易於自我毀滅的公司,可是OpenAI需要更多的錢。它已經建立一個巨大的AI企業——比微軟的AI事業還要大,而且在「彈指事件」後的那年,員工數將增加超過1倍。但它每年的花銷仍然比收入多,而且是多出了數十億美元,在可預見的未來,它需要奧特曼的募資能力。

組織改革

奧特曼決定把OpenAI改造得不那麼怪異。他從除去有效利他主義的根做起。

為了追求更正常,OpenAI聘請一群有經驗的新董事會成員,包括前索尼娛樂公司(Sony Entertainment)總裁、曾為派拉蒙全球(Paramount Global)董事會成員多年的妮可·塞利格曼(Nicole Seligman),以及比爾與梅琳達·蓋茲基金會(Bill and Melinda Gates Foundation)前執行長、曾為臉書公司和輝瑞製藥

公司（Pfizer）董事會成員的蘇・戴斯蒙－赫爾曼（Sue Desmond-Hellmann）。該公司也推出一項有關利益衝突的新政策，以防止對奧特曼的其他事業交易的信任危機，這是導致他被開除的原因之一。

「由於人們對這有所質疑，我們諮詢法律建議，制定一套標準程序，這程序言明：『若有懷疑，就去查明』，」勞倫斯・桑默斯說：「山姆非常嚴謹地查明一切。」

在檢視3萬份文件，對數十人進行訪談後，負責獨立調查「彈指事件」的威爾默海爾律師事務所（WilmerHale）判定，OpenAI的舊董事會是在其權力範圍內開除奧特曼，但所有調查並未發現有任何情事構成開除奧特曼的合理理由。

「威爾默海爾律師事務所做出調查結論後，我們有不同的事業判斷，我們相信，紀錄中並無任何事情能對其繼續擔任執行長構成疑問，」桑默斯說。

儘管如此，整件事落幕後，奧特曼自我反省，想了解自己如何失去董事會的信任。儘管，他認知到現有的非營利結構太不穩定而難以繼續，可能必須以更像公益公司──合法地在追求財務績效的同時，以社會或環境利益為優先的營利公司──的結構取而代之，但他了解，這麼做可能會進一步侵蝕一些人的信任。

「我們不斷地學習和調整，我們所做的事經常有變化，我努力讓自己對此保留很大空間，但這困擾人們。可是，有時候我沒有留給自己足夠空間，我們必須採取不同做法，而非像以前那樣，考慮一組選擇項。我認為，創立一個非營利組織，然後增加這個『有限獲利』模式，然後說：『噢，就連這樣也行不通，

我們需要一個公益公司結構』，雖然我真切相信這種結構可能行得通，但我很能了解，改變這結構又會引起人們非議，」奧特曼說。

最不滿的人莫過於伊隆·馬斯克了。獨立調查還給奧特曼清白的那個月，馬斯克向法院提出訴訟，指控奧特曼和 OpenAI 背叛其非營利使命。「OpenAI 實質上已經轉變成世上最大的科技公司——微軟——的封閉源碼子公司，」他的最初訴訟狀中寫道：「在新的董事會下，它不僅發展、且實際上調整成一個為微軟追求最大獲利，而非謀求人類福祉的 AGI。」❹ OpenAI 把馬斯克的指控形容為酸葡萄，指出他自己的 AI 公司就試圖把 AI 商業化。但一個合理的疑問是：早期馬斯克捐給非營利組織 OpenAI 約 5,000 萬美元究竟去了哪裡？在空氣中蒸發了嗎？從一開始資助這個組織以來，他什麼都沒得到嗎？

原生多模態

自「彈指事件」後，蘇茨克維一直保持低調，低調到「伊爾亞去哪裡了？」這個疑問已經成為一個線上迷因，有謠言說他和穆拉蒂去了南極洲。播客節目主持人雷克斯·弗里曼在 2024 年 3 月半開玩笑地問奧特曼，蘇茨克維是否被保存在一個安全的核設施裡。事實上，他和公司一直在商議一個讓他續留 OpenAI 的方法。蘇茨克維或許策畫了叛變，但 OpenAI 是他傾注心血之作，而且當他看到這家公司瀕臨瓦解時，他立刻決心盡一切努力拯救它。奧特曼和 OpenAI 領導團隊都知道，蘇茨克維對其他研究員

而言是一座燈塔，是奇點的心靈導師，他有傑出的研究紀錄能支持他的遠大言論，例如：「未來將顯然可見的是，科學的唯一目的是建造 AGI。」❺ AI 研究這個領域已經視他為重要人物，他在十年前發表的一篇論文使他在過去兩年的神經資訊處理系統研討會（Conference on Neural Information Processing Systems，簡稱 NeruIPS）上連續獲得「時間考驗論文獎」（Test of Time Award），很快又將頒給他第三座獎。

此外，OpenAI 的下一個大進展——即將在那年稍後發布、公司內部代號「Strawberry」的推理模型，是從蘇茨克維的開創性研究發展出來的成果。為了留住他，OpenAI 提供他一套優渥的薪酬，蘇茨克維幾乎要接受了，但最終在 5 月 14 日，他宣布離開 OpenAI，去追求：「對個人有意義的計畫。」每一個涉事者都努力粉飾尷尬，在一面貼滿蘇茨克維畫的奇特動物畫作的牆前，蘇茨克維、奧特曼、布羅克曼、穆拉蒂及帕霍奇等人張臂環背，排成一列。上一年對《CNBC》說蘇茨克維是：「OpenAI 最終成功的關鍵」的馬斯克立刻試圖招募他。❻

翌日，上一年與蘇茨克維一起創立「超級校準」團隊的夥伴詹‧雷克也跟進辭職，只在 X 上貼文：「我辭職，」沒有其他說明。❼ 雷克在 OpenAI 領導校準團隊，之前任職過 DeepMind 和人類未來研究所，致力於回答尤考夫斯基多年來一再提出的一個疑問。「若它（指 AI 系統）知道很多事實，這不會特別嚇人，但我們真正必須去查明的是，若我們讓系統接管我們校準研究的一部分或最終近乎全部，它會不會對我們撒謊？它會不會試圖欺騙我們？它會不會利用機會來接管一切？因為它現在做太多

我們本身完全無法檢視的東西了，」他在丹尼爾‧費蘭（Daniel Filan）的播客節目中說。費蘭是柏克萊大學的博士生，師從史都華‧羅素（Stuart Russell），羅素教授曾說，AI 有可能是終結文明的一項技術。❶⓼ 幾天後，雷克發推文說，過去幾個月，他的團隊一直在：「逆風航行，」有時難以取得它需要的運算力。「建造比人類聰明的機器，這本質上是危險的事，OpenAI 肩負對全人類的巨大責任，」他寫道：「但在過去幾年，為了照亮產品，安全性文化退居次要地位。」❶⓽ 他很快就加入安索比，而 OpenAI 這邊，「超級校準」團隊被解散，併入一個更大的組織，不斷地有安全性研究員出走。

這其中一些安全性研究員離開時，嫌惡且難以置信地發現，這家名為 OpenAI 的公司試圖阻止他們與更廣大的公眾反省他們的疑慮，揚言若他們不簽署高度限制性的保密協議和禁止貶低協議，公司就會追回他們的既得股權。這件事成為帶給 OpenAI 最大損害的醜聞，因為它違逆了使該公司成功的要素：招募最優秀的 AI 研究員和工程師的能力。沃克斯網站（Vox）特約撰稿人凱爾西‧派珀（Kelsey Piper）曝光了這些協議，他指出，雖然在高度競爭的矽谷，保密協議本身並不奇特，但揚言離職員工若不簽署這些協議將被追回既得股權，這不尋常。❷⓪ 奧特曼發推文說，OpenAI 從未追回已發股權，並認為協議中不該出現那些揚言這麼做的字句：「這錯誤的責任在我，這是在我領導 OpenAI 下令我深切感到困窘的幾件事情之一：我並不知道這件事，但我應該要知道的。」❷①

該公司為此事進行了一次全員會議，會後還有問答環節，但

未能完全修復公司和研究員圈子的關係。「任何一家快速前進的公司都會犯錯，做一些愚蠢的事，」奧特曼說：「但在所有的過錯當中，這絕對是令我最難受的一個，我們所有人都為此難過痛苦，我們真的不想要成為這種公司。」

就在 OpenAI 在 AI 安全性方面的全球聲譽受創之際，其在創意人圈子的聲譽也受創。谷歌已經把開發者年會 Google I/O 的時間排定在了 5 月 14 日，外界預期該公司將在這次的年會上揭露其如今改名為「Gemini」的 AI 模型的進展。這讓 OpenAI 有了一個做出某種引起注目之事的截止日期。過去幾星期，有謠傳說公司可能會發布大家等待已久的 GPT-5，或是某種搜尋產品，利用該公司已經和包括新聞集團（News Corp）及阿克塞爾施普林格集團（Axel Springer）在內的公司達成的各種內容授權使用交易。但是，OpenAI 發布的是 GPT-4 的更新版 GPT-4o，速度比前者快，而且如同奧特曼所言，它是「原生多模態」（natively multimodal），能夠在文本、圖像和音檔之間切換。上一年秋季發布的 GPT-4 聲音太慢且笨拙，不是很實用，現在這更新版能夠進行像電影《雲端情人》（Her）裡創造的那種流暢的來來回回交談──瓦昆·菲尼克斯（Joaquin Phoenix）飾演寂寞男人愛上了史嘉蕾·喬韓森（Scarlett Johansson）飾演的性感語音助理。穆拉蒂在 OpenAI 發布的影音展示中出演，用他流利的義大利語展示 GPT-4 即時翻譯技巧，這過程以一個閃爍的圓圈呈現於智慧型手機的螢幕上，伴隨著熱情、嘶啞、有點挑逗的聲音。為了清楚展示 OpenAI 成功地再現一部現代科幻經典電影的體驗，奧特曼發推文：「her」（她）。[22]

這又造成了一次轟動，也因此，喬韓森從朋友那裡聽到 OpenAI 好像用了他的聲音。當他和經紀人布萊恩・勞爾德（Bryan Lourd）一起觀看 OpenAI 的展示影片時，他們都認為這個名為「Sky」的聲音跟他的聲音「恐怖地相似」。幾天後，喬韓森發表憤怒的聲明，說幾個月前奧特曼嘗試要雇用他協助開發語音助理，他拒絕後，在產品發布的兩天前，又傳簡訊給他的經紀人詢問他是否願意重新考慮。喬韓森現在揚言要採取法律行動。OpenAI 說，這語音助理的聲音從未意圖弄成喬韓森的聲音，而且在奧特曼都還未洽詢他之前，就已經由另一位女演員錄製好了，但不論如何，OpenAI 仍然把「Sky」的聲音下架了。

在我聽來，「Sky」的聲音聽起來跟喬韓森在《雲端情人》裡的聲音沒那麼相似，截至本書撰寫之際，喬韓森也從未真如揚言那樣採取法律行動。但是，奧特曼明顯試圖利用一部科幻電影的文化關連性來銷售公司產品，但未經原創藝人的准許，此舉惹惱了許多人。這事件很快就變成不過是另一個更大的問題的替身，這更大的問題是這些 AI 模型是如何訓練出來的：在未獲允許或未付費之下，從網路上爬取創意作品。自 ChatGPT 於 2022 年 11 月發布後，OpenAI 就面臨一堆官司，先是來自藝術家，接著是來自作者，然後是來自音樂人等，指控 OpenAI 和其他打造 AI 的大科技公司偷用他們的作品。2023 年末，在歷經多月試圖和 OpenAI 及微軟公司談判內容授權交易後，《紐約時報》高調地對這兩家公司提起訴訟，訴訟狀中寫道：「被告在未獲准許或給予補償下，使用《紐約時報》投資了數十億美元創造的內容，實際上是迴避付費。」㉓ 經紀人勞爾德當時為喬韓森擬聲明時，

也是懷著相同的深層不安,「關鍵在於這些公司如何與真實的個人及創作者合作──驗證,取得他們的同意,給予報酬,」他說:「現在還不算太遲,這些公司應該放緩速度,先制定流程,確保透明、有道德、負責任地建造它們的產品。」㉔

OpenAI 的確需要改變目前的狀況。擔心蘇茨克維和克雷的離開會引起更多員工跟進,公司開始遊說蘇茨克維重新考慮。他離職不到一星期,穆拉蒂和布羅克曼打電話給蘇茨克維,告訴他,沒有他,OpenAI 可能會瓦解。布羅克曼說,若蘇茨克維回來,克雷也可能會回來,暗示他們兩人能幫助改善因為保密協議事件導致聲譽受損的奧特曼。穆拉蒂、布羅克曼、帕霍奇及後來加入的奧特曼來到蘇茨克維的公寓,親自誘哄他。

蘇茨克維認真考慮重返公司,但仍然擔心他和布羅克曼之間的矛盾,經過數小時細述這些疑慮後,布羅克曼改變態度。認知到蘇茨克維此前剛歷經的情緒折磨,奧特曼、布羅克曼、穆拉蒂及帕霍奇遞出手寫信,文情並茂地對他們讓他歷經的痛苦道歉,並感謝他甚至考慮重返,在公司最需要時提供幫助。安娜‧布羅克曼甚至買了一盆他最喜歡的植物仙人掌。

蘇茨克維最終還是選擇離開 OpenAI,因為他擔心領導團隊如此混亂且不穩定,長期恐怕不會成功。幾週後,蘇茨克維宣布他和前 Y Combinator 合夥人丹尼爾‧葛羅斯(Daniel Gross)及前 OpenAI 工程師丹尼爾‧李維(Daniel Levy)共同創立安全超級智慧公司(Safe Superintelligence Inc.,簡稱 SSI)。「這是世上第一個直擊 SSI 實驗室,只有一個目標和一項產品:一個安全的超級智慧,」蘇茨克維在 X 上的推文中說:「我們只有單一焦點,這

意味著我們不會被管理成本或產品週期分心。」這公司將不會有「產品」，至少初期不會有。㉕ 他們在幾個月內就募集到 10 億美元，投資人包括紅杉資本。當 OpenAI 終於發布蘇茨克維三年前組建團隊研發的推理模型——起初內部代號為「Strawberry」，後來改名「o1」——時，宣布的訊息中沒有提到「蘇茨克維」這個在論文中被提及數十次的姓名。

至於山姆・奧特曼，曾經是美國國會寵兒的他，如今在國會成了替罪羊。上一年，參議員理查・布魯蒙索（Richard Blumenthal）讚美奧特曼非常具有建設性，但如今在參議院議場上，托納做證他在 OpenAI 董事會的經驗令他意識到：「當涉及到錢時，內部安全護欄有多脆弱，這也是政策制定者必須介入的原因。」

不久後，加州州長蓋文・紐森否決 OpenAI 反對、安索比積極參與修訂的一項 AI 安全性法案，這法案將要求科技公司對其 AI 模型導致的傷害負責。最強烈發聲反對此法案的人包括 Y Combinator 金主暨天使投資人羅恩・康威，他是奧特曼和眾議院議長南西・裴洛西（Nancy Pelosi）的長期親近友人，裴洛西公開反對此法案對它帶來致命一擊。眾議院議長涉入州層級的立法是相當罕見的事。「科技業很習慣不受監管，不認為公司應該受到任何重大的監管，」支持此法案的加州參議員史考特・維納（Scott Wiener）說：「AI 成了唯一採取這種立場的產業。」

朝營利公司前進

2024 年秋季，OpenAI 正朝一家營利公司轉型，跟矽谷的其他科技公司一樣。在改組下，奧特曼可能取得公司一大比例的股權。儘管面臨種種挑戰，OpenAI 仍然在研究上保持領先，沒有發生任何重大的安全性災難，同時也成為持續成長中的事業，有超過 2 億的活躍使用者。8 月時，布羅克曼宣布他將休假至年底，奧特曼也鼓勵他這麼做。到了 9 月底，穆拉蒂、葛魯曼及舒爾曼全都已經離開公司，當年 ChatGPT 發布造成轟動後，《連線》雜誌封面上意氣風發的四張 OpenAI 面孔──布羅克曼、蘇茨克維、穆拉蒂、奧特曼──當中，只有奧特曼這個食人族之王還留下，獨當一面。

一週後，OpenAI 完成 66 億美元的募資輪，公司估值達 1,570 億美元，約為一年前的 2 倍。投資者包括昌盛資本、微軟公司及阿拉伯聯合大公國政府創立投資 AI 的 MGX 主權基金，這些投資人全都必須同意，若他們想查看有關 OpenAI 的內部資訊，他們就不得投資 OpenAI 的對手，例如蘇茨克維的 SSI、馬克斯的 xAI 或阿莫迪的安索比。[26] 這是史上最大規模的創投募集資金。

後記

「這是我這輩子至今最興奮的一件事！」

2024 年接近尾聲時，奧特曼和穆赫林期待來年 3 月透過代孕迎來他們的第一個小孩，這是奧特曼一直渴望的大家庭開端。他的弟弟傑克和弟媳茱莉亞也在稍早迎來他們的第三個小孩。傑克不久前卸下他共同創辦的獨角獸新創公司、人力資源管理平台 Lattice 的執行長職務，為奧特曼兄弟的創投公司奧特資本（Alt Capital）募集到 1.5 億美元，這是山姆首次未參與該公司的募資，「山姆現在太引人注目了，基於很多理由，為了避開任何潛在的利益衝突，」傑克告訴科技商業刊物《資訊》：「他現在是穿高級西褲的大人物了。」❶ 另一個弟弟馬克斯離開奧特資本公司，與兩名 Y Combinator 畢業生共同創立薩迦創投（Saga Ventures），在夏威夷待了一段時間後，從舊金山搬遷至德州奧斯汀，與兄弟有點疏離。安妮依舊不與家人往來，但在父親過世六年後，他終於能動用父親的信託基金，奧特曼家族的指定律師每個月從這基金中撥出 5,000 美元給他，並根據通膨率調整。他也被診斷出終於能夠解釋過去五年間令他如此病態、令人困惑不解的種種症狀：埃勒斯 – 當洛二氏症（Ehlers-Danlos syndrome），一種先天性締結組織異常症候群。多年來，他首度在夏威夷有了穩定的住所，讓他能夠專心投入於身體治療，「這

是我在這裡的第三個月，」安妮在 2024 年 10 月說：「這三個月比我過去兩年半在任何地方待還久。」

康妮・吉布斯汀在一份聲明中說，他預期安妮餘生都可以獲得支援。「照顧罹患心理障礙的家庭成員，同時又要試著別促成有害的關係，實在很困難，」他說：「多年來，安妮聲稱我們家庭關係很糟，是非常令人心碎、非事實的指控。出於我們對他的尊重與愛，我們選擇不公開回應這些事，希望能保護他的隱私和尊嚴。但身為母親，我有責任保護所有孩子，因此是時候輪到我提供一些脈絡了。」

2024 年末，安妮的律師萊恩・馬宏尼（Ryan Mahoney）發了一封信給山姆，生動地細述童年的性虐待指控，並提供他向法院提起訴訟之前進行調解的機會。「雖然，安妮確實有創傷後遺症，但沒有證據顯示他本身的心理健康問題跟他的指控有關，」馬宏尼在一份聲明中說，並誓言：「為我們的客戶推進此事，確保安妮獲得他應得的正義，讓他的聲音被聽到。」2025 年 1 月 6 日，安妮三十一歲生日的兩天前（密蘇里州提起童年性虐待訴訟案的截止期限為三十一歲），安妮在密蘇里州聯邦法院提出控訴，指控山姆從他三歲起性虐待他。在一份聯合聲明中，康妮、山姆、馬克斯及傑克說安妮的指控是：「完全不實。」❷

圍繞在奧特曼身邊的批評者與敵人，反抗聲勢日益高漲。2024 年 10 月，有「AI 教父」稱號、曾指導蘇茨克維的傑弗瑞・辛頓因在機器學習領域貢獻卓越，獲得諾貝爾物理學獎。此消息宣布後不久，在多倫多大學安排的記者會上，辛頓感謝自己的導師和學生，然後又自發地補了一句：「我尤其引以為傲的是，我

的一位學生開除了山姆・奧特曼。」❸ 辛頓在 2023 年 5 月辭去他在谷歌的工作,使他得以批評 OpenAI 掀起 AI 競賽,促使前東家谷歌也加入其中,當時,在擔心錯誤資訊、工作流失及人類的最終命運下,他告訴《紐約時報》:「我認為,在了解他們能否控制它之前,不該再擴大規模。」❹ 現在,有了諾貝爾獎的加持,他更加率直了:「OpenAI 創立時,大大強調了安全性。首要目標是發展 AGI 及確保其安全性。我的學生伊爾亞・蘇茨克維是它的首席科學家,但歷經時日,山姆・奧特曼對安全性的關心遠不如獲利。」❺

奧特曼擔心拜登贏不了川普,果然成真,縱使拜登在最後幾個月退選,改而支持副總統賀錦麗。但 OpenAI 的創始團隊中無人預料到 OpenAI 的共同創辦人馬斯克在川普最後競選衝刺、勝選後幾週裡扮演的角色——在高呼「讓美國再次偉大」(Make America Great Again,簡稱 MAGA)的群眾前,登台狂舞;投入超過 2.5 億美元支持他在兩年前說應該:「航向日落」的男人;勝選後的過渡規畫期間,在海湖莊園(Mar-a-Lago)與川普形影不離,以至於他開始自稱「第一兄弟」(First Buddy)。❻❼ 川普勝選後不到兩週,馬斯克提起另一起訴訟——是他此前對奧特曼、OpenAI、微軟提起的那樁訴訟的擴大版,基本上是呼應辛頓的批評。❽ 為防有人認為此舉是源於私人恩怨,幾週前,馬斯克在一次電視節目訪談中告訴主持人塔克・卡爾森(Tucker Carlson):「我不信任 OpenAI,我不信任山姆・奧特曼,我不認為我們應該讓一位不值得信賴的人掌控世上最強大的 AI。」❾ OpenAI 說,這起指控跟之前的一樣,毫無根據。不過,這回的

確有不同之處：奧特曼現在成了這位能在準美國總統跟前說得上話的男人最大的眼中釘。

但儘管面臨種種麻煩，奧特曼仍然把他的目光放在遙遠的地平線，致力於向前邁進。若美國政府太擔心阿拉伯聯合大公國和中國的關係，因此不讓他經由中東推動他那 7 兆美元的晶片、資料中心及能源基礎設施計畫，那他就遊說在美國境內執行類似的計畫。美國總統大選前，OpenAI 政策團隊和兩邊競選陣營會晤，敦促美國政府投資基礎建設，驅動 AI 降低成本使其真正普及使用——從簡化核准核子反應爐的流程，到付錢訓練資料中心的管理職務。OpenAI 的高階主管把這些行動框架成在 AGI 發展領域擊敗中國。一家立意要防止 AI 競賽的公司，如今積極推動不低調的 AI 競賽。

「技術把我們從石器時代推進至農業時代，再推進至工業時代，」奧特曼在 2024 年 9 月發表的一篇文章中寫道，他說，投資這類基礎設施是人類完成其天命的必要之舉：「從工業時代邁向智慧時代是由運算力、能源及人類的意志所鋪設而成的。」

相仿於他的父親為了平價住宅所提出的主張和做出的努力，他認為應該結合公共部門經費和私人投資，消除資本主義造成的不公平，否則「AI 將成為一種非常有限的資源，會引發戰爭，並且主要由富人掌控的工具。」同月，在 OpenAI 總部進行訪談時，我能聽到他呼應其母親康妮的職業道德感：他讚歎那些打造電腦記憶體的無名氏，他認為，就是這類形形色色的無名氏支撐起人類文明。

「我永遠不會見到這些人，但我知道他們工作有多賣力，

我知道他們把自己的生命傾注於此,而非投入到嗜好或其他事情上,他們打造的東西在當時可是非常重要的,」他說:「我認為,人類文明就是如此建立起來。並非只靠任何一個人的單一神經網路,而是我們全都能貢獻並建立起這龐大的基礎設施,使得我們比自己的高祖父母那一輩能幹得多,儘管在生物學上我們幾乎完全相同。」

即使自由主義在世界各地受到挑戰,奧特曼仍然是理性、科學與進步的忠實信徒。十多年前,首次閱讀英國物理學家大衛・多伊奇(David Deutsch)出版於 2011 年的科學書籍《無窮的開始》(The Beginning of Infinity)後,奧特曼近乎跟每一個人推薦此書。多伊奇在這本書中闡釋啟蒙時代的巨大重要性,人類從那時開始學會真正地產生知識,如此一來,沒有好理由去相信他們最終無法征服與改變宇宙的每個角落。「不違反自然法則的任何事情,只要有正確的知識都能實現,」多伊奇在書中寫道。❿ 死亡是可以解決的問題,哪怕是宇宙中最冷、最黑暗的角落,都可以用我們未來將發展出的技術來獲取能量和知識。

奧特曼在舊金山位於俄羅斯山社區的家中設立了一座聖壇,展示他對人類進步的信念。步入聖壇,首先看到三把斧頭,其中一把是目前世界上能找到歷史最悠遠的斧頭之一,這是人類在過去一百五十萬年的大部分時間裡擁有唯一一個用於建造、獵殺及烹飪的工具。其他數十件物品包括技術史上不同時期的劍、真空管、太空計畫紀念品、協和號引擎葉片、早期蘋果電腦、他的第一台電腦 Mac LC II 的複製品、OpenAI 建造的機器人手臂。

2024 年 9 月,奧特曼在發表的文章中寫道:「這是一種狹隘

地看待人類史的方式：累積數千年的科學發現和技術進步後，我們已經懂得如何熔砂，加入一些雜質，在極小的尺寸上以驚人的精確度將其排列成晶片，一通上電就得出能夠創造功能日益強大的 AI 系統。」

接著，他寫下一句大概只有他會寫的話：「這可能會是人類史上截至目前為止最重要的事實：有可能在幾千天後，我們就會發展出超級智慧（！）也可能得再更久一些，但我相信，我們會到達那裡。」❶❶

致謝

本書是在我的傑出研究員兼好友路克・傑洛德・庫默（Luke Jerod Kummer）協助下報導及撰寫而成，他是我共事過最優秀的新聞從業者之一。路克是堅持不懈、腳踏實的老派調查者，他仔細查閱年鑑與文件，不辭千里地訪談，帶回一些最揭露內情的消息。本書也得益於他的好奇心及頑強、出色的判斷力，更別提他的寫作功力與編輯才華。我們結識於二十年前在《村聲》（*Village Voice*）擔任調查報導記者韋恩・巴瑞特（Wayne Barrett）的實習生，初識第一天，我就知道我們會成為朋友，但我沒想到友誼會如此有趣且給我帶來這麼多的收穫。

沒有《華爾街日報》總編輯艾瑪・塔克（Emma Tucker）的直覺力與支持，就沒有本書。我們的第一次編輯會議是在ChatGPT發布後，他認為《華爾街日報》應該有山姆・奧特曼的人物特寫。我的那篇報導若少了合著者金柏柏（Berber Jin，音譯），也不會有本書，他是《華爾街日報》負責跑新創公司與創投圈的記者，他的報導貫穿本書，他的慷慨、仁慈與幽默幫助我在撰寫本書的過程中保持清晰的頭腦。

然而，本書的實際願景來自我在諾頓出版公司（W. W. Norton & Company）的編輯暨出版者丹・傑斯特（Dan Gerstle），他看到機器革命中人性的故事，他思慮周密的編輯工作使本書增添光彩。與諾頓出版團隊共事令人愉快，感謝瑞

秋・薩爾茲曼（Rachel Salzman）的新聞專業洞察，威廉・哈德森（William Hudson）的銳利眼光，鮑伯・拜爾尼（Bob Byrne）的無盡耐心。感謝我的經紀人愛麗絲・馬泰爾（Alice Martell），他是了解作者在各方面需求的鬥士。

奧特曼被董事會開除一事，對許多受到影響的人來說，是那種將腎上腺素鎖入記憶的清晰瞬間。這令人震驚的新聞出現在我的手機螢幕時，我正率領女兒的童子軍隊伍穿越樹林，那一刻，我腳下的土地彷彿塌陷了。接下來幾天是無眠的混沌，但我很感激《華爾街日報》的同事迪帕・席塔拉曼（Deepa Seetharaman）、湯姆・多坦（Tom Dotan）和金柏柏跟我一起面對此事，以及麗茲・沃爾曼（Liz Wollman）穩健的指導，傑森・狄恩（Jason Dean）的智慧，賈咪・海勒（Jamie Heller）的無窮幹勁。除了他們，我想不出還有誰更適合與我同甘共苦，我感謝他們在過去一年的合作，我們一起拼湊此事發生的原因，以及其對 AI 未來的影響。在此也要感謝羅爾夫・溫克勒（Rolfe Winkler）和凱特・萊恩巴（Kate Linebaugh）的慷慨相助。

感謝我的老闆──《華爾街日報》的媒體及娛樂處處長阿莫爾・夏瑪（Amol Sharma），他為我們的每日工作注入靈感與興奮，沒有他的鼓勵與支持，我根本無法成為作家。感謝媒體及娛樂處的所有同仁，你們的洞察及資訊形塑了這本書，格外感謝喬伊・弗林（Joe Flint）為我查詢那故事（瞧，喬伊，我沒忘記你哦！），超級感謝吉姆・歐柏曼（Jim Oberman），他的研究能力如同魔法。

感謝數百位撥出時間講述這些故事的資訊提供者，尤其是那

些耐心地忍受我一再後續提問的人。本書內容提到了你們當中許多人的姓名，有一些人的姓名未被提及，但閱讀內容時，你們全都知道那些是出自你們的貢獻。

也要感謝本書成書前講述矽谷故事的作者們，其中最重要的是凱德・梅茲（Cade Metz）出版於 2021 年的《AI 製造商沒說的秘密》（*Genius Makers*），這本先見之作是我在 AI 地下世界的維吉爾（Virgil）。克莉絲汀・拉格里奧-查夫金（Christine Lagorio-Chafkin）的著作《我們是宅男》，以及潔西卡・李文斯頓的著作《科技 CEO 的創新 X 創業學》，為 Y Combinator 和 Reddit 的歷史提供寶貴的參考資源。

無庸置疑地，寫書會為你的周遭人帶來許多干擾。感謝我的家人及朋友忍受這段狂亂的過程，陪伴我渡過難關，尤其是凱莉・透納（Kelly Turner），閱讀草稿並提出明智的建議。在我的報導旅程中，感謝瓊安・桑德斯（Joan Sanders）殷勤的招待和鼓勵的陪伴。這本書之所以存在，必須感謝我的先生衛斯禮・哈里斯（Wesley Harris），儘管他在 AI 領域有忙碌的全職工作，仍然把家裡打理得很好。也感謝你不斷地解答我的技術性疑問，同時在我寫作時，帶女兒去划獨木舟、露營、滑雪與健行。我們的互惠生伊莎貝拉・黎貝羅（Isabella Ribeiro）是我們不可或缺的夥伴，我們的女兒貝拉、瓊恩及珀兒全都以他們自己的方式鼓勵我，感謝你們，我愛你們。

註解

前言

1. Bill Addison, "The Most Quietly Ambitious Cooking to Emerge in Los Angeles This Year Is at Yess," *Los Angeles Times*, August 3, 2023.
2. Eliezer Yudkowsky, "Pausing AI Developments Isn't Enough. We Need to Shut it All Down," *Time*, March 29, 2023.
3. Eric Mack, "Elon Musk: 'We Are Summoning the Demon' with Artificial Intelligence," *CNET*, October 26, 2014.
4. Krystal Hu, "ChatGPT Sets Record for Fastest-Growing User Base," Reuters, February 2, 2023.
5. Sam Altman, "How to Be Successful," Sam Altman blog, January 24, 2019.
6. OpenAI, "OpenAI Charter," *OpenAI*, April 9, 2018.
7. Sam Altman, "Machine Intelligence: Part 1," Sam Altman blog, February 25, 2015.
8. Ryan Tracy, "ChatGPT's Sam Altman Warns Congress That AI Can 'Go Quite Wrong,'" *The Wall Street Journal*, May 16, 2023.
9. Max Chafkin, *The Contrarian: Peter Thiel and Silicon Valley's Pursuit of Power* (New York: Penguin Press, 2021), 120.
10. Sam Altman, "Board Members," Sam Altman blog, November 11, 2014.
11. Lex Fridman, "Sam Altman: OpenAI, GPT-5, Sora, Board Saga, Elon Musk, Ilya, Power & AGI," *Lex Fridman Podcast*, March 18, 2024.
12. Berber Jin, Tom Dotan, and Keach Hagey, "The Opaque Investment Empire Making Sam Altman Rich," *The Wall Street Journal*, June 3, 2024.
13. Tad Friend, "Sam Altman's Manifest Destiny," *The New Yorker*, October 3, 2016.
14. Paul Graham, "A Fundraising Survival Guide," PaulGraham.com, August 2008.
15. Sam Altman (@sama), "haven't seen this as a twitter thread so: what true thing do you believe that few people agree with you on? Absolute equivalence of brahman and atman," X, December 26, 2022.
16. Lex Fridman, "Sam Altman: OpenAI CEO on GPT-4, ChatGPT, and the Future of AI," *Lex Friedman Podcast*, March 25, 2023.

第 1 章

1. Tim Frakes, "Harold Washington Inauguration April 29 1983," YouTube, 9:36, posted December 29, 2017.
2. "Harold," *This American Life*, aired November 21, 1997, on WBEZ Chicago.

註解　397

3. "Obama 2: Politics Ain't Beanbag," *Making Obama*, aired February 15, 2018, on WBEZ Chicago.
4. "Harold Washington Remembered as 90th Birthday Approaches," CBS News Chicago, April 12, 2012.
5. Chicago Public Library, "Mayor Harold Washington Inaugural Address 1983," April 29, 1983.
6. MacArthur Foundation, "*Housing Agenda*," MacArthur Foundation, accessed June 15, 2024.
7. Douglas Martin, "Gale Cincotta, 72, Opponent of Biased Banking Policies," *The New York Times*, August 17, 2001.
8. The Breman Museum, "Sam Altman," Esther and Herbert Taylor Oral History Collection, December 3, 2002.
9. *Altman v. Massell Realty Co.*, 167 Ga. 828 (1929).
10. 同上。
11. "Interco Incorporated," Politics and Business Magazines, Encyclopedia.com, Accessed December 12, 2024.
12. Sylvia Harris, death certificate, issued by the state of Missouri, 1958.
13. "Fifth Annual Russian Evening Highlights Drama and Dinner," *Country Day News*, May 1, 1968.
14. Corinne Ruff, "80% of St. Louis County Homes Built Before 1950 Have Racial Covenants, Researcher Finds," St. Louis Public Radio, January 21, 2022.
15. Walter Johnson, *The Broken Heart of America: St. Louis and the Violent History of the United States* (New York: Basic Books, 2020), 354.
16. 同上，375頁。
17. "$25,000 Solar-Energy Study Set for Council Review," *The Hartford Courant*, November 22, 1976.
18. Floyd J. Fowler Jr., Mary Ellen McAlla, Thomas J. Mangione, "Reducing Residential Crime and Fear: The Hartford Neighborhood Crime Prevention Program," US Department of Justice Law Enforcement Administration, National Institute of Law Enforcement and Criminal Justice, December 1979.
19. "Unusual Plan to Revamp Block," *New York Daily News*, October 9, 1980.
20. Advertisement, *St. Louis Star and Times, Friday*, April 3, 1914, 12.
21. Walter Stevens, *St. Louis, The Fourth City*, 1764–1911 (Chicago: The S. J. Clarke Publishing Co., 1909).
22. Rev. C. C. *Woods, Report on Fraternal Correspondence*, Grande Lodge Missouri, 1923.
23. "Iron Left on at Night Causes $25,000 Damage," *St. Louis Star Times*, August 19, 1925.
24. "Must Turn Over $1500 to Bankrupt Firm," *St. Louis Post-Dispatch*, March 26, 1926, 3.
25. "Milliner Is Freed on Fraud Charges," *St. Louis Globe-Democrat*, April 5, 1928, 17.
26. "Hebrew Y To Award Athletic Trophies," *St. Louis Globe-Democrat*, May 12, 1938.
27. "Miss Peggy Francis Engaged to Doctor," *St. Louis Globe-Democrat*, October 6, 1946.

28. "Peggy Francis Becomes Bride," *St. Louis Globe-Democrat, December* 22, 1946.
29. Chicago Public Library. "Mayor Richard J. Daley Inaugural Address, 1963," Chicago Public Library, accessed June 15, 2024.
30. "Housing Needs— Mayor's Perspective," Joint Hearing before the Subcommittee on Housing and Community Development of the Committee on Banking, Finance and Urban Affairs and the Subcommittee on Manpower and Housing of the Committee on Government Operations. House of Representatives, 98th Congress, October 2, 1984.
31. Ross J. Gittell, *Renewing Cities* (Princeton, NJ: Princeton University Press, 1992) 91.
32. "How Harold Washington Influenced Barack Obama," NBC Chicago, November 26, 2012.

第 2 章

1. Nathaniel Rich, "Pitch. Eat. Sleep. Pitch. Eat. Sleep. Pitch. Eat. Sleep. Pitch. Eat," *The New York Times Magazine*, May 5, 2013.
2. US Department of Housing and Urban Development. "CDBG National Objectives and Eligible Activities for Entitlement Communities, Chapter 3," 2001.
3. "Opportunity Denied: St. Louis Uses Money Targeted for Housing for the Poor to Aid Wealthier Neighborhoods," *St. Louis Post-Dispatch, December* 8, 1991.
4. Phil Linsalata, Tim Novak, "Housing Proposal Backed . . . Craig Forsees Role for Civic Progress in City Redevelopment," *St. Louis Post-Dispatch*, December 22, 1991.
5. Elizabeth Weil, "Sam Altman Is the Oppenheimer of Our Age," *New York*, September 25, 2023.
6. 同上。
7. Tad Friend, "Sam Altman's Manifest Destiny," *The New Yorker*, October 16, 2016.
8. Annie Altman, "The Speech I Gave at My Dad's Funeral," *Medium*, March 28, 2019.
9. "Legacy of Leadership," John Burroughs School.
10. "*Alumni Awards: Sam Altman* '03," John Burroughs School, May 20, 2023.
11. Friend, "Manifest Destiny."

第 3 章

1. Sam Altman, "Argument Against Gay Marriage Lacks Logic," *Stanford Daily*, March 31, 2004.
2. Melisa Russel, Julie Black, "He's Played Chess with Peter Thiel, Sparred with Elon Musk and Once, Supposedly, Stopped a Plane Crash: Inside Sam Altman's World, Where Truth Is Stranger Than Fiction," *Business Insider*, April 27, 2023.
3. Marcia Savage, Amanda Stripe, "Under Surveillance—Location-Based Wireless Technology Raises Privacy Concerns for Solution Providers," *Computer Reseller News*, December 4, 2000.
4. Reid Hoffman, "Uncut Interview with Sam Altman on Masters of Scale," *Y Combinator Blog*, July 26, 2017.
5. Y Combinator, "*Frequently Asked Questions*," accessed June 15, 2024.

6. Jennifer Liu, "Students Receive Funds for Start-ups," *Stanford Daily*, May 4, 2005.
7. "OpenAI: Sam Altman," *How I Built This with Guy Raz*, episode 451, September 29, 2022.
8. Liz Gannes, "Y Combinator's New Head Startup Whisperer Sam Altman Is Quite a Talker," *Re/code*, March 18, 2014.
9. Paul Graham, "Summer Founders Program," PaulGraham.com, March 2005.
10. Hoffman, "Masters of Scale."
11. Jessica Livingston, *Founders at Work: Stories of Startups' Early Days* (New York: Apress, 2008), 449.
12. Christine Lagorio-Chafkin, *We Are the Nerds: The Birth and Tumultuous Life of Reddit, the Internet's Culture Factory* (New York: Hachette Books, 2018), 30.
13. Paul Graham, "A Student's Guide to Startups," PaulGraham.com, October 2006.
14. Livingston, *Founders*, 4 49.
15. "HIBT Lab: OpenAI, Sam Altman," *How I Built This with Guy Raz*, October 6, 2022.
16. Hoffman, "Uncut Interview with Sam Altman."

第 4 章

1. Cromwell Schubarth, "6 Top Picks and More from Paul Graham's Last Y Combinator Class," *Silicon Valley Business Journal*, March 27, 2014.
2. Nancy J. Zacha, "John Graham: A Man with a Mission," *Nuclear News*, July 1995.
3. Emily Chang, "Paul Graham and Jessica Livingston: Studio 10," *Bloomberg*, October 10, 2014.
4. Paul Graham, "Why Smart People Have Bad Ideas," PaulGraham.com, April 2005.
5. "Yahoo! Says It Expects a Loss Due to Second-Quarter Charge," *The Wall Street Journal*, June 19, 1998.
6. Paul Graham, "Hackers and Painters," PaulGraham.com, May 2003.
7. Lagorio-Chafkin, *Nerds*, 4.
8. Paul Graham, "How to Start a Startup," PaulGraham.com, March 2005.
9. Garry Tan, "Meet the YC Winter 2024 Batch," Y Combinator, April 3, 2024.
10. Paul Graham, "Female Founders," PaulGraham.com, January 2014.
11. Lagorio-Chafkin, *Nerds*, 24.
12. Livingston, *Founders*, 447.
13. Paul Graham, "How Y Combinator Started," PaulGraham.com, March 2012.
14. Jessica Livingston, "Think Different. Think Users," *Posthaven*, accessed June 24, 2024.
15. "David Livingston Will Marry Lucinda Pauley, '65 Debutante," *The New York Times*, April 14, 1968.
16. Shen Pauley, author page, Foundation for Intentional Community, accessed June 15, 2024.
17. "Honorees of the 2014 Veterans Parade: David Livingston," *Wicked Local*, May 18, 2014.

18. Paul Graham, "A Unified Theory of VC Suckage," PaulGraham.com, March 2005.
19. Tom Nicholas, *VC: An American History* (Cambridge, MA: Harvard University Press, 2019), 1–2.
20. Jessica Livingston, "Grow the Puzzle Around You," *Posthaven*, June 30, 2018.
21. Livingston, *Founders*, 447.
22. Graham, "How to Start a Startup."
23. Livingston, "Grow the Puzzle," *Posthaven*.
24. Randal Stross, *The Launch Pad: Inside Y Combinator* (New York: Portfolio/Penguin, 2012), 3.
25. Justin Kan, "My Y Combinator Interview," *A Really Bad Idea Blog*, November 24, 2010.
26. Aaron Swartz, "SFP: Come See Us," Aaron Swartz's blog.
27. Lagorio-Chafkin, Nerds, 37–38.
28. Matthew Lynley, "How a Site That Streams People Playing Video Games Became a Billion Dollar Business," *BuzzFeed*, August 7, 2014.
29. Kan, "My Y Combinator Interview."
30. Swartz, "SFP: Come See us."
31. Ryan Singel, "Stars Rise at Startup Summer Camp," *Wired*, September 13, 2005.
32. Melissa Block, "Sprint Born from Railroad, Telephone Businesses," NPR, October 15, 2012.
33. Livingston, *Founders*, 450.
34. "Stephen Wolfram Q&A," StephenWolfram.com, reposted from Reddit AMA, May 4, 2019.
35. Lagorio-Chafkin, *Nerds*, 60.
36. Singel, "Stars Rise."
37. 同上。

第 5 章

1. Olivia Winslow, "William McAdoo, 67, Stony Brook Professor," *Newsday*, November 13, 2003.
2. Tom Nicholas, *VC: An American History* (Cambridge, MA: Harvard University Press, 2010), 225–31.
3. Ann Grimes, "Sequoia Capital Quietly Doles Out Google Shares Worth $1.3 Billion," *The Wall Street Journal*, January 17, 2005.
4. Ronald Chan, "Kiss Me Cardinal," *Stanford Daily*, October 18, 2005.
5. Mark Bergen, *Like, Comment, Subscribe: Inside YouTube's Chaotic Rise to World Domination* (New York: Viking, 2022), 52.
6. Livingston, *Founders*, 451.
7. Meghna Rao, "Carolynn Levy, Inventor of the SAFE," *Meridian*.
8. Paul Graham, comment on *Hacker News*, March 9, 2012.

9. Botha, R., "Declaration," filed as part of *Oracle America, Inc. v. Google Inc.*, No. 10-03561 (N.D. Cal., March 12, 2014).
10. "YouTube Receives $3.5M in Funding from Sequoia Capital," YouTube Official Blog, November 7, 2005.

第 6 章

1. Liz Gannes, "Y Combinator's New Head Startup Whisperer Sam Altman Is Quite a Talker," *Re/code*, March 18, 2014.
2. 同上。
3. 同上。
4. Tamara Chuang, "Cell Phones Change Social Networks," *The Orange County Register*, September 12, 2006.
5. "The Boost Mobile Anthem," YouTube, uploaded by ramsay, April 14, 2005.
6. Gary Susbam, "Pepsi Drops Ludacris After O'Reilly-Sparked Protest," *Entertainment Weekly*, August 29, 2002.
7. May Wong, "Startup Offers Cell Phone Mapping Service," Associated Press Newswires, November 14, 2006.
8. Chuang, "Cell Phones."
9. 同上。
10. PR Newswire, "Loopt to Launch on Spring as First-Ever Social Mapping Service on a Major U.S. Carrier," July 17, 2006.
11. Jessica E. Vascellaro, "Spring to Offer Loopt's 'Friend Finding' Service," *The Wall Street Journal*, July 17, 2007.
12. Amol Sharma, Jessica E. Vascellaro, "Phones Will Soon Tell Where You Are," *The Wall Street Journal*, March 28, 2008.
13. 同上。
14. "Location Tracking Firms Review Regulatory Landscape," *TR Daily*, April 25, 2007.
15. Brian Knapp, Testimony before the House Energy and Commerce Subcommittee on Communications, Technology and the Internet, April 23, 2009.
16. Sharma and Vascellero, "Phones."
17. "New Digs," Loopt company blog, accessed June 15, 2024.
18. Hoffman, "Masters of Scale."

第 7 章

1. Fred Vogelstein, "The Untold Story: How the iPhone Blew Up the Wireless Industry," *Wired*, January 9, 2008.
2. Jon Froelich, Mike Y. Chen, Ian E. Smith, Fred Potter, "Voting with Your Feet: An Investigative Study of the Relationship Between Place Visit Behavior and Preference," *Lecture Notes in Computer Science*, September 2006.
3. Owen Thomas, "Mike Moritz Regrets: He Never Patched Things Up with Steve Jobs," *Venturebeat*, April 6, 2010.

4. CNET, "WWDC 2008 News: Loopt Shows Off New App for the iPhone," YouTube, June 9, 2008.
5. Loopt, "Sharing Is Caring," *Loopt In*, November 24, 2008.
6. Michael Arrington, "Loopt Jumps Ahead of Facebook and MySpace on iPhone. Told You," *TechCruch*, November 11, 2008.
7. "Sequoia to CEOs: Get Real or Go Home," *Venture Capital Journal,* October 8, 2008.
8. Michael Arrington, "Loopt Hires Allen & Co for Financing or Sale," *TechCrunch*, November 11, 2008.
9. M. G. Siegler, "Surging on an iPhone Commercial, Loopt Looking to Sell or Raise Money?" *VentureBeat*, November 12, 2008.

第 8 章

1. Jennifer Von Grave, "Foursquare Is the Breakout Mobile App at SXSW," *Mashable*, March 16, 2009.
2. Marguerite Reardon, "Loopt Helps Reduce Cost of Location Services," *CNET*, November 5, 2008.
3. Rolfe Winkler, "Secretive, Sprawling Network of 'Scouts' Spreads Money Through Silicon Valley," *The Wall Street Journal*, November 12, 2015.
4. Alex Konrad, "Billionaire Brothers John and Patrick Collison Build Strike into One of the World's Most-Hyped, Highest Valued—and Profitable!— Startups Worth Some $95 Billion. Now They Must Stave Off Going from Disruptor to Disrupted," *Forbes*, May 26, 2022.
5. Nick Bilton, "Artificial Intelligence May Be Humanity's Most Ingenious Invention—And Its Last?" *Vanity Fair*, October 2023.
6. Friend, "Manifest Destiny."

第 9 章

1. Max Chafkin, *The Contrarian: Peter Thiel and Silicon Valley's Pursuit of Power* (New York: Penguin Press, 2021), 170–72.
2. David Brooks, "The Creative Monopoly," *The New York Times*, April 23, 2012.
3. Blake Masters, "CS183: Startup—Peter Thiel Class 1 Notes Essay," April 3, 2012.
4. Blake Masters, "CS183: Startup—Peter Thiel Class 15 Notes Essay," May 31, 2012.
5. Bruce Gibney, "What Happened to the Future," Founders Fund website, updated January 2017.
6. Elizabeth Weil, "Sam Altman Is the Oppenheimer of Our Age," *New York*, September 25, 2023.
7. Stross, *The Launch Pad*, 196.
8. Sophie Bearman, "OpenAI's Sam Altman: The Human Behind the Machine," *Life in Seven Songs* podcast, *The San Francisco Standard*, September 24, 2024.
9. Peter Thiel, "The New Atomic Age We Need," *The New York Times*, November 27, 2015.

10. Kyle Russel, "Y Combinator and Mithril Invest in Helion, a Nuclear Fusion Startup," *TechCrunch*, August 1, 2014.
11. David Perell, "I Interviewed the Man Behind ChatGPT: Sam Altman," YouTube video, 21:24, uploaded November 27, 2024.
12. Stross, *Launchpad*, 28.
13. Steven Levy, "YC Has Gone Supernova," *Wired*, June 28, 2017.
14. Nathaniel Rich, "Silicon Valley's Start-up Machine," *The New York Times Magazine*, May 2, 2013.
15. Eliezer S. Yudkowsky, "The Low Beyond," 1996.
16. Ed Regis, "Meet the Extropians," *Wired*, October 1, 1994.
17. Jon Evans, "Extropia's Children, Chapter 1: The Wunderkind," *Gradient Ascent*, October 17, 2022.
18. Sabine Atkins, "Introducing Another Atkins (was Re: just me)," *ExI Mailing List*, September 14, 2000.
19. *LessWrong*, "Rationalist Movement," accessed November 29, 2024.
20. Eliezer Yudkowsky, "Coherent Extrapolated Volition," The Singularity Institute, San Francisco, 2004.
21. "Vernor Vinge on the Singularity," YouTube, Singularity Summit 2008, uploaded February 12, 2012.
22. Cade Metz, *Genius Makers: The Mavericks Who Brought AI to Google, Facebook, and the World* (New York: Dutton, 2021).
23. Eliezer Yudkowsky, "Ben's 'Extropian Creed,'" Extropians mailing list, November 13, 2000.
24. Shane Legg (@ShaneLegg), "Yudkowsky wasn't actually working at Intelligenesis (aka Webmind), he was just visiting and he gave a talk on the dangers of powerful AI," *X (formerly Twitter)*, November 30, 2022.雷格在X（前推特）上發文：「尤考夫斯基並不任職於Intelligenesis（亦即WebMind），他只是來公司造訪，談到強大AI的危險性。」
25. Metz, *Genius Makers*, 105.
26. Metz, *Genius Makers*, 109.
27. Metz, *Genius Makers*, 110.
28. Metz, *Genius Makers*, 107.
29. Cade Metz, Karen Weise, Nico Grant, Mike Isaac, "Ego, Fear and Money: How the A.I. Fuse Was Lit," *The New York Times*, December 3, 2023.
30. Nicola Twilley, "Artificial Intelligence Goes to the Arcade," *The New Yorker*, February 25, 2015.
31. Metz, *Genius Makers*, 116.
32. Sam Altman, "AI," Sam Altman blog, February 19, 2014.

第 10 章

1. Paul Graham, "Sam Altman for President," Y Combinator blog, February 21, 2014.

2. 同上。
3. Friend, "Manifest Destiny."
4. Mark Boslet, "Paul Graham's New Role at Y Combinator," *Venture Capital Journal*, February 25, 2014.
5. Nathaniel Rich, "Y Combinator, Silicon Valley's Startup Machine," *The New York Times Magazine*, May 2, 2013.
6. Dean Starkman, "San Francisco Surges Past L.A. As Home to 'Ultra Rich,' Survey Finds," *Los Angeles Times*, November 25, 2014.
7. Sam Altman, "Growth and Government," Sam Altman blog, March 4, 2013.
8. Sam Altman, "New RFS—Breakthrough Technologies," Sam Altman blog, March 19, 2014.
9. Sam Altman, "AI," Sam Altman blog, February 19, 2014.
10. Friend, "Manifest Destiny."
11. Sam Altman, "The New Deal," Y Combinator blog, April 22, 2014.
12. Max Mason, "Can't Drink, Can't Vote— But This Teenager Is Hot Property in Silicon Valley," *The Sydney Morning Herald*, June 21, 2012.
13. Lattice Team, "Career Advice from Sam Altman," Lattice blog, October 27, 2016.
14. Sam Altman, "The YC Board of Overseers," Y Combinator blog, June 3, 2013.
15. Rohin Dhar, "The Big Winner from Y Combinator's Success? Sequoia Capital," *Priceonomics*, July 17, 2014.
16. Sam Altman, "YC Investment Policy and Email List," Y Combinator blog, September 4, 2014,
17. Lagorio-Chafkin, *Nerds*, 285.
18. Sam Altman, "reddit," Sam Altman blog, September 30, 2014.
19. Kim-Mai Cutler, "Reddit CEO Yishan Wong on Giving Stock to Users: 'We Have A Crazy Plan," *TechCrunch*, September 30, 2014.
20. Lagorio-Chafkin,' Nerds, 301.
21. "Artist Spotlight: Malvina Reynolds," *Homegrown Humor*, Showtime Networks, July 2007.
22. Corrie Driebusch Sarah E. Needleman, "Reddit Shares Soar in Long-Awaited IPO," *The Wall Street Journal*, March 21, 2014.
23. Nick Bostrom, *Superintelligence: Paths, Dangers, Strategies* (Oxford: Oxford University Press, 2014).
24. Emile Torres, "Nick Bostrom, Longtermism, and the Eternal Return of Eugenics," *TruthDig*, January 23, 2023.
25. Raffi Khatchadourian, "The Doomsday Invention," *The New Yorker*, November 23, 2015.
26. Scott Alexander, "Meditations on Moloch," *Slate Star Codex*, July 30, 2014.

第 11 章

1. Reed Albergotti, "The Co-founder of Skype Invested in Some of AI's Hottest

Startups— But Thinks He Failed," *Semafor*, April 28, 2023.
2. Max Tegmark, *Life 3.0: Being Human in the Age of Artificial Intelligence* (New York: Knopf, 2024).
3. "AI Open Letter— Signatories List," Future of Life Institute, January 2016.
4. Tegmark , *Life*, 35.
5. Elon Musk, "Funding research on artificial intelligence safety. It's all fun & games until someone loses an I: futureoflife.org/misc/AI," Twitter, January 15, 2015.
6. Sam Altman, "Machine Intelligence, Part 1," Sam Altman blog, February 25, 2015.
7. Sam Altman, "Machine Intelligence, Part 2," Sam Altman blog, March 2015.
8. Sam Altman, "How to Be Successful," Sam Altman blog, January 24, 2019.
9. *Elon Musk s. Samuel Altman*, CGC-24-612746, S.F. Super. Ct, February 29, 2024, 11.
10. Walter Isaacson, Elon Musk (New York: Simon & Schuster, 2023), 241.
11. 同上，242頁。
12. *Elon Musk v. Samuel Altman et al.*, Complaint, U.S. District Court for the Northern District of California, 4:24-cv-04722, August 5, 2024, 118.
13. "So Key To What I Was Able To Do Later," *UND Today*, September 28, 2023.
14. 同上。
15. Greg Brockman, "Leaving Stripe," Greg Brockman blog, May 6, 2015.
16. Greg Brockman, "My Path to OpenAI," Greg Brockman blog, May 3, 2016.
17. Metz, *Genius Makers*, 93.
18. Metz, *Genius Makers*, 94.
19. Metz, *Genius Makers*, 162.
20. Jessica E. Lessin, "Y Combinator Launches Research Non-Profit," *The Information*, October 7, 2015.
21. *Musk v. Altman*, 13.
22. 同上。
23. Metz, *Genius Makers*, 166.

第 12 章

1. Greg Brockman, "#defineCTOOpenAI," Greg Brockman's blog, January 9, 2012.
2. Karen Hao and Charlie Warzel, "Inside the Chaos at OpenAI," *The Atlantic*, November 19, 2023.
3. 同註解1。
4. Nicola Twilley, "AI Goes to the Arcade," *The New Yorker*, February 25, 2014.
5. *Musk v. Altman*, Complaint, 15.
6. Metz, *Genius Makers*, 175.
7. Sam Altman, "YC Changes," Y Combinator blog, September 13, 2016.
8. Sam Altman, "Basic Income," Y Combinator blog, January 27, 2016.
9. Adora Cheung and Sam Altman, "New Cities," Y Combinator blog, June 27, 2016.

10. Larry Yaeger, "Vivarium History," https://worrydream.com/refs/Yaeger_2006_-_Vivarium_History.html.
11. Brockman, "#define CTP OpenAI," 同上。
12. Carl Tahsian, "At Dynamicland, The Building Is the Computer," September 18, 2019.
13. Sophie Bearman, "OpenAI's Sam Altman," *Life in Seven Songs* podcast.
14. Metz, *Genius Makers*, 288.
15. Annie Altman, "My Denied Appeal Letter for Early College Graduation," *Medium*, March 30, 2015, posted May 21, 2019.
16. "Guest Annie Altman—Writer, Podcaster and Comedian," *Sally Take Live* podcast, March 20, 2020.
17. Sam Levin, "Peter Thiel Faces Silicon Valley Backlash After Pledging $1.25 Million to Trump," *The Guardian*, October 17, 2016.
18. Nitasha Tiku, "Meet the Techies Trying to Create the Turbo Tax of Voting," *BuzzFeed News*, September 8, 2016.
19. Sam Altman, "What I Heard from Trump Supporters," Sam Altman blog, February 21, 2017.
20. Douglas MacMillan, Keach Hagey, Deepa Seetharaman, "Tech Luminary Peter Thiel Parts Ways with Silicon Valley," *The Wall Street Journal*, February 15, 2018.
21. Chafkin, *The Contrarian*, 200.
22. Tess Townsend, "Sam Altman Wants to See a Techie Run for California Governor and Challenge Trump," *Vox*, April 14, 2017.
23. Willie Brown, "The Man President Trump Fears Most," *San Francisco Chronicle*, May 15, 2017.
24. William Turton, "A Silicon Valley Kingmaker Wants to Fix What Tech Did to California," *The Outline*, August 7, 2017.
25. Vauhini Vara, "The Political Awakening of Silicon Valley," *The California Sunday Magazine*, September 13, 2017.
26. Klint Finley, "Obama Wants the Government to Help Develop AI," *Wired*, October 12, 2016.
27. "Tasha McCauley: Cool Robot Chick," *ChiTAG Blog*, July 23, 2014.
28. Centre for Effective Altruism, "EA in Media, Joseph Gordon-Levitt, Julia Galef, AJ Jacobs, and William MacAskill," YouTube, November 7, 2017.
29. Future of Life Institute, "Asilomar AI Principles," Future of Life Institute, January 2017.
30. Eliezer Yudkowsky, "Purchase Fuzzies and Utilons Separately," *LessWrong*, December 22, 2007.
31. Gideon Lewis-Kraus, "The Reluctant Prophet of Effective Altruism," *The New Yorker*, August 8, 2002.
32. Megan O'Neil, "Wringing the Most Good Out of a Facebook Fortune," *The Chronicle of Philanthropy*, December 1, 2015.
33. Open Philanthropy. "OpenAI—General Support," Open Philanthropy, April 7, 2016.

第 13 章

1. *Artificial Gamer*. Official website. Accessed June 15, 2024.
2. Elon Musk, "OpenAI first ever to defeat world's best players in competitive eSports. Vastly more complex than traditional board games like chess & Go," Twitter, August 11, 2017.
3. Jordan Novet, "Amazon Lost Cloud Market Share to Microsoft in the Fourth Quarter: KeyBanc," CNBC, January 12, 2018.
4. Ashley Stewart, "Bill Gates Never Left," *Business Insider*, April 30, 2024.
5. Steven Levy, "What OpenAI Really Wants," *Wired*, September 25, 2023.
6. Ilya Sutskever, Oriol Vinyals, Quoc V. Le, "Sequence to Sequence Learning with Neural Networks," Neural Information Processing Systems (NIPS) conference, September 10, 2014.
7. Levy, "What OpenAI Really Wants."
8. Richard Lea, "Google Swallows 11,000 Novels to Improve AI's Conversation," *The Guardian*, September 28, 2016.
9. Alec Radford, Karthic Narasimhan, Tim Alimans, Ilya Sutskever, "Improving Language Understanding by Generative Pre-Training," OpenAI, 2018.
10. *Elon Musk v. Samuel Altman*, Case No. 4:24-cv-04722-YGR, US District Court Northern District of California, November 14, 2024.
11. Interview by authors for the article: Deepa Seetharaman, Keach Hagey, Berber Jin, Kate Linebaugh, "Sam Altman's Knack for Dodging Bullets—With a Little Help from His Bigshot Friends," *The Wall Street Journal*, December 24, 2023.
12. *Musk v. Altman.*
13. Greg Brockman, Ilya Sutskever, John Schulman, Sam Altman, Wojciech Zaremba, "OpenAI and Elon Musk," OpenAI blog, March 5, 2024.
14. OpenAI, "OpenAI Supporters," February 20, 2018.
15. Kylie Robison, Michal Lev-Ram, "Who Is Mira Murati? The OpenAI Executive Who Played a Crucial Role in the Company's Soaring Ascent," *Fortune*, October 5, 2023.
16. Kevin Scott, "Mira Murati, Chief Technology Officer, OpenAI," *Behind the Tech*, July 2023.
17. "AI Everywhere: Transforming Our World, Empowering Humanity," YouTube, Dartmouth Engineering, June 19, 2024.
18. Annie Altman, "For context: Connie (biological mother) kicked me off her health insurance less than three months after Dad died, when I was 24 and could have stayed on her work one for two more years," Twitter, August 24, 2024.
19. Sam Altman, ["Sam Altman Speaks Out About What Happened at OpenAI,"], *What Now? with Trevor Noah*, December 7, 2023.
20. Keach Hagey, "Deal or No Deal, The Shadow Over Sun Valley," *The Wall Street Journal*, July 13, 2018.
21. Rita Liao, "China Roundup: Y Combinator's Short-Lived China Dream," *TechCrunch*, November 23, 2019.

22. Douglas MacMillan, Margherita Stancati, "Saudi Push for Tech Deals Stirs Silicon Valley Debate," *The Wall Street Journal*, July 17, 2016.
23. Justin Scheck, Rory Jones, Summer Said, "A Prince's $500 Billion Desert Dream: Flying Cars, Robot Dinosaurs and a Giant Artificial Moon," *The Wall Street Journal*, July 25, 2019.
24. Sam Biddle, "Some Silicon Valley Superstars Ditch Saudi Advisory Board After Khashoggi Disappearance, Some Stay Silent," *The Intercept*, October 11, 2018.
25. Jane Lanhee Lee, "US Compels Saudi Fund to Exit Chips Startup Backed by Altman," *Bloomberg*, November 30, 2023.
26. Becky Petersen, "Shivon Zilis, Musk Associate, Leaves Board," *The Information*, March 23, 2023.
27. Seetharaman, Hagey, Jin, Linebaugh, "Sam Altman's Knack for Dodging Bullets."
28. OpenAI, "Microsoft Invests in and Partners with OpenAI to Support Us Building Beneficial AGI," OpenAI blog, July 22, 2019.

第 14 章

1. Alec Radford, Jeffrey Wu, Dario Amodei, Daniella Amodei, Jack Clark, Miles Brundage, Ilya Sutskever, "Better Language Models and Their Implications," OpenAI blog, February 14, 2019.
2. Tom Simonite, "The AI Text Generator That's Too Dangerous to Make Public," *Wired*, February 14, 2019.
3. Jasper Hammil, "Elon Musk-Founded OpenAI Builds Artificial Intelligence So Powerful It Must Be Kept Locked Up for the Good of Humanity," *Metro*, February 15, 2019.
4. Sean Gallagher, "Researchers, Scared By Their Own Work, Hold Back 'Deepfakes for Text' AI," *Ars Technica*, February 15, 2019.
5. *Paul Tremblay, Mona Awad v. Open AI et al, Class Action Complaint*, Case No. 3:23-cv-03223 (N.D. Cal., June 28, 2023).
6. Cade Metz, "Meet GPT-3. It Has Learned to Code (and Blog and Argue)," *The New York Times*, November 24, 2020.
7. Paul Graham, "Do Things That Don't Scale," PaulGraham.com, July 2013.
8. Annie Altman, "How I Started Escorting," *Medium*, March 27, 2024.
9. Weil, "Oppenheimer of Our Age."
10. Annie Altman, "How I Started Escorting."
11. Sam Altman, "Please Fund More Science," Sam Altman blog, March 30, 2020.
12. Greg Brockman, Mira Murati, Peter Welinder, OpenAI, "OpenAI API," OpenAI blog, June 11, 2020.
13. Tom Simonite, "OpenAI's Text Generator Is Going Commercial," *Wired*, June 11, 2020.
14. Emily M. Bender, Timnit Gebru, Angelina McMillan-Major, Margaret Mitchell, "On the Dangers of Stochastic Parrots: Can Language Models Be Too Big?" *Proceedings of the 2021 ACM Conference on Fairness, Accountability, and Transparency*, 2021.

15. Emily Bobrow, "Timnit Gebru Is Calling Attention to the Pitfall of AI," *The Wall Street Journal*, February 24, 2023.
16. Sam Altman @sama, "I am a stochastic parrot and so r u," Twitter, December 4, 2022.

第15章

1. Tom Simonite, "It Began as an AI-Fueled Dungeon Game. It Got Much Darker," *Wired*, May 5, 2021.
2. 同上。
3. Sam Altman, "Moore's Law for Everything," Sam Altman, March 16, 2021.
4. 同上。
5. Richard Nieva, "Sam Altman's Eyeball-Scanning Crypto Project Worldcoin Is Having an Identity Crisis," *Forbes*, August 10, 2023.
6. Chafkin, 138.
7. Antonio Regalado, "A Startup Pitching a Mind-Uploading Service That Is '100 Percent Fatal,' " *MIT Technology Review*, March 13, 2018.
8. Antonio Regalado, "Sam Altman Invested $180 Million into a Company Trying to Delay Death," *MIT Technology Review*, March 8, 2023.
9. Haje Jan Kamps, "Helion Secures $2.2B to Commercialize Fusion Energy," *TechCrunch*, November 5, 2021.
10. Friend, "Manifest Destiny."
11. Katherine Long, Hugh Langley, "OpenAI CEO Sam Altman Went on an 18-Month, $85-Million Real Estate Shopping Spree─ Including a Previously Unknown Hawaii Estate," *Business Insider*, November 30, 2023.
12. Samson Zhang, "Donahue," *Postulate*, July 20, 2021.
13. Annie Altman, @anniealtman108, "I experienced sexual, physical, emotional, verbal, financial, and technological abuse from my biological siblings, mostly Sam Altman and some from Jack Altman," X, November 13, 2021.
14. Annie Altman, "How I Started Escorting."
15. Annie Altman, @anniealtman108, "If the multiverse is real, I want to meet the version of me who did run away to the circus at age 5 years old about wanting to end this life thing and being touched by older siblings, and said 'mother' decided to instead protect her sons and demand to receive therapy and chores only from her female child." TikTok post cross posted on X, August 20, 2024. 安妮：「如果多元宇宙是真實的，我想見見那個五歲就離家出去馬戲團、曾經想結束生命、被兄長觸摸的自己，當時我渴望結束這種人生，被兄弟觸碰，而那個被稱為『母親』的人決定保護自己的兒子，只要求她的女兒接受治療和做家務。」
16. Annie Altman, @anniealtman108, "Can you imagine how much more I'll scare them now that I'm getting my tendon/nerve/ovaries cared for, not sucking dick for rent money while my Dad's Trust was completely withheld, and learning it's safe and allowed for me to share my story on my terms," X, August 6, 2024.

17. Christopher Mims, "AI Tech Enables Industrial-Scale Property Theft, Say Critics," *The Wall Street Journal*, February 4, 2023.
18. Ryan Lowe and Jan Leike, "Aligning Language Models to Follow Instructions," OpenAI blog, January 27, 2022.
19. Justis, "AI Safety Concepts Writeup: WebGPT," Effective Altruism Forum, August 10, 2023.
20. Sam Altman, "today we launched ChatGPT. Try talking with it here: chat.openai.com," Twitter, November 30, 2022.
21. Sam Altman, "language interfaces are going to be a big deal, I think. Talk to the computer (voice or text) and get what you want, for increasingly complex definitions of 'want'! this is an early demo of what's possible (still a lot of limitations—it's very much a research release)," Twitter, November 30, 2022. 奧特曼：「我認為，語言介面是關鍵。透過（語音或文字）與電腦交談，就能獲得你想要的東西，而且『想要』的定義會愈來愈複雜！這是一個展示可能性的早期範例（仍然有很多限制，很大程度上是個研究發布）。」
22. Rajesh Karmani, "love the ambition and thesis, but given the current tech, I'd say it's your worst product concept so far," Twitter, November 30, 2022. 羅傑・卡瑪尼「我很喜歡這個遠大的願景和論點，但以目前的技術來說，我會認為這是你目前為止最糟糕的產品概念。」
23. Marco Vavassori, "I tried it for a little bit. It's so awesome that's scary. I can already see thousands of jobs being replaced by this. Ultimately humans will only be good for hugs or sex maybe, not sure," Twitter, November 30, 2022.
24. Will Douglas Heaven, "The Inside Story of How ChatGPT Was Built from the People Who Made It," *MIT Technology Review*, March 3, 2023.
25. Krystal Hu, "ChatGPT Sets Record for Fastest Growing User Base—Analyst Note," Reuters, February 2, 2023.
26. Miles Kruppa and Sam Schechner, "How Google Became Cautious of AI and Gave Microsoft an Opening," *The Wall Street Journal*, March 7, 2023.
27. Sundar Pichai, "An Important Next Step in Our AI Journey," Google blog, February 6, 2023.
28. Nilay Patel, "Microsoft Thinks AI Can Beat Google at Search—CEO Satya Nadella Explains Why," *The Verge*, February 7, 2023.
29. Deepa Seetharaman, "Elon Musk, Other AI Experts Call for Pause in Technology's Development," *The Wall Street Journal*, March 29, 2023.
30. *Oversight of AI: Rules for Artificial Intelligence*, 118th Congress, First Session, May 16, 2023.
31. Sophie Bearman, *Life in Seven Songs*.

第 16 章

1. "OpenAI CEO on the Future of AI," *Bloomberg*, June 22, 2023.
2. Julia Black, "Elon Musk Had Twins Last Year with One of His Top Executives," *Business Insider*, July 6, 2022.

3. Berber Jin, Deepa Seetharaman, "Elon Musk Creates New Artificial Intelligence Company X.AI," *The Wall Street Journal*, April 14, 2023.
4. Elizabeth Weil, "Sam Altman Is the Oppenheimer of Our Age," *New York*, September 25, 2023.
5. Andrew Imbrie, Owen J. Daniels, Helen Toner, "Decoding Intentions, Artificial Intelligence and Costly Signals,' Center for Security and Emerging Technology, October 2023.
6. Tripp Mickle, Cade Metz, Mike Isaac, Karen Weise, "Inside OpenAI's Crisis Over the Future of Artificial Intelligence," *The New York Times*, December 9, 2023.
7. 同上。
8. 同上。
9. Sam Altman, "i loved my time at openai. it was transformative for me personally, and hopefully the world a little bit. most of all I loved working with such talented people. Will have more to say about what's next later," X, November 17, 2023.
10. Greg Brockman @gdb, "i'm super proud of what we've all built together since starting in my apartment 8 years ago. we've been through tough & great times together, accomplishing so much despite all the reasons it should have been impossible. but based on today's news, i quit. genuinely wishing you all nothing but the best. i continue to believe in the mission of creating safe AGI that benefits all of humanity,' X, November 17, 2023. 布羅克曼：「我為我們八年前在我公寓裡共同創造的一切感到無比自豪。我們共同承擔苦難，也一起度過了美好的時光，克服了種種看似不可能實現的困難，最終取得如此多的成就。但基於今天的新聞，我決定辭職。我衷心祝福大家一切順利。我始終堅信，創造安全的AGI，造福全人類。」
11. Brian Chesky, "Sam Altman and Greg Brockman have my full support. I'm saddened by what's transpired. They, and the rest of the OpenAI team, deserve better," X, November 17, 2023.
12. Keach Hagey, Deepa Seetharaman, Berber Jin, "Behind the Scenes of Sam Altman's Showdown at OpenAI," *The Wall Street Journal*, November 22, 2023.
13. Greg Brockman, "We are so back!" X, November 22, 2023. 布羅克曼：「我們回來了！」

第17章

1. John Casey, "Sam Altman on AI, Queerness, and Being Grateful for the Journey He's On," *The Advocate*, March 1, 2024.
2. 同上。
3. Bob Woodward, *War* (New York: Simon & Schuster, 2024), 180.
4. Tim Alberta, "Dean Philips Has a Warning for Democrats," *The Atlantic*, October 27, 2023.
5. Sam Altman, "this is interesting, and I think close to what the majority of voters actually want: a reasonable, centrist candidate running on 1) a message of a strong economy and increasing affordability 2) a focus on safety and 3) generational change.

curious to see what happens.," X, October 27, 2023.
6. Theodore Schleifer, "President of the Biden-Skeptic Billionaires," *Puck*, November 7, 2023.
7. Sam Altman, "fk it why not 8," X, February 15, 2024.
8. Lex Fridman, "Transcript for Sam Altman: OpenAI, GPT-5, Sora, Board Saga, Elon Musk, Ilya, Power & AGI," Lex Friedman Podcast #419, March 17, 2024.
9. Sam Altman, "there are some great parts about the AI EO, but as the govt implements it, it will be important not to slow down innovation by smaller companies/research teams. I am pro-regulation on frontier systems, which is what openai has been calling for, and against regulatory capture," X, November 2, 2023.
10. Brendan Bordelon, "Think Tank Tied to Tech Billionaires Played Key Role in Biden's AI Order," *Politico*, December 16, 2023.
11. Brendan Bordelon, "The Law Firm Acting as OpenAI's Sherpa in Washington," *Politico*, September 12, 2023.
12. Justin Wise, "OpenAI Hires Akin Gump to Lobby in DC on 'Hard' Regulation Task," *Bloomberg Law*, December 26, 2023.
13. Cat Zakrewski, "This Agency Is Tasked with Keeping AI Safe. Its Offices Are Crumbling," *The Washington Post*, March 6, 2024.
14. Gareth Vipers, Sam Schechner, Deepa Seetharaman, "Elon Musk Sues OpenAI, Sam Altman, Saying They Abandoned Founding Mission," *The Wall Street Journal*, March 1, 2024.
15. Ilya Sutskever, "In the future, it will be obvious that the sole purpose of science was to build AGI," X, March 20, 2022.
16. David Faber, "CNBC Exclusive: CNBC Transcript: Elon Musk Sits Down with CNBC's David Faber on CNBC Tonight," CNBC, May 16, 2023.
17. Jan Leike, "I resigned," X May 15, 2024.
18. Daniel Filan, "Superalignment with Jan Leike," *AXRP—the AI X-risk Research Podcast* 24, July 27, 2023.
19. Jan Leike, "Building smarter-than-human machines is an inherently dangerous endeavor. OpenAI is shouldering an enormous responsibility on behalf of all humanity. But over the past few years, safety culture has taken a backseat to shiny products," X, May 17, 2024.
20. Kelsey Piper "ChatGPT Can Talk, but OpenAI Employees Sure Can't," *Vox*, May 18, 2024.
21. Sam Altman, "in regards to recent stuff about how openai handles equity: we have never clawed back anyone's vested equity, nor will we do that if people do not sign a separation agreement (or don't agree to a non-disparagement agreement). vested equity is vested equity, full stop. there was a provision about potential equity cancellation in our previous exit docs; although we never clawed anything back, it should never have been something we had in any documents or communication. this is on me and one of the few times i've been genuinely embarrassed running openai; i did not know this was

happening and i should have. the team was already in the process of fixing the standard exit paperwork over the past month or so. if any former employee who signed one of those old agreements is worried about it, they can contact me and we'll fix that too. very sorry about this," X, May 18, 2024. 奧特曼：「最近有關OpenAI處理股權一事：我們從未追回任何人的既得股權，將來若不簽離職協議（或不同意不去貶低協議），我們也不會這麼做。既得股權就是既得股權，無需多言。我們之前的離職文件中有一條取消潛在股權的條款，然而我們從未追回任何股權，我們不該在任何文件或溝通中出現這條款。這錯在我，這是在我領導OpenAI下，令我深切尷尬的幾件事情之一：我並不知道這事，但我必須知道的。我們團隊在過去一個月左右已經在修正標準的離職文書作業，若簽署過舊協議的前員工有所擔心，他們可以聯絡我，我們也會為其修正。我對此深感抱歉。」

22. Sam Altman, "her," X, May 13, 2020.
23. Alex Bruell, "New York Times Sues Microsoft and OpenAI, Alleging Copyright Infringement," *The Wall Street Journal*, December 27, 2023.
24. Sarah Krouse, Deepa Seetharaman, Joe Flint, "Behind the Scenes of Scarlett Johansson's Battle with OpenAI," *The Wall Street Journal*, May 23, 2024.
25. SSI Inc. @ssi, "Superintelligence is within reach. Building safe superintelligence (SSI) is the most important technical problem of our time. We've started the world's first straight-shot SSI lab, with one goal and one product: a safe superintelligence. It's called Safe Superintelligence Inc. SSI is our mission, our name, and our entire product roadmap, because it is our sole focus. Our team, investors, and business model are all aligned to achieve SSI. We approach safety and capabilities in tandem, as technical problems to be solved through revolutionary engineering and scientific breakthroughs. We plan to advance capabilities as fast as possible while making sure our safety always remains ahead. This way, we can scale in peace. Our singular focus means no distraction by management overhead or product cycles, and our business model means safety, security, and progress are all insulated from short-term commercial pressures. We are an American company with offices in Palo Alto and Tel Aviv, where we have deep roots and the ability to recruit top technical talent. We are assembling a lean, cracked [sic] team of the world's best engineers and researchers dedicated to focusing on SSI and nothing else. If that's you, we offer an opportunity to do your life's work and help solve the most important technical challenge of our age. Now is the time. Join us. Ilya Sutskever, Daniel Gross, Daniel Levy June 19, 2024," X, July 19, 2024. SSI Inc.：「超智慧已快實現，建造安全的超級智慧是我們這個時代最重要的科技問題。我們創立世上第一個直擊安全超智實驗室，只有一個目標和一項產品：一個安全的超智慧。這實驗室名為安全超智慧公司（Safe Superintelligence Inc.），這是我們的使命、我們的名稱、我們的整個產品路徑圖，是我們唯一的焦點。我們的團隊、投資人及事業模式全都校準於達成安全超智慧。我們同時發展安全性及賦能，透過革命性工程和科學突破來解決技術問題，我們計畫盡可能加速推進，但同時也確保我們的安全性總是保持領先，如此一來，我們才能安心地擴大規模。我們只有單一焦點，這意味著我們不會因管理成本或產品週期分心，我們的事業模式意味著安全性、防護及進展全都不會受到短期商業壓力影響。我們

是一家美國公司,在帕羅奧圖及特拉維夫設有辦公室,我們在這兩地有能力深根及招募頂尖技術人才。我們正在建立一支由舉世頂尖工程師和研究員組成的精實團隊,全心全意聚焦於安全超智慧,別無其他目標。若你是這樣的人才,我們提供你機會去做你的畢生志業,幫助解決我們這個時代最重要的科技挑戰。現在正是時候,請加入我們的行列。伊爾亞・蘇茨克維,丹尼爾・葛羅斯,丹尼爾・李維,2024年6月19日。」

26. Deepa Seetharaman, Ton Dotan, Berber Jin, "OpenAI Nearly Doubles Valuation to $157 Billion in Funding Round," *The Wall Street Journal*, October 2, 2024.

後記

1. Natasha Mascarenhas, "Alt Capital Raises $150 Million Fund, Extending Altman Brothers' Funding Spree," *The Information*, February 1, 2024.
2. Sarah Needleman, "OpenAI CEO Sam Altman Denies Sexual Abuse Claims Made by Sister," *The Wall Street Journal*, January 8, 2025.
3. University of Toronto, "University of Toronto Press Conference—Professor Geoffrey Hinton, Nobel Prize in Physics 2024," YouTube, October 8, 2024.
4. Cade Metz, "The Godfather of AI' Leaves Google and Warns of Danger Ahead," *The New York Times*, May 1, 2023.
5. University of Toronto, "University of Toronto Press Conference".
6. Elon Musk, "I'm happy to be first buddy!" X, November 11, 2024.
7. Elon Musk, "I don't hate the man, but it's time for Trump to hang up his hat & sail into the sunset. Dems should also call off the attack—don't make it so that Trump's only way to survive is to regain the Presidency," X, July 11, 2022. 馬斯克:「我並不討厭這個人,但川普該是時候退休、功成身退了。民主黨也應該停止攻擊──別讓他覺得,他唯一的生存之道就是重返總統寶座。」
8. *Elon Musk et al, v. Sam Altman et al*, Docket No. 4:24-cv-04722 (N.D. Cal, Aug 5, 2024), US District Court, Northern District of California, November 15, 2024.
9. Marco Quiroz-Gutierrez, "Elon Musk Is Ratcheting Up His Attacks on His Old Partner Sam Altman, Calling Him 'Swindly Sam' and OpenAI a 'Market-Paralyzing Gorgon,'" *Fortune*, December 3, 2024.
10. David Deutsch, *The Beginning of Infinity: Explanations That Transform the World* (New York: Penguin Books, 2011).
11. Sam Altman, "The Intelligence Age," ia.samaltman.com, September 23, 2024.

奧特曼與OpenAI的誕生
一個樂觀主義者如何引領矽谷創新、打造AI帝國？
The Optimist: Sam Altman, OpenAI, and the Race to Invent the Future

作者	基琪・哈吉（Keach Hagey）
譯者	李芳齡
商周集團執行長	郭奕伶
商周出版事業處	
副總經理	張勝宗
總監	林雲
責任編輯	潘玫均
封面設計	winder design
內文排版	点泛視覺設計工作室
出版發行	城邦文化事業股份有限公司 商業周刊
地址	115台北市南港區昆陽街16號6樓
	電話：(02)2505-6789　傳真：(02)2503-6399
讀者服務專線	(02)2510-8888
商周集團網站服務信箱	mailbox@bwnet.com.tw
劃撥帳號	50003033
戶名	英屬蓋曼群島商家庭傳媒股份有限公司城邦分公司
網站	www.businessweekly.com.tw
香港發行所	城邦（香港）出版集團有限公司
	香港九龍九龍城土瓜灣道86號順聯工業大廈6樓A室
	電話：(852) 2508-6231　傳真：(852) 2578-9337
	E-mail：hkcite@biznetvigator.com
製版印刷	中原造像股份有限公司
總經銷	聯合發行股份有限公司電話：(02) 2917-8022
初版1刷	2025年6月
定價	480元
ISBN	978-626-7678-32-9（平裝）
EISBN	978-626-7678-31-2（PDF）／978-626-7678-30-5（EPUB）

The Optimist: Sam Altman, OpenAI, and the Race to Invent the Future © 2025 by Keach Hagey
Published by arrangement with W. W. NORTON & COMPANY, INC. through Bardon-Chinese Media Agency.
Complex Chinese translation copyright © 2025 by Business Weekly, a Division of Cite Publishing Ltd., Taiwan

All Rights Reserved. 版權所有・翻印必究
Printed in Taiwan（本書如有缺頁、破損或裝訂錯誤，請寄回更換）
商標聲明：本書所提及之各項產品，其權利各該公司所有

國家圖書館出版品預行編目(CIP)資料

奧特曼與OpenAI的誕生：一個樂觀主義者如何引領矽谷創新、打造AI帝國？/ 基琪.哈吉(Keach Hagey)著；李芳齡譯. -- 初版. -- 臺北市：城邦文化事業股份有限公司商業周刊, 2025.06
　　面；　公分
譯自：The optimist : Sam Altman, OpenAI, and the race to invent the future
ISBN 978-626-7678-32-9(平裝)

1.CST: 奧特曼(Altman, Sam, 1985-) 2.CST: 傳記 3.CST: 企業經營 4.CST: 人工智慧

785.28　　　　　　　　　　　　　　　　　　　　　　　114004624

紅沙龍

Try not to become a man of success but rather to become a man of value.
~ Albert Einstein (1879 - 1955)

毋須做成功之士，寧做有價值的人。──科學家　亞伯‧愛因斯坦